时代教育·国外高校优秀教材精选

铸就团队的智慧
——团队管理前沿与实践

（翻译版·原书第6版）

［美］莉·L. 汤普森（Leigh L. Thompson） 著

王国锋 王红丽 译

机械工业出版社

Authorized translation from the English language edition, entitled Making the Team: A Guide for Managers, 6th Edition, ISBN 978-0-13-448420-4 by Leigh L.Thompson, Copyright © Pearson Education Limited 2015 (print and electronic).

This Licensed Edition Making the Team: A Guide for Managers, 6th Edition is published by arrangement with Pearson Education, Inc.

All rights reserved. This edition is authorized for sale and distribution in the Chinese mainland (excluding Hong Kong SAR, Macao SAR and Taiwan). No part of this book may be reproduced or transmitted in any form or by any means, electronic or mechanical, including photocopying, recording or by any information storage retrieval system, without permission from Pearson Education Limited.

Chinese simplified language edition published by China Machine Press, Copyright © 2023.

本书中文简体字版由 Pearson Education Limited（培生教育出版集团）授权机械工业出版社在中国大陆地区（不包括香港、澳门特别行政区及台湾地区）独家出版发行。未经出版者书面许可，不得以任何方式抄袭、复制或节录本书中的任何部分。

本书封底贴有 Pearson Education（培生教育出版集团）激光防伪标签，无标签者不得销售。

北京市版权局著作权合同登记号：图字 01-2017-5173

图书在版编目（CIP）数据

铸就团队的智慧：团队管理前沿与实践：翻译版：原书第 6 版 /（美）莉·L. 汤普森（Leigh L.Thompson）著；王国锋，王红丽译. —北京：机械工业出版社，2022.12

（时代教育：国外高校优秀教材精选）

书名原文：Making the Team: A Guide for Managers

ISBN 978-7-111-72039-3

Ⅰ. ①铸… Ⅱ. ①莉… ②王… ③王… Ⅲ. ①企业管理—组织管理学—高等学校—教材 Ⅳ. ① F272.9

中国版本图书馆 CIP 数据核字（2022）第 215857 号

机械工业出版社（北京市百万庄大街 22 号　邮政编码 100037）

策划编辑：斐　泱　刘鑫佳　　责任编辑：裴　泱　刘鑫佳　马新娟
责任校对：郑　婕　李　婷　　封面设计：张　静
责任印制：刘　媛

北京中科印刷有限公司印刷

2023 年 9 月第 1 版第 1 次印刷

184mm×260mm・22 印张・540 千字

标准书号：ISBN 978-7-111-72039-3

定价：128.00 元

电话服务	网络服务
客服电话：010-88361066	机 工 官 网：www.cmpbook.com
010-88379833	机 工 官 博：weibo.com/cmp1952
010-68326294	金 书 网：www.golden-book.com
封底无防伪标均为盗版	机工教育服务网：www.cmpedu.com

译者序

国内有关团队管理的书籍，无论学术著作、教材，还是实践著作都颇为丰富，这充分反映了学界和业界对该话题的重视。2016年我在澳大利亚昆士兰科技大学访学时，在图书馆里看到了本书的第5版，这本书旁征博引，令我感触颇深，心中立刻有了翻译这本书的想法，希望能介绍给国内做团队管理研究与教学的老师和同学。后来和同期访学的华南理工大学王红丽老师交流，我们都认为这本书具备一些现有团队管理著作尚欠缺之处，遂邀请其共同翻译，王老师欣然答应。经过和机械工业出版社的编辑沟通，他们积极与原出版社联系版权事宜，很快获得了这本书第6版的版权。

本书由美国西北大学凯洛格商学院的莉·L. 汤普森（Leigh L. Thompson）教授所著，汤普森教授是凯洛格商学院争端解决与组织方向的 J. Jay Gerber 杰出教授，兼任温伯格艺术与科学学院心理学教授，是"凯洛格团队与群体研究中心"主任，同时担任"领导高影响力团队""建设性合作""高绩效谈判技能""在虚拟世界谈判"等高管项目主任。她的研究主要关注谈判、创造力、知识转移和团队协作。

本书具有以下特点：

1. 通篇基于理论与实证研究的结论编著。从其引用的浩瀚文献即可看出，每句话、每个段落都有研究证据支持，并形成逻辑清晰的连贯整体，从而把事情和原理讲透。本书给出具体引用来源，方便想要进一步理解相关内容的读者去查找对应的文献。字里行间所体现的实证研究精神非常值得研究者学习。而市面上不少团队管理方面的书籍，以轶事性、故事性的居多，原理性、阐述性的较少；总结评论性的较多，论证严谨性的较少。

2. 关于团队管理研究的内容非常全面。从本书的目录即可看出，整本书具有系统、完整的体系框架，覆盖的知识点非常完善，探讨了不同层面、不同角度的研究，形成了团队管理的研究地图和知识树，因此无论对于初次进入团队管理研究的研究者，还是对于已经从事团队研究的学者，都是非常好的引航资料。

3. 与时俱进，包含了研究前沿和结论。从其六次更新来看，每次都会引入新的话题和内容，研究者除了可以纵览团队管理研究的全局，也能细察新的研究方向，找到可能的突破点，碰撞出新的火花，非常有利于研究生在团队管理研究方面的深入拓展，具有较高的学术价值。

4. 本书不仅可以作为本科生、研究生的教材，也能作为学术研究的入门参考书。本书还提供了相关的网站和材料供读者测验和使用，能够让读者在学习理论知识的同时，评估和考察自己的应用能力。

本书的翻译工作是集体完成的，具体的翻译工作分工如下：王国锋老师及其团队主要翻译第1~3章、第8~12章及前言和附录；王红丽老师及其团队主要翻译第4~7章和第13章。这里要感谢电子科技大学经管学院研究生李幸（已在荷兰乌德勒支大学读博）、张红月、莫亚洁、林奕杉、杨雪和华南理工大学工商管理学院研究生郭皑馨、刘悦、邓一诺,他们参与了初稿的翻译。初稿翻译完成后,我们也进行了翻译的交叉阅读校对,感谢后期参与校对的电子科技大学经管学院研究生邱铄涵、徐莎、黄尹薇、邓卓航和暨南大学管理学院研究生谢斌斌。在他们的协助下,本书翻译内容得到进一步完善。

  本书为团队管理提供了较为深刻而全面的理解,其中不免涉及专业词汇,可能有晦涩之处,个别地方可能解释不够详尽,但我们认为,在通读完本书后,您对团队管理内容的理解一定会有所跃升,您也可能发现不少未曾探寻的地方。希望本书的知识为您理解团队、组建团队、管理团队、发展团队以及团队研究贡献一份独特的力量!

王国锋

于电子科技大学

前　言

本书有两种受众——团队领导者和团队成员。对于团队领导者来说，本书指明了如何设计团队实现最佳运作的方向；对于团队成员来说，本书关注的是高效团队成员所具备的技能。

自前5版出版以来，团队和群体研究取得了许多进展。每一章的内容都有新的信息、新的研究以及新的案例等。具体而言，我对本书第6版主要做了以下修改：

1. 整体章节结构。章节的顺序略有改变，以反映这本书修改后的三部分内容：建立团队、团队绩效和组织中的团队。这本书仍然包含13章（适合一学期或者10周时长的课程）。奖励团队合作成为附录，而虚拟团队合作和多元文化团队则分别变成独立的一章。

2. 章节内部结构。大部分章节都有新的标题，以反映新的理论、研究和主题。

3. 更新研究。坚持本书的定位，即用一种易于理解的方式为管理者提供最新的研究。涵盖了有关团队合作和群体行为的最新研究，从而使本书具有坚实的研究重点和建立在理论上的研究方法。

4. 对经理和高管的调查。新的研究报告了过去17年我们在凯洛格商学院对高管的调查。第1版的调查汇集了149名经理和高管的回答。第6版拥有超过1200名团队经理的数据库。

5. 新研究。引用了超过220项新研究。

6. 更多的案例研究。增加了更多有效的（以及无效的）团队合作的案例和说明，增加了160多个新的案例研究和实际公司团队的案例。此外，每一章都有一个更新过的开篇引例。

7. 插图和案例。章节中的许多概念和技术用插图和案例补充说明。这些插图和案例都是来自当前或者过去的真实团队。我不会用这些案例来证明一个理论；相反，我用它们来说明书中的许多概念在现实世界中得到了证实。

8. 新增练习、案例、补充材料。对补充材料以及教辅材料进行了很大的改进，使之成为文本的补充。这使学生在课堂内外都有一个更加完整的体验。本书大力提倡体验式教学，同时，教师也有更多选择，使概念在课堂上生动起来。

所有的补充资料都可以在Pearson的教师资源中心找到；教师可以联系Pearson的销售代表，以便于分配用户名和密码。我还开发了一个MOOC课程（大规模在线开放课程）"高绩效协作：领导力、团队合作和谈判"，世界上任何地方的任何人都可以免费报名参加。此外，我还建立了Teamwork101，其中包含四段团队合作的15分钟短视频，可以搜索"Teamwork 101 Kellogg"。

此次修订不仅是由企业界的进步以及危机引起的，也是由我的同事们有关团队合作的科学研究引发的。自从第1版出版以来，他们致力于有关团队合作的研究，这些研究成果对管理科学领域做出了很大的贡献。

我喜欢这个领域的原因之一是可以和很多优秀的人合作。以下这些人对我的思想产生了重大影响，并给"合作"这个词带来了欢乐和新的含义：Cameron Anderson、Linda Babcock、

Max Bazerman、Terry Boles、Jeanne Brett、Susan Brodt、John Carroll、Hoon-Seok Choi、Taya Cohen、Jennifer Crocker、Susan Crotty、Jeanne Egmon、Hal Ersner-Hershfield、Gary Allen Fine、Craig Fox、Adam Galinsky、Wendi Gardner、Dedre Gentner、Robert Gibbons、Kevin Gibson、James Gillespie、Rich Gonzalez、Deborah Gruenfeld、Brian Gunia、Erika Hall、Reid Hastie、Andy Hoffman、Elizabeth Seeley Howard、Molly Kern、Peter Kim、Shirli Kopelman、Rod Kramer、Laura Kray、Terri Kurtzburg、Sujin Lee、Geoffrey Leonardelli、John Levine、Allan Lind、George Loewenstein、Jeff Loewenstein、Bob Lount、Denise Lewin Loyd、Brian Lucas、Beta Mannix、Kathleen McGinn、Vicki Medvec、Tanya Menon、Dave Messick、Terry Mitchell、Don Moore、Michael Morris、Keith Murnighan、Janice Nadler、Maggie Neale、Erika Petersen、Kathy Phillips、Jason Pierce、Robin Pinkley、Jo-Ellen Pozner、Mark Rittenberg、Ashleigh Rosette、Ken Savitsky、David Schonthal、Vanessa Seiden、Catherine Shea、Marwan Sinaceur、Ned Smith、Harris Sondak、Tom Tyler、Leaf Van Boven、Kimberly Wade-Benzoni、Cindy Wang、Juinwen Wang、Laurie Weingart、Judith White 以及 Elizabeth Ruth Wilson。

如果没有 Ellen Hampton, Larissa Tripp, 以及 Joel Erickson 的付出、组织和创造力，本书的修改工作是不可能完成的。他们设计了本书的结构，收集和整理了资料，编辑了数以百计的草稿，处理图表，安排每一章能够展示的内容，并为本书选取了许多案例研究。

在本书中，我介绍了许多关于"情境的力量"，以及环境对行为的影响。凯洛格商学院是我有幸参与过的最具支持性、最具活力的环境之一。我在凯洛格商学院的同事们都非常热情、富有建设性、慷慨大方。负责凯洛格商学院团队与群体研究中心（Kellogg Team and Group Center, KTAG 中心）是一件非常愉快的事情。非常感谢美国国家科学基金会的决策、风险管理项目，KTAG 中心以及它的姊妹机构——争端解决研究中心（Dispute Resolution Research Center）多年来给我的慷慨资助。

本书在很大程度上是我在这里提到的这些人的团队努力，他们才能多样、广泛且令人印象深刻。诚挚地感谢我的同事和学生，感谢他们触动了我的生活。我想感谢 Paul Capobianco 所拍摄的威斯康星大学男子重量级校赛艇队：舵手 Brandt Roen、8 号 Sam Weeks、7 号 Sebastian Amberger、6 号 James Lueken、5 号 Christoph Bub、4 号 Jonah van der Weide、3 号 George Perrett、2 号 Nick Montalvo、船头 Jacob Hurlbutt。

作者

目 录

译者序
前 言

第1部分 建立团队 1

第1章 团队的类型 3
团队与群体 4
为什么组织应该拥有团队？ 4
　信息技术 5
　竞争 6
　全球化与文化 6
　多世代团队 6
任务重点 7
　战术型团队 8
　问题解决型团队 9
　创造型团队 10
团队自主权的类型 10
　管理者主导型团队 11
　自我管理型团队 12
　自我指导型团队 13
　自我治理型团队 14
关于团队和团队合作的观察评论 15
　团队应该是例外，而不是规定 15
　管理者因团队失败而挑剔错误的原因 15
　需要关注团队 16
　尝试失败可以成就更好的团队 16
　冲突并不总是有害的 16
　强大的团队并不总是需要强有力的领导者 16
　优秀的团队在不当的环境中依然会失败 17
　静修活动并不能修复团队成员之间的所有冲突 17
关于团队，领导者告诉了我们些什么？ 18
　最常见的团队类型 18
　团队规模 18
　团队自治与管理者控制 18
　团队的寿命 19
　团队协作中最易产生挫折的方面 19
发展你的团队建设技能 20
　团队问题的准确诊断 20
　循证管理 21

　　　　专家型学习 21
　　一个警告 22
　　本章小结 22

第2章　团队设计 24
　　团队设计 25
　　定义目标 25
　　　　目标与手段 25
　　　　绩效与学习目标 26
　　　　促进目标与预防目标 27
　　　　目标契合 27
　　　　预先计划与即时计划 27
　　　　时间表和时间压力 28
　　　　容量问题与能力问题 29
　　选择团队成员 30
　　　　成员发起的团队选择 30
　　　　最佳团队规模 31
　　　　技能、才能和能力 33
　　　　角色和职责 33
　　　　多样性 35
　　过程：如何一起工作 40
　　　　任务依赖与结果依赖 40
　　　　转换与行动进程 41
　　　　结构 42
　　　　规范 42
　　　　团队辅导 45
　　本章小结 47

第3章　领导团队 48
　　领导力与管理 48
　　领导力悖论 50
　　领导者与先天-后天培养的争论 50
　　　　领导特质理论 51
　　　　领导力增量理论 53
　　领导风格 55
　　　　任务导向型领导与关系导向型领导 55
　　　　交易型领导与变革型领导 56
　　　　专制型领导与民主型领导 58
　　　　领导者的情绪 60
　　对领导者的期望 61
　　　　内隐领导理论 61
　　　　典型性 62
　　　　地位和不确定性 63
　　领导-成员交换 63
　　　　影响差别对待的因素 63

差别对待的优点 64
　　　差别对待的缺点 65
　权力 65
　　权力的来源 66
　　权力距离 67
　　使用权力 67
　　使用权力的效果 68
　参与式管理 69
　　任务委派 71
　　平行建议参与 72
　　工作参与 73
　　组织参与 73
　本章小结 75

第4章　团队凝聚力与信任 76
　团队身份 76
　　群体实体性 77
　　群体认同 77
　　身份融合 78
　　同身份群体和同纽带群体 78
　　关系认同和集体认同 78
　　自我验证与群体验证 79
　团队-成员交换 80
　　群体服务归因 80
　群体潜能和集体效能 81
　　团队效能与绩效 81
　群体心境与情绪 83
　　群体情感和绩效 83
　　情绪传染 83
　　行为挟带 85
　　情绪不一致 85
　　情绪智力 86
　　领导力与群体情绪 87
　群体凝聚力 87
　　凝聚力和团队行为 87
　　凝聚力和绩效 88
　　增强团队凝聚力 88
　　对社会排斥的恐惧 90
　群体信任 90
　　信任与尊重 90
　　信任与监督 91
　　信任一致性 91
　　信任倾向 92
　　信任的类型 92

修复破裂的信任 93
心理安全感 94
群体社会化和人员流失 95
群体社会化 95
群体社会化的阶段 95
"老前辈"对新成员的反应 98
离经叛道的观点 99
新成员的创新 99
人员流失和重组 100
本章小结 101

第 2 部分　团队绩效 103

第5章　绩效与生产力 105
团队绩效的综合模型 106
团队情境 106
组织情境 106
团队设计 107
团队文化 107
成功团队绩效的必要条件 108
专业技术 108
工作投入 112
执行 119
绩效标准 121
生产力 121
凝聚力 121
学习能力 122
整合能力 122
团队绩效方程式 124
本章小结 124

第6章　团队沟通与集体智慧 126
合作 127
不平衡沟通 127
知识专业化 128
知识分享与知识隐藏 128
将知识转化为解决方案 128
经验丰富的实践社群 129
适应能力 129
监督与"对房间谈话" 130
团队心智模型 130
反映性心智模型与反射性心智模型 130
表征差异 131
精确性 132
一致性 132

- 交互记忆系统 133
  - 集中式TMS与分散式TMS 134
  - 差异化TMS与整合式TMS 135
  - 隐性协调 135
  - 常规任务与非常规任务 135
  - 应对团队成员流失的恢复能力 136
  - 对搭便车的反应 136
  - 发展TMS 136
- 共同信息效应 139
  - 隐藏的侧面 141
  - 无效的策略 143
  - 有效的干预 144
- 团队学习 148
  - 环境 148
  - 新来者与轮换者 148
  - 间接经验与直接经验 148
  - 危险、改变与失败 149
  - 事后回顾 149
  - 程序化与创新性之间的取舍 149
- 本章小结 151

第7章 团队决策——陷阱和解决方案 152
- 团队决策 153
- 个体决策偏差 153
  - 框架效应 153
  - 过度自信 154
  - 确认偏差 155
  - 决策疲劳 156
- 个体与群体决策 156
  - 可论证与不可论证的任务 156
  - 超越个人的团队 157
  - 群体-个体转移 158
  - 少数人与多数人 158
  - 群体决策规则 159
  - 拒绝决策 160
- 群体思维 160
  - 以史为鉴 161
  - 减少群体思维 162
- 承诺升级 165
  - 项目决定因素 166
  - 心理决定因素 167
  - 社会决定因素 167
  - 结构决定因素 167
  - 对失败行动方案的承诺升级最小化 168

阿比林悖论 168
  如何避免阿比林悖论 170
群体极化 171
  "希望正确"的需要 172
  "被喜欢"的需要 172
  从众压力 173
不道德决策 174
  理性预期模型 175
  错误共识 176
  替代许可 176
  脱敏 176
本章小结 179

第8章 管理团队冲突 180
关系、任务与过程冲突 181
  关系冲突 181
  任务冲突 182
  过程冲突 183
  对绩效的影响 183
  人格与冲突 185
  团队认同 186
  权力与冲突 186
  组织气氛与冲突 186
  全球文化与冲突 186
冲突的类型 187
  比例冲突与感知冲突 187
  冲突状态与冲突过程 188
  冲突传染 188
  分配冲突与程序冲突 189
  公平、平等和需求 189
  少数派冲突与多数派冲突 190
  工作-家庭冲突 193
  组织文化冲突 193
冲突管理 193
  冲突模型 193
  团队中任务冲突和绩效的权变理论 194
  冲突投入模型 195
  Wageman和Donnenfeld的冲突干预模型 197
  争端的利益、权利和权力模型 199
本章小结 200

第9章 团队内创造力与创新 201
先天与后天 202
创造力与创新 203

收敛性思维与发散性思维 203
　　　激进式创新与渐进式创新 205
　　　创造性现实主义 206
　　　流畅性、灵活性和原创性 207
　　　探索与开发 208
　头脑风暴讨论和头脑写作 209
　　　头脑风暴 209
　　　群体头脑风暴和单独头脑风暴 210
　　　头脑写作 212
　　　速度风暴 212
　　　电子头脑风暴 213
　团队创造力的潜在威胁 214
　　　社会惰化 214
　　　从众行为 215
　　　产出阻塞 215
　　　表现相配 216
　　　典型的头脑风暴环节会发生什么？ 217
　提升团队创造力的最佳训练 217
　　　激励方法 217
　　　认知方法 219
　　　协调人引导法 222
　　　领导和组织方法 224
　本章小结 227

第3部分　组织中的团队 229

第10章　子小组与多团队 231
　组间关系 231
　　　组内和组外 231
　　　社会比较 232
　　　团队竞争 232
　　　组内偏见 233
　　　越轨信任 233
　小组 234
　　　规模 234
　　　身份、资源和知识小组 234
　　　小组的数量 236
　　　对绩效的影响 236
　　　断层线 236
　　　地位 238
　　　顺从 240
　　　组内越轨 240
　团队边界 241
　　　界限模糊与界限过度团队 241
　　　创始团队 241

| 情报、展示和探索团队 241
| X-团队 242
矩阵组织中的团队 243
| 跨职能团队 243
| 多团队系统 243
| 团队之间的整合 244
| 跨多个团队和业务单元组成的整合 245
重组与合并中的团队协作 246
| 重组 246
| 合并 246
改善团队之间的关系 248
| 换位思考 248
| 上级的身份 248
| 联系 249
| 道歉 251
| 支持和帮助 251
| 肯定 252
本章小结 252

第11章 团队网络与社会资本 253
任务工作和团队合作 254
| 任务工作和团队合作 254
| 任务工作和团队合作网络结构 254
| 影响网络的因素 254
外部领导者 255
| 普遍与差异 255
团队成员的外部作用 256
组织网络 257
| 共享知识 257
| 内部人员与外部人员知识评估 257
| 人力资本与社会资本 259
| 边界跨越 261
| 边界松动与边界紧缩 262
| 集团与企业家网络 262
| 团队社会资本 264
| 友谊、信任和建议关系 265
| 领导关系 267
增加你的社会资本 268
| 分析你的社交网络 269
| 识别结构漏洞 270
| 扩展网络规模 271
| 多元化网络 271
| 构建分级网络 273
| 识别网络中的性别脚本 273

声誉管理 273
　本章小结 274

第12章　虚拟团队合作 275
　社会互动的地点时间模型 276
　　　面对面交流 276
　　　同样的时间，不同的地点 278
　　　不同的时间，同样的地点 280
　　　不同的地点，不同的时间 281
　信息技术和社会行为 283
　　　缩小身份差异，使弱者变强 283
　　　参与的公平性 284
　　　决策时间更长 285
　　　信息控制 285
　　　风险承担 285
　　　解除束缚及其消极影响 286
　　　目标效果和决策质量 286
　　　信任与默契 287
　虚拟团队、混合团队和传统团队 287
　　　普及程度 288
　　　优点 288
　　　身份认同 288
　　　领导力 289
　　　关注和问题解决 289
　　　冲突 289
　　　地理断层 290
　增强虚拟团队 290
　　　团队形成 291
　　　技术 291
　　　共享心智模型 292
　　　边界物 292
　　　最初的面对面经验 293
　　　客观的自我意识 294
　　　诚信 294
　　　洞穴和公共区域 294
　　　指导虚拟团队 294
　本章小结 295

第13章　多元文化团队 296
　跨文化团队工作的挑战 296
　　　多元文化团队 296
　　　文化定势与原型 297
　文化价值观 297
　　　文化的定义 297

　　　　冰山模型 297
　　　　Hofstede模型 298
　　　　面子、尊严及荣誉文化 302
　　　　紧密与宽松的文化 303
　　文化智力 303
　　　　CQ模型 304
　　　　文化元认知 305
　　　　团队融合 305
　　　　多元文化参与 306
　　　　工作方式 306
　　多元文化团队合作 306
　　　　创造性革新 306
　　　　关系取向 307
　　　　网络 307
　　　　平等的价值观 308
　　　　地位感知 308
　　　　情绪表现 308
　　多元文化合作 309
　　　　民族中心主义 309
　　　　文化相对主义 309
　　管理多元文化团队 310
　　　　改变和适应 310
　　　　交互记忆系统 310
　　　　语言障碍 311
　　文化变迁 311
　　　　整合 311
　　　　同化 312
　　　　分离 312
　　　　边缘化 312
　　本章小结 312

附录1　奖励团队合作 313
附录2　会议管理 326
附录3　建立高效的学习团队 334

第1部分

建立团队

第 1 章
团队的类型

Facebook 上发布过这样一则广告：招募异国探险挖掘人员，需要有古生物学或人类学方面的经验，愿意在一个月内飞往南非。"这个人一定要极瘦，矮小最好，不能有幽闭恐惧症，必须健康，并且应该具有一些洞穴探险经验。有攀岩经验者则属意外收获。"⊖大学古人类学家伯杰·李博士（Dr. Lee Berger）从 57 名申请者中甄选出 6 名身材苗条的女性进行了一项重要的挖掘工作。这个团队勉强挤过一条长长的、最窄只有 18in（1in=0.0254m）宽的垂直滑道，一步步挪动，向着洞穴底部的着陆区前进。这个由女性组成的团队蜷缩在几近全黑的化石洞穴空间里，以六小时轮换一次的方式进行测绘、挖掘以及装袋运送密密麻麻的骨头，当地登山人员用电缆把地面和化石洞穴串联起来，供她们与地面进行联系。数十名科学家在洞穴外面的帐篷中兴奋地观看实时视频，等待着登记样品。伯杰博士邀请了来自 15 个国家的 30 名科学家到约翰内斯堡（Johannesburg）参加一个为期 6 周的疯狂化石研究，并组装收集到的骨头部件。根据具体的身体部位划分团队——一组组装脚，一组组装腿，一组组装头颅等。而伯杰博士和他的顾问们则在各组之间穿梭。这 1550 个化石碎片，最后被认为是该领域的一次突破性发现。◎

具有共同的目标和相互依赖的组成人员是团队的定义特征。尽管大多数商业人士并不会在洞穴中挖掘化石，但他们承担着涉及重要经济和社会利益的使命。

几乎每个在组织中工作过的人都曾经是某个团队的成员。良好的团队不是因为运气，而是出于辛勤的工作、精心的计划和发起组织的承诺。设计有效的团队是一项技能，需要对团队有透彻的理解，以确保团队按照设计的方式工作。虽然无法保证最终一定能够组建一个优秀的团队，但理解了是什么促使团队起作用会自然地通往更好的和更有效的团队。本书将介绍一种系统的方法，能够让领导者、管理者、主管、培训人员和专业人员在其组织中建立和保持优秀的团队。

我们的系统方法是建立在学习和变革的科学原理基础上的。实施变革需要管理者审视自己的行为，以发现错误所在，考虑并实施新的技术和实践，然后检查其效果。不幸的是，在

⊖ From ad posted to Facebook by Lee Berger, © October 7, 2013 Dr. Lee Berger.

◎ Smith, D. (2015, September 10). Small spelunkers required: The ad that led to the discovery of Homo naledi. The Guardian. guardian. com; Young, E.(2015, September 10). 6 tiny cavers, 15 odd skeletons, and 1 amazing new species of ancient human. The Atlantic. Theatlantic.com; Schreeve, J. (2015, September 10). This face changes the human story. But how? National Geographic. National geographic. com

一个典型的组织中完成这些工作并不容易。本章借由定义"团队是什么"来奠定有效学习的基础——但这个定义并不总是那么清晰！我们根据团队的任务焦点划分了组织中的三种团队类型，还根据团队的职权区分了四种团队类型。我们揭开了有关团队协作最常见的谬论，并分享了来自团队领导者的一些观察。我们提供了关于团队在组织中如何运用，以及管理者最关心的问题的调查评估结果。

团队与群体

群体（group）是一群人的集合，**团队**（team）则是为了共同的目标而努力、相互依赖的一群人。工作团队是对组织的特定结果共担责任的个体集合。并不是每个在一起工作或者近在咫尺的人就属于一个团队。团队是在信息、资源和技能方面都相互依赖的一群人，致力于将他们的努力结合起来，以实现共同的目标。团队有五个关键的本质特征。

第一，团队是为了实现**共同的目标**（shared goal）而存在的。简而言之，团队有工作要做。团队产出结果，所有成员对结果负有共同责任，并可以获得某种形式的集体回报。第二，团队成员在共同目标上是相互依赖的。相互依赖是团队协作的标志。**相互依赖**（interdependence）意味着团队成员无法独自实现他们的目标，而是必须依靠彼此来完成共同目标。因为团队成员必须依靠他人来获取信息、专业知识、资源和支持，所以存在多种相互依赖关系。第三，团队是有边界的，并且保持相对稳定。**有界性**（boundedness）意味着团队具有一个可识别的成员身份，成员和非成员都知道谁在这个团队中。**稳定性**（stability）则是指团队成员身份的任期。多数团队共同工作一段有意义的时间长度——这段时间足以完成他们的目标。第四，团队成员有管理自己工作和内部流程的**职权**（authority）。我们关注的是那些成员在某种程度上可以决定如何完成自身工作的团队。第五，团队在更大的**社会系统环境**（social system context）中运行。团队并不是孤岛，而是经常与其他团队一起，在一个更大的组织中进行工作。此外，团队经常需要利用团队之外的资源，反之亦然——这一点我们将在本书第3部分进行讨论。

相比之下，**工作群体**（working group）则是由互相学习、分享想法的人员所组成的，但他们之间相互依赖并不作为一种重要方式，也不用朝着共同目标努力。工作群体分享信息、观点和见解，做出决定，帮助人们将工作做得更好，但重心是在个体的目标和责任上。例如，每个月见面、分享新想法的一群研究人员，就是一个工作群体。

为什么组织应该拥有团队？

团队和团队协作并不是新概念。事实上，团队和团队思维在诸如宝洁、波音等公司中已经存在多年。例如，20世纪80年代初，在美国空军部队、诺斯洛普·格鲁门公司和4000个承包商及供应商之间针对B-2隐形轰炸机项目合作期间，就采用团队负责处理该项目的不同

⊖ Alderfer, C.P. (1997). Group and intergroup relations. In J.R. Hackman & J.L. Suttle (Eds.), Improving life at work (pp.227-296). Palisades, CA: Goodyear; Hackman, J.R. (1900). Introduction: Work teams in organizations: An oriented framework. In J. Hackman (Ed.), Groups that work and those that don't. San Francisco, CA: Jossey-Bass.

组成部分。○

　　管理者发现，大量的研究指出，团队比传统的公司层级结构能够更加快速和有效地做出决策。即使是简单的变革，如鼓励流水线上员工的投入和反馈，也会带来显著的改善。例如，质量控制（QC）小组（quality control circles，又称质量圈——译者注）和员工卷入小组（employee involvement groups）都鼓励员工参与。○ 现今这种思维被看作人们普遍接受的观点，正是这些项目成功的标志。尽管这些 QC 小组对于促进团队在组织中的运用方面所做的努力是有价值的，但是组织为未来的重组和再造过程所需的团队与 QC 小组是完全不同的。例如，Zappos 公司采用全体共治（holacracy），一种管理者和传统的公司层级都不复存在的、彻底的自我管理体系。同心圆式的职责取代了组织结构图，员工选择他们归属于哪些圆以及从事哪些项目。人们不再拥有唯一工作，而是具有多个"角色"，"主导链接"（lead links）被指定用于圆与圆之间的沟通。该公司的 1500 名员工定义他们自己的工作，任何人都可以为某个会议设定自己的议程。但为了防止无秩序状态，会议进程被严格执行。○ 至少有四个挑战表明建立和维护有效的团队是至关重要的。

信息技术

　　在我们的调查中，有 72% 的管理者和领导者声称，他们在混合型团队中工作，物理位置上他们不在同一地点。○ 在协作经济中，员工是知识劳动者，团队则是知识整合者。信息时代的挑战之一就是要在公司内部找到相应信息之所在，或者与可能正工作在世界各地的他人进行联系和沟通。人们会在专家身上寻找什么呢？他们寻找专业知识、可信赖性、沟通技能、提供帮助的意愿、多年的经验以及对其他资源的认识。LinkedIn 推出了一款名为"查找"（Lookup）的应用（App），可以让员工通过应用程序内的消息传递或电子邮件来查找、了解和联系合作人。LinkedIn 的高级产品经理认识到，随着公司的发展和新员工加入团队，知道该去何处寻找需要的信息变得至关重要。○

　　在协作经济中，管理者的角色已经相应地发生了转变，他们不再主要负责从组织层级低于他们的员工那里收集信息，然后根据这些信息做出决策。他们的新角色是识别那些能够实现团队目标的关键资源，进而促进这些资源间的协调以达成公司目标。

　　团队成员的工作也发生了显著变化。这可以看作一种威胁或者挑战。2015 年，美国人口普查局估计，大约 1580 万人（占劳动力总数的 10%），每周至少有一天在家中工作。这比 3 年前增长了 18%。○ 现在可能会在远离传统位置的地方做出决策，事实上，决策有时是由承包

○ Kresa, K. (1991). Aerospace leadership in a vortex of change. Financier, 15(1), 25-28.

○ Cole, R.E. (1982). Diffusion of participating work structures in Japan, Sweden and the United States. In P.S. Goodman et al. (Eds.), Change in organizations (pp.166-225). San Francisco, CA: Jossey-Bass.

○ From At Zappos, Pushing Shoes and a Vision by David Gelles, © JULY 17, 2015 The New York Times.

○ Thompson, L.(2016). Constructive Collaboration Executive program survey, Kellogg School of Management.

○ Chaykowski, K.(2015, August 19). LinkedIn's new employee directory app "Lookup" could boost daily activity on its network. Forbes. forbes.com

○ U.S. Census Bureau daily feature for October 8: Work From Home Week. (2015, October 8). United States Census Bureau. census.gov

商做出的，而不是由公司员工做出的。这一结构上的显著变化要求公司在如何构建工作环境上做出同样显著的再评估。

竞争

信息技术还使得消费者和客户能够直接获得有关产品和服务的知识与信息。这一认识让争夺客户和市场份额的公司之间产生更大程度的竞争。一般来说，商业企业每5年就会流失50%的客户。在客户保留上，仅仅是2%的提高就会和成本降低10%具有相同的效果。此外，发展新客户的成本是保留现有客户成本的5倍之多。[1] 有着这么多的利害关系，各个公司都在这场赢家通吃的战斗中积极地争夺市场份额。因此，在公司内部将团队最好的一面激发出来变得更加重要。这意味着人员预期会更为专业化，而这些专业知识领域将变得更为狭窄和相互依赖。这是基于团队方法进行工作的核心结构。例如，当苹果公司从零开始开发自有品牌的电动汽车时，项目负责人被允许创建一个1000人的大团队，可以从公司任何部门招募员工，包括创造了iPhone和iPod的工程师。这个工业设计团队所配备的设计师拥有为欧洲和美国汽车制造商工作的经验。其他数十个员工团队所承担的任务包括研究机器人技术、金属、材料或者经济高效的汽车生产方法和供应链。[2]

全球化与文化

另一个挑战是全球化。一个日益全球化的和快节奏的经济需要拥有具备专业知识的员工，公司内的专家还需要携手共进。随着收购、重组、外包和其他结构性变革的发生，对协调的需要变得更加突出。公司结构的变革和专业化的提高意味着组织成员之间将会有新的边界，尽管这些边界并不总是显而易见，但这些边界既分隔又连接着组织内部的团队。[3]这些新的关系要求团队成员学会如何与他人合作来实现目标。团队成员必须通过协调与同步来整合供应商、管理者、同行和客户。团队成员需要一起工作，并且很少（在某些情况下，从来没有）以面对面的方式互动。人类具备了可以与地球上任何地方（甚至更远的地方）的人进行沟通的能力，曾经那些距离遥远的人员和资源现在都可以快速地、轻松地、低成本地触手可及。这促进了虚拟团队的发展——通过技术有效地连接起来的团体，就如同他们在同一栋大楼里。然而，文化差异，既有深远的也有细微的，都能威胁到团队实现共同目标的能力。

多世代团队

多世代团队由不同年代出生的人员组成。当涉及协作与团队合作时，他们以不同的方式工作并遵循不同的规范。这很大程度上归因于几代人在年轻时伴随着技术而塑造的经历，影响了他们如何思考和工作。例如，在2015年，超过1/3的美国员工（总共5400万）是"千禧

---

[1] From How to build customer loyalty, ©JUL 20,2015 Forbes.

[2] Wakabayashi, D., & Ramsey, M. (2015, February 15). Apple gears up to challenge Tesla in electric cars. The Wall Street Journal. wsj.com

[3] Alderfer, C.P. (1997). Group and intergroup relations. In J.R. Hackman & J.L. Suttle (Eds.), Improving life at work (pp.227-296). Palisades, CA: Goodyear; Friedlander, F.(1987). The design of work teams. In J.W. Lorsch (Ed.), Handbook of organizational behavior. Upper Saddle River, NJ: Pearson Education.

一代"（出生于 1981 年至 1997 年的人），超越了"X 一代"（出生于 20 世纪 60 年代中期至 70 年代末的一代人——译者注）成为美国劳动力群体中的主力军。⊖ 有时候，和不同年代的人交流，同与来自不同文化的人交流一样具有挑战性。除非管理者和公司花时间去了解其他年代人不同的工作和价值观体系，否则注定会失望和沮丧。由不同年代的人组成的团队要考虑的价值观包括家庭的重要性、成就导向、团队导向与个人导向，以及对反馈、关注和辅导的需求。办公室中混合的世代经常会导致尴尬的面对面互动。例如，"千禧一代"被《商业周刊》称为"新的办公室傻瓜"，因为他们不知道如何着装、如何使用固定电话，或者在会议场合如何表现得职业化——总是使用手机发短信或浏览互联网。⊜ "千禧一代"对传统的雇佣方式持怀疑态度。⊝ 由于这些原因，Acuity 保险公司为其年轻的员工设立了游戏俱乐部。而云计算供应商 Workday 则邀请年轻职员主持会议、提供辅导计划，还让他们在整个公司的不同部门轮换工作，从而让他们保持参与的热情，培养他们的技能和经验。⊕

任务重点

团队通常运用三种类型的任务：战术型、问题解决型和创造型，对应形成了三种类型的团队。图表 1-1 描述了战术型团队、问题解决型团队和创造型团队的流程要点和威胁。

团队类型	流程要点	威胁
战术型	• 指导性的、高度聚焦的任务 • 角色清晰 • 明确界定的操作 • 准确无误	• 角色模糊 • 缺乏培训标准 • 沟通障碍
问题解决型	• 关注问题 • 把人与问题分开 • 考虑事实，而不是意见 • 进行彻底调查 • 延缓判断	• 不能忠于事实 • 执着于解决方案 • 屈服于政治压力 • 验证性的信息搜索
创造型	• 探索可能性和替代方案	• 产出受阻 • 不平等的参与

图表1-1　团队任务的类型

基于 Larson, C.E., & LaFasto, F.M.(1989). Teamwork: What must go right/what can go wrong. Newbury Park, CA: Sage, © Leigh L. Thompson.

（产出受阻（production blocking）是头脑风暴群体中的共同问题，指的是群体讨论中，某个人阻止或抑制其他人的倾向。例如，如果群体中有六人，一个人在谈论他的观点时，那么其他五人就被"阻止"，不能提出自己的创造性信息输入。——译者注）

⊖ Fry, R. (2015, May 11). Millennials surpass Gen Xers as the largest generation in the U.S. labor force. Pew Research Center.pewresearch.org

⊜ Why etiquette school are thriving. (2010, October 14). Businessweek. Businessweek.com

⊝ Zaino, G. (2015, January 5). Three things forward-thinking companies need to know to attract millennial independent workers in 2016. Huffington Post Business. huffingtonpost.com

⊕ Lewis, K. R. (2015, June 23). Everything you need to know about your Millennial co-workers. Fortune. fortune.com

战术型团队

战术型团队（tactical teams）执行一个明确的计划。战术型团队的一些例子包括心脏手术团队、运动团队和其他组织严密的团队。㊀ 战术型团队要想取得成功，必须有高度的任务清晰性和明确的角色界定。在一项关于NBA（美国国家篮球协会）球员成绩的研究中发现，球员们在一起打球时间更长的球队赢得更多的比赛（保持球员自身的统计数据不变）；如果"糟糕的球队"经常在一起打球，相比于用其他标准计算应该赢得的比赛数量，他们实际上赢得了更多的比赛。㊁

一种战术型团队称为**工作组（crew）**。工作组是由一群内行的专家组成，每个专家有着特定的角色位置，他们执行与他人紧密同步的简明任务，并在不同的环境条件下重复那些活动。㊂ 要评估某个团队是否是工作组，可以完成图表1-2中的调查。在拥有地球上最难以忍受的气候的贫瘠之地上，阿蒙森-斯科特南极站（Amundsen-Scott South Pole Station）在夏季时，有150名科学家、技术人员和支持人员同心协力，致力于完成科考站的研究目标。而六个月的极寒冬天，温度可以降到-76°F（即-60℃），考验着留下来的45名工作人员的耐力。他们没有飞机补给物资、Wi-Fi或手机服务，坚持熬过连续六个月的彻底"黑暗"。拥有特定技能的冬季工作组（winter crew）负责维护科考站的望远镜，监控用于收集日常科学数据的"冰块实验室"（ice cube lab）计算机，照看生存必需品，诸如维护科考站供暖系统和电力设备运转的柴油发电机，以及每周可提供30lb（1lb≈0.45kg）蔬菜的水培温室。㊃

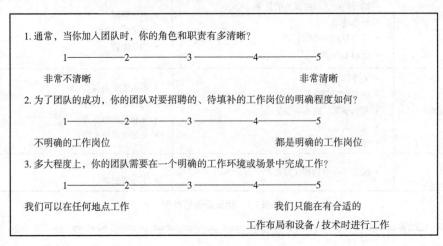

㊀ LaFasto, F.M.J., & Larson, C.E.(2001). When teams work best: 6000 team members and leaders tell what it takes to succeed. Newbury Park, CA: Sage.

㊁ Berman, S.L., Down, J., & Hill, C.W.(2002). Tacit knowledge as a source of competitive advantage in the National Basketball Association. Academy of Management Journal, 45(1),13-31.

㊂ Klimosiki, R., & Jones, R.G.(1995). Staffing for effective group decision making. In R.A. Guzzo & E. Salas (Eds.), Team effectiveness and decision making(pp.9-45). San Francisco, CA: Jossey-Bass; Sundstrom,E.D.,DeMeuse, K.P., & Futrell, D.(1990). Work teams: applications and effectiveness. American Psychologist, 45(2), 120-133.

㊃ Berified, S.(2014, June 11). A guide to wintering in the South Pole. Bloomberg Business. bloomberg.com

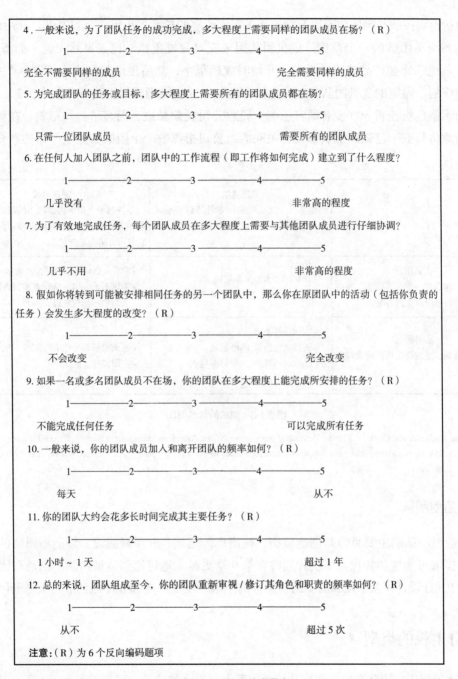

图表1-2 工作组分类量表

基于"Crews: A distinct type of work team" from Journal of Business and Psychology by Shelia Simsarian Webber, Richard J Klimoski 18(3), 261-279, PP.268. Copyright© 2004 Springer New York LLC. Reprinted by permission of Human Sciences Press, Inc.

问题解决型团队

问题解决型团队（problem-solving teams）通常需要持续地尝试解决问题。为了成为有效的团队，每个团队成员都必须期望并相信成员之间的互动是高度诚信的。问题解决型团队的例子包括疾病控制与预防中心以及桑迪亚国家实验室的核武器小组。**危机团队（crisis team）**是问题解决型团队的一个范例。危机团队用来应对突发危机，比如自然灾害（如海啸），或者潜在危机，比如产品缺陷或丑闻，开始时规模很小，然后逐渐加剧失去控制。一些组织拥有现成的、固定的危机团队来应对危机，还有一些组织则临时组建（见图表1-3）。Chipotle公司的污染危机使得500多名顾客患病，导致公司股票暴跌，损害了公司形象。在得知三种不同病原体与五个已知的疾病暴发相关联后，公司指挥数十个团队实施了严格的新食品安全措施。

	突发危机 组织几乎无法控制的意外事件并被认为负有有限的过失或责任	潜在危机 事件起始于组织内部的小问题，逐渐为利益相关者所知，随着时间推移，因管理层的疏忽而升级为危机状态
正式团队 成员们集合在一起，以防止、准备和随时待命来应对危机情况	• 沃尔玛和卡特里娜飓风 • 阿波罗13号老虎队和氧气罐爆炸	• 思科（Cisco）与全球经济衰退 • 英国石油公司（BP）墨西哥湾漏油事件 • 大众汽车排放危机
临时团队 每时每刻，适应特定情况的临时安排的团队	• 中国非典小组 • 美国航空公司1549航班 • Chipotle餐馆的大肠杆菌危机 • 寨卡病毒暴发	• 密歇根州弗林特市铅灾难 • 富国银行虚假账户

图表1-3　组织的危机团队

基于 Pearson, C.M. and Clari, J.A.(1998). Reframing crisis management. American Management Review, 23, 59-76; James, E.H. & Wooten, L. P. (2009). Leading teams in crisis situations: From chaos to extraodinary performance. Effective Executive 12(5), 14-19, ©Leigh L. Thompson.

创造型团队

创造型团队的主要目标是创造事物，跳出思维定式，并质疑假设。创造型团队的过程重点在于探索可能性和替代方案。我们将在第9章更深入地讨论创造型团队。创造型团队的例子包括IDEO设计团队、Hallmark的创意咨询小组，以及负责Netflix原创节目策划的团队。

团队自主权的类型

相比于组织，团队在自主程度和控制程度上有很大的差异，可参考图表1-4所示的四种团队类型的职权。

- LaFasto & Larson, When teams work best.
- Irvine, R.B.(1997, July). What's a crisis anyway? Communication World, 14(7), 36.
- Berfield, S.(2015, December 22). Inside Chipotle's contamination crisis. Bloomberg Business. bloomberg.com

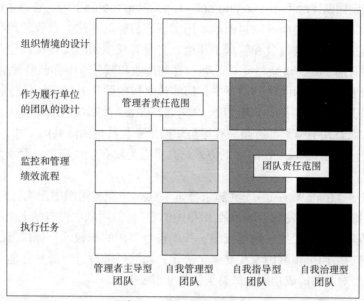

图表1-4 四种团队类型的职权

基于 Handbook of organizational behavior by J.W. Lorsch.
Copyright ©1987 by J.W. Lorsch Reprinted by permission of by J.W. Lorsch.

管理者主导型团队

最传统的团队类型是**管理者主导型团队**（manager-led team）。在管理者主导型团队中，管理者作为团队的领导，负责明确团队的目标、方法和运行。团队自身仅负责所安排工作的实际执行。管理者负责监控和管理绩效流程、监督设计、选拔成员以及与组织的协调配合。管理者主导型团队的例子包括汽车组装团队、手术团队、运动团队和军事团队。管理者主导型团队通常有一个专门的、全职的、级别高的主管，就像在一个煤矿团队中一样。

在管理者主导型团队中，管理者对团队成员和他们所做的工作进行最大限度的控制；管理者控制团队的工作过程和产出。此外，管理者设定了目标并描绘需做的工作轮廓之后，在这个意义上，团队成员的工作是有效率的。在管理者主导型团队中，管理者不必被动地看着团队成员犯着他们曾经所犯的同样错误。这些团队具有相对低的启动成本，但也存在着一些缺点，如责任分散和遵从于管理者。简而言之，成员们拥有较小的自主性和赋权。管理者主导型团队可能非常适合于有明确目标的简单任务，如专案组或事实调查小组。例如，通用电气（GE）石油和天然气团队的负责人——前陆军上尉史蒂夫·穆姆（Steve Mumm），领导一个由 50 名员工组成的团队，完成了一项耗资 3500 万美元的钻井安全系统的建设，该系统被称为"烟囱"，旨在防止深水勘探时出现气体泄漏。史蒂夫指出他"自上而下"的领导风格，"为了在适当的时间完成工作，需要有人在那里激励、指导和组织。而这恰恰需要一个领导者来做。"⊖

⊖ From Battle-tested: From Soldier to business leader by Brain O'Keefe, ©NOVEMBER 10, 2015 Fortune.

自我管理型团队

在**自我管理型团队**（self-managing/self-regulating teams）中，管理者或领导者决定团队整体的目标或方向，但团队可以自由地采用实现该目标的方法。自我管理型团队在组织中越来越普遍，实例如猎头委员会和管理工作组。自我管理型团队能够提高生产率和质量，增强员工士气，并有助于减少缺勤和员工流动。㊀ 在制造业和服务业中都已经观察到了这些益处。在一个对121个服务业技师团队的调查中，那些被赋权的团队开发了团队流程，有效地提高了量化的绩效，也间接提高了顾客满意度。㊁ 例如，Pivotal实验室没有管理人员，员工都在项目团队中工作，而且几乎每天都有很多程序员切换出来与其他团队共同工作，完成其他项目。运用"均衡的团队"（balanced teams）的方式，其重点是放在生产率上，而不是放在讨论生产率的管理会议上。㊂

露丝·沃格曼（Ruth Wageman）在施乐公司（Xerox）服务组织中正式研究了43个自我管理型团队。㊃ 根据沃格曼的发现，高绩效团队中出现了低效团队中没有的七个典型特征，包括明确的方向、团队任务、回报、物质资源、管理自身工作的职权、目标以及战略规范。自我管理型团队的成功由四个预测因素（变量）决定：团队任务设计、鼓励性监管行为、团队特征和员工参与。㊄ 对于关键成功因素的总结，参见图表1-5。

团队目标
• 团队成员能否明确地表达出团队要实现的基本目标，并为所有成员所共享？ • 团队能阐明具体的目标吗？ • 这些目标能提高他们的绩效吗？ • 团队是否明确指定了完成这些目标的时间？ • 团队能在不重复或不浪费精力的情况下协同工作，并以"积极进取"的态度工作？ • 团队是否有效地创新，并提出新方案来解决不断变化的任务需求？
真正的团队任务/团队任务设计
• 团队任务一致性：团队是否为团队的所有客户和主要产出承担集体责任？ • 团队任务多样化：成员是否交叉训练以能够互相帮助和相互替代？ • 团队任务反馈：团队是否获得团队层面有关绩效的数据与反馈？ • 团队需要经常见面吗？他们这样做了吗？ • 团队任务的重要性：当团队认为他们所从事的工作很重要时，是否有动力相互合作，处理这份重要的工作？
团队特征
• 团队的构成 　—团队专业技能 　—团队规模适当 　—团队成员稳定

㊀ Stewart, G. I., & Manz, C. C. (1995). Leadership and self-managing work teams: A typology and integrative model. Human Relations, 48(7),747-770.

㊁ Mathieu, J.,Gilson, L., & Ruddy, T. (2006). Empowerment and team effectiveness: An empirical test of an integrated model. Journal of Applied Psychology, 91(1), 97-108.

㊂ Blakeman,C.(2015, December 9). Pivotal labs finds success with self-managed teams. Inc. inc. com

㊃ From Critical success factors for creating superb self-managing teams by Ruth Wageman in Organizational Dynamics, ©1997 Elsevier.

㊄ Cohen, S.G., Ledford, G.E.,Spreitzer, G.M. (1996). A predictive model of self-managing work team effectiveness. Human Relations, 49(5), 643-675.

团队奖励/员工参与情境
• 算上所有可获得的奖金，是否有超过80%是奖励给团队，而不是个人的？ • 团队奖励与团队绩效、团队能力的发展是联系在一起的吗？ • 团队是否可以获得关于工作进展、质量、客户、业务绩效、竞争对手和组织变革的信息？ • 团队是否得到有助于取得有效绩效的知识方面的培训，使团队成员得到成长？
基本物质资源
• 团队是否拥有完成工作所需的资源、设备、空间、工具和材料？ • 团队有自己的会议场所吗？
管理工作的职权
• 团队是否有权决定下列事项（无须特别批准）： 　—如何满足客户的需求 　—采取什么行动和什么时候采取行动 　—是否在认为必要时改变工作策略 • 团队任务自主权：团队是否有权做出关于业务绩效的决策，并需要对工作策略做出集体决策（而不是将这个权力留给个人）？ • 团队能否有效地分配资源以适应工作环境的变化？
战略规范
• 在没有领导介入的情况下，团队成员是否相互鼓励去发现存在的问题？ • 团队成员是否公开讨论团队成员对团队贡献的不同之处？ • 团队成员是否鼓励尝试新的操作方法？ • 团队是否积极地向其他团队学习？ • 团队成员之间有共同的行为准则吗？ • 团队成员对于"团队可以有效地运作"是否持有共同的看法？

图表1-5　自我管理型团队的关键成功因素

基于 Wageman, R. (1997b, Summer). Critical success factors for creating superb self-managing teams. Organizational Dynamics, 26(1), 49-61; Cohen, S.G., Ledford, G.E., Spreitzer, G.M. (1996). A predictive model of self-managing work team effectiveness. Human Relations, 49(5), 643-675, ©Leigh L. Thompson.

自我管理型团队能够建立承诺，提供更多自主性，并经常增强士气。然而，它的一个不足之处是管理者对过程和产出具有较少的控制，因此难以评估进展。有一项研究检验了在结构上存在方向偏离问题的团队中，三类变革（人员、过程和结构）的有效性。[⊖] 这些团队更愿意频繁地改变其过程，而不是他们的结构，进而对绩效产生不利的影响。然而，当团队接收到反馈干预时，他们更可能改变其结构，从而提高团队的绩效。

自我指导型团队

自我指导型团队（self–directing teams）或**自我设计型团队**（self–designing teams）决定自己的目标和实现目标的方法。管理者只对团队所处的组织环境负责。自我指导型团队为创新提供了最大的潜力，增强了目标承诺和动机，并为组织学习和变革提供机会。然而，自我指导型团队或自我设计型团队非常耗时，也具有最大的冲突潜力，而且构建成本很高。此外，监督团队成员的进展也是极其困难的。其他不利方面还包括团队的边缘化和缺乏团队合法性。然而，自我指导型团队往往能够取得巨大的成就。

[⊖] Johnson, M.D., Hollenbeck, J.R., DeRue, D.S., Barnes, C.M., & Jundt, D.(2013). Functional versus dysfunctional team change: Problem diagnosis and structural feedback for self-managed teams. Organizational Behavior and Human Decision Process, 122(1), 1-11.

自我指导型团队可能非常适合于复杂的、难以界定的或模棱两可的问题和未来发展规划。有些公司有"自由时间"的政策，允许员工从事他们感兴趣的新颖项目。谷歌通过允许员工拥有"20%的时间"从事他们的项目，使一些产品的成功发布成为可能，包括谷歌眼镜、谷歌无人驾驶汽车、Gmail电子邮件服务、谷歌新闻服务、谷歌地图和社交网络网站Orkut。类似地，在西南航空公司，自我指导型团队具有核心作用。公司将重点放在正式的组织结构上，信任员工或管理委员会的决策。当一位著名作家忘带登机所需要的身份证件时，被赋权的团队成员能够根据他某本书的封底来确认他的身份，并允许该作家登上飞机，避免令人不快的航班延误。在传统的自上而下的结构中，团队成员必须报告给经理，然后经理可能需要给另一个管理人员报告，但自我指导型团队拥有的权力规避了这种麻烦。① 通过减少流程，自我指导型团队帮助解决了这一根本问题。在 W. L. Gore 公司，9500名员工分布在50个地点工作，没有正式的层级结构，没有老板，只有最少的工作头衔。员工选择他们的工作，并与团队成员就角色进行协商。公司的制造工厂中人员被限定在200名以内，从而强调"我们决定"，而不是"他们决定"的观念。该公司在年度最佳雇主和创新领袖榜上名列前茅。②

自我治理型团队

自我治理型团队（self-governing teams）和董事会通常负责执行任务、管理自己的绩效过程、设计团队和设计组织环境。他们拥有广泛的职权和责任范围。在许多公司里，总裁或首席运营官已经被有执行权的、自我治理型团队所取代。③ 例如，LRN 的创始人多弗·塞德曼（Dov Seidman）站在他的高管团队面前，撕毁了传统的组织结构图，并宣布所有成员现在都向公司的使命"汇报"。公司由通过选举产生的员工委员会管理，负责招聘、绩效与资源管理，以及解决冲突。④

然而，这四种类型的团队各有利弊。自我治理型团队和自我指导型团队在承诺和参与方面具有最大的潜力，但它们也面临着最大的、错误引导的风险。当在组织中向下推行决策时，团队目标和利益可能与组织利益不一致。除非公司里的每个人都知道公司的利益和目标，否则可能会做出糟糕的决策（往往是出于好意）。选择管理者主导型团队的组织，是期待管理者能比团队更有效地经营。如果相信团队能够做得更好，那么自我治理型团队或自我指导型团队可能是合适的。这意味着，传统上管理者作为信息收集者的角色越来越不重要。然而，管理转型方向的考虑也是很重要的。一项调查基于**结构适应理论**（structural adaptation theory）

---

① Nayab, N. (2011, August 24). How employee empowerment has pushed companies ahead. Bright Hub. brighthub.com; D'Onfro, J. (2015, April 17). The truth about Google's famous "20% time" policy. Business Insider. businessinsider.com; How companies are changing their culture to attract (and retain) millennials.(2015, August 19). Business. com. business. com

② LaBarre, P. (2012, March 5). When nobody (and everybody) is the boss. CNNMoney. management. fortune.cnn.com.; Our culture. (2016, August). Gore [Company website]. gore.com

③ Ancona, D. G., & Nadler, D. A. (1989). Top hats and executive tales: Designing the senior team. Senior Management Review, 31(1), 19-28.

④ Seidman, D. (2012, June 26). Work in progress: Working in a self-governing office. Financial Times. financialtimes.com

的预测，测试了团队中集权与分权决策结构的长期影响。㊀ 来自93个由4人组成的团队的调查结果显示，团队从分权结构转向适应集权的决策结构，将比相反方向的适应更加困难。

关于团队和团队合作的观察评论

在团队和团队合作方面，有很多民间说法和毫无根据的直觉猜测。我们希望通过阐述一些管理者认为最有用的评论来以正视听。这并不是一个详尽的清单，但是我们相信这个清单上的要点对于管理者理解团队的运作、变革和成长是非常有价值的。

团队应该是例外，而不是规定

不要为了"团队合作"而创建一个团队。如果一个人能独自完成一个目标，那就让他去做吧！当公司陷入困境时，他们通常会重组成为团队。然而，把人员组织成团队并不会解决问题。如果不仔细考虑，可能还会导致更多的问题。也许正是出于这个原因，网络应用公司Basecamp向员工推行了"一个月休假"的制度，在这个制度下，员工可以一个月不来办公室，而是从事新产品的实体模型或原型的工作。员工可以自由地在任何他们想工作的地方工作。没有团队会议和行政事务的烦扰和干扰，利用整整一个月的时间，个人可以致力于创新工作。㊁

团队可以超越团队中最好的成员，但并没有任何保证。承认团队的低效是困难的，尤其是当我们多数人倾向于相信格式塔原则（gestalt principle），即整体大于部分之和的时候！团队不是组织的灵丹妙药，他们经常失败，经常被过度使用或设计不当。在最好的情况下，团队会提供单独工作的员工所无法具备的洞察力、创造力和交叉领域知识。在错误的情况下，团队合作会导致混乱、拖延和糟糕的决策。

管理者因团队失败而挑剔错误的原因

设想你身处以下情形：去年你组建的那支优秀的团队已经垮掉了，新产品线还没有形成，冲突就爆发了，人员流动率也很高。哪里出错了呢？如果你和大多数管理者一样，那么你会把责任归咎于两件事：①外部的、不可控制的力量（如糟糕的经济）；②团队中的人（如不易相处的性格）。对于管理者来说，这两个问题都没有直接牵涉领导不力。然而，根据许多研究调查，这两个原因都不是真正的罪魁祸首。大多数团队问题并不是能由外部问题或性格问题来解释的。错误的团队设计是表现不佳团队的一个关键原因。

错误归因偏差（misattribution error）是指管理者倾向于将团队失败的原因归咎于他们个人控制之外的因素。领导者可能会怪罪个别团队成员、资源缺乏或者竞争环境。当领导者指向问题团队成员时，团队的问题可以被清晰地理解为来自一个源头。这虽然保护了领导者的自我（在某些情况下，可以理解为管理者的职位），但它会抑制学习、摧毁士气。更有可能的

㊀ Hollenbeck, J.R., Aleksander, P.J., Ellis, S.E., Humphrey, A. S, Garza, & Ilgen, D.R.(2011). Asymmetry in structural adaption: The differential impact of centralizing versus decentralizing team decision-making structures. Organizational Behavior and Human Decision Processes, 141(1), 64-74.

㊁ Fried, J. (2013, May 31). Workplace experiments: a month to yourself. 37Signals. 37signals.com

是，团队的业绩不佳是由结构性原因而非个人原因造成的。此外，也有可能是几种情况，而不仅仅是一种情况在起作用。

需要关注团队

许多新任管理者认为，他们的角色应该是与每一个下属建立最有效的关系。他们错误地将管理团队与管理团队中的个人等同看待。这些管理者很少依靠小组方式的讨论来解决和诊断问题。相反，他们把时间花在一对一的会议上。团队协作被认为是自然而然的结果，以至于许多决策都是基于有限的信息，并且决策可能会以出乎意料的、负面的方式产生适得其反的结果。公司领导者需要帮助团队管理者学习团队协作。

尝试失败可以成就更好的团队

这似乎有点讽刺，但最有效的学习方法之一就是经历失败。例如，Twitter 诞生于一个名为 Odeo 的失败项目。Twitter 的创始人埃文·威廉姆斯（Evan Williams）和他的团队正为他们的播客服务而感到异常兴奋，这个播客服务没有提供主要竞争者 iTunes 的一切功能。毫无疑问，在它被引入后不久，Odeo 失败了。威廉姆斯和他的团队从 Odeo 中吸取经验，并开发了一个全新的社交媒体，让人们可以通过手机发送简单的更新消息。一个经历过失败的团队的努力过程应该被视为重要的信息来源，并可以从中学习。然而，当你自己是那个失败者的时候，是很难去拥抱失败的。一个有价值的团队成员的真正特征是愿意从错误中吸取教训。

意外和含糊不清往往是失败的原因。因此，重要的是研究团队如何最好地应对意外。一项调查研究了特警队（SWAT teams）和影片制作组如何通过**组织拼凑（organizational bricolage）**来处理意外和混乱，在这中间他们通过角色转换、惯例重构和工作重组来重新构建他们的活动。

冲突并不总是有害的

许多领导者声称他们的团队是成功的，因为它们从来没有过冲突。然而，认为"冲突不利于有效的团队合作"是一个谬误。事实上，冲突对团队的有效决策可能是必要的，因为它可以激发准确性、洞察力、理解、信任和创新。

强大的团队并不总是需要强有力的领导者

关于领导力的一个普遍误解是，为了有效运作，团队需要一个强大的、有权势的、有魅力的领导者。一般而言，那些掌控所有的细节、管理团队中所有关键人际关系、拥有所有好的想法，并利用团队来实施他们"愿景"的领导者，通常会劳累过度和效率低下。拥有强有力领导者的团队有时会输给有缺陷的和灾难性的决策。

⊖ Hill, M.(1982). Group versus individual performance: Are N + 1 heads better than one? Psychological Bulletin, 91, 517-539.

⊖ Miller, C.(2012, October 30). Why Twitter's C.E.O. demoted himself. New York Times. nytimes.com

⊖ Bechky, B. A., & Okhuysen, G. A.(2011). Expecting the unexpected? How SWAT officers and film crews handle surprises. Academy of Management Journal, 54(2),239-261.

领导者有两个主要功能：①设计功能，即领导者构建团队环境（工作条件、信息获取、激励、培训和教育）；②指导功能，这意味着领导者与团队要有直接的互动。⊖

优秀的团队在不当的环境中依然会失败

团队常常被描绘成具有特立独行的特点：抵制权威、独自行动、事后才征求许可。这种情形确实会发生，但很罕见，而且往往是仅此一次的成功。大多数管理者想要的是能够持续成功的团队。

为了取得长远的成功，团队需要持续的资源和支持。我们所说的"资源"不仅仅是指金钱，团队还需要信息和教育。在很多情况下，团队所处理的问题是已经被公司内其他人解决的问题，但是沟通的缺乏阻止了这一关键信息到达当前的工作小组。

为了给团队打下最好的基础，仔细考虑团队的目标和资源很重要：团队的目标是否清晰明确？每个团队成员都清楚这些目标吗？目标是否与本团队其他成员的目标一致？如果答案是否定的，那么将如何管理不可避免的冲突？团队中的每个人都能获得成功实现目标所必需的资源吗？组织层级结构的设计能够让团队成员有效地获取这些资源吗？如果答案是否定的，有必要重新考虑团队运作所处的治理结构。团队成员在履行职责时所具有的权利有哪些？他们能与谁联系？能掌握什么信息？评估团队成员以及与之互动的团队外部成员的激励结构也很重要。团队成员的激励是一致的吗？团队成员的激励与团队和组织的激励是一致的吗？例如，能够促成相互合作并充分共享信息和资源吗？团队结构没有放之四海而皆准的解决方案。例如，团队成员之间相互竞争可能是合适的（在这种情况下，合作可能不是一个可达成的团队动态特性）。选择团队的结构和能够调动成员积极性的激励方式是促成团队成功的必要因素。

静修活动并不能修复团队成员之间的所有冲突

团队经常会遇到麻烦。团队成员可能会吵架、懈怠，或者根本不能履行他们的职责，而这可能会引发客户生气或者不满意。当冲突出现时，人们开始寻求解决团队问题的方法。一个常用的策略是组织"团队建设静修活动""团体友爱聚会"或者"绳索和巨石攀爬课程（ropes and boulders course）"。在这其中通过参与攀岩之类的活动，团队成员试图解决潜在的问题，并建立信任。当然，这些活动并不包含在一个团队通常所做的事情之中。团队静修是团队成员建立相互信任和承诺的一种受欢迎的方式。一个静修活动可能会让团队成员在周末露营，并参与合作性、分享性、有组织的活动。然而，除非静修活动能解决工作环境中每天困扰团队的结构和设计问题，否则可能是无效的。例如，一家面临领导力问题的公司决定让一家咨询公司来运作团队建设静修活动。员工们玩角色扮演的游戏，这样他们就能更加了解对方以及他们每天所面临的问题。然而，静修活动并没有达到公司的目标，因为员工并没有讨论游戏的过程。一位员工评论说，公司层面领导力不强是非常糟糕的，因为表面来看工作是很完美的，但在经历了又一次糟糕的团队建设体验后，他决定离开公司。另一个非建设性的工作静修活动的例子是，一家大型非营利公司的员工之间有很多不和谐的地方。为了解决这

⊖ Hackman, J.R. (2002). Leading teams: Setting the stage for great performances. Boston, MA: Harvard Business School Press.

个问题，执行董事要求全体人员参加一个静修活动，通过走进树林、站成一圈、举起石头来发泄他们的负面情绪。不用说，不和谐仍然存在。

团队设计问题，最好是在团队成员从事实际工作时，通过审视身处当时环境下的团队来解决。因此，采取更全面综合的方法来分析团队问题是非常重要的。静修活动通常是不够的，因为它们鼓励管理者将团队失败归因于人际关系的动态性，而不是检查和改变更深层次的、结构性的问题。

关于团队，领导者告诉了我们些什么？

为了更准确地了解领导者在设计、领导和激励团队等方面所面临的挑战，我们进行了一项评估，历时18年，涵盖了来自不同行业的1300多名高管和经理。以下是他们告诉我们的一些要点：

最常见的团队类型

最常见的类型是中层管理团队，然后是跨职能团队、运营团队和服务团队。跨职能团队最能概括本章前面所述的挑战。他们在整合人才、技能和观点方面具有最大的潜力，但由于成员技能和责任的多样性，这也为冲突提供了沃土。

团队规模

团队规模差异很大，成员从3个到100个不等，平均值为11.75个。然而，团队规模的众数是10，这些数字可以与最佳团队规模相比较。正如我们在本书后面将探讨的，团队一般而言不超过10个成员——最好是5个或6个。

团队自治与管理者控制

在这项评估中，大多数管理者都处在自我管理型团队（49%）中，其次是管理者主导型团队（45%），而明显的，自我指导型团队（6%）不常见（见图表1-6）。在团队管理者的控制程度与团队成员指导和管理自己行动的能力之间，存在着不可避免的紧张关系。管理者主导型团队比自我管理型团队和自我指导型团队施加了更多的控制，但是给予更少的创新。我们并不建议所有的团队都是自我指导型。确切地说，重要的是要理解每种类型团队的利弊，以及有效运作团队所需要的条件。

⊖ Balderrama, A. (2012, June 18). The worst team-building experience you've ever had. Career Builder. Careerbuilder.com

⊖ Thompson, L. (2016). Leading high impact teams executive program survey [survey data set]. Kellogg School of Management Executive Program. Northwestern University, Evanston, IL.

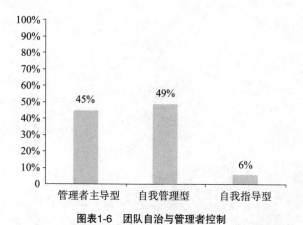

图表1-6　团队自治与管理者控制

基于 leading high impact teams. Team leadership survey from the Kellogg School of Management Executive Program. Northwestern University, Evanston, IL, © Leigh L. Thompson.

团队的寿命

团队在存续的时间上具有很大的差异。平均而言，团队的存续时间为 1～2 年（见图表 1-7）。

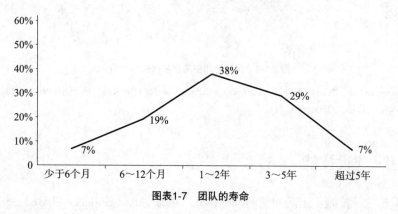

图表1-7　团队的寿命

基于 leading high impact teams. Team leadership survey from the Kellogg School of Management Executive Program. Northwestern University, Evanston, IL, © Leigh L. Thompson.

团队协作中最易产生挫折的方面

管理者仔细考虑了团队协作中常易产生挫折的方面，最常提及的是开发和维持高积极性，其次是最大限度地减少混乱和协调性问题（见图表 1-8）。我们将在第 5 章讨论激励和参与，在第 8 章分析冲突（以及在团队内部有效管理冲突的方法），并在第 9 章探讨创造力。一点也不奇怪，在管理教育中最受欢迎的技能包括开发和维持高积极性、制定清晰的目标、培养创造力和创新，以及减少混乱和协调性问题。因此，为了让管理者做好准备，并对经理进行再教育，从而有效地处理这些问题，我们编写了这本书。

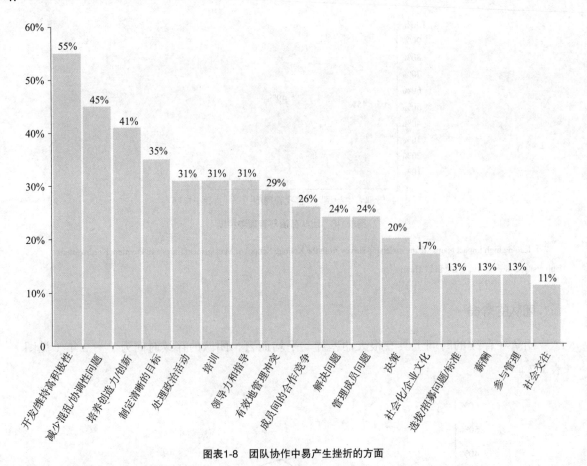

图表1-8 团队协作中易产生挫折的方面

基于 leading high impact teams. Team leadership survey from the Kellogg School of Management Executive Program. Northwestern University, Evanston, IL, © Leigh L. Thompson.

发展你的团队建设技能

本书侧重于三种技能：团队问题的准确诊断、循证管理（evidence-based management）和专家型学习。

团队问题的准确诊断

由于团队有效性（team effectiveness）难以定义，因此很难找到单一的标准来测量团队的运行状况。例如，也许你的组织击败了竞争对手赢得了一份大合同，但这份合同最终并没有带来多大的利润。这是胜利还是失败？对未来的竞争又会有什么影响？

许多人会犯的错误就是在观察到结果之后寻找原因。在科学文献中，这被称为**基于因变量抽样（sampling on the dependent variable）**。例如，如果你的目标是识别一个成功团队的决定因素，那么在组织中寻找有效的团队，然后尝试确定它们之间的共同点，这可能会显得很有用。这听起来很符合逻辑，直到你意识到可能有许多共同的因素与团队成功无关，或者可能存在一些共同特征，它们妨碍团队良好协作然而难以察觉——也许准确地说，因为它们对所有团队都是共同的，无论是否是成功的团队。其中一个重要的例子就是公司的制度背景，例如，将某些既定惯例视为理所当然，如操作程序、信息来源，甚至合同关系。在这种情况下，团队可能是有效的，但在其他情况下可能并不是如此有效。一个根深蒂固于公司制度框架下的管理者会认为一个团队是有效的，然而可能会忽视团队的缺点。因此，在分析团队有效性时，必须尽可能地保持独立和批判。

如何避免基于因变量抽样的陷阱？从方法论的角度来看，你可以做两件事情之一：①确定一个已有的基准或控制组——比较组（此例中是不成功的团队），并寻找两者之间的差异；②做一个实验，你可以向一组（随机分配）提供与另一组不同的信息、教育、沟通等，然后寻找差异。遗憾的是，大多数管理人员都没有时间或资源去做这些事情。本书基于上述方法论而得到结论的研究，提供了一些见解。然而，没有任何东西能够替代对团队运作环境、团队成员所面临的激励等方面深刻认识的作用。我们在本书中将会讨论这些因素。

另一个问题就是所谓的**事后聪明偏差**（hindsight bias），或者"我早就知道会是这样"的谬误。[1] 当你没有预测（或无法预测）将会发生什么时，在知道了结果之后，却倾向于认为这些事情是显而易见的，甚至是不可避免的。这可能会导致令人遗憾的过度自信：在他们实际上并不懂的时候，管理者认为他们知道一切。我们经常看到管理者们在做事后的辩解，而不是仔细地推理。避免这种陷阱的最好方法就是积极地了解其他的可能性，批判性地审视你的假设，一旦你掌握了事实，就坦率地改变主意。当你读这本书的时候，有些发现会让你感到惊讶，但许多发现会看起来平淡无奇。这是一个普遍的原理：不要依赖于你的直觉，而是检验你的假设。

循证管理

对于每一个管理问题，都有许多声称的解决方法和快速解决方案。一个管理者如何在它们当中做出聪明的选择呢？我们认为，答案是团队协作的科学知识。

团队和群体相关的研究是建立在科学理论基础上的。在社会心理学的所有研究中，与群体相关的研究占了六分之一以上，而且社会心理学期刊中被引用频次最多的论文中，有三分之一关注于群体和团队。[2] 本书中提出的干预措施具有一个关键特征：它们是基于理论的和实证支持的。这意味着它们不是建立在天真的、直觉感知的基础上，而是经过了科学的检验。这就是所谓的**循证管理**（evidence-based management）。[3] 写作本书的目的就是向管理者提供最新的、基于科学研究的有关如何更好地管理团队的信息。

专家型学习

有效的管理者也会犯错误，但他们不会犯两次同样的错误。专家型学习包括不断从经验中学习的能力。关于学习的谬论之一是，人们达到这种程度，即已经获得他们需要的所有知

---

[1] Fischhoff, B. (1975). Hindsight does not equal foresight: The effect of outcome knowledge on judgment under uncertainty. Journal of Experimental Psychology: Human Perception and Performance, 1,288-299.

[2] Abrams, D.A., De Moura, G.R., Marques, J.M., & Hutchison, P. (2088). Innovation credit: When can leaders oppose their group's norms? Journal of Personality and Social Psychology, 95(3), 662-678.

[3] Pfeffer, J., & Sutton, R. (2006). Evidence-based management. Harvard Business Review, 84(1), 62-74.

识；相反，伟大的领导者总是在学习。在本书中，我们使用一个称为专家型学习的模型，来指代管理者如何从最平凡的经历中不断获益。细想一下克里斯·阿吉里斯（Chris Argyris）对单环学习和双环学习做出的区分。㊀根据阿吉里斯的说法，单环学习主要是一维的学习。例如，一个领导者可能认为他从下属那里没有什么可以学习的，但是下属可以从他那里学到东西。因此，领导与下属之间的互动主要是单向的，或者是单环的。相比之下，阿吉里斯认为有效的领导者会从事于双环的学习过程，包括领导者和团队之间的相互交流。当然，这意味着不仅领导者辅导、督导和指导他们的团队，而且团队帮助他们的领导进行学习。

学习的另一个重要方面是使用实例来阐述和传达概念。体验式和基于实例的学习比说教式的学习更有效。㊁当人们无法运用他们实际拥有的知识时，这就是所谓的**惰性知识问题**（inert knowledge problem）。㊂解决普遍存在的惰性知识问题的关键在于管理者如何处理信息，当管理者将实例与概念联系起来时，他们会学得更好。㊃因此，在本书中，我们试图通过理论、研究和实际商业实践的结合，提供看待同一问题的几种不同方式。

一个警告

我们相信，团队协作像其他相互依赖的社会行为一样，在积极的、实验的和动态的环境中会被最出色地完善。因此，为了从这本书中充分获益，你有必要积极参与团队协作，并审视自己的行为。团队建设技能不能只是从教科书中学习，在教科书中提到这样的观点似乎有点异端，但无论如何，我们是这么认为的。

我们强烈建议在你自己经历的背景下完成本书所提出的模型和观点。我们想不出比在课堂上提供在线的、应用的和体验式学习的机会更好的方式了。观察、分析和评论其他团队是很容易的，但亲自从事有效的团队行为更具挑战性。我们希望你从这本书中以及你在团队建设练习的工作中所收获的东西，就是如何成为一个有效的团队成员、团队领导者和团队设计者的知识。从长远来看，我们希望这本书能帮助你开发自己的经验、专业技能以及你如何最好地运作团队的模式。

本章小结

设计和维持一个有效的团队并没有什么万无一失的科学公式。如果有的话，到如今也应

㊀ Argyris, C. (1997a). Double loop learning. Harvard Business Review, 55(5),115-125.

㊁ Nardler, J., Thompson, L., & Van Boven, L. (2003). Learning negotiation skills: Four models of knowledge creation and transfer. Management Science, 49(4), 529-540; Gentner, D., Loewenstein, J., & Thompson, L. (2003). Learning and transfer: A general role for analogical encoding. Journal of Educational Psychology, 95, 393-408.

㊂ Whitehead, A. N. (1929). The aims of education. New York: Macmillan.

㊃ Thompson, L., Loewenstein, J., & Gentner, D. (2000). Avoiding missed opportunities in managerial life: Analogical training more powerful than individual case training. Organizational Behavior and Human Decision Processes, 82(1), 60-75.

该早已被发现了。在某种程度上，团队就像人体一样，没有人知道长期保持健康的精确养生法。然而，我们拥有一些对健康有帮助的信息，比如精益饮食、运动、减压、健康维护和早期疾病检测。团队协作也是如此。正如我们依靠科学来治疗疾病和促进健康一样，本书采取科学的方法来研究和改进组织中的团队协作。人们对团队和团队协作存在许多误解，而直觉和运气只能到此为止。事实上，如果误用直觉和运气，它们可能会带我们陷入麻烦之中。第1部分接下来的几章将重点关注建立团队，第2部分将重点介绍优化团队的执行情况，第3部分则关注更大的场景——组织中的团队。

第 2 章
团队设计

2013 年，Healthcare.gov 网站推出失败，这几乎造成《平价医疗法案》(*Affordable Care Act*) 无疾而终。奥巴马总统2008年竞选活动的健康顾问戴维·卡特勒 (David Cutler) 说，奥巴马政府"正经营着世界上最大的初创企业，但他们没有任何一个人经营过一家初创企业，甚至是经营过一家企业。"在 Healthcare.gov 网站上线的第一天，只有6个人能够使用该网站成功注册健康保险，这足以说明网站最初的设计有多么糟糕。然而，大规模的失败促使管理团队创建了一个新方案——市场精英 (marketplace lite, MPL) 团队，由来自不同技术公司的设计人员和开发人员组成的精英和多元化团队。他们的任务是什么？将网站从昂贵的承包商和官僚管理不善中解救出来。MPL 团队花费数月时间重写 Healthcare.gov 网站的关键代码基础结构。在创业文化的引导下，该团队在马里兰州一个不起眼的城郊住宅中共同生活和工作。当工作计划发生变化，或者为了修复网站的一个更重要的功能而放弃另一个功能时，通常情况下，政府团队的项目经理会感到担忧，并与 MPL 团队产生冲突。MPL 团队对项目的看法不同于政府团队：他们认为小故障和漏洞不是障碍，而是一旦整个网站代码结构稳定后可以微调的细节。在 2014 年的秋天，新的 Healthcare.gov 网站推出，具有了更高的效率，从 76 页的表单减少到了 16 页。85% 的用户能够通过完成表单填写，从而成功购买保险（相比之下，第一版该网页只有 55% 的用户能够成功购买）。MPL 团队还减少了建设和维护登录页面的成本：从 2.5 亿美元的固定成本和每年 7000 万美元的维护费用，下降为 400 万美元的固定成本和每年 100 万美元的维护费用。

MPL 团队转变的故事包括选择正确的目标、挑选合适的团队成员，以及制定管理团队的过程。在本章中，我们将集中探讨如何从零开始构建有效的团队。出发点是假定管理者已经判定完成所要求的工作，团队是必要的。为了便于说明，我们在讨论构建团队时，从管理者的角度出发。但是，我们所有的要点都可以延伸到团队成员自身（正如自我管理型和自我设计型团队的情形）。团队设计中包含三个主要的职责：定义目标、选择团队成员和管理团队过程。

⊖ From Health Care. gov: How political fear was pitted against technical needs, © The Washington Post

⊖ Meyer, R. (2015, July 9) The secret startup that saved the worst website in America. The Atlantic. theatlantic. com/technology/worst-website-in-america/397784/; Goldstein, A, & Eilperin, J. (2013, November 2). Health Care. gov:How political fear was pitted against technical needs. The Washington Post. washingtonpost. com/

团队设计

与流行的观点相反，拥有设计良好的团队比拥有一名优秀领导者的团队更重要。在对施乐公司中规模为3～12人的客户服务团队的深入研究中，精心设计的团队在一系列关键组织效能标准上——承担集体责任，监督他们自身表现，管理他们的任务策略和客户的认可——比设计不佳的团队更成功。① 即使处在优秀的领导下，设计不佳的团队也明显更为低效。在施乐的案例中，团队的有效性由主管和客户来评判，因此提供了一个看待团队有效性的综合视角。一旦确定团队对于完成工作是可取的，并且在组织内是可行的，那么管理者就必须心无旁骛地专注于三个方面：定义目标、选择团队成员和管理团队过程。

定义目标

根据定义，团队是目标导向的实体。可是，许多团队未能制订明确的计划或开发绩效策略。② 然而，那些这样做了的团队通常表现得更好，尤其是在并不明显具有恰当的绩效策略情况下。③ 例如，当手术团队遵循检查清单操作时，患者的死亡率几乎减半，并发症也减少了三分之一以上。④

目标与手段

对施乐公司团队的分析揭示了在进行目标设定时存在两个常见的错误：①一些团队根本没有设定任何方向；②一些团队设定了一个只关注手段的方向，但并没有详细说明目标。⑤ 第一个错误发生在当团队认为每个人都知道他们为什么在那里，没有对目标进行深思熟虑的讨论就发起团队的情况下。第二个错误发生在过度关注团队应该如何运行的时候。

团队目标应清晰简单，且详细说明目标而不是手段。⑥ 基于清晰简单原则，最好的团队使命陈述只需包含几个目标。这些目标为团队确定方向，并允许成员做出缜密的决策。例如，施乐公司的成功团队在做出艰难的决策时，会不断地提到他们的目标："这个行动会让客户满意吗？这样做会给施乐带来过多的成本吗？"⑦ 团队的大规模元分析表明，与非具体目标相比，

---

① Wageman, R. (1997). Case study: Critical success factors for creating superb self-managing teams at Xerox. Compensation and Benefits Review, 29(5), 31-41.

② Hackman, J. R., Brousseau, K. R., & Weiss, J. A. (1976). The interaction of task design and group performance strategies in determining group effectiveness. Organizational Behavior and Human Performance, 16(2), 350-365; Weingart, L. R. (1992). Impact of group goals, task component complexity, effort, and planning on group performance. Journal of Applied Psychology, 77(5), 682-693.

③ Ibid.

④ Szalavitz, M. (2009, January 14). Study: A simple surgery checklist saves lives. Time. time. com

⑤ Wageman, R. (1997). Case study: Critical success factors for creating superb self-managing teams at Xerox. Compensation and Benefits Review, 29(5), 31-41.

⑥ Ibid.

⑦ From case study: Critical success factors for creating superb self-managing teams at Xerox by Ruth Wageman in Compensation and Benefits Review, ©1997 SAGE Publications.

具体的、困难的目标能产出相当高的团队绩效。①成功的团队详述他们的目标，而不是手段。②他们的使命陈述清晰地明确了团队目标，而不是指出团队实现目标的步骤。

绩效与学习目标

一些团队成员拥有**高绩效导向**（high-performance orientation），而其他团队成员则具有**高学习导向**（high-learning orientation）。③绩效导向反映了一种想要获得对绩效的有利评价或避免对能力的负面评价的渴望。学习导向则反映了在任务中想要理解新奇事物或提高能力的渴望。例如，宝洁公司设有"英勇失败奖"，TATA 公司设有"敢于尝试奖"，视频游戏公司 Supercell 在一项游戏遭遇失败时会开启香槟酒。创新实验室 Google X 会因为失败而给予团队奖励，因为失败可以鼓励创新，提高参与度，提供宝贵的学习机会。④一项研究检验了绩效导向和学习导向的有效性。在历时 3 小时的模拟过程中，团队需要做出一系列的决策，在中途他们的沟通渠道开始变得糟糕。为了有效地执行，团队需要调整他们的角色。具有困难目标和高绩效导向的团队是最难以进行调整的。而具有困难目标和高学习导向的团队最有可能调整。此外，当团队成员的学习导向高而绩效规避导向低时，文化多样性对团队绩效起到了更积极的作用。⑤学习目标让团队聚焦于战略过程，事实上，与以绩效为目标的团队相比较，具有学习目标的团队会讨论更多的战略信息，并表现出更高的绩效满意度。⑥当团队具有高学习导向并伴随高团队认同时，他们是最有效的，因为这样会让他们形成更精确的团队目标心智模型，并有效地规划他们的过程。⑦在另一项研究中，团队目标被划分为三种类型：明确的学习目标、一般的"尽你所能"学习目标和明确的绩效目标。具有明确学习目标的团队比具有一般的"尽你所能"学习目标或明确的绩效目标的团队表现得更差。⑧

绩效证明目标导向（performance-prove goal orientation）驱使人们去超越他人。例如，

---

① Kleingeld, A., van Mierlo, H., & Arends, L. (2011). The effect of goal setting on group performance: A meta-analysis. Joural of Applied Psychology, 98(6), 1289-1304.

② Wageman, R. (1997a, Summer). Case study: Critical success factors for creating superb self-managing teams at Xerox. Compensation and Benefits Review, 29(5), 31-41.

③ LePine, J. (2005). Adaptation of teams in response to unforeseen change: Effects of goal difficulty and team composition in terms of cognitive ability and goal orientation. Journal of Applied Psychology, 90(6), 1153-1167.

④ Morgan, J. (2015, March 30). Why failure is the best competitive advantage. Forbes. forbes. com

⑤ Pieterse, A., Van Knippenberg, D., & Van Dierendonck, D. (2013). Cultural diversity and team performance: The role of team member goal orientation. Academy of Management Journal, 56(3), 782-804.

⑥ Winton, S.L., & Kane, T. D. (2015). Effects of group goal content on group processes, collective efficacy, and satisfaction. Journal of Applied Social Psychology, 46(2), 129-139.

⑦ Pearsall, M., J., & Venkataramani, V. (2015). Overcoming asymmetric goals in teams: The interactive roles of team learning orientation and team identification. Journal of Applied Psychology, 100(3), 735.

⑧ From Goal setting in teams: The impact of learning and performance goals on process and performance by Jennifer D. Nahrgang, D. Scoot DeRue, John R. Hollenbeck, Matthias Spitzmuller, Dustin K. Jundt, Daniel R.Ilgen in Organizational Behavior and Human Decision Processes, ©2013 Elsevier.

汤森路透（Thomson Reuters）的团队就在角逐"催化剂基金"——一笔用于内部创新的资金。美国卫生和公共服务部的团队在创新竞赛中展开竞争，在这个竞赛中，每个团队都被给予5000美元来设计一个雏形，并由高级官员来评判。肯尼亚的结核病筛查支架软件就是其中一个获胜的构思。它可以立即评估患者的风险等级，并提供遗传信息的搜索数据库。⊖当人们认同团队时，绩效证明目标导向会更大程度地激励团队绩效，但是当人们更少认同他们的团队时，会更多地激励个体绩效。⊜

促进目标与预防目标

长期目标的两种关键类型是**促进目标**（promotion goals）和**预防目标**（prevention goals）。促进目标是指人们试图达到预期的积极结果。预防目标则是指人们试图避免消极的结果。当人们所追求的目标在某种程度上与他们长期的目标导向一致时，他们会感受到**调节性匹配**（regulatory fit）。一项对桌上足球运动员的研究表明，目标导向（促进/预防）与他们的角色（进攻/防守）相一致的团队队员会更为成功。⊜

目标契合

目标契合（goal fit）指的是团队成员和团队在目标方面的一致性。⊗当团队成员有共享的目标并共同追求这些目标时，就会出现高度的目标契合。团队领导者和团队成员所表现出的积极情感是团队层面目标契合的一个正向预测因素。一项对96个工作团队的研究表明，团队层面的目标契合会带来更好的团队绩效。⊕

预先计划与即时计划

计划制订对于团队有效实现目标很重要。计划制订是为完成一项任务或目标而开发的可供选择的行动路线。⊗一种类型的计划制订是以任务为中心（task-focused），另一种类型是以团

⊖ Rathi, A. (2014, November 19). To encourage innovation, make it a competition. Harvard Business Review. hbr. org; Scola, N. (2014, September 30). Health department applies "shark tank" philosophy to the work of the bureaucracy. The Washington Post. washingtonpost.com

⊜ Dietz, B., van Knippenberg, D., Hirst, G., & Restubog, S. L. D. (2015). Outperforming whom? A multilevel study of performance-prove goal orientation, performance, and the moderating role of shared team identification Journal of Applied Psychology, 100 (6) 1811-1824.

⊜ Memmert, D., Plessner, H., Hüttermann, S., Froese, G., Peterhansel, C., & Unkelbach, C. (2015) Collective fit increases team performance: Extending regulatory fit from individuals to dyadic teams. Journal of Applied Social Psychology, 45(5), 274-281.

⊗ Witt, L. A., Hilton, T. F., & Hochwarter, W. A. (2001). Addressing politics in matrix teams. Group & Organization Mangement, 26, 230-247.

⊕ Seong, J.Y., & Choi, J. N. (2014). Effects of group-level fit on group conflict and performance: The initiating role of leader positive affect. Group & Organization Management, 39(2), 190.

⊗ Marks, M. A., Mathieu, J.E., & Zaccaro, S. J. (2001). A temporally based framework and taxonomy of team processes. Academy of Management Review, 26(3), 356-376.

队为中心（team-focused）。**任务中心的工作（taskwork）**聚焦于工作目标和任务特定的绩效要求；相比之下，**团队中心的工作（teamwork）**注重于人际互动需要和团队成员的能力。①

区分**预先计划（preplanning）**（在实际执行任务之前计划）和**即时计划（online planning）**（在执行任务期间计划）是很有用的。②那些被允许在任务完成周期之间进行计划的团队，比那些仅在任务完成周期内进行计划或没有机会讨论和制订计划的团队，能够将任务完成得更好。③在一项研究中，测试了四种不同的"团队辅助工具"对团队清晰表达和陈述知识的作用：个人带写字板夹、团队检查清单、团队带写字板夹，以及没有带写字板夹或检查清单的控制条件。团队挑战一项军事行动中复杂的目标识别任务——目标可能是和平的或敌对的、军事的或民用的，并且可能通过空中、地表或者水下方式逼近。团队辅助工具（即团队检查清单和团队带写字板夹）比个人辅助工具（即个人带写字板夹）更能提高团队表现。④

时间表和时间压力

成员对时间的看法的差异会显著地影响团队的过程和结果。考虑四种基于时间的个体差异：时间紧迫性、时间洞察力、多元时间观（同时做几个不相关的任务），以及节奏风格。⑤当团队具有很强的**时间领导力（temporal leadership）**时，他们会管理工作中与时间相关的方面，感知到的紧迫性或时间压力会正向影响绩效。

一项对111个项目团队的实地研究发现，当团队处于强有力的时间领导力之下时，感知的时间压力会对绩效产生积极的影响。⑥此外，对一家业务流程外包公司中的71个团队进行的研究显示，能够管理团队成员时间风格多样性的领导者，与在管理时间风格差异上有所欠

---

① Fisher, D. M. (2014). Distinguishing between taskwork and teamwork planning in teams: Relations with coordination and interpersonal processes. Journal of Applied Psychology, 99(3), 423.

② Marks, M.A., Mathieu, J. E., & Zaccaro, S. J. (2001). A temporally based framework and taxonomy of team processes. Academy of Management Review, 26(3), 356-376; Mohammed, S., Ferzandi, L., & Hamilton, K. (2010). Metaphor no more: A 15-year review of the team mental model construct. Journal of Management, 36(4), 876-910.

③ Weingart, L.R. (1992). Impact of group goals, task component complexity, effort, and planning on group performance. Journal of Applied Psychology, 77(5), 682-693.

④ Shure, G.H., Rogers, M.S., Larsen I. M., & Tasson, J. (1962). Group planing and task effectiveness. Sociometry, 25(3), 263-282.

⑤ Sycara, K., & Lewis, M. (2004). Integrating intelligent agents into human teams. In E. Salas & S. Fiore (Eds.), Team cognition: Understanding the factors that drive process and performance. Washington, DC: American Psychological Association.

⑥ Mohanmed, S., & Harrison, D.A. (2013). The clocks that time us are not the same: A theory of temporal diversity, task characteristics, and performance in teams. Organizational Behavior and Human Decision Processes, 122(2), 244-256.

⑦ Maruping, L.M., Venkatesh, V., Thatcher, S. M. B., & Patel, P. (2015). Folding under pressure or rising to the occasion? Perceived time pressure and the moderating role of team temporal leadership. Academy of Management Journal, 58(5), 1313-1333.

缺的领导者相比，团队表现得更好。进一步，共享时间认知减少了多元时间观的多样性对团队绩效的负面影响，并对整体团队绩效产生了强烈、积极的影响。

一个团队应该花多少时间来完成它的工作？一个典型的回答可能是"直到工作完成为止"。这个答案既不好也不现实。当一个工作小组被给予一个具体的时间去做一份工作时，它的成员会调整他们的行为以"适应"任何可用的时间。当时间缺乏时，团队成员会更加努力地工作，更少担心他们产出的质量，并且专注于任务而不是社会或情感问题。然而，如果有更多的时间可用，这些员工还是会持续工作而不是休息，仿佛时间仍然缺乏。因此，重要的是如何在最初恰当地给团队提出他们的任务。例如，在微软，通过把员工编排到数百个由 10～12 人组成的团队中，团队在紧张的日程安排下交付代码，在三个星期的工作冲刺中完成任务。使用基于云的协作工具，团队直接与客户和其他团队进行沟通。

在一项研究中，根据他们解决谜题的能力对三个小组进行评估。每个小组都有不同的任务负荷（完成20、40或80个字谜）、时间限制（5、10或20min）和小组规模（1、2或4人）。每个小组有三个工作周期。对于任何给定小组，任务负荷在所有周期内保持不变，但时间间隔会增加、减少或保持不变。所有规模的小组，在所有可能的时间间隔内，任务负荷越大，每个成员每分钟解决的字谜越多；任意规模的小组，对于任何一个给定的任务负荷，时间限制越短，每个成员每分钟解决的字谜越多；对于任意给定的任务负荷和时间限制，小组规模越小，生产率越高。因此，每个成员每分钟的任务负荷越大，完成的工作越多。重点显而易见：团队会适应给他们提出的约束，比如要求他们完成任务的时间。

不仅是团队绩效易于受到专断的"规范化"提示的影响，而且团队的沟通与互动以及产品质量的某些方面也会受到这些因素的影响。例如，初始任务的短时间限制会引发团队花费更多的时间用在任务导向的行为上，而花更少的时间在人际互动上。而拥有更长时间阶段的团队则从事更多的人际互动。

容量问题与能力问题

考虑与时间有关的两类问题：容量问题和能力问题。尽管每项任务都很简单，如果没有

○ Mohammed, S., & Nadkarni, S. (2011). Temporal diversity and team performance: The moderating role of team temporal leadership. Academy of Management Journal, 54(3), 489-508.

○ Mohammed, S., & Nadkarni, S. (2014). Are we all on the same temporal page? The moderating effects of temporal team cognition on the polychronicity diversity-team performance relationship. Journal of Applied Psychology, 99(3), 404-422.

○ Denning, S. (2015, October 27). Surprise: Microsoft is agile. Forbes.

四 McGrath, J. E., Kelly, J.R., & Machatka, D. E. (1984). The social psychology of time: Entrainment of behavior in social and organizational settings. Applied Social Psychology Annual, 5, 21-44.

五 Kelly, J. R., Futoran, G. C., & McGrath, J. E. (1990). Capacity and capability: Seven studies of entrainment of task performance rates. Small Group Research, 21(3), 283-314; Kelly, J. R., & McGrath, J. E. (1985). Effects of time limits and task types on task performance and interaction of four-person groups. Journal of Personality and Social Psychology, 49(2), 395-407.

六 Kelly, J. R., Futoran, G. C., & McGrath, J. E. (1990). Capacity and capability: Seven studies of entrainment of task performance rates. Small Group Research, 21(3), 283-314.

足够的时间完成所有必需的任务，**容量问题（capacity problems）**就会产生。当任务很困难时，即使有足够的时间用于完成任务，也会出现**能力问题（capability problems）**。容量问题导致后续任务的速度更快，无论后续任务设定的实际时限如何；能力问题引起更广泛的信息处理，因此后续任务的生产率更低，无论后续任务设定的实际时限如何。

从组织规划和预算考虑的角度看，时间限制很重要。**注意力焦点模型（attentional focus model，AFM）**预测了时间压力是如何影响团队绩效的。[一] AFM 模型认为，时间压力使小组成员的注意力变窄，集中到该任务最显著的特征上。随着时间压力的增加，完成任务最为关键的事情变得更加突出，而其他因素则不予考虑。时间压力可以增强或降低绩效，这取决于成功完成任务的要求。特别地，当团队处于时间压力之下时，他们会过滤掉他们认为不太重要的信息。[二]

选择团队成员

一旦管理者确定了目标，他们就准备专注于如何更好地为团队选择成员。选择团队成员的自由度可能受到很多方面的限制：管理者可能仅限于从特定部门选择成员，或者选择具有特定身份的成员等。在其他情况下，管理人员可能会到公司外招聘。在另一个极端，一些管理者无法选择谁能在他们的团队中；现有的部门结构决定了团队成员资格。许多团队是由累积和调换成员逐步建立的，而不是从零开始创建的。领导者经常犯的两个关键错误是：他们使团队过于庞大（机构臃肿偏差），以及使团队太同质化。2012年，通用汽车公司董事长 Tim Solso 对公司董事会的庞大规模和同质化感到沮丧，评述道"你会听到人们经常谈同样的事情，完全没有更小规模董事会那么有效率。"相反，当 BlackRock 的创始合伙人 Sue Wagner 被考虑担任苹果董事会成员时，由于团队规模较小，她在短短的几周之内即可与几乎每一位董事会面。苹果董事会认为，董事会团队的规模较小，可以让团队保持灵活性，进行深入讨论，并避免大规模团体会议的负面影响。[三]

成员发起的团队选择

前面的讨论是从领导者的角度来组建团队。那么，是什么因素激发一个人加入特定的团队呢？潜在的团队成员基于团队属性（如团队自身的特征，包括其地位、过往的成功和成员

[一] Karau, S., & Kelly, J. (1992). The effects of time scarcity and time abundance on group performance quality and interaction process. *Journal of Experimental Social Psychology*, 28, 542-571.

[二] Kelly, J. R., & Loving, T. (2004). Time pressure and group performance: Exploring underlying processes in the attentional focus model. *Journal of Experimental Social Psychology*, 40, 185-198.

[三] From maller Boards Get Bigger Returns by Joann S. Lublin in The Wall Street Journal, © Aug. 26, 2014 Dow Jones & Company, Inc.

[四] Chaffin, B. (2015, December 22). Apple makes it easier for shareholders to nominate board members. The Mac Observer. macobserver.com; Lublin, J. S. (2014). Smaller boards get bigger returns. The Wall Street Journal.wsj. com

组成）以及关系属性（如他们与团队成员的个人关系）来决定是否加入团队。[一] 由成员发起的团队并不一定是排外的。在一项调查中，参与者玩了四轮"社交扑克"（一种纸牌游戏，自我选择的团队通过游戏角逐金钱）。有些人并没有被选中到任何团队，但是当"孤立者"一无所获时，自我组织的团队常常将孤立者接纳进来，甚至承担一些花费。[二]

最佳团队规模

领导者总是纠结于"在一个团队中该配备多少人"这一问题。一般来说，团队应该少于10名成员。组成的团队能完成任务并拥有最小数量的成员是明智的。[三] 不幸的是，有一个普遍倾向，管理者们宁可让团队过于庞大。根据**团队规模谬论（team scaling fallacy）**，随着团队规模的扩大，人们越来越低估完成项目所需的工时数。[四] 这是因为领导者关注于过程收益，但是未能考虑过程损失。遗憾的是，管理者严重低估了随着团队成员的增加，出现几何式增长的协调问题。2016年，美国的国防预算为5980亿美元。臃肿的官僚体制意味着，从武器项目开始立项，经过设计和生产，到首次部署，平均需要花费22.5年的时间。[五]

过度增长的团队有许多缺点。[六] 大型团队的凝聚力较弱，[七] 成员对团队成员身份的满意度较低，常常较少参与团队活动，也更少会相互合作。[八] 在更大的团队中，人们更有可能表现出消极和社交上不太容易接受的方式，这可能是因为团队成员觉得自己默默无闻，或者更缺乏了解自我。[九]

[一] Barsness, Z., Tenbrunsel, A., Michael, J., & Lawson, L. (2002). Why am I here? The influence of group and relational attributes on member-initiated team selection. In M. A. Neale, E. Mannix, & H. Sondak, Toward phenomenology of groups and group membership (Vol.4, pp.141-171). Kidlington, Oxford: Elsevier Limited.

[二] Arrow, H., & Crosson, S. (2003). Musical chairs: Membership dynamics in self-organized group formation. Small Group Research, 34(5), 523-556.

[三] Hackman, J. R. (1987). The design of work teams. In J. W. Lorsch (Ed.), Handbook of organizational behavior. Upper Saddle River, NJ: Prentice Hall.

[四] Staats, B. R., Milkman, K. L., & Fox, C. R. (2012). The team scaling fallacy: Underestimating the declining efficiency of larger teams. Organizational Behavior and Human Decision Processes, 118(2), 132-142.

[五] Lehman, J. (2015, December 30). Disarming the Navy through bureaucratic bloat. The Wall Street Journal. wsj.com

[六] Nieva.V.F., Myers, D., & Glickman.A.S.(1979, July). An exploratory investigation of the skill qualification testing system. U.S.Army Research Institute for the Behavioral and Social Sciences, TR 390.

[七] McGrath, J.E.(1984). Groups: Interaction and performance. Upper Saddle River, NJ: Prentice Hall.

[八] Kerr, N.L.(1989). Ilusions of efficacy: The effects of group size on perceived efficacy in social dilemmas. Journal of Experimental Social Psychology, 25(4), 287-313; Markham, S.E., Dansereau, F., & Alutto, J.A.(1982). Group size and absenteeism rates: A longitudinal analysis. Academy of Management Journal, 25(4), 921-927.

[九] Latané, B.(1981). The psychology of social impact. American Psychologist, 36, 343-356; Prentice-Dunn, S., & Rogers, R.W.(1989). Deindividuation and the self-regulation of behavior. In P.B.Paulus (Ed), Psychology of group influence (2nd ed.), Mahwah, NJ: Lawrence Erlbaum & Associates.

大团队可能比小团队更多产，但是他们的边际生产率在下降，因为每个人增加的价值越来越少。在一项对549个研究小组的纵向研究中发现，随着异质性的增加，较大团队的边际生产率会下降。㊀ 大团队的人更注意自我，更关心如何显示恰当的形象，所以他们避免严肃的话题。随着团队规模的增大，一致性提升呈现出负向加速方式，这样每增加一个与多数人意见一致的人，就会具有更小的整体影响。大团队的另一个问题是参与的平等性。㊁ 例如，在一个2～3人的团队中，一个人可以进行更多的交流，但所有人都可以参与。随着团队规模的扩大，越来越多的人会与他人进行更少的交流。有时，一些成员什么都没说，什么也没做。

相比之下，规模更小甚至人手不足的团队反而存在优势。人手不足的团队，其成员工作更努力，从事更广泛的工作，对团队的绩效承担更大的责任，并感觉更融入团队。㊂ 出于这些原因，SAP的首席执行官决定按8～12人的团队方式来重组他的包含2万名员工的大开发团队。㊃

如果小团队更有优势，那么为什么他们相对更少见呢？问题在于团队的管理者似乎存在**机构臃肿偏差（overstaffing bias）**。当团队领导者被问及他们的团队曾经是否过小或过大时，87%的人认为可能是人手不足，但只有62%的人认为可能是人员过剩。㊄

如何精减人员对于团队来说至关重要。一项研究调查了基于任务中心的三种类型精简：削减领导者的精简、保持层级（领导者）的精简、削减层级的精简。只有削减领导者（和层级）的团队在与任务相关的行为上付出了更多的努力。㊅

㊀ Cummings,J.N.,Kiesler,S.,Zadeh,R.B., & Balakrishnan,A.D.(2013).Group heterogeneity increases the risks of large group size: A longitudinal study of productivity in research groups.Psychological Science, 24(6),880-890.

㊁ Latané, B.(1981). The psychology of social impact. American Psychologist,36,343-356; Prentice-Dunn, S., & Rogers, R.W.(1989). Deindividuation and the self-regulation of behavior. In P.B.Paulus(Ed.), Psychology of group influence(2nd ed.), Mahwah, NJ: Lawrence Erlbaum & Associates.

㊂ Arnold,D.W., & Greenberg,C.I.(1980).Deviate rejection within differentially manned groups.Social Psychology Quarterly,43(4), 419-424; Perkins,D.V.(1982).Individual differences and task structure in the performance of a behavior setting: An experimental evaluation of Barker's manning theory. American Journal of Community Psychology,10(6), 617-634; Petty,R.M., & Wicker,A.W.(1974).Degree of manning and degree of success of a group as determinants of members' subjective experiences and their acceptance of a ew group member.Catalog of Selected Documents in Psychology,4,43; Wicker,A.W,Kermeyer,S.L.,Hanson, L., & Alexander,D.(1976).Effects of manning levels on subjective experiences,performance,and verbal interaction in groups.Organizational Behavior and Human Performance,17(2),251-274;Wicker A.W., & Mehler,A.(1971).Assimilation of new members in a large and a small church.Journal of Applied Psychology,55(2), 151-156.

㊃ Karlgaard,R.(2013, November 13).Team management: Think small and agile.Forbes.forbes.com

㊄ Cini,M.,Moreland,R.L.,,& Levine,J.M.(1993).Group staffing levels and responses to prospective and new members.Journal of Personality and Social Psychology,65(4), 723-734.

㊅ DeRue,D.S.,Hollenbeck,J.R.,Johnson,M.D.,Ilgen,D.R., & Jundt,D.K.(2008).How different team downsizing approaches influence team-level adaptation and performance.Academy of Management Journal,51(1),182-196.

技能、才能和能力

许多领导者在制定团队成员的选拔标准时都遇到了困难。在组建团队时,以下技能是很重要的:

技术或专业知识技能(technical or functional expertise) 如果任务是进行体外循环心脏手术,那么不管化学家或律师多擅长他们的本职工作,他们都不能满足任务需要。团队成员必须证明他们有能力帮助团队完成目标。大多数团队任务都有必要招募具有不同技能的成员。随着专业化程度的提高,一个人很难在复杂任务的各个方面都能有见识。

任务管理技能(task-management skills) 团队成员仅仅发挥其专业领域的功能是不够的。他们需要协调整个团队的努力,制定目标和实施计划。任务管理技能包括规划工作、监督绩效、处理令人沮丧的事情和未知情况,以及克服协调问题(见图表2-1,表格左侧侧重于任务管理技能,右侧侧重于人际交往技能)。

人际交往技能(interpersonal skills) 团队中的人不是仅仅按照预定计划简单执行任务的自动化机器。因为团队成员首先是人——他们有自己的事情、困难和日程安排——其次才是团队成员,团队人的一面对生产率施加强大的影响。人际交往能力包括给予建设性批评、保持客观性、给予认可、向别人学习等能力。请参阅图表2-1 中右侧的人际交往技能示例。

任务管理技能		人际交往技能	
发起	提出新目标或新想法	鼓励	通过鼓励其他人培育团队的团结性
寻找信息	界定关键问题	协调	调解冲突
阐释	对他人提出的观点增加额外的信息,如示例、改述和含义	妥协	改变个人在某个问题上的立场来减少团队内冲突
激励	当进展变缓时激励团队继续工作	把关控制	鼓励所有的团队成员参与
寻找观点	澄清态度、价值观和情感	反映	指出团队动态过程中积极和消极的方面,并在必要时呼吁改变
协同	将想法和建议协同一致	追随	接受他人的意见,并在团队中以听众的姿态为他人服务
定向	保持团队一直向所声明的目标前进	标准设定	明晰态度、价值观和情感
挑战	质疑团队的方法、逻辑和结果的质量		
记录	通过记录讨论和结果发挥一个"团队记忆"的功能		
细化	关心运作的细节		

图表2-1 任务管理技能和人际交往技能

基于 Beene, K. D., & Sheats, P. (1948). Functional roles of group members. Journal of Social Issues, 4, 41-49, © Leigh L. Thompson.

角色和职责

人们通常在团队中担任不同的角色。团队角色体验与定位(team role experience and orientation,TREO)项目调查表明,人们扮演6种不同团队角色之一。[⊖] 这些角色包括:①组织者(负责系统安排团队进行工作,从而实现他们的目标的人);②实干家(主动进行工作,

---

⊖ Mathieu,J.E.,Tannenbaum,S.I.,Kukenberger,M.R.,Donsbach,J.S., & Alliger,G.M.(2015).Team role experience and orientation: A measure and tests of construct validity.Group & Organization Management,40(1), 6-34.

在截止日期前完成目标的人）；③挑战者（督促团队考虑备选方案的人）；④革新者（产生新的、有创意的想法和建议的人）；⑤团队建设者（建立并遵守规范，维护团体凝聚力的人）；⑥连接者（将团队引荐给相关的其他团队和利益相关者的人）（参见图表2-2 检查你的角色）。

组织者	实干家	挑战者
• 我喜欢梳理团队项目的细节 • 我喜欢决定由谁来做哪一项任务 • 我让团队保持步调一致，并注意最后期限 • 我确保团队成员们都很清楚自己的职责 • 我记录好团队进展状况 • 我组织团队 • 我安排活动 • 我提出后续步骤	• 我喜欢团队处于忙碌状态，并且把事情完成 • 当有事情需要完成的时候，人们都看向我 • 对待任务，我坚持完成 • 当有任务需要完成的时候，可以依靠我 • 我完成了我的任务 • 我努力提高自己，并做所有必要的事情来保证团队成功 • 我自愿完成困难的任务 • 我总是致力于完成任务	• 我很爱挑剔 • 我挑战假设 • 我质疑为什么我们要以这种方式做事 • 我提出不同的观点来让团队保持思考 • 我质询团队应该做些什么才能把工作完成 • 我不怕质疑团队成员的职权 • 我指出潜在的风险 • 我会反驳无根据的想法
革新者	团队建设者	连接者
• 我主动提出新的想法 • 我测试新想法 • 当团队陷入僵局的时候，我提出建议 • 当我们每次都做相同的事时，我感到厌倦 • 我以富有创造力而被人所知 • 我想出完成任务的新方法 • 我分享新的想法 • 我的团队认为我是富有创新精神的	• 我让人们冷静下来并使他们集中注意力 • 我支持共同的利益 • 我帮助解决冲突 • 我帮助不同的人有效地在一起工作 • 我维护良好的工作关系 • 团队成员的失意让我感到沮丧 • 我找到共同点 • 我鼓励遇到挑战的团队成员	• 我使我们的团队获得所需的资源，帮助走向成功 • 我对团队与团队之外的人进行协调 • 我向团队外部传播信息 • 我是团队的代言人 • 我和能够帮助我的团队成功的人取得联系 • 我弄清外部发生的事，并与我的团队分享 • 我是团队联络员 • 我把团队的使命向外人进行推广

图表2-2　团队角色体验与定位

基于 Mathieu, J. E., Tannenbaum, S. I., Kukenberger, M. R., Donsback, J. S., & Alliger, G. M.(2015). Team role experience and orientation; A measure and tests of construct validity. Group and Organization Management, 40(1), 6-34, ©Leigh L. Thompson.

根据团队**战略核心**（strategic core）理论，某些团队角色对于团队绩效最为重要，而这些"核心"角色中角色承担者的特征，对于整体团队绩效来说，比其他人更重要。对美国职业棒球联盟778支球队29年（1974年—2002年）的实地研究证实，高水平的经验和工作相关技能是团队绩效的重要预测因素。而当核心角色承担者（不是非核心角色承担者）拥有这种特征时，职业经验、工作相关技能和最终绩效之间的联系要强得多。[一]团队中通常存在角色层级。由高权力和低权力的个体组成的层级分化的群体，比由所有成员都是高权力或低权力组成的群体，在相互依赖的任务中要表现得更好。[二]

[一] Humphrey, S., Morgeson, F., & Mannor, M. (2009).Developing a theory of the strategic core of teams: A role composition model of team performance. Journal of Applied Psychology, 94(1), 48-61.

[二] Ronay, R., Greenaway,K,Anicich,E.M., & Galinsky, A. D.(2012).The path to glory is paved with hierarchy when hierarchical differentiation increases group effectiveness. Psychological Science, 23(6), 669-677.

支持行为（backing-up behavior）被定义为"自由决定为团队的其他成员提供资源和与任务相关的努力，以帮助该团队成员达成他或她的角色所定义的目标"。○ 但是，支持行为会产生一些成本，比如当团队成员提供支持，而耽误他们自己的任务时，尤其是在工作负荷均匀分布的情况下。○ 此外，支持可能会导致"搭便车"，因为接受大量支持行为的团队成员会在后续工作中降低他们的任务工作量。

多样性

多样性是他人可能借此注意到差异存在的任何属性。○ 美国空军少将 Larry Spencer 谈到多样性时说："橄榄球场上，你不会安排 11 个四分卫或 11 名前锋来踢球，你需要多样性。人们有自己独特的背景和技能，这些有助于他们完成使命。我们需要所有的这些才能，而只有当我们携手共进时，才能获得成功。"○

多样性的类型 工作组内部存在三种类型的多样性：社会类别多样性、价值观多样性和信息多样性。○ 社会类别多样性（social category diversity）是指群体成员在社会类别身份中的外显差异，如种族、性别和民族。○ 针对小组的真正任务、目标或使命应该是什么，当一个工作组的成员有不同的看法时，**价值观多样性**（value diversity）就产生了。**信息多样性**（informational diversity）是指成员给小组带来的知识基础和观点上的差异。

在一项对 92 个工作组的研究中，信息多样性通过增加任务冲突，对团队绩效产生积极影响。社会类别多样性积极影响群体成员的士气。○ 缺乏社会类别多样性可能会损害群体的绩效。例如，全是男性或男性主导的团队会做出过于激进的决定。○ 价值多样性因为提高了关系冲突，会降低满意度、留在群体中的意愿，以及群体承诺。

多样性的程度 在一个群体中，多样性可能是极端的（相互之间存在很大不同）、中等的

○ From Backing up behaviors in teams: The role of personality and legitimacy of need by Christopher O.L.H. Porter,John R.Hollenbeck,Daniel R.Ilgen,Aleksander P.J.Ellis,Bradley J.West,and Henry K Moon in Journal of Applied Psychology,©2003 The American Physiological Society.

○ Barnes,C.,Hollenbeck,J.,Wagner,D.,DeRue,S.,Nahrgang,J., & Schwind,K.(2008).Harmful help: The costs of backing-up behavior in teams. Journal of Applied Psychology, 93(3), 529-539.

○ Williams, K. Y., & O'Reilly, C. A.(1998).Demography and diversity in organizations.Research in Organizational Behavior,20,77-140.

○ Generals reflect on importance of diversity. Secretary of the Air Force Office of Public Affairs. af.mil by Buzanowski, J.G. (2009, February 5)

○ Jehn,K.A.,Northcraft,G.B., & Neale,M.A.(1999,December).Why differences make a difference: A field study of diversity,conflict,and performance in workgroups.*Administrative Scince Quartery*,44(4),741-763.

○ Jackson,S.(1992).Diversity in the workplace: Human resources initiatives.The professional practice series.New York: Guilford Press.

○ Jehn,K.A.,Northcraft,G.B., & Neale,M.A.(1999,December).Why differences make a difference:A field study of diversity,conflict,and performance in workgroups.Administrative Science Quarterly,44(4),741-763.

○ LePine,J.,Hollenbeck,J.R.,Ilgen,D.R.,Colquitt,J.A., & Ellis,A.(2002).Gender composition,situational strength,and team decision-making accuracy: A criterion decomposition approach.Organizational Behavior and Human Decision Processes,88(1),445-475.

（例如有一个子群体），或者是一种被称为**断层线（fault line）**的混合类型，在这个类型中，多样性是适中的且高度可见。一项对76个工作单元的1600多名管理者进行的研究揭示了性别断层线与忠诚行为之间的负相关关系，以及支持多样性的氛围和忠诚行为之间的正向关系。㊀例如，长期在美国国家航空航天局（NASA）工作的一位女性工程师回忆说，她经常是参加项目会议的唯一女性，甚至会被要求做笔记。她的男同事的假定是"她是一名秘书"。㊁

客观多样性与感知多样性 客观多样性（objective diversity）是一个群体的实际组成属性（如人口统计学或职能背景的差异）；**感知多样性（perceived diversity）**是人们对群体内差异的主观理解。客观多样性和感知多样性之间只有些许相关性；小组成员的动机（如归属需要和特殊性）会影响感知多样性。㊂当实际差异性的影响被控制后，感知到的深层多样性能预测消极的工作态度，减少帮助行为，增加离职率，并引起退出行为。㊃在一项研究中，人们对他人贡献的判断、群体的有效性，以及与群体再共事的愿望，随着群体中女性比例的增加而变得越来越消极，然而性别组成不同，并没有产生绩效上的差异。㊄

多样性和团队绩效 对来自8个组织的83个团队进行的研究发现，当团队从事并享受需要努力的认知活动时——被称为**认知需要（need for cognition）**，年龄和教育多样性与团队绩效呈正相关。㊅相反，学习导向和绩效导向的多样性会降低团队绩效；但如果团队进行**反思（reflexivity）**——讨论他们如何作为一个团队工作——多样性的负面影响则可以被抵消。㊆在社会类别和信息方面存在差异的群体，相比没有这两种类型的多样性的群体，讨论信息更加彻底，并表现得更好。㊇社会类别多样性的群体被认为更积极和更接纳他人，更执着、更自信地表达不同的观点，并且比同质性群体更专注于任务。

㊀ Chung, Yunhyung, et al.(2015). Cracking but not breaking: Joint effects of faultline strength and diversity climate on loyal behavior. Academy of Management Journal 58(5), 1495-1515.

㊁ LaFrance,A.(2015,July 13).The women who rule Pluto.The Alatic theatlantic.com

㊂ Ormiston, M. E. (2015).Explaining the link between objective and perceived difference in groups: The role of the belonging and distinctiveness motives. Journal of Applied Psychology, 101(2), 222-236.

㊃ Liao, H., Chuang, A., & Joshi, A. (2008).Perceived deep-level dissimilarity: Personality antecedents and impact on overall job attitude, helping, work withdrawal, and turnover. Organizational Behavior and Human Decision Processes, 106, 106-124.

㊄ West, T. V., Heilman, M. E.,Gullett,L., Moss-Racusin,C. A., & Magee, J. C.(2012).Building blocks of bias: Gender composition predicts male and female group members' evaluations of each other and the group. Journal of Experimental Social Psychology, 48(5), 1209-1212.

㊅ Kearney, E., Gebert, D., & Voelpel, S. C. (2009, June).When and how diversity benefits teams—the importance of team members' need for cognition. Academy of Management Journal 52(3), 581-598.

㊆ Pieterse, A. N., van Knippenberg, D., & van Ginkel, W. P. (2011). Diversity in goal orientation, team reflexivity, and team performance. Organizational Behavior and Human Decision Processes, 114(2), 153-164.

㊇ Phillips, Mannix, Neale, & Gruenfeld. Diverse groups and information sharing.p.96.

㊈ Phillips & Loyd. When suface and deep-level diversity collide.p.96.

团队从多种来源的任务和信息多样性中获益。[一]教育多样性是指教育方面的异质性，民族多样性则是指文化中的差异。这两种多样性都为团队提供了信息处理的益处，而这价值超过了社会分类过程所产生的局限性。[二]一般来说，具有更高教育多样性的群体更倾向于利用信息。相反，民族多样性往往会引起社会分类上的问题，阻碍信息的使用。[三]然而，认知风格的多样性并不总是有利于团队的绩效。一项对从事建筑任务的团队的研究发现，认知风格的异质性阻碍了他们达成战略共识的能力，并导致了更多的错误。[四]

少数派的影响 当我们提到少数人观点时，我们并不是描述人口结构上的少数人持有的观点，而是统计意义上少数人的存在。少数人意见的存在有助于促使他人做出更合理的判断，并发起更好的讨论。少数人意见可能来自自己团队的成员（组内成员）或另一个团体的成员（组外成员）。两个来源都能起作用，然而组内成员提供的少数意见往往更具影响力。[五]但是，由于强大的服从压力和不愿表达实质上威胁该团体的看法，因此组内成员可能特别不愿提供不同的观点。[六]事实上，当同一团队中的两个人彼此意见相左时，就会产生更多的不确定性、更大的压力和焦虑，以及对社交关系更多的担忧。[七]总之，团队成员可能更想要修复关系，而不是讨论问题。事实上，与组外成员的意见分歧比与组内成员的意见分歧更能容忍。也许这就是为什么在表达不同意见时，组内成员比组外成员更常使用"我不知道"和"我不确定"等短语的原因。[八]

多数派成员比少数派成员表现出更高的综合复杂性。[九]例如，一项对美国最高法院所递交

[一] Rink, F., & Ellemers, N.(2010).Benefiting from deep-level diversity: How congruence between knowledge and decision rules improves team decision making and team perceptions. Group Processes Intergroup Relations, 13(3),345-359.

[二] Dahlin, K., Weingart, L., & Hinds, P. (2005).Team diversity and information use. Academy of Management Journal, 48(6), 1107-1123.

[三] Ibid.

[四] Aggarwal,I., & Woolley,A.W.(2013).Do you see what I see? The effect of members' cognitive styles on team processes and errors in task execution. Organizational Behavior and Human Decision Processes, 122(1),92-99.

[五] David, B., & Turner, J. C.(1996).Studies in self-categorization and minority conversion: Is being a member of the out-group an advantage? British Journal of Social Psychology,35,179-199.

[六] Phillips,K.W.(2003).The effects of categorically based expectations on minority influence: The importance of congruence.Personality Sociology and Psychology Bulletin,29,3-13.

[七] Moscovici,S.(1985a).Innovation and minority influence.In S.Moscovici,G.Mugny,& E.Van Avermaet (Eds.), Perspectives on minority influence (pp.9-52). Cambridge, England: Cambridge University Press; Moscovici, S. (1985b).Social influence and conformity. In G. Lindzey & E. Aronson (Eds.),Handbook of social psychology (3rd ed, Vol.2, pp. 347-412).New York: Random House.

[八] Phillips, K. W. (2003).The effects of categorically based expectations on minority influence: The importance of congruence. Personality Sociology and Psychology Bulletin, 29, 3-13.

[九] Gruenfeld, D.H., (1995). Status, ideology and integrative complexity on the U.S. Supreme Court: Rethinking the politics of political decision making. Journal of Personality and Social Psychology, 68(1),5-20.

意见的研究发现，多数派意见的作者倾向于关心他们自身，列举法律应该或者不应该适用的所有可能的权变情况，以确保先例的持久。相比之下，少数派意见的作者往往聚焦在论据上，而这可能最终促使先例的推翻。这表明，接触持有多数派观点成员的人，他们会体验到整合性思维层次的提升；相反，接触少数派意见或意见一致群体的人，实际上会体验到整合性思维的下降。

构建一个多样化的团队 领导者需要认真思考多样性。出于自身的本能，大多数领导者和多数团队都会选择同质性，而不是多样性。例如，在一项跨越33个项目组、历经4年多的大规模研究中，人们偏向于选择同一种族的人作为工作伙伴。当实际工作小组中的人们有机会选择未来的团队成员时，他们不仅偏向于选择来自同一种族群的人，还偏向于选择那些因有能力、努力工作而享有盛誉的人，以及已与他们建立了牢固工作关系的人。另一项调查显示，高层管理团队倾向于"同质社交再现"（即按照他们自己的形象选人），而不是多元化。在一项对荷兰主要报纸出版商25年的纵向分析中，绩效不佳和高度多元战略导致团队选择"类似的人"，而且在竞争加剧时这种趋势更强烈。当压力增加时，高层管理团队倾向于"雇用类似的人并解雇不同类的人"。

重视多样性 当团队相信多样性对团队绩效的价值（相对于相似性的价值）更重要时，多样化团队在持有多样性信念（相对于相似性信念）时表现得更好。一个团队越是重视多样性，就越有可能从个体差异的角度来解释他们的多样性，而越不可能从群体层面的差异（如种族和性别）方面对多样性进行解释。

多样性程度要多高？ 最佳的多样性程度可能取决于**人际一致性**（interpersonal congruence），即我们看待自己如同别人看待我们的程度。一项对83个工作组的纵向研究表明，倘若人际一致性高，多样性会提高创造性任务的绩效。但是多样性会损害人际一致性低

---

① Ibid.

② Gruenfeld, D. H., Thomas-Hunt, M.C., & Kim, P. (1998.Cognitive flexibility communication strategy, and integrative complexity in groups: Public versus private reactions to majority and minority status. Journal of Experimental Social Psychology, 34, 202-226.

③ Hinds, P., Carley, K. M., Krackhardt, D., & Wholey, D. (2000).Choosing workgroup members: The balance of similarity, competence, and familiarity. Organizational Behavior and Human Decision Making Processes,81(2), 226-251.

④ Boone, C., Olffen, W., Van Witteloostuijn, A., & Brabander, B. (2004).The genesis of top management team diversity: Selective turnover among top management teams in Dutch newspaper publishing,1970–1994. Academy of Management Journal, 47(5), 633-656.

⑤ Homan, A. C., van Knippenberg, D., van Kleef, G. A., & De Dreu, C.(2007).Bridging faultlines by valuing diversity: Diversity beliefs, information elaboration, and performance in diverse work groups. Journal of Applied Psychology, 92(5),1189-1199.

⑥ Homan, A. C., Greer, L. L., Jehn, K. A., & Koning, L. (2010).Believing shapes seeing: The impact of diversity beliefs on the construal of group composition. Group Processes & Intergroup Relations, 13(4), 477-493.

⑦ Polzer, J.T., Milton,L.P., & Swann,W.B.(2002) Capitalizing on diversity: Interpersonal congruence in small work groups.Administrative Science Quarterly,47,296-324.

的群体的绩效。群体变化性（多样性）的程度会影响他们对非典型群体成员的反应。当群体更加多样化时，比群体同质化时对非典型成员的评价更加正面。㊀对多样性的反应也取决于人们的价值观，如保守性。保守性更低的人对多样性更加宽容。㊁

冲突　多样化的团队经常（但并非总是）经历比同质群体更多的冲突，因为个体会试图调和彼此的观点，或简单地决定采取单一的行动。在一个对3家大公司电子部门45个小组的研究中，职能背景上的多样性推动了任务冲突，但多种类型的多样性驱动了关系冲突。㊂种族和任期的多样性与关系冲突正相关，而年龄多样性与关系冲突呈负相关。在一项对银行控股公司高层管理团队的研究中，年龄和行业外经验的异质性与离职率正相关。㊃如果管理不当，文化多样的群体可能无法发挥他们的潜力。

"独唱"者与"象征"者　当个体是群体当前社会类别（如性别、种族）中的唯一成员时，他们就体会到了"独唱"者（solo）身份。"象征"者（token）是指群体中那些代表性不足或属于少数派的人员，通常在历史上是弱势群体。其他"象征"者（弱势群体和少数派）群体成员在场的人数越少，个体的体验就会越消极。"独唱"者在一个群体中更加明显可见，并且更可能被孤立和经历角色陷阱。㊄可见性压力的增加会对"象征"者产生绩效压力。因为根据他们的群体成员身份，他们更可能被定型化，他们会经历孤立状态并且基本上被陷在了被预期的任何角色中。一项研究比较了男性和女性的工作绩效评级，结果显示，女性的绩效评估随着她们在工作组中的比例下降而变差，而男性的绩效评估与其在工作组中的相对数量无关。㊅在某个测试情境下，"独唱"者在口语考试中表现更差。㊆然而，男性"独唱"者和非"独唱"者，似乎仅仅是凭借男性的身份就异乎寻常地获得了积极的评价。㊇

㊀ Hutchison,P.,Jetten,J.,.& Gutierrez,R.(2011).Deviant but desirable: Group variability and evaluation of atypical group members.Journal of Experimental Social Psychology,47(6),1155-1161.

㊁ Roccas,S., & Amit,A.(2011).Group heterogeneity and tolerance: The moderating role of conservation values.Journal of Experimental Social Psychology,47(5),898-907.

㊂ Pelled,L.H.,Eisenhardt,K.M., & Xin,K.R.(1999).Exploring the black box: An analysis of work group diversity,conflict,and performance.Administrative Science Quarterly,44,1-28.

㊃ Jackson,S.E.,Brett,J.F., Sessa,V.I.,Cooper,D.M.,Julin,J.A., & Peyronnin,K.(1991).Some differences make a difference: Individual dissimilarities and group heterogeneity as correlates of recruitment,promotions, and turnover.Journal of Applied Psychology,76(5),675-689.

㊄ Kanter,R.M.(1977).Some effects of proportions on group life: Skewed sex ratios and responses to token women.American Journal of Sociology,82,465-490.

㊅ Sackett,P.R.,DuBois, C.I.Z., & Wiggins-Noe, A.(1991) Tokenism in performance evaluation: The effects of work group representation on male-female and white-black differences in performance ratings.Journal of Applied Psychology,76,263-267.

㊆ Sekaquaptewa,D., & Thompson,M.(2002).The differential effects of solo status on members of high and low-status groups.Personality and Social Psychology Bulletin,28(5),694-707.

㊇ Williams,C.L.(1992).The glass escalator: Hidden advantages for men in "female" professions.Social Forces, 39,253-267.

过程：如何一起工作

任务依赖与结果依赖

团队成员彼此依赖，因此相互依存。团队相互依赖主要有两种类型：**任务依赖**（task interdependence）和**结果依赖**（outcome interdependence）。一项对7563个团队的元分析结果表明，任务依赖主要通过以任务为中心的功能运转（如行动）与团队绩效相关联；而结果依赖则通过关系型的功能运转（如凝聚力）与团队绩效相关联。[一]

许多类型的任务依赖会影响团队完成工作的方式。[二]有以下三种任务依赖类型（见图表2-3）：

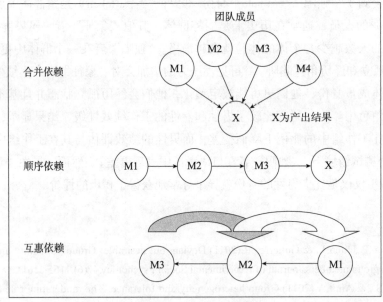

图表2-3 三种任务依赖类型

基于 Thompson, J.(1967). Organizations in action. New York: McGraw-Hill, ©Leigh L. Thompson.

- **合并依赖**（pooled interdependence）发生在团队成员先独立工作，然后再把他们的工作结合起来时。以一家百货商场的家具部为例，它由几个销售人员组成，每个销售人员都根据销售业绩得到报酬。在不同部门层面，将每个销售人员的销售额进行合计，并在各个部门之间进行比较，因此，化妆品部、家具部和男性配饰部都可以进行比较，并且加总后确定商场的整体利润。在整个过程中，每个销售人员都是独立的。另一个例子是一组短跑运动员，虽然他们都尽可能跑得很快，但该团队的结果仅仅是平均时间。

一 Courtright, S.H., Thurgood, G.R., Stewart, G.L., & Pierotti, A.J.(2015). Structural interdependence in teams: An integrative framework and meta-analysis. Journal of Applied Psychology, 100(6), 1825-1846.

二 Thompson, J.(1967). Organizations in action. New York: McGraw-Hill.

- **顺序依赖**（sequential interdependence）是典型的流水线或劳动分工，每个团队成员都有特定的技能或要执行的特定任务。随着生产线越来越往后，成员们越来越依赖其他人。例如，在接力赛中，每一名跑步选手都需要将接力棒交给另一名队员。
- **互惠依赖**（reciprocal interdependence）是相互依赖的最高形式。每一个成员都依赖其他层次上的人员——不仅仅是顺序依赖这样简单的线性方式。以自行车运动队为例，队员们骑行在一个回旋式的速度线上，每隔几秒钟就会转换位置，以保持一个高而稳定的速度。同样，当软件开发人员编写代码时，每个人都必须对程序的其他部分具有高度的熟悉；否则，漏洞的可能性会显著增加。

高度的任务依赖不断地提高绩效，而这需要团队成员之间的互动来获得关键资源。○ 高度相互依赖的成员能够更快地产生解决方案，完成更多的任务，并且比团队成员之间缺少高度依赖的团队表现得更好。当他们具有更高凝聚力并进行更多的沟通时，越高度相互依赖的高层管理团队会取得越高的团队绩效和公司绩效。但是，当沟通水平和凝聚力较低时，相互依赖程度较低的团队具有较高的绩效。○

在很大程度上，专业化水平更高意味着相互依赖的程度更高，因为团队成员必须依靠其他人来完成他们的部分工作。互惠依赖的起步阶段可能看起来有点令人畏缩，但对于一些需要较高客户满意度的高度复杂任务来说，这可能尤其重要。互惠依赖的另一个好处是，所有的团队成员都知道团队的总体目标，并更加感到责任在肩。团队价值观也影响着他们相互依赖的基本特征。对39个项目团队进行的纵向实地调查结果显示，成员具有**平等主义价值观**（egalitarian values）（如希望创造共同的成员身份感）的团队会形成高度相互依赖的任务处理方法和互动模式。相比之下，成员具有**精英管理价值观**（meritocratic values）的团队（如鼓励个人向其他团队成员证明其独特的能力）会形成较低相互依赖的任务处理方法。○

转换与行动进程

团队并不总是在一个稳定的状态下工作，他们需要转换进程。当团队完成一个焦点进程并转换到另一个进程时，**进程转换**（process shifts）就是这些时间点。○ 某些干预措施可能

○ Fan, E. T., & Gruenfeld, D. H. (1998).When needs outweigh desires: The effects of resource interdependence and reward interdependence on group problem solving. Basic and Applied Social Psychology, 20(1),45-56.

○ Barrick, M. R., Bradley,B.H., Kristof-Brown,A.L., & Colbert, A. E.(2007).The moderating role of top management team interdependence: Implications for real teams and working groups. Academy of Management Journal, 50 (3), 544-577.

○ Wageman, R., & Gordon,F.(2006).As the twig is bent: How group values shape emergent task interdependence in groups. Organization Science, 16(6), 687-700.

○ Marks, M. A., Mathieu, J. E., & Zaccaro, S. J. (2001).A temporally based framework and taxonomy of team processes.Academy of management review,26(3),356-376.

会促进对关键问题的讨论，从而影响绩效。㊀一项关于团队竞争调度分配问题的研究揭示了5种类型的进程转换：①使命分析（mission analysis）是对任务目的、环境和资源的讨论，例如"员工每周能工作多少小时？"；②目标明细（goal specification）是对任务目标的讨论，以及为了任务完成对目标的优先顺序，例如"让我们赢！"；③战术策略（tactical strategy）是对应用在任务完成中行动路线的讨论，例如"我们应该首先安排任务给较低工资的工人"；④运作策略（operational strategy）是对成员角色和责任的讨论，例如"我负责跟踪运转的时间"；⑤行动进程（action process）是对被分配任务实际执行情况的讨论，例如"我将让Chris负责这个任务，Brayden负责这个工作"。㊁

结构

团队结构（team structure）指的是团队进程被团队领导和组织如何清晰地表达出来，以及团队成员紧密地依附于它们的程度。高度结构化的团队拥有专门的角色和惯例；低结构化的团队没有设置角色和惯例。低结构化的团队常常按照他们喜欢的方式来分配工作和自行组织。它们往往不会分配角色，也没有具体的惯例来执行给定的任务。他们只是被要求交付结果。相反，高度结构化的团队被要求承担专门的角色并从事不同的工作。他们经常被告知如何参与到进程中以便交付结果。变换工作或角色通常是不被允许的。一项对80个小型生产小组的分析表明，在发生人员流动时，低结构化的团队遭受的损失要大于高度结构化的团队。㊂例如，德国汽车制造商大众汽车公司遵循一种"命令+控制"的结构，在这种结构中，角色由高层管理人员精心委派，即使是相对较小的团队决策，也需要得到正式批准。对于特定任务，工作团队是高度结构化的。相反，在Facebook公司，角色是由人塑造的，而不是反过来，新工程师被要求找到他们能发挥最大影响力的地方。㊃

规范

"在任何一种持续相当长时间的情形下，只要人们聚到一起，就会情不自禁地制定规则、习俗、价值观和其他各种规范。"㊄ **规范**（norms）是指引群体中行为的共同预期。如同角色谈

㊀ Kennedy, D. M., & McComb, S. A. (2014).When teams shift among processes: Insights from simulation and optimization. Journal of Applied Psychology, 99(5), 784.

㊁ From "When teams shift among processes: Insights from simulation and optimization by Deanna M. Kennedy,Sara A.McComb in Journal of Applied Psychology,99(5),784,©2014 American Psychological Association.

㊂ Rao, R. D., & Argote, L.(2006).Organizational learning and forgetting: The effects of turnover and structure.European Management Review,3,77-85.

㊃ McCracken,H.(2015,November 24).How Facebook keeps scaling its culture.Fast Company.fast company.com; Ewing,J.(2015,September 23).Volkswagen C.E.O.Martin Winterkorn resigns amid emissions scandal. The New York Times.nytimes.com

㊄ From The psychology of social norms by Muzafer Sherif , © 1936 Harper & brothers.

判和地位竞争在群体发展的初期就发生了一样，规范或者指引成员适当行为的想法和预期也是如此。规范不同于正式规则，它们没有被正式记录成文。因为规范是对适当行为的预期，所以它蕴含着人们在什么情况下应该做什么的信息。这使得人们更容易在新的或有压力的条件下做出适当的反应，并有助于确保每个人都朝着同一个目标努力。因此，规范减少了协调问题。这样当成员们不知道该怎么做时，宝贵的时间不会流逝。例如，Nordstrom 的员工手册上写着："在任何情况下都要发挥你的最佳判断力"；而在线鞋店 Zappos 则表示，他们的社交媒体政策是"要真实，要有最好的判断力"。^㊀

开发与实施　新群体中的人员依靠他们对所处情形的定义以便找到一个合适的脚本。^㊁ **脚本（script）**是一个规范性的行为序列，支配着在特定情形下的适当行为。许多规范在团队第一次会议的前几分钟内便会形成，例如迟到几分钟是否合适、座位的安排等。^㊂ 一旦团队成员集体行动，他们就已经建立了一种新的行为，并以此作为先例。^㊃ 对于"在团队内我们如何做这件事情"这个问题，所有小组成员都有一个共享的脚本参考。当他们面临下一个任务或决定时，这个团队的担忧就不是"我们应该怎么做"，而是"我们应该像以前一样行动吗"。^㊄ 这个先例塑造了成员们对适当行为的共同信念。一种规范是和帮助行为相关。团队成员越外向，越有助于帮助行为规范的形成。^㊅

当规范完全交由成员之间的自然进程和互动模式决定时，最具破坏性的和最不自觉的个体可能会树立出不良规范。这是因为那些最直言不讳、最不自觉的人最爱大谈特谈。抵制不良规范最好的方法之一就是尽早引入富有成效的规范和结构；自由形式的互动，任何事情都有可能发生，而结构恰好是它的对立面。例如，当 Lars Dalgaard 还是一家云端软件公司 SuccessFactors 的 CEO 时，他就设定了一个规范，即任何人都不应在电子邮件中密件抄送某人。Dalgaard 推断，这个规范可以帮助人们记得工作中要人性化、有人情味："当你直视某人

㊀ From Take These Two Steps To Rival Nordstrom's Customer Service Experienceby Micah Solomon, © MAR 15,2014 Forbes.

㊁ Bettenhausen,K., & Murnighan,J.K.(1985).The emergence of norms in competitive decision-making groups.Administrative Science Quarterly,30,350-372.

㊂ Bettenhausen,K., & Murnighan,J.K.(1985).The emergence of norms in competitive decision-making groups.Administrative Science Quarterly,30,350-372; Gersick,C.J.C.(1988).Time and transition in work teams: Toward a new model of group development.Academy of Management Journal,31,9-41; Schein,E.H.(1988). Process consultation: Its role in organization development (Vol.1). Reading,MA: Addison-Wesley.

㊃ Arrow,H., & Burns,K.(2004).Self-organizing culture: How norms emerge in small groups.In M.Schaller & C.S.Crandall (Eds.),The psychological foundations of culture.Mahwah,NJ: Lawrence Erlbaum.

㊄ From Self-organizing culture: How norms emerge in small groups by Arrow,H., & Burns,K.In M.Schaller & C.S.Crandall (Eds.),The psychological foundations of culture,© 2003 Psychology Press.

㊅ Gonzalez-Mulé,E.,DeGeest,D.S.,McCormick,B.W.,Seong,J.Y., & Brown,K.G.(2014).Can we get some cooperation around here? The mediating role of group norms on the relationship between team personality and individual helping behaviors.Journal of Applied Psychology,99(5),988.

的时候，你不会显得无理。这完全不可能。"① 此外，如果有人向他抱怨另一名员工，他会立即把他们拉入电子邮件系统中，并在公司中设定规范：人们可以充分透彻地谈问题。② 其他规范可能侧重于提高团队的凝聚力。例如，在 Skimlinks 公司，术语"skimlove"描述了公司对团队凝聚力的兴趣。每周五下午，通过类似于展示和讲述的方式展现出 skimlove，团队成员可以谈论他们在这一周所完成的事情或收获。Skimlinks 公司也有一首歌，而歌词是关于互相帮助的。③

虽然某种程度上的一致对于一个预期成为一种规范是必要的，但这并不意味着规范不会发生冲突。例如，在一家医院里，护士们可能认为，管理者要求护士所做的工作量是合适的，而在另一家医院，护士们则可能会认为，管理者要求护士做太多的文书工作。④ 公司里一个部门的规范可能是允许员工在工作日处理个人事务，只要在后面弥补上时间即可，但同一家公司里的其他部门可能并不会把这个看作可以接受的行为。

规范违反　像规则一样，规范也可能经常被违反。团队内违反规范的后果是什么呢？通常情况下，团队对违规者的第一反应不是排斥，而是说服他改变。当规律性被打断或违反时，"受伤"的当事人经常试图通过诉诸规范来恢复规律性（例如，"你为什么不传阅报告——我们都是这样做的！"）。当一个团队成员一再违反规范时，即使这个成问题的行为对组织有用，也会产生严重的影响。以 20 世纪 40 年代在霍桑工厂进行的研究为例，工作小组成员之间就可接受的生产率制定了强有力的规范。也就是说，某个工作小组的成员确定了一个工作的节奏，它仅仅能生产出上级所要求的产出，但还不至于让小组成员负担过重。因此，当工作小组的成员未能达到同事展示的生产水平时，他们受到了猛烈的训斥。此外，当小组成员过度生产（比其他小组成员更努力工作）时，他们受到了严厉的惩罚。在霍桑工厂里，研究人员观察到一种称为"狂闹（binging）"的行为，其他员工会给"速度破坏者"（即过度生产者）的手臂狠狠一拳，以谴责该员工并要求其降低产量水平。

当然，在组织内的工作小组中，并不是所有规范违反的情况都遭到了人身攻击。团队对规范违反的第一反应通常是试图通过一些提醒来纠正这个错误行为。在采取更严厉的措施之前，团队通常会在这类纠正活动上持续很长一段时间。事实上，其他形式的惩罚和攻击可能更加不利于个人和组织的福祉，例如排斥，在这种情况下，人们被排除在某些社会或专业活动之外。⑤ 如果孤立的个人没有得到足够的信息来有效地完成工作，那么排斥主义同样会给公

---

① From Lars Dalgaard: Build trust by daring to show that you're human by Adam Bryant,© OCT.17,2015 The New York Times

② Bryant,A.(2015,October 17).Lars Dalgaard: Build trust by daring to show that you're human.New York Times.nytimes. com

③ Inc (producer).(2015).How to successfully create cohesive company culture.

④ Argote,L.(1989).Agreement about norms and work-unit effectiveness: Evidence from the field.Basic and Applied Social Psychology,10(2),131-140.

⑤ Williams, K.D. (1997). Social ostracism. In R. Kowalski (Ed.), Aversive interpersonal behaviors(pp.133-170). New York: Plenum Publishers.

司带来消极影响。

改变规范 规范一旦确立，就不会轻易改变。规范往往会持续几代人，在此期间，老成员逐渐离开团队，新成员不断加入。① 当有新成员加入时，团队传播规范的努力就尤其强烈。② 团队会积极主动地向新成员提供他所需要的知识、能力和激励，使他们能够扮演一个正式成员的角色。结果，新来者通常会接受这些尝试，因为他们会有强烈的需求去学习他们被期望的东西。③

团队辅导

团队辅导（team coaching）是"为了帮助团队成员协调一致地、合理地使用集体资源来完成团队的工作，从而进行的与团队的直接互动。"④ 根据 Hackman 和 Wageman 的团队辅导理论，辅导包括以下三个不同的特点：⑤

- 为团队服务的辅导功能。
- 在任务－绩效进程中的特定时间，即辅导干预最有可能产生预期效果时。
- 以团队为中心的辅导可能有助于提高绩效的条件。

辅导的例子包括在新产品宣布前召开的新闻发布会、向团队提供绩效反馈、询问团队关于新战略建议方面的关切问题。虽然亲自协调团队的工作或者协商资源在表面上对团队非常有用，但这并不是辅导。⑥ 根据 Hackman 的说法，"辅导是建立团队合作，而不是完成团队的工作"。⑦ 尽管辅导对于团队成功同样重要，但相较于团队领导力组合中的其他方面，领导者

---

① Jacobs,R.C., & Campbell D.T.(1961).The perpetuation of an arbitrary tradition though several generations of a laboratory microculture.Journal of Abnormal and Social Psychology,62,649-658; Weick, K.E., & Gilfillan D.P.(1971).Fate of arbitrary traditions in a laboratory microculture.Journal of Personality and Social Psychology,17,179-191.

② Levine,J.M., & Moreland,R.L.(1991).Culture and socialization in work groups.In L.B.Resnick,J.M.Levine,& S.D.Teasley (Eds.),Perspectives on socially shared cognition (pp.585-634).Washington,DC: American Psychological Association; Moreland,R.L., & Levine,J.M.(1989).Newcomers and oldtimers in small groups. In P.Paulus (Ed.),Psychology or group influence (2nd ed.,pp.143-186).Mahwah,NJ: Lawrence Erlbaum.

③ Louis,M.R.(1980).Surprise and sense making: What newcomers experience in entering unfamiliar organizational settings.Administrative Science Quarterly,25,226-25 1; Van Maanen,J.(1977).Experiencing organization: Notes on the meaning of careers and socialization.In J.Van Maanen (Ed.),Organizational careers: Some new perspectives (pp.15-45).New York: John Wiley & Sons.

④ From A theory of team coaching by J.Richard Hackman and Ruth Wageman, © 2005 Academy of Management Review.

⑤ Ibid.

⑥ Hackman,J.R.(2002).Leading teams: Setting the stage for great performances Boston :Harvard Business school Press.

⑦ Ibid.

更少地将他们的行为关注在团队辅导上。

辅导的类型 辅导可以是教育性的、激励性的、咨询性的（见图表2-4）。专注于能力、知识和技能的辅导本质上是**教育性（educational）**的。例如，教练可能会提供或建议一个人接受特定技能的培训，如营销或情商。专注于如何加强参与的辅导本质上是**激励性的（motivational）**。例如，教练可能会建议团队成员通过概述他们的目标以及完成这些目标的预定日期来增强他们对团队的承诺。最后，专注于如何最大限度地整合成员的优势和能力的辅导，在本质上是**咨询性的（consultative）**。例如，教练可能会建议团队成员彼此之间练习执行特定的任务。

时机	表现	方向	结构	情境	辅导	举例
初期	努力（激励性辅导）	有挑战性的	任务设计	奖励体系	• 减少社会惰化 • 建立团队承诺	设定预定日期和概述目标
中期	绩效策略（协调性/咨询性辅导）	清晰的	团队规范	信息体系	• 减少习惯性行为 • 制定出独特适当的策略	与另一个同事执行一项任务
末期	知识和技能（能力性/教育性辅导）	随之发生的	团队构成	教育体系	• 最小化孤岛思维 • 建设人才库	对特定技能进行培训

图表2-4 结构、情境和辅导对团队绩效过程的贡献

基于 Hackman, J.R., & Wageman, R. (2004). When and how team leaders matter. Research in Organizational Behavior, 26, 37-74; Hackman, J.R., & Wageman, R. (2005.April). A theory of team coaching. Academy of Management Review, 30(2), 269-287, © Leigh L. Thompson.

Hackman 和 Wageman 认为，这三种辅导功能——教育、激励和咨询——解决了团队的任务绩效过程，而不是团队成员的人际关系。因此，辅导的功能是干预，可以抑制对绩效的威胁，并增强这三种绩效过程的协同收益。为了有效地进行团队辅导，必须有以下四个条件：

首先，对成功至关重要的团队绩效过程（如专业知识、参与和执行）必须相对不受任务或组织要求的约束。

其次，团队必须精心设计，并得到组织环境支持。比起设计不佳的团队，精心设计的团队对良好的辅导会有更好的反应，并且受到无效辅导的破坏影响更小。

再次，辅导行为应侧重于突出的任务绩效过程，而不是人际关系或者不受团队控制的过

---

① From Leading teams: Setting the stage for great performances by J.Richard Hackman,©2002 Harvard Business Press.

② Hackman,J.R., & Wageman,R.(2005).A theory of team coaching.Academy of Management Review,30(2), 269-287; Hackman,J.R.(2002).Leading teams: Setting the stage for great performances.Boston: Harvard Business School Press.

③ Hackman,J.R., & Wageman,R.(2005).A theory of team coaching.Academy of Management Review,30(2), 269-287.

④ Wageman,R.(2001).How leaders foster self-managing team effectiveness: Design choices versus hands-on coaching.Organization Science,12(5),559-577.

程。例如,在一项调查中,经过了两种具体的过程促进培训(策略发展和协调)的领导者,能够更好地领导团队通过特定的作战模拟操作。⊖

最后,当团队准备好并能够结合吸收时,辅导干预措施应被引入。对于激励性干预,任务周期的初期是理想的时机。对于咨询性策略干预来说,任务中期是理想的时机;对于教育性干预来说,任务周期的末期是最佳的时机。基于团队成员对领导力满意度来看,使用主动辅导的领导者被评价为不那么积极正面,但是他们的团队更加有效率,尤其是在不断变化和存在干扰的环境中。⊖

本章小结

设计一个团队起始于一个目标。有明确的和鼓舞人心的目标的团队最有可能取得成功。我们讨论了学习和绩效目标的重要性,并介绍了促进目标和预防目标之间的区别。团队成员的选择不应是偶然的。事实上,管理者们常犯的两个错误是机构臃肿偏差和同质性偏差。最优的团队规模是完成任务所需的最少人数。总体而言,信息多样性与团队绩效呈正相关,而社会类别的多样性提高了群体凝聚力。我们探讨了如何建立多元化团队,从尊重多样性入手。在日常工作层面上,管理团队的过程则是从建立规范开始。有效的领导者可以在教育、激励和咨询方面辅导团队。

⊖ DeChurch,L.A., & Marks,M.A.(2006).Leadership in multi-team systems.Journal of Applied Psychology, 91(2),311-329.

⊖ Morgeson,F.P.(2005).The external leadership of self-managing teams: Intervening in the context of novel and disruptive events.Journal of Applied Psychology,90,497-508.

| 第 3 章 |

领导团队

Uber创始人Travis Kalanick具有很强的创业内驱力,但是在创业初期,他努力了很久才确立自己的商业领袖地位。在成立创业公司Uber之前,Kalanick创办了一家文件共享公司,他与父母一起生活了好几年,并且不拿薪水。在Uber,他的领导方式培养了创业者文化,在所有员工中倡导项目创新及主人公意识。例如,在2015年一次工作时间外的会议上,产品经理Greg Greiner和部门负责人Max Crowley注意到通过Uber打车的顾客,其优惠券需求还未得到满足,尤其是在假期期间。他们在办公室里发现了几名还在加班的工程师,便将他们拉进了他们的会议中,这次会议演变成了一个漫长的周末的"工作度假与编程马拉松"。另外9名Uber员工听说了这个项目,迅速抵达他们租的Airbnb房间,开始制订项目计划。设计师们帮助工程师们为这款应用设想了一个前端界面,工程师们通过实现后台功能使其能够运行,Crowley和Greiner则负责协调每个人。周末结束时,Crowley开车回到城市,两名工程师坐在后座上仍然在编程。2016年,组团乘车服务UberEvents成功向美国用户推出,Uber的估值达到625亿美元。[1]

Travis Kalanick并没有通过他自己的愿景成为亿万富翁,而是动员了一个团队来实现这个目标。在这一章中,我们将领导力与管理区分开来,并探讨领导者是天生的还是后天培养的问题;描述两种领导观点——领导力的增量理论与实体理论;分析**领导力悖论(leadership paradox)**,即团队通常需要领导者,但领导者的存在又威胁着团队的自主权;通过几种领导风格分析人们对领导者的期望;讨论领导者如何使用权力及其对团队的影响。

领导力与管理

领导力不同于管理。人们不希望被管理,但他们想要被带领。管理是一种必须在任何企业或团队中行使的职能,而领导力则是领导者与被领导者之间的一种关系,可以激励团队或组织(见图表3-1)。[2]领导力是影响人们实现团队目标的能力。一个领导者能够影响人们实现目标。

---

[1] Lagorio-Chafkin,C.(2015,December 11).How a rogue team secretly built Uber's latest project over a weekend.Inc.inc.com

[2] Maccoby, M. (2000, January/February). Understanding the difference between management and leadership. Research Technology Management, 43(1), 57-59.

管理	领导力
它是一种职能,包括: 计划 预算 评估 促进	它是一种关系,包括: 挑选人才 激励 辅导 建立信任

图表3-1 管理与领导力

"Understanding the difference between management and leadership" from Research Technology Management by Michael Maccoby. Copyright © 2000 by Michael Maccoby. Reprinted by permission of Industrial Research Institute.

领导力的一个最典型的特征就是团队领导者所采取的视角。团队领导者具有的视角,可以让他:①觉察需要做什么;②明白组织中正在起作用的背后动因;③发起行动让事情变得更好。[一] 图表 3-2 揭示出领导者的视角不同于追随者的视角,也不同于那些官僚主义者、行政人员和反对者的视角。

视角	这个人会说什么的举例
追随者	"你想让我做什么?" "你会给我更多的职权吗?" "我需要你为我清除障碍"
官僚主义者	"那并不是我的工作" "我会把它传递给某个人" "我们的程序不允许那样做" "我们从来没有那样做过" "这个还没有被批准" "没有上级的许可,我不能那样做"
行政人员	"他们上次做了什么?" "我们从来没有那样做过" "让我们想想,有关那个的规则是什么?"
反对者	"那绝对不会起作用的!" "我们之前已经那样试过了" "那真是一个糟糕的主意" "你不能为它提供资金" "你永远都不能按时完成任务"
领导者	"你知道该做什么了吗?" "你理解起作用的背后动因吗?" "你愿意发起行动让事情变得更好吗?"

图表3-2 不同视角的观点

CLAWSON, JAMES G., LEVEL THREE LEADERSHIP, 2nd ED., © 2002. Reprinted and Electronically reproduced by permission of Pearson Education, Inc., Upper Saddle, New Jarsey.

[一] Clawson,D.(2003).The next upsurge: Labor and the new social movements.Ithaca,NY: Cornell University Press.

领导力悖论

领导力——或者一个人控制团队的能力——似乎与团队合作相对立。然而,领导者对有效的团队合作往往是必需的:形成目标、协调努力、激励成员。传统的领导观念——自上而下、"指挥+控制"的方式——在基于团队的组织中可能是无效的。事实上,一项调查发现,在高度参与性工作氛围中的员工,与更权威主义工作氛围中的员工相比,提供了更好的客户服务(增加14%),犯下更少的临床错误(减少26%),表现更低的职业倦怠(减少79%),更低离开组织的可能性(降低61%)。[一]

很少有人懂得如何将自己转变成领导者。例如,在一个工厂里,由于新近建立的半自主工作小组试图解决问题,主管们对参与式管理计划的抵制使得他们采取"不干涉"的形式。当问题出现团队无法处理时,主管们就会回答:"那不是我的工作,它是团队的问题。"从本质上讲,主管们正在破坏团队,这样他们就可以恢复传统的权威地位。

一个人如何领导那些本应该自我领导的人,是自我管理型和自我指导型团队的领导者遇到的团队悖论的本质。[二]试图应对这种领导力挑战往往会导致负面的主管反应,包括抵制变革、[三]角色冲突、[四]不愿放弃权力、[五]害怕显得无能,[六]以及担心被解雇。[七]这些反应可能会导致领导者采取阻挠而不是促进团队有效性的行动。最佳领导者在协调团队成员、解决争端或分歧、激励个体、监控绩效、维持团队的目标和重点等方面发挥着至关重要的作用。

领导者与先天–后天培养的争论

领导者是先天的还是靠自己奋斗成功的?关于先天与后天培养的争论,有两种理论谈论了什么使领导者变得有效:①领导力**实体理论(entity theory)** 认为领导者是先天的;②**增量理论(incremental theory)** 则主张领导技能可以被学习,领导者是可以成长的。一项调查研究了当处于领导地位时,人们是如何表现的,那些持领导力增量理论的人比那些持领导力实体理论的人更加自信、更少焦虑,也更少沮丧。更重要的是,那些持增量观点的人在领导任

[一] "From The impact of participative management perceptions on customer service,medical errors,burnout, and turnover intentions by Angermeier,Ingo Dunford,Benjamin B.Boss,Alan D.and Boss,R.Wayne in Journal of Healthcare Management,© 2009 American College of Healthcare Executives."

[二] Stewart,G.L., & Manz,C.C.(1995).Leadership and self-managing work teams: A typology and integrative model.Human Relations,48(7),747-770.

[三] Manz,C.C.,Keating,D.E., & Donnellon,A.(1990).Preparing for an organizational change to employee self-management: The management transition.Organizational Dynamics,19(2),15-26.

[四] Letize,L., & Donovan,M.(1990,March).The supervisor's changing role in high involvement organizations. The Journal for Quality and Participation,13(2),62-65.

[五] Verespej,M.A.(1990,December 3).When you put the team in charge.Industry Week,30-31.

[六] Manz,C.C.,Keating,D.E., & Donellon,A.(1990).Preparing for an organizational change to employee self-management: The management transition.Organizational Dynamics,19(2),15-26.

[七] Verespej, M.A.(1990,December 3).When you put the team in charge.Industry Week,30-31.

务完成上比那些持实体观点的人表现得更好。①

领导特质理论

领导的"实体论"或"特质论"有时被称为"领导力伟人理论",它认为领导能力在很大程度上是一个人天生的特性,因此很大程度上是不可改变的,或者至少不是容易开发、学习或获得的东西。②从这个意义上说,一个人的领导能力被认为是固定的。实体领导理论的坚决支持者称,人们要么是天生的领导者,要么是天生的追随者:他们要么有,要么没有(领导力)。如果他们确实拥有(领导力),那么他们就会命令、指挥和控制。如果他们没有(领导力),那么他们就会追随那些拥有领导力的人。领导力在很大程度上被看作单向的——自上而下——领导者将真相、智慧和指示传授给下属。此外,领导特质理论倾向于让领导者为公司的成功获得过多的赞扬,而为公司的失败承担太多的指责。事实上,CEO 的领导能力对公司实际的成功并没有多少预测性。③

智慧与领导力　许多组织,包括武装部队,依靠智力测试来选拔领导者。军事职业能力倾向成套测验(ASVAB)已在所有想应募美国军队的人中实施。此外,大规模智力测试全国样本(GMA)的结果指出,智力与职业成功相关联,如收入和职业声望。④

人格与领导力　心理学家、政治学家和历史学家已经研究了政府、企业和教育机构中领导者的人格,以识别共同的线索。然而,数十年的研究也未能得出所有领导者共有的关键特征清单。⑤Simonton 收集了所有美国总统的 100 条个人信息,比如他们的家庭背景、教育经历、职业和人格。⑥这些变量中只有 3 个特征——身高、家庭人数和就职之前出版的书籍数量——与总统执政期间的有效性相关。包括人格在内的 97 个其他特性都与领导有效性完全无关。从偶然性来说,5% 或 100 次中出现 5 次,将是显著的!

对"大五"人格特质的研究揭示了一些与领导力相关的因素。宜人性和责任感与领导的观念正相关。⑦在外向性、开放性和责任感方面得分高的人,更会被认为是任务导向型和关系导向型的领导者;那些在宜人性方面得分高的人则更有可能成为关系导向型的领导者。⑧外向

---

① Hoyt,C.L.,Burette, J. L., & Innella,A.N.(2012).I can do that: The impact of implicit theories on leadership role model effectiveness.Personality and Social Psychology Bulletin,38(2),257-268.

② Bass, B.M.(1990).Bass & Stogdill's handbook of leadership: Theory research,& management applications (3rd ed.), New York: Free Press.

③ Belsky,G.(2012,June 11). How much does the big boss rally matter? Time.time.com

④ Judge, T.A.,Klinger,R. L., & Simon,L.s.(2010).Time is on my side Time,general mental ability, human capital,and extrinsic career success.Journal of Applied Psychology 95(1),92-107.

⑤ Yukl,G A.(1981).Leadership in organizations.London: Prentice-Hall International.

⑥ Simonton,D.K. (1987).Why presidents succeed: A political psychology of leadership.New Haven,CT Yale University Press.

⑦ Walumbwa,F.O., & Schaubroeck,J.(2009).Leader personality traits and employee voice behavior: Mediating roles of ethical leadership and work group psychological safety.Journal of Applied Psychology,94,1275-1286.

⑧ Emery,C.,Calvard,T.S., & Pierce,M.E. (2013).Leadership as an emergent group process: A social networkstudy of personality and leadership.Group Processes & Intergroup Relations,16(1),28-45.

型的领导者在员工消极被动时会带来更有成效的团队结果,而员工积极主动的时候则不然。①

自恋的人更有可能成为一个群体中的领导者,但他们并不比非自恋的人更具技能。②同样的,具有高特性优势(trait dominance)的人也会成为领导者,因为他们的行为方式让他们即使缺乏能力,也会显得有能力。③

出生顺序与领导力 另一个实体理论认为,领导力是基于出生顺序的。横截面数据显示,第一个出生的孩子可能更聪明,但是纵向数据并不支持这一点。④

性别与领导力 当一个人的领导力涌现高于其实际有效性时,领导力过度涌现(leadership over-emergence)就发生了。⑤男性易于过度涌现成为领导者;当女性做出能动领导行为(agentic leadership behavior)时,这些女性就被看作过度涌现了。⑥一项综合了数百项研究的元分析发现,与人们对男性和女性差异的固有观念相反,男性并没有从事更多的任务导向行为,女性也并没有以更关系型的(体谅别人的)方式行事;女性的领导风格更民主,男性则更专制。⑦

一项对 75 个混合性别群体研究所进行的元分析回顾显示,在实验室和自然产生的群体中,女性比男性更不容易成为领导者。⑧然而,与男性相比,女性表现出更多与团队绩效正相关的可取的变革型领导行为。⑨而且,董事会中至少有一名女性董事的公司,其股票价值胜过董事会全是男性的公司 26%,原因是女性可能更倾向于风险规避。⑩当女性面临对女性的性别刻板印象(脆弱的和随和的)情境时,她们就会避免担任领导角色,转而倾向不受威胁的下

---

① Grant,A.M.,Gino,F., & Hoffman,D.A.(2011).Reversing the extraverted leadership advantage: The role of employee proactivity.Academy of Management Journal 54(3),528-550.

② Brunell,A.B.,Gentry,w.A.,Campbell,W.K., Hoffman,B.J.,Kuhnert,K.W,& DeMarree,K. G.(2008). Leader emergence:The case of the narcissistic leader.Personality and Social Psychology Bulletin 34(12),1663-1676.

③ Anderson,C., & Kilduff,G.J.(2009).Why do dominant personalities attain influence in face-to-face groups? The competence-signaling effects of trait dominance. Journal of Personality and Social Psychology 96(2),491-503.

④ Andeweg,R. B., & van den Berg, S.B. (2003). Linking birth order to political leadership: The impact of parents or sibling interaction? Political Psychology, 24(3),605-623.

⑤ Larnaj,K., & Hollenbeck,J.R. (2015).Leadership over-emergence in self-managing teams: The role of gender and countervailing biases.Academy of Management Journal 58(5),1476-1494.

⑥ Ibid.

⑦ Eagly,A.H., & Johnson,B.(1990).Gender and leadership style: A meta-analysis.Psychological Bulletin,108, 233-256.

⑧ Eagly.A.H., & Karau,S.J.(1991).Gender and the emergence of leaders: A meta-analysis.Journal of Personality and Social Psychology,60,685-710.

⑨ Eagly,A.H.,Johannesen-Schmidt,M.C., & van Engen,M.L.(2003).Transformational,transactional,and laissez-faire leadership styles: A meta-analysis comparing men and women.Psychological Bulletin,129,569-591.

⑩ Goodman,J.(2012,October 15).Empowered women hold the key to a business's success.Fast Company. fastcompany.com

属角色，○她们对领导职位的渴望也会下降。当人们处于领导职位时，他们对女性的看法就不那么友好了，他们对女性行为的评价也不那么积极。○例如，女性被认为不如男性有能力，在群体互动中，人们给男性的发言机会多于女性。○比起谦虚的男性，对于那些自我吹嘘（自夸）的男性，人们的反应更为友好。然而，对女性来说，这却恰恰相反。○事实上，当女性领导者以男性化的方式行事时，○她们会被贬低，而女性能力和自信的公开展示会导致被他人拒绝，尤其是被男性拒绝。○在一个模拟的求职面试和招聘任务中，如果应聘者资格相同，男性和女性面试官都更愿意雇佣一名男性而不是女性。○而即使一名男性的资格明显更差，男性面试官也更偏爱雇佣这名男性。○当人们被要求评价男性和女性成员对于一个共同结果的贡献时，除非他们得到了有关人们实际贡献的反馈，否则即使男女的贡献相同，他们也会低估女性的工作，并评价她们能力不够、影响力较小、不太可能发挥领导作用。○然而，当团队受到威胁并渴望改变时，他们会更青睐女性领导者。○在某种程度上，女性领导者会进行自我反省（反思自己的行为，以及他人如何看待自己的行为），她们被认为对团队更有影响力和价值。○

领导力增量理论

有非常明确的证据表明，环境和情景因素对领导力有强烈的影响。事实上，大量的证据

○ Davies,P.G.,Spencer,S.J., & Steele,C.M.(2005).Clearing the air: Identity safety moderates the effects of stereotype threat on women's leadership aspirations.Journal of Personality and Social Psychology,88,276-287.

○ Eagly,A.H., & Karau,S.J.(2002).Role congruity theory of prejudice toward female leaders.Psychological Review,190(3),573-598; Eagly,A.H.,Makhjani,M.G., & Klonsky,B.G.(1992).Gender and the evaluation of leaders: A meta-analysis.Psychological Bulletin,111,3-22.

○ Berger,J.,Fisek,M.H.,Norman,R.Z., & Zelditch,M.(1977).Status characteristics and social interaction.New York: Elsevier.

○ Giacolone,R.A., & Riordan,C.A.(1990). Effect of self-presentation on perceptions and recognition in an organization.The Journal of Psychology,124,25-38.

○ Eagly,A.H.,Makhijani,M.G., & Klonsky,B.G.(1992).Gender and the evaluation of leaders: A meta-analysis. Psychological Bulletin 111,3-22.

○ Rudman,L.A.(1998).Self-promotion as a risk factor for women: The costs and benefits of counter-stereo-typical impression management.Journal of Personality and Social Psychology,74,629-645.

○ Foschi, M., Lai, L., & Sigerson, K. (1994). Gender and double standards in the assessment of job applicants. Social Psychology Quarterly,57,326-339.

○ Foschi,M., Sigerson,K., & Lembesis,M.(1995). Assessing job applicants: The relative effects of gender, academic record,and decision type.Small Group Research,26(3),328-352.

○ Heilman,M.E., & Haynes,M.C.(2005).No credit where credit is due: Attributional rationalization of women's success in male-female teams.Journal of Applied Psychology,90(5),905-916.

○ Brown,E.R.,Diekman,A.B., & Schneider,M.C.(2011).A change will do us good: Threats diminish typical preferences for male leaders. Personality and Social Psychology Bulletin,37(7),930-941.

○ Flynn,F. J., & Ames,D.R.(2006).What's good for the goose may not be as good for the gander:The benefits of self-monitoring for men and women in task groups and dyadic conflicts.Journal of Applied Psychology, 91(2),272-281.

表明，相比于领导者个人的人格，领导力更多地与环境有关。那么，为什么那么多人认为智力和人格等固有特质可以预测领导力呢？传奇化的领导观念是指领导者具有控制和影响其组织与成员命运的能力。[一] **基本归因错误（fundamental attribution error）**是一种过分强调稳定的人格和气质特征的影响的倾向，并低估了情境对人们行为的影响。[二] 事实上，更多短暂的、情境的特征通常能解释很多人类行为。

领导力增量理论着重关注领导者如何做两件事情，它们与组织中团队合作相关。首先，它关注领导者如何与他们的团队直接互动。这些领导者做的第二件事是构建外部环境，以便团队能够最好地实现其目标。在这两项任务中，领导力都是双向的，领导者从他们的团队中学习，就像他们为团队提供指导一样。这些领导者维护团队与组织之间的关系，以确保组织目标得以实现。领导者还会协调团队成员、解决争端或分歧、激励个人、监督表现，并确立团队的目标和重点。

座位安排 当一组人坐在一张桌子上，即使座位是随机确定的，桌子前端的人有更大可能性涌现为领导者。[三] 细想长方桌上五个人座位安排的影响。[四] 两个人坐在桌子的一边，三个人坐在桌子的另一边。虽然没有人坐在座位的末端，但是如果眼神接触和交流控制是重要的原因，那么谁会涌现为领导者的明确预测就可以做出了。坐在桌子两人一侧的人员可以轻松地与对面三名团队成员保持目光接触，而在三人一侧的人员则最多只能将注意力集中在两名成员身上。因此，可以预测，两人一侧的人员更能影响他人，更有可能成为领导者。事实上，70%的领导者来自两人那一侧。对领导者权力的判断通常基于组织结构图中他们看起来如何：保持其他一切不变，如果领导者的名字旁边有一条长长的垂直线，那么这个领导者就会被认为比那些有短垂直线的领导者拥有更多的权力。[五]

随机选择领导者 组织每年花费数百万美元精心挑选领导者，通常使用心理测试来做这些事。然而，一项对团队绩效的调查显示，随机选择领导者的团队在所有组织决策任务上的

[一] Meindl,J.R.,Ehrlich,S.B., & Dukerich,J.M.(1985).The romance of leadership.Administative Science Quarterly,30,78-102.

[二] Ross L.(1977). The intuitive psychologist and his shortcomings: Distortions in the attribution process. In L.Berkowitz(Ed.), Advances in experimental social psychology(Vol.10,pp.173-220). Orlando, FL: Academic Press.

[三] Nemeth,C.J., & Wachtler,J.(1974).Creating the perception of consistency and confidence: A necessary condition for minority influence. Sociometry, 37(4),529-540; Riess,M.(1982). Seating preferences as impression management: A literature review and theoretical integration.Communication,11,85-113; Riess,M., & Rosenfeld,P.(1980).Seating preferences as nonverbal communication: A self-presentational analysis.Journal of Applied Communications Research,8,22-30.

[四] Howells,L.T., & Becker,S.W.(1962).Seating arrangements and leadership emergence.Journal of Abnormal and Social Psychology,64,148-150.

[五] Giessner,S.R., & Schubert,T.W.(2007).High in the hierarchy: How vertical location and judgments of leaders' power are interrelated.Organizational Behavior and Human Decision Processes,104(1),30-44.

表现要优于那些有组织地选择领导者的团队。此外，随机选出的领导者会更坚定地支持团队的决定。有组织地选出的领导者往往会破坏团队目标，因为他们会以牺牲培养团队共同身份感作为代价来维护个人优越感。

领导风格

逛书店，或者在线搜索学术文献，可能会找到目不暇接的大批有诱惑力（但知之甚少）的领导方式。这些方法通常以比喻的形式呈现：领导者作为教练、领导者作为仆人、领导者作为向导、领导者作为指挥等。在最近的学术期刊文献综述中，我们发现了20多种跨度较大的不同领导风格，包括愿景型、魅力型、参与型、服务型、权变型、变革型和交易型。企业界和大众商业媒体创造了更多的领导风格——通常用一个特别有影响力的人的名字来命名，比如"杰克·韦尔奇领导力辞典"或"沃伦·巴菲特首席执行官"。几种领导者可以选择的领导风格如下：

任务导向型领导与关系导向型领导

领导者对人员（关系）和任务的关注程度各不相同（见图表3-3）。任务导向型的领导者注重实现团队的目标，关系导向型的领导者关注的是人。以人为中心的领导者允许团队成员在工作中更加自由，允许团队成员运用自己的判断力解决问题，并赋予成员职权。相反，以任务为导向的领导者通常充当其团队的发言人，推动更多的工作和更高的生产水平，并确定应该做什么以及应该如何完成。理想情况下，专注于完成工作并支持团队成员的领导者才是团队领导者。负责任的领导者更加以团队为导向，尤其是当他们认同自己团队的时候。

---

① Haslam,S.A.,McGarty,C.,Brown,P.M.,Eggins,R.A.,Morrison,B.E., & Reynolds,K.J.(1998).Inspecting the emperor's clothes: Evidence that random selection of leaders can enhance group performance.Group Dynamics: Theory,Research,and Practice,2(3),168-184.

② Thompson,L., & Rosette,A.(2004).Leading by analogy.In S.Chowdhury (Ed.),Financial times next generation business series.London: Prentice Hall.

③ Krames,J.A.(2001).The Jack Welch lexicon of leadership: Over 250 terms,concepts,strategies & initiatives of the legendary leader.New York: McGraw-Hill.

④ Miles,R.P., & Osborne,T.(2001).The Warren Buffett CEO: Secrets of the Berkshire Hathaway managers. New York: John Wiley & Sons.

⑤ Blake,R.R., & Mouton,J.S.(1964).The managerial grid.Houston,TX: Gulf.

⑥ Sergiovanni,T.J.,Metzcus,R., & Burden,L.(1969). Toward a particularistic approach to leadership style: Some finds.American Educational Research Journal 6,62-79.

⑦ Giessner,S.R.,van Knippenberg,D.,van Ginkel,W., & Sleebos,E.(2013). Team-oriented leadership: The interactive effects of leader group prototypicality, accountability, and team identification.Journal of Applied Psychology, 98(4),658.

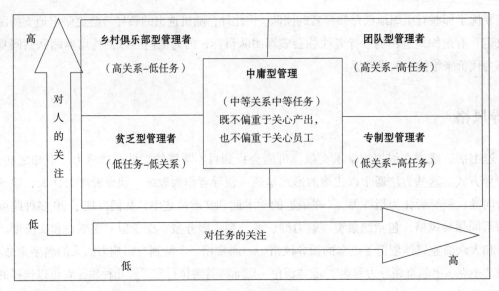

图表3-3 管理方格理论

基于 Blake, R.R., & Mouton, J.S. (1964). The managerial grid. Houston, TX: Gulf, © Leigh L. Thompson.

交易型领导与变革型领导

交易型与变革型的范式认为，领导力或者是对追随者的权变式强化，或者是促使追随者为了团队、组织或社会的利益而超越其自身利益。⊖ **变革型领导**（transformational leadership）是发展性的，通常开始于交易式的方式。在基本层面上，领导者和他们的团队处于一种交换关系中，需要通过谈判来确立结果和回报。⊖ **心理契约**（psychological contract）就是一个人对其与另一方，如雇主或领导者，相互之间义务的信念。⊜

相反，**交易型领导**（transactional leadership）则依靠领导者的权力来强化下属（团队成员）成功完成交易（任务）。然而，这种领导类型建立起了一种竞争关系："如果你将自己限制在了交易型领导风格中，用胡萝卜奖励顺从的追随者，用棍子惩罚不服从完成商定工作的追随者，那么这些追随者们将会继续觉得自己像头驴。"⑭

优点 变革型领导者激励他们的团队朝着超越眼前利益的目标前进，并在追求更高层次的结果时，激励他们的团队比他们原本期望的做得更多。⑮ 在一项对来自5家公司的118个

⊖ Bass, B.M.(1985). Leadership and performance beyond expectations. New York: Free Press; Burns, J.M.(1978). Leadership. New York: Harper & Row; Hollander, E.P.(1964). Leaders, groups, and influence. New York: Oxford University Press.

⊖ Hollander, E.P.(1986). On the central role of leadership processes. International Review of Applied Psychology, 35, 39-52.

⊜ Rousseau, D.M., & Tijoriwala, S.A.(1998). Assessing psychological contracts: Issues, alternatives, and measures. Journal of Organizational Behavior; 19, 679-695.

⑭ From Power, leadership, and the management of stress by Harry Levinson, ©1980 Professional Psychology.

⑮ Burns, J.M.(1978). Leadership. New York: Harper & Row.

研发项目团队的绩效调查中，变革型领导者预测了1年后的技术质量、进度绩效和成本效益，以及5年后的盈利能力和上市速度。㊀ 拥有变革型领导者的团队具有更高的团队合作质量和更多的团队间协作。㊁ 变革型领导对团队产生更多积极的影响，增强弹性、学习目标导向，最终提高绩效。㊂ 变革型领导也塑造了团队的主动性，尤其是当任务多变的时候。㊃ 相反，即使经验教训和学习是相同的，与从（善于）内在激励的领导者那里学习技能的人相比，从（善于）外部激励的领导者那里学习技能的人对学习的兴趣更小，而且也更少地享受他们所做的事情。㊄ 变革型领导与积极的工作团队氛围有关。㊅ 变革型CEO更有可能在团队内部达成目标一致，而这又与更好的组织绩效相关。㊆

变革型领导者依靠魅力、智力刺激和个性化关怀这三种行为来引发改变。㊇ 富有远见的领导者会培养出适应性强、积极主动的员工来应对变化。㊈ 自我牺牲的领导者（为了服务于更大的组织而放下自身的利益）会产生更高的生产率、更高的有效性，并且被认为是更加以群体为导向的。㊉ 20世纪60年代初，当沃伦·巴菲特为他的首批投资合作企业之一招募支持者时，

㊀ Keller,R.T.(2006).Transformational leadership,initiating structure,and substitutes for leadership: A longitudinal study of research and development project team performance.Journal of Applied Psychology,91(1),202-210.

㊁ Cha,J.,Kim,Y.,Lee,J.Y., & Bachrach,D.G.(2015).Transformational leadership and inter-team collaboration exploring the mediating role of teamwork quality and moderating role of team size.Group & Organization Management, 40(6), 715-743.

㊂ Chi,N.W., & Huang J.C.(2014).Mechanisms linking transfomational leadership and team performance: The mediating roles of team goal orientation and group effective tone.Group & Organization Management,39(3), 300;Sommer,S.A.,Howell, J.M., & Hadley,C.N.(2015).Keeping positive and building strength: The role of affect and team leadership in developing resilience during an Organizational crisis. Group & Organization Management,41(2), 172.

㊃ Wu,C.H., & Wang,Z.(2015).How transformational leadership shapes team proactivity: The mediating role of positive affective tone and the moderating role of team task variety.Group Dynamics: Theory,Research, and Practice,19(3),137.

㊄ Wild,T.C.,Enzle,M.E.,Nix,G., & Deci,E.L.(1997).Perceiving others as intrinsically or extrinsically motivated: Effects on expectancy formation and task engagement.Personality and Social Psychology Bulletin, 23(8),837-848.

㊅ Wang,P.,Rode,J.C.,Shi,K.,Luo,Z., & Chen,W.(2013).A workgroup climate perspective on the relationships among transformational leadership,workgroup diversity,and employee creativity.Group & Organization Management, 38(3), 334.

㊆ Colbert,A.E.,Kristof-Brown,A.L.,Bradley,B.H., & Barrick,M.R.(2008).CEO transformational leadership: The role of goal importance congruence in top management teams.The Academy of Management Journal, 51(1),81-96.

㊇ Bass,B.M.(1985).Leadership and performance beyond expectations.New York: Free Press.

㊈ Griffin,M.A.,Parker,S.K., & Mason,C.M.(2010).Leader vision and the development of adaptive and proactive performance: A longitudinal study. Journal of Applied Psychology,90(1),174-182.

㊉ van Knippenberg, B., & van Knippenberg, D.(2005). Leader self-sacrifice and leadership effectiveness: The moderating role of leader prototypicality. Journal of Applied Psychology,90(1),25-37.

他将自己 90% 以上的个人储蓄都存入了该基金。1970 年，惠普公司陷入低迷时，联合创始人 Bill Hewlett 也和其他员工一样，减少了 10% 的薪酬。在嘉信理财公司（Charles Schwab）早年，无论何时，只要客户服务电话繁忙，创始人 Chuck Schwab 就会与公司里持有经纪人执照的其他人一起接听电话。㊀ 从事于组织公民行为的领导者会塑造出有效的领导力，并促使他们的团队也展现出组织公民行为。㊁

变革型领导者拥有更高满意度的下属。㊂ 变革型领导者创建的团队具有集体开放性、经验性、宜人性、外向性和更高的责任感。变革型领导对团队绩效有积极的影响，因为团队信任他们的领导者。㊃

缺点 以群体为中心的变革型领导（group-focused transformational leadership）对团队创新具有积极的影响，但对个人的动机有消极的影响。㊄ 在某些情况下，变革型领导可能会有阴暗的一面。显示出反规范化行为的领导者会被认为比反规范化团队成员、前领导人和资深的领导者得到更多肯定，并获得更多的称赞。㊅ 而且，在某些情况下，有魅力的领导者会让团队成员之间的希望幻灭。**虚伪归因动力**（hypocrisy attribution dynamic）是指团队成员对领导者行为做出邪恶结论的倾向。㊆ 当员工被鼓励在强大的价值驱动型组织中进行意义构建时，就会发生这种情况。

专制型领导与民主型领导

领导力的另一种视角关注于从完全独裁到纯粹民主的连续区间行为。㊇ 这被称为**垂直领导**（vertical leadership）（从上到下散发），这种类型的领导力来自任命的或正式的团队领导，而**共享领导**（shared leadership）则是一个领导力既分布于团队成员之中，又来自于团队成员

㊀ Deutschman,A.(2009,September 18).How authentic leaders "walk the walk." Businessweek. businessweek.com

㊁ Yaffe,T., & Kark,R.(2011).Leading by example: The case of leader OCB.Journal of Applied Psychology,96(4), 806-826.

㊂ Hater,J.J., & Bass,B.M.(1988).Supervisors' evaluations and subordinates' perceptions of transformational and transactional leadership.Journal of Applied Psychology, 73,695-702; Ross,S.M., & Offermann,L. R.(1997). Transformational leaders: Measurement of personality attributes and work group performance. Personality and Social Psychology Bulletin,23(10),1078-1086.

㊃ Schaubroeck,J., Lam,S.S,& Peng,A. C.(2011).Cognition-based and affect-based trust as mediators of leader behavior influences on team performance.Journal of Applied Psychology,96(4),863-871.

㊄ Li,V.,Mitchell,R., & Boyle,B.(2016).The divergent effects of transformational leadership on individual and team innovation.Group & Organization Management,41(1),66-97.

㊅ Abrams,D.,De Moura,G.R.,Marques,J.G., & Hutchison,P.(2008).Innovation credit: When can leaders oppose their group's norms?Journal of Personality and Social Psychology,95(3),662-678.

㊆ Cha,S.E., & Edmondson,A.C.(2006).When values backfire: Leadership,attribution,and disenchantment in a values-driven organization.Leadership Quarterly,17,57-78.

㊇ Bass,B.M.(1990).Bass & Stogdill's handbook of leadership: Theory,research,& management application (3rd ed.). New York: Free Press.

的团队过程。那些寻求权威、权力和控制力的唯一拥有的领导者表现出专制型领导，而与团队分享权威、权力和控制力的领导者则表现出民主型领导。最初，由命令型领导者领导的团队表现优于由授权型领导者领导的团队。然而，随着时间的推移，授权型领导者会通过增加团队学习、协调性和心智模式发展来促进团队更多的改进。㊀在一项调查中，公司中71个变革管理团队的有效性被用于检验垂直领导与共享领导的功能。㊁正如经理、内部客户和团队成员所评估的那样，共享领导力显著地预测了团队的有效性。一项对42个共享领导独立样本所做的元分析揭示了共享领导与团队有效性之间的正相关关系，而当任务复杂时关系更强。㊂有关几种不同领导风格及其代表行为的总结，参阅图表3-4。一项针对59个咨询团队进行的研究显示，共享领导力来自于共同的目标、社会支持、建言和外部辅导。此外，共享领导力还可以预测由客户评价的团队绩效。㊃长期来看，共享领导与**团队信任（group trust）**的增长有关，而这又提高了绩效。㊄

领导者类型	代表性行为
厌恶型领导	威胁 训斥
命令型领导	发布指令和命令 分派目标
交易型领导	提供个人奖励 提供物质奖励 例外管理（主动） 例外管理（被动）
变革型领导	提供愿景 表达理想主义 进行鼓舞人心的沟通 拥有高绩效的期望

㊀ Lorinkova,N.M.,Pearsall,M.J., & Sims,H.P. (2013).Examining the differential longitudinal performance of directive versus empowering leadership in teams.Academy of Management Journal 56(2),573-596.

㊁ Pearce,C.L., & Sims,Jr,H.P.(2002).Vertical versus shared leadership as predictors of the effectiveness of change management teams: An examination of aversive,directive,transactional,transformational and empowering leader behaviors.Group Dymamics: Theory,Research,and Practice,6(2),172-197.

㊂ Wang,D.,Waldman,D.A., & Zhang,Z.(2014).A meta-analysis of shared leadership and team effectiveness. Journal of Applied Psychology,99(2),181.

㊃ Carson,J.B.,Tesluk,P.E., & Marrone,J.A.(2007).Shared leadership in teams: An investigation of antecedent conditions and performance.Academy of Management Journal 50,1217-1234.

㊄ Drescher,M.A.,Korsgaard,M.A.,Welpe,I.M.,Picot,A., & Wigand,R.T.(2014).The dynamics of shared leadership: Building trust and enhancing performance.Journal of Applied Psychology,99(5),771.

领导者类型	代表性行为
授权型领导	鼓励独立行动 鼓励机遇思维 鼓励团队合作 鼓励自我发展 参与目标设定 鼓励自我奖励

图表3-4　五种领导者类型的代表性行为

基于 "Vertical versus shared leadership as predictors of the effectiveness of change management teams: An examination of aversive, directive, transactional, transformational, and empowering leader behaviors" by Craig L. Pearce and Henry P. Sims Jr in Group Dynamics: Theory, Research and Practice, 6(2), 172-197, (c)2002 American Psychological Association.

领导者的情绪

根据**情绪传染模型**（mood contagion model），领导者自己的情绪会传递给团队成员，就像一个感冒的人可能会影响到其他人一样。[一] 情绪通过领导者的面部表情、声音和姿势等线索表现出来，团队成员可以根据非语言线索准确地确定领导者的情绪。与消极情绪相比，当领导者处于积极的情绪状态时，团队成员会体验到更积极的情绪，整个团体也表现出更积极的情感基调。而且，比起情绪消极领导者，积极情绪领导者的团队表现出更多的协调性，花费更少的力气。例如，通用电气公司前任董事长兼首席执行官杰克·韦尔奇说：

"一个乐观的管理者抱有积极的态度，最终以某种方式，管理的团队或组织会充满……拥有积极态度的乐观的人员。满腹牢骚的人最终会和他自己这个不愉快的群体一起结束。不愉快的群体很难赢得胜利。工作可能很难。但是，作为领导者的工作就是对抗消极主义引力的影响。这并不意味着你在粉饰挑战性。这意味着你表现出了一种充满活力、乐观进取的态度来克服它们。"[二]

激情（passion）通常被认为是可取的。领导能力会增加**偏执的激情**（obsessive passion），但领导者对团队成员能力的看法又会影响**和谐的激情**（harmonious passion）。和谐的激情和偏执的激情都会对制定具有挑战性目标的能力产生负面影响，因为它们会促使团队仓促进行目标设定。[三] 负面情绪也会影响领导力。表现出怜悯和轻视的人更可能被视为领导者，因为他们被认为更加聪明。[四] 当领导者表现出愤怒时，具有较高**认知动机**（epistemic

---

[一] Sy,T.,Cote,S., & Saavedra,R.(2005).The contagious leader: Impact of the leader's mood on the mood of group members,group affective tone,and group processes.Journal of Applied Psychology,90,295-305.

[二] From How to be a good leader,© April 4,2005 Newsweek LLC.

[三] Thorgren,S., & Wincent,J.(2013).Passion and role opportunity search: Interfering effects of conflicts and overloads.International Journal of Stress Management,20(1),20.

[四] Melwani,S.,Mueller,J.S., & Overbeck,J.R.(2012).Looking down: The influence of contempt and compassion on emergent leadership categorizations. Journal of Applied Psychology,97(6),1171.

motivation)(即一种想要彻底了解情况的渴望)的团队表现得更好,但当领导者表现出快乐时,认知动机更低的团队表现得更好。○

领导 - 团队感知距离(leader-team perceptual distance)是领导者与团队在感知事物方面的差异。○ 领导者看到的和团队看到的东西越脱节,团队的绩效就越差。而且,当团队的感知比领导者的感知更积极时,这种影响就更为强烈。○

对领导者的期望

领导者分类理论(leader categorization theory)认为,人们把他们对理想领导者(理想领导者原型)的心理图像作为一个隐含的基准,以确定他们对实际领导者的接受程度和他们自己的领导潜力。○

内隐领导理论

那些依赖于领导者的人对领导者抱有特别的期望,或者持有**内隐领导理论**(implicit leadership theories,ILTs),即关于某个领导者是否**配得上影响力**(leader worthy of influence,LWI)。○ 内隐领导理论是先入为主的想法,具体说明了团队对领导者的期望。○ 因此,如果一个领导者被认为是配得上影响力,那么团队就更愿意接受领导者的影响。所以,团队给予配得上影响力的领导者的尊重程度,在很大程度上决定了领导者的有效性。鉴于内隐领导理论驱动配得上影响力,领导者应了解团队所持有的内隐领导理论。人们对领导者的行为期望(驱动配得上影响力的内隐领导理论)对于被任命的领导者和选拔出来的领导者而言是不同的。○ 对于被任命的领导者,有同情心(如幽默、关心、有兴趣、诚实和开放的思想)和负责任(如尽责、积极、坚定、有影响力、有进取心、有指挥能力)是关键。对于选拔出来的领导者来说,穿着得体(如干净整洁)、宽容和权威是最重要的。关于特征的具体列表,参见图表3-5。

○ Van Kleef,G.A.,Homan,A.C.,Beersma,B.,van Knippenberg,D.,van Knippenberg,B., & Damen, F. (2009). Searing sentiment or cold calculation? The effects of leader emotional displays on team performance depend on follower epistemic motivation Academy of Management Journal 52(3),562-580.

○ Gibson,c.B.,Cooper,C.D., & Conger J.A. (2009). Do you see what we see?The complex effetes of perceptual distance between leaders and teams. Journal of Applied Psychology 94(1),62-76.

○ Ibid.

○ Van Quaquebeke,N.,van Knippenberg,D., & Eckloff,T.(2011).Individual differences in the leader categorization to openness to influence relationship: The role of followers' self-perception and social comparison orientation.Group Processes & Intergroup Relations,14(5),605-622.

○ Kenney,R A.,Schwartz-Kenney,B.M., & Blascovich,J (1996).Implicit leadership theories: Defining leaders described as worthy of influence.Personality and Social Psychology Bulletin,22(1 1),1128-1143.

○ Lord,R.G., & Maher,K.J.(1993).Leadership and information processing: Linking perceptions and performance.New York: Routledge.

○ Kenney,R A.,Schwartz-Kenney,B.M., & Blascovich,J.(1996).Implicit leadership theories Defining leaders described as worthy of influence.Personality and Social Psychology Bulletin,22(11),1128-1143.

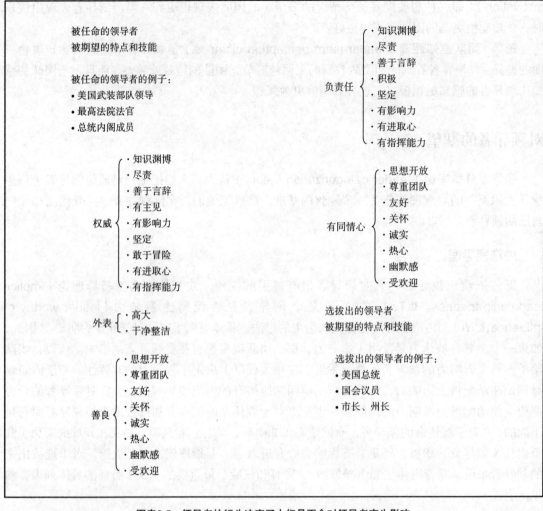

图表3-5　领导者的行为决定了人们是否会对领导者产生影响

基于 "Implicit leadership theories: Defining leaders described as worthy of influence" by Source: Based on Kenney, R. A., Schwartz-Kenney, B.M., & Blascovich, J. In Personality and Social Psychology Bulletin, 1996 22(11), 1128-1143, © Leigh L. Thompson.

典型性

人们喜欢典型的领导者，不喜欢非典型的领导者，对于那些偏好结构化的、稳定的环境的人来说尤其如此。[一] 比起那些被认为与团队成员不太相似的领导者，被认为最像团队成员的领导者会被评价为更有效。[二]

[一] Leicht,C,de Moura,G.R., & Crisp,R.J.(2014).Contesting gender stereotypes stimulates generalized fairness in the selection of leaders.The Leadership Quarterly,25(5),1025-1039.

[二] Hains,S.C.,Hogg,M.A., & Duck,J.M.(1997).Self-categorization and leadership: Effects of group prototypicality and leader stereotypicality Personality and Social Psychology Bulletin,23(10),1087-1099.

地位和不确定性

领导者的地位感知会影响团队对领导风格的偏好。低地位的领导者在使用命令型风格时被他们的团队评价为更加有效,而高地位的领导者在使用参与式风格时被认为更有效。[一] 此外,领导者被认为更亲切的团队在做复杂的团队任务中表现得更好。

环境条件,如变化、不确定性和风险,会影响人们对领导者的看法。例如,在不确定的情况下,拥有高度且稳定自尊心的人们更偏爱民主型领导;然而,自尊心低和不稳定的人们更倾向专制型领导。[二] 事实上,在环境条件不确定的时候,团队更喜欢和支持非典型的领导者,而不是典型的领导者。[三]

矛盾的是,表达创造性想法的领导者可能被认为缺乏领导潜力。例如,创造性想法表达与对领导潜力的认知是负相关的。[四] 只有当人们被告知去关注一个"具有魅力的"典型的领导者时,创造性想法的产生才不会破坏他们对领导者的判断。

领导 – 成员交换

领导 – 成员交换(leader-member exchange,LMX)模型关注于领导者与特定下属之间的关系以及领导者和下属在这种关系中给予和得到的东西。领导 – 成员交换理论的前提是领导者给予不同的团队成员(下属)有差别的关注和对待,即领导 – 成员交换差异化(leader-member exchange differentiation,LMXD)。[五] 同理心可以促使团队领导对团队成员给予优待。但是,当领导者因为考虑公平而感到负有高度责任时,优待会减少。[六]

影响差别对待的因素

领导与成员之间关系密切、互相信任的关键因素包括下属与领导者的相似性、下属展现出来的能力,以及外向性。在团队早期,团队成员的外向性和领导者的亲和性能够预测关系

[一] Sauer,S.J.(2011) Taking the reins: The effects of new leader status and leadership style on team performance.Journal of Applied Psychology,96(3),574-587.

[二] Schoel,C.,Bluemke,M.,Mueller,P,& Stahlberg,D.(2011).When autocratic leaders become an option—Uncertainty and self-esteem predict implicit leadership preferences.Journal of Personality and Social Psychology, 101(3),521-540.

[三] Rast,D.E.,Gaffney,A.M.,Hogg,M.A,& Crisp,R.J.(2012).Leadership under uncertainty: When leaders who are non-prototypical group members can gain support.Journal of Experimental Social Psychology,48(3),646-663.

[四] Mueller,J.S.,Goncalo,J.A., & Kamdar,D.(2011).Recognizing creative leadership: Can creative idea expression negatively relate to perceptions of leadership potential? Journal of Experimental Social Psychology,47(2),494-498.

[五] Graen,G.(1976).Role making processes within complex organizations.In M.D.Dunnette (ed.),Handbook of industrial and organizational psychology Chicago,IL: Rand McNally.

[六] Blader,S.L., & Rothman,N.B.(2014).Paving the road to preferential treatment with good intentions: Empathy,accountability and fairness.Journal of Experimental Social Psychology,50,65-81.

质量大小，但随着关系的发展，绩效成了关键的预测因素。①那些与自己的上级紧密联系的领导者往往会和他们的下属建立起密切的关系。雇主认为他们自身领导者形象和他们持有的领导力观点越接近，他们的领导成员关系质量越好。②也就是说，领导者将员工和团队期望的领导行为表现得越多，他们的关系就越好。包容性的领导者会减少团队内的离职率，尤其是在多样性的群体中。③那些对团队成员进行投资，并且授权于他们的领导者，会逐渐带来更高的个人和团队绩效。④

差别对待的优点

一些证据表明，LMX 会增加团队成员的承诺。例如，一项对多个组织进行的大规模研究表明，对于那些认同组织里上级的员工，LMX 和组织承诺会增加。⑤另一项对 45 家医院的 330 名员工进行的实地调查显示，高 LMX 的员工在继任事件之前不太可能离开他们的组织，但在经历了继任事件的少数人当中，高 LMX 的员工更有可能离开。⑥

LMX 的差异与员工和团队绩效的提高有关。例如，道德领导力与更高的 LMX 有关，并且会提高员工绩效。⑦当领导者和追随者具有主动性人格时，这就会增强 LMX，并提高工作满意度、承诺和带来更好的工作绩效。⑧一项针对在某银行 42 个支行管理者下工作的 184 名银行员工的实地调查发现，与上级拥有更高质量关系，以及在同辈关系网中更为核心的领导者，和他们的下属形成了更高质量的关系。⑨另外，LMX 还会推动下属的工作满意度和离职倾

---

① Nahrgang,J.D.,Frederick,P.,Morgeson,F. P., & Ilies,L.(2009).The development of leader-member exchanges: Exploring how personality and performance influence leader and member relationships over time.Organizational Behavior and Human Decision Processes,108(2),256-266.

② Epitropaki,O., & Martin,R. (2005).From ideal to real: A longitudinal study of the role of implicit leadership theories on leader-member exchanges and employee outcomes.Journal of Applied Psychology,90(4), 659-676.

③ Nishii,L.H., & Mayer,D.(2009).Do inclusive leaders help the performance of diverse groups? The moderating role of leader-member exchange in the diversity to group performance.Journal of Applied Psychology, 94(6), 1412-1426.

④ Gilad,C.,Kirkman,B.L.,Kanfer,R.,Allen,D., & Rosen,B.(2007).A multilevel study of leadership,empowerment,and performance in teams.Journal of Applied Psychology,92(2),331-346.

⑤ Eisenberger et al.(2010).Leader-member exchange and affective organizational The contribution of supervisor's organizational embodiment,Journal of Applied Psychology 95(6),1085-1103.

⑥ Ballinger,G.A.,Lehman,D.W,& Schoorman,F D.(2010).Leader-member exchange and turnover before and after succession evens. Organizational Behavior and Human Decision Processes, 113(1),25-36.

⑦ Walumbwa,F.O.,Mayer,D.M.,Wang,P.,Workman,K,& Christensen,A.L.(2011).Linking ethical leadership to employee performance: The roles of leader-member exchange, self-efficacy and organizational identification. Organizational Behavior and Human Decision Processes 115(2),204-213.

⑧ Zhang,Z.,Wang,M., & Shi,J.(2012).Leader-follower congruence in proactive personality and work outcomes:The mediating role of leader-member exchange. Academy of Management journal 5(1),11-1301.

⑨ Venkataramani,V,Green s.G.& Schleicher,D.J (2010),Well-connected leaders:The impact of leader's social network ties on LMX and members' work attitudes Journal of Applied Psychology,95(6),1071-1084.

向。具体来说，那些与上级拥有较高 LMX 的人对工作的满意度更高，对工作环境的看法更积极，也更愿意继续为公司工作。相反，与上级拥有低质量的 LMX 关系，以及在同辈关系网中不那么核心的领导者，被认为缺乏影响力，获得更少的机会通道和有限的资源。另外，拥有更低 LMX 的下属对工作的满意度更低，对工作场所的负面看法更多，也更有可能寻找其他工作机会。

差别对待的缺点

LMX 和它的差别对待也不是没有缺点。在个体层面上，LMX 通过加强角色参与，为由客户评价的绩效做出积极贡献。然而，在团队层面上，LMX 会破坏团队协作，从而对财务绩效产生负面影响。[一]差别对待可能会在领导者投资的人群中产生一个"内部群体"。圈内成员（即接近领导者的成员）在团队中感觉更安全，并更多地参与小组讨论，领导者认可他们并给他们更多的奖金。[二]一项对 87 个完整团队的研究表明，领导 – 成员交换关系差异（LMXD）损害了群体过程，并减少了组织中对正义的看法。[三]不幸的是，即使圈内成员不具备专业的知识，领导者也会更多地召集他们。因此，团队成员可能会生出怨恨，并将领导者和下属视为一个子团队或联盟，尤其是当其他团队成员与领导者之间没有紧密的、信任的关系时。当领导者以一种更疏远、更冷淡的方式对待某个下属时，这个下属可能不会参与到他的任务中，也不会表现得好。差异化领导（领导者在团队中差异化对待个体）通过降低成员的自我效能感和群体效能感来降低群体的有效性；以群体为中心的领导力促进群体认同和集体效能感，从而提高有效性。[四]

当组织工作氛围较低时，LMX 可能会产生格外有害的影响。一项对 276 名员工的研究显示，LMX 差异与更多消极的工作态度、同事关系以及低工作氛围下更高水平的退缩行为有关。[五]

权力

权力（power）是一个人在一段关系中控制另一个人结果的能力。对他人的结果的控制可以是直接的，也可以是间接的。[六]控制可以是单向的，也可以是双向的。

[一] Li,A.N., & Liao,H.(2014).How do leader-member exchange quality and differentiation affect performance in teams? An integrated multilevel dual process model.Journal of Applied Psychology,99(5),847.

[二] Burris,E.R.,Rodgers,M.S.,Mannix,E.A.,Hendron,M.G., & Oldroyd,J.B.(2009).Playing favorites:The influence of leaders' inner circle on group processes and performance.Personality and Social Psychology Bulletin,35(9), 1244-1257.

[三] Cobb,A.T., & Lau,R.S.(2015).Trouble at the next level: Effects of differential leader-member exchange on group-level processes and justice climate.Human Relations,68(9),1437-1459.

[四] Wu,J.,Tsui,A., & Kinicki,A.(2010).Leading groups: Consequences of differentiate leadership in groups. Academy of Management Journal,53(1),90-106.

[五] Erdogan,B., & Bauer,T.N.(20 10).Differentiated leader-member exchange: The buffering role of justice climate.Journal of Applied Psychology,95(6),1104-1120.

[六] Kelley,H.H., & Thibaut,J.(1978).Interpersonal relations: A theory of interdependence.New York: Wiley.

领导者关心于维护他们的权力，特别是当其他团队成员对他的领导力造成威胁，以及在团队中权力不稳定时。例如，领导者试图接近对他们的权力构成威胁的团队成员，以控制和约束该成员构成的威胁。①当领导者意识到他们的权力受到威胁时，他们会在下属当中划分界限，以保护自己的权利，减少下属之间的联盟威胁。②

一个关键的挑战是，处于拥有权力地位的人，即领导者，往往对自己有一种自我中心的偏见，相比于别人对他们的评价，他们认为自己更公平、更慷慨、更值得信任。然而，那些缺乏权力的人对拥有权力的人非常不信任。③人们认为追求权力的人是不道德的，并质疑那些寻求加强控制的人的动机。

权力的来源

权力是施加影响力的能力，影响力是通过特定的行为来进行权力的实际运用。④在组织和团队中，人们使用的权力有六个主要来源：专家权、合法权、奖赏权、强制权、信息权和参照权。⑤（参见图表3-6，另外还包括网络权作为组织中影响力的主要来源。）在一项研究中，小组中的成员凭借更高的专业知识（专家权）或职位（合法权）而获得权力。然后，他们在团队中使用了强硬或温和的策略。使用强硬策略的权力持有者拥有更高的自我评价（优越感），但不重视他们的团队。⑥当领导者以一种与自己的地位相一致的方式表达自己，比如运用强有力的演讲时，使用专家权的领导者会更受人喜欢，更有影响力，更加自信。⑦团队中的权力差异与权力持有者的任务能力动态一致时，会有助于绩效，但当它与任务能力不一致时，会对团队绩效产生损害。⑧

---

① Mead,N.L., & Maner,J.K.(2012).On keeping your enemies close: Powerful leaders seek proximity to ingroup power threats.Journal of Personality and Social Psychology,102(3),576-591.

② Case,C.R., & Maner,J.K.(2014).Divide and conquer: When and why leaders undermine the cohesive fabric of their group.Journal of Personality and Social Psychology,107(6),1033.

③ Lind,E.A., & Tyler,T.R.(1988).The social psychology of procedural justice. New York: Plenum.

④ Klocke,U.(2009). "I am the best": Effects of influence tactics and power bases on power holders' self-evaluation and target evaluation.Group Processes & Intergroup Relations,12(5),619-637.

⑤ French,J.R. P., & Raven,B.(1968).The bases of social power.In D.Cartwright & A.F.Zander (Eds.),Group dynamics (pp.259-270).New York: Harper & Row.

⑥ Klocke,U.(2009). "I am the best": Effects of influence tactics and power bases on powerholders' self-evaluation and target evaluation.Group Processes & Intergroup Relations,12(5),619-637.

⑦ Loyd,D.L.,Phillips,K.W.,Whitson,J., & Thomas-Hunt,M.C.(2010).How congruence between status speech style affects reactions to unique knowledge.Group Process and Intergroup Relations,13(3),379-395.

⑧ Tarakci,M.,Greer,L.L., & Groenen,P.J.(2015).When does power disparity help or hurt group performance? Journal of Applied Psychology,101(3),415-429.

权力来源	定 义
合法权	基于一个人担任的正式职位；其他人因相信权力持有人的合法性而顺从
奖赏权	基于一个人有权使用奖励方式；其他人因想要得到奖励而顺从
强制权	基于一个人施加惩罚的能力；其他人因害怕受到惩罚而服从
专家权	基于某一领域的个人专业知识；其他人因相信权力持有人的知识而遵从
参照权	基于一个人对他人的吸引力；其他人因对权力持有人的尊重和喜欢而顺从
信息权	基于与个人知识库的范围和内容相关的权力
网络权	基于个人在其职业和个人网络中联结的广度和深度

图表3-6 权力的来源

基于 French, J.R.P., Jr., & Raven, B. H. (1968). The bases of social power. In D. Cartwright & A.F. Zander(Eds.), Group dynamics (pp. 259-270). New York: Harper & Row; Raven, B.H. (1993). The bases of power: Origin and recent developments. Journal of Social Issues, 49(4), 227-251, ©Leigh L.Thompson.

权力距离

权力距离（power distance）是一个人接受不平等的权力分配的程度。[一] 对于领导力来说，权力距离指的是领导者预期其下属承认正式的权力关系，因此更服从并接受领导者影响的程度。对于团队来说，权力距离反映了团队成员对领导者命令尊重程度的共同偏好。[二] 团队和领导者对领导者-团队的权力距离有着一致的看法，这对团队是有益的。低权力距离团队的领导者如果拥有高权力距离的导向，可能会被认为是不公平的。例如，在一项研究中，当主管对团队成员进行"不公平的"行为时，该成员会进行报复，而其他团队的成员则会联合起来，共同对抗所感知到的不公平。当受到不公平对待的团队成员是战略核心成员时，这种影响将会进一步扩大。[三] 当团队成员的归属需求很高时，领导者更倾向于制定公平的程序，而且有同理心的领导者更有可能考虑到成员的需要。[四]

使用权力

Wageman 和 Mannix 确定了团队成员权力使用的三种模式：过度使用、放弃和管理资源。[五]

[一] Yang,J.,Mossholder,K.W., & Peng,T.K.(2007).Procedural justice climate and group power distance: An examination of cross-level interaction effects.Journal of Applied Psychology,92(3),681.

[二] Cole,M.S.,Carter,M.Z., & Zhang,Z.(2013).Leader-team congruence in power distance values and team effectiveness: The mediating role of procedural justice climate.Journal of Applied Psychology,98(6),962.

[三] Siegel Christian,J.,Christian,M.S.,Garza,A.S., & Ellis,A.P.(2012).Examining retaliatory responses to justice violations and recovery attempts in teams.Journal of Applied Psychology,97(6),1218.

[四] Cornelis,I.,Van Hiel,A.,De Cremer,D., & Mayer,D.M.(2013).When leaders choose to be fair: Follower belongingness needs and leader empathy influences leaders' adherence to procedural fairness rules. Journal of Experimental Social Psychology,49(4),605-613.

[五] Wageman,R., & Mannix,E.A.(Eds) (1998).Uses and misuses of power in task-perfoming teams.In R.Kramer and M.Neale (Eds.),Power and influence in organizations.Thousand Oaks,CA:Sage.

过度使用（overuse）：团队成员通过使用他的权力（即特殊地位）来对团队运作的大多数方面施加影响，并支配团队。例如，当领导者做出明确的命令时，团队成员更可能做出异常的决定。[一] 同样，拥有权力的团队成员使用其特殊地位发挥影响力会阻碍团队的有效性。[二]

放弃（abdication）：拥有依赖型自我建构的人在认为自己领导力表现不佳的时候，更有可能放弃自己的权力。但如果他们可以归咎于其他人，他们就不会放弃自己的权力。[三]

管理资源（managing the resource）：有权力的团队成员只在其专有资源的特定领域影响其他成员。这是最有效的权力使用。例如，在一项对16个团队手术室学习使用新技术进行心脏手术的研究中，关键问题是团队领导者能否在压力下（即现实生活和死亡情形）一起工作，并成功使用新技术。[四] 最有效的领导者传达了调动积极性的根本原因，并最小化他们的地位差异。这使得其他团队成员可以畅所欲言。

使用权力的效果

权力加强了角色认同，当人们相信自己拥有权力时，他们就会更加认同自己所拥有的角色。[五] 权力也会导致自我锚定效应，以至于在评判别人的内在状态时，拥有权力的人会把自己作为参照点，从而使得自己的敏锐感知更少。[六] 处于权力职位的人有更少的动机去审视他们的环境或过程信息。拥有更多权力的人会忽视他人的建议，因为他们对自己的判断有高度信心。权力的加强会导致言语的支配，从而减少团队沟通，损害团队绩效。[七] 此外，不听取建议会造成不准确的判断。[八] 拥有权力的人较少依赖他人，因此更没有动力去关注他人的行为。

相比之下，那些没有权力（即依靠他人获得资源）的人有动机去认真对待那些拥有权力

[一] Conway,L.G., & Schaller,M.(2005).When authorities' commands backfire: Attributions about consensus effects on deviant decision making.Journal of Personality and Social Psychology,89(3),311-326.

[二] Wageman,R., & Mannix,E.A.(Eds.).(1998).Uses and misuses of power in task-performing teams.In R.Kramer and M.Neale (Eds.),Power and influence in organizations.Thousand Oaks,CA: Sage.

[三] Ratcliff,N.J., & Vescio,T.K.(2013).Benevolently bowing out: The influence of self-construals and leader-ship performance on the willful relinquishing of power.Journal of Experimental Social Psychology,49(6),978-983.

[四] Edmonson,A.(2003).Speaking up in the operating room: How team leaders promote learning in interdisciplinary action teams.Journal of Management Studies,40(6),1419-1452.

[五] Joshi,P.D., & Fast,N.J.(2013).Power and reduced temporal discounting.Psychological Science 24(4),432-438.

[六] Overbeck,J.R., & Droutman,V.(2013).One for all social power increases self-anchoring of traits,attitudes,and emotions.Psychological Science,24(8),1466-1476.

[七] Tost,L.P.,Gino,F., & Larrick,R.P.(2013).When power makes others speechless: The negative impact of leader power on team performance. Academy of Management Journal, 56(8),1465-1486.

[八] See,K.E.,Morrison,E.W.,Rothman,N.B., & Soll,J.B.(2011).The detrimental effects of power on confidence,advice taking,and accuracy.Organizational Behavior and Human Decision Proesses,116(2),272-285.

的人。例如，美国研究生（依靠教授获得学位）会花费过多的时间关注和处理由教职人员所从事的行为和活动。㊀ 同样，拥有更多权力的人在行为上表现出更多的可变性。总之，他们会从事于更宽泛的行为。㊁

权力也让人们用"玫瑰色的眼镜"来看世界，也就是说，它让人们关注更为积极的、有价值的信息，而更少注意负面的、威胁性的信息。与没有权力的个体相比，有权力的人会对他们现实生活中的风险（如健康风险）做出更加乐观的判断。㊂ 当有权力的人与他人互动时，他们更可能关注他人喜欢他们的程度，而不太关注他人对他们的消极看法。㊃ 这种关注获得的倾向可能有助于解释为什么有权力的人在追求他们的目标中，有时会选择冒险的策略。例如，当考虑潜在的高风险兼并时，有权力的组织领导者可能会更多地关注兼并的潜在收益，而较少关注内在的风险。如果他们认为任务不值得做，那么他们会停止对任务的努力。㊄

参与式管理

一些管理者认为，权力和控制应该掌握在少数高层管理人员手中。这种领导模式假定领导者拥有组织中所有的答案、知识和想法。一个不同的观点是将权力下放给个人和团体的领导模式。在这种模式中，随着团队的逐渐发展，成员之间更加平等地分享领导力。科林·鲍威尔（Colin Powell）建议：

无论你是一个CEO还是一个项目团队的临时负责人，责任止于此。你可以鼓励参与式管理和自下而上的员工参与，但最终，领导的真髓是愿意做出会对组织命运具有影响的、艰难且清晰的选择。我见过太多的非领导者不愿意承担这个责任。即使你创建了一个非正式的、开放的、协作的企业文化，你也要做好孤独的准备。㊅

㊀ Kramer,R.M.(1996).Divergent realities,convergent disappointments in the hierarchic relation: Trust and the intuitive auditor at work.In R.M.Kramer & T.R Tyler (Eds.),Trust in organizations (pp.2 16-245). Thousand Oaks,CA: Sage.

㊁ Guinote,A.,Judd,C.M., & Brauer,M.(2002).Effects of power on perceived and objective group variability: Evidence that more powerful groups are more variable.Journal of Personality and Social Psychology,82(5),708-721.

㊂ Anderson,C., & Galinsky,A.D.(2006).Power,optimism,and risk-taking.European Journal of Social Psychology,36,511-536.

㊃ Anderson,C., & Berdahl,J.L.(2002).The experience of power: Examining the effects of power on approach and inhibition tendencies.Journal of Personality and Social Psychology,83,1362-1377.

㊄ DeWall,C.N.,Baumeister,R.F.,Mead,N.L,& Vohs,K.D.(2011).How leaders self-regulate their task performance:Evidence that power promotes diligence,depletion,and disdain.Journal of Personality and Social Psychology,100(1),47-65.

㊅ From Quotations from Chairman Powell-A Leadership Primer by Oren Harari,© 2015 Oren Harari.

授权领导正相关于知识共享和团队效能，而这又与更好的团队绩效正相关。[一]当团队要学习一项需要协调的新任务时，领导风格（参与型与权威型）对有效策略的制定和实施有重要影响。由一个"协调者"领导的团队，所有团队成员在确定团队战略和指导其活动方面都负有同等的责任，并且相比由"指挥官"领导的团队，他们会实施更好的策略。[二]

图表3-7描述了团队授权的连续性。层级一团队具有最小的权力，他们通常是新的团队，缺乏技能、经验或培训。也许这就是为什么许多成功的自我指导型团队有意在第一年将团队成员和领导者20%的时间用于培训。[三]工作技能培训很有必要，它能为团队成员有效开展自我指导型团队并执行更广泛的活动提供所需的深度和广度。相反，权力较小会导致团队成员沮丧和组织衰退。导致潜在缺乏权力感的情形，参见图表3-8。

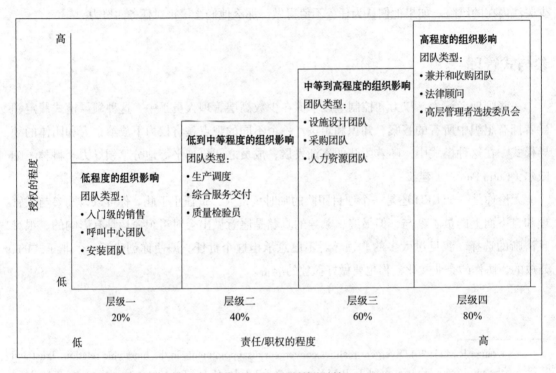

图表3-7 团队授权的连续性

基于 Wellins, R.S., Byham, W.C., Wilson, J.M.(1991). Empowered teams. Oxford: Jossey-Bass; Kirkman, B., & Rosen, B. (1999). Beyond Self-Management: Antecedents and Consequences of Team Empowerment. The academy of Management Journal, 42(1), 58-74; Rapp, T.L., Gilson, L.L., Mathieu,J.E., & Ruddy, T. (2016). Leading empowered teams: An examination of the role of external team leaders and team coaches. The Leadership Quarterly, 27(1), 109-123, © Leigh L.Thompson.

[一] Srivastave,A.,Bartol,K.M., & Locke,E.A.(2006).Empowering leadership in management teams: Effects on knowledge sharing,efficacy,and performance.Academy of Management Journal 49(6),1239-1251.

[二] Durham,C.,Knight,D., & Locke,E.A.(1997).Effects of leader role,team-set goal difficulty,efficacy,and tactics on team effectiveness.Organizational Behavior and Human Decision Processes,72(2),203-231.

[三] Wellins,R.S.(1992).Building a self-directed work team.Training and Development,46(12),24-28.

导致缺乏权力感的情境因素	情形
组织因素	• 重大的组织变革/转型 • 创业企业 • 过度的竞争压力 • 没有人情味的官僚氛围 • 沟通不畅，有限的网络建立体系 • 高度集中的组织资源
管理风格	• 重专制（高控制） • 消极主义（强调失败） • 缺乏行动/结果的原因
奖励系统	• 非权变性（任意奖励分配） • 低激励价值的奖励 • 缺乏基于胜任能力的工作 • 缺乏基于创新的奖励
工作设计	• 缺乏角色明晰性 • 缺乏培训和技术支持 • 不切实际的目标 • 缺乏适当的职权/自由裁量权 • 任务多样化程度低 • 对工作绩效有直接影响的计划、会议和决策的参与有限 • 缺乏适当的/必要的资源 • 缺乏网络建立机会 • 高度既定的工作惯例 • 太多的规则和准则 • 低晋升机会 • 缺少有意义的目标/任务 • 与高层管理人员接触有限

图表3-8 导致潜在缺乏权力感的因素

"The Empowerment Process: Integrating Theory and Practice" from The Academy of Management Review by Jay A. Conger and Rabindra N. Kanungo, Vol.13, No.3, pp.477. Copyright © July 1988 by Jay A. Conger and Rabindra N. Kanungo. Reprinted by permission of Academy of Management Review.

一旦管理层考虑到更多的员工赋权领导风格的潜在好处，就必须决定如何最好地实施这种新结构。邀请员工参与的方法可以分为四类：任务委派、平行建议参与（parallel suggestion involvement）、工作参与和组织参与。㊀

任务委派

许多管理者错误地认为每一项任务都需要他们从始至终不断地关注。**委派（delegation）**是在不放手最终责任的前提下，交付完成任务所需的责任和职权。任务委派的精髓是多方面的：邀请他人共同完成工作绩效；让领导做其他更重要的事情，并做指导。这不仅符合员工的利益，因为他们也想在公司的工作和运营中拥有更大的影响力，同时也符合领导者和组织的利益，以更有效地利用时间。

根据团队成员的技能水平和工作性质等因素，委派方式有正确的和错误的两种。图表3-9概述了成功委派的关键准则。无法有效委派会给组织带来两个负面影响：①负担过重的管理人员；②未充分使用的下属。两者都可能导致与工作相关的压力和倦怠——更不用说管理者或员工很多形式的工作表现不佳。通过给下属分配重要的任务，管理者给他们提供了出色地完成工作、展示能力、体验成功、崭露锋芒、发展技能，以及体验新挑战的机会。

㊀ Lawler,E.E.(1988).Choosing an involvement strategy.Academy of Management Executive,11(3),197-204.

设定目标并具体化	给予自主权和支持保证	提供定期的反馈
与员工一起查看任务，并检查任务本身、预期的结果、时间框架和进度。不要想当然地认为你委派任务的人会提前理解你的期望或需求。勤于提供具体的细节，并询问你的指示是否被理解。	让员工有职权自由地完成任务，并确保他们能够获得所需的资源，这将激励员工完成任务，减少任务挫折。	委派任务，并在上述交流中，计划审查初步结果/探讨障碍的最好时机。在截止日期和补充学习之前采取纠正措施要更加有效。完成任务目标后的反馈汇报也有助于表达支持和收获学习。
委派给合适的人	**委派单独责任**	**委派任务来培养技能，而不是放弃多余的任务**
选择具有合适的经验水平、技能水平和积极主动的团队或个人。要让你的选择多样化，以避免失衡。	把任务交给一个人、一个小组或者一个团队。对于员工来说，完成一项任务，然后中途发现另一个团队正在从事一项他们认为完全由他们负责的任务，是非常令人沮丧的。	当员工和主管关心如何最好地管理自己的时间时，忙碌的人很容易会考虑委派来作为摆脱不受欢迎任务的手段。然而，从更大组织内部的员工利益和任务价值的角度来探讨任务，对员工来说是有益的。推卸责任并不会鼓舞士气；相反，可以通过挑战和机会来学习一些与技能或业务运作有关的新知识。
识别受委派决策影响的人	**让员工加入**	
如果其他员工有需要了解任务委派以便提供资源，则向他们开放并在任务委派后及时告知相关方以消除臆测。	让员工参与讨论该任务需要花多少时间，他们认为自己处理这项工作的方式，以及完成任务会是什么样子。	
	寻求问题和其他想法	
	与员工一起审阅任务说明，并测试他们对最终需要交付成果的理解。看看员工对这项任务有什么见解或疑问。	

图表3-9 成功委派的关键准则

基于 Hall, F. (1997). Effective delegation. In Brown, D.D., Lewicki, R.J., Hall, D.T., and Hall, F.S. (Eds.), Experiences in management and organizational behavior (4th ed.). New York: John Wiley & Sons.; Fearon, T.(2012, May). Oi, You, I've a job for you! Credit Management, 32-33.icm.org.uk, © Leigh L.Thompson.

平行建议参与

平行建议参与背后的理念是邀请员工和团队成员对组织程序和流程提出建议。因此，员工获得了机会，并被积极鼓励为增加销售额、降低生产成本、提高客户满意度等方面推荐策略。平行建议参与的典型例子是意见箱，它甚至不限于员工，也可以要求客户提出建议。质量圈（quality circles）也邀请员工分享改进生产和产品的想法。平行建议策略具有低成本、高效益的特点；提供一个征求意见的场所所付出的成本相对较低，但在改善组织运作方面可能有巨大的收益。平行建议参与可以显著减少离职率和缺勤率，因为那些认为自己的兴趣、关注和想法得到了重视的员工会更有动力。一项对23个新生儿重症监护病房的调查表明，如果在某种程度上团队领导者比较包容（即最小化地位差异并允许成员在流程改进方面进行合作），那么团队会更多地投入到他们的工作中，并相互学习，进而提高工作绩效。[⊖] 例如，在Quirk公司，一位员工首先在流程图墙上公布了一个想法，然后征集另外12位同事来支持这个想法。其他员工可以通过在流程图墙旁边添加贴纸来"点赞"。高层团队领导能够在后续看到被支持的想法；如果他们批准了这个想法，它就会被转移到"即将发生板块"，并得以实施。如果领导团队最初不支持这个想法，但发起人仍然觉得它是有用途的，那么它就会被转到辩论墙并由公司员工投票，这一行为或许可以推翻高层领导最初对该想法的拒绝。[⊖]

⊖ Nembhard,I.M., & Edmondson,A.(2006).Making it safe: The effects of leader inclusiveness and professional status on psychological safety and improvement efforts in healthcare teams.Journal of Organizational Behavior,27(7),941-966.

⊖ Kjerulf,A.(2014,February 10).Kill the suggestion box-Here's a much better way.Positive Sharing positive sharing.com

在使用平行建议参与时，重要的是区别和准确地衡量员工的投入。简而言之，团队成员在解决问题的能力上存在差异。分布式专业知识指的就是这一事实，团队成员在解决问题的知识和信息量方面存在差异。㊀领导者可能会均等地衡量每个人的投入，直到他们有机会收集和确定与每个团队成员的贡献能力相关的信息。领导者难以对他们的员工进行差异化权衡，也很难采用平等的权衡策略。㊁一旦领导者对他们的团队有了经验，一些领导者可能会对他们的竞争力、能力和承担额外职责的意愿产生更大的影响。㊂在一项调查中，84名四人决策小组的领导做出了63项决策。领导者的经验以及为领导者提供特定团队成员的准确信息，会使领导者对员工进行更好的、更准确的差异化权衡。㊃

工作参与

工作参与需要对员工执行的任务进行重构，以使这些任务更有价值、更丰富，并且在团队中更具自主性。当人们面临有趣的任务挑战时，他们会表现得更有效率和创造性。实现这一目标有多种方式，例如：向员工提供客户的反馈意见；通过重构任务使员工完成完整而有意义的工作；通过培训使员工获得新的技能和知识，从而拓宽他们的职责范围。通过工作参与，基层的员工获得了新的信息、权力和技能，他们可能会不同程度地得到回报。例如，人们可能会因为团队的努力和团队层面的生产率而获得奖励。与平行建议参与不同，工作参与影响着员工的日常工作活动。为此，工作参与的成本比平行建议参与要高得多，因为重构职位描述、培训及许多情况下工作场所的物理重构都需要高昂的启动成本。例如，当美国铝业公司希望员工更多地参与时，他们对员工进行了调查，并推出了一项计划：让员工的个人目标在新的工作培训中就得以实现。这使得3年内员工的工作参与增加了20%。㊄在REI——一种基于露营、徒步旅行和其他环境户外活动的文化——只要员工提出的"梦想"冒险具有挑战性，就有机会赢得REI装备。㊅

组织参与

领导者想要朝着参与和授权的方向转变，仅仅通过改变他们自己的行为和风格，而不依赖于其他的组织力量是难以实现的。领导风格和策略必须整合到组织环境中。

这里考虑两种类型的组织：官僚组织和承诺组织。**官僚组织（bureaucratic organizations）**

㊀ Hollenbeck,J.R.,Ilgen,D.R.,Sego,D.J.,Hedlund,J.,Major,D.A., & Phillips,J.(1995).Multilevel theory of team decision making: Decision performance in teams incorporating distributed expertise.Journal of Applied Psychology, 80, 292-316.

㊁ Brehmer,B., & Hagafors,R.(1986).Use of experts in complex decision making: A paradigm for the study of staff work.Organizational Behavior and Human Decision Processes,38,181-195.

㊂ Graen,G., & Scandura,T.A.(1987).Toward a psychology of dyadic organizing.In B.Staw & L.L.Cummings (Eds.),Research in organizational behavior (Vol.9,pp.175-208).Greenwich,CT: JAI Press.

㊃ Phillips,J.M.(1999).Antecedents of leader utilization of staff input in decision-making teams. Organizational Behavior and Human Decision Processes,77(3),215-242.

㊄ Jusko,J.(2012,December 17).Alcoa's data-driven approach to employee engagement.Industry Week. industryweek.com

㊅ Patek,S.(2015,August 6).10 examples of companies with fantastic cultures.Entrepreneur entrepreneur.com

是传统的、等级分明的领导风格，信息、奖励、知识和权力都集中在组织的顶端。在典型的官僚组织中，团队并不存在，或者至少是不被普遍认可的。此外，当团队出现时，也往往会被忽略、压制或抑制。[①] **承诺组织（commitment organizations）**则处于相反的极端。它鼓励团队的组建，权力也不分等级，而且组织也有意采取扁平化的结构。

组织参与，或者承诺的方式，会使得组织重构，从而让基层员工有一种参与（承诺）的感觉，这种感觉不仅仅存在于他们如何做自己的工作中（就像工作参与的方式一样），还存在于整个组织的绩效中。组织参与策略邀请员工为高阶战略决策做出贡献。**麦克格雷戈法（mcGregor method）**和 **Y 理论（theory Y）**都是高参与策略的例子，在这些策略中，员工决定工作活动和组织方向。[②] 组织参与基于这样一种信念：如果员工关心组织的绩效，那么他们就需要了解它，能够影响它，从中获得回报，并且拥有知识和技能为它做出贡献。

组织参与和平行建议参与的一个关键区别是，组织参与不仅给予员工就如何改进组织运作提出建议，而且还能实施他们的建议。因此，员工具有**执行权（implementation power）**。例如，在维特罗斯杂货和家居用品店，员工使用在线系统发布并提出建议，进而改善业务管理。一名员工给出了如何用不同的方法堆放胡萝卜，进而提高蔬菜出库时效率的建议。这项建议在每个商店都进行了测试和推广，节省了时间和金钱。[③] 组织参与策略的缺点是很难知道员工建议的策略中哪些是值得实施的。

另一种组织参与的类型涉及**高层管理团队（top-management teams，TMTs）**。与个体相比，高层管理团队更有可能代表组织中人员和团体的广泛利益，并为其成员提供宝贵的发展经验。[④] 通过高层管理团队体现的领导力挑战了传统的领导力观点，因为它远离了领导者独立自主的、先知的和无所不知的形象，转而认为领导力是一个团队的过程。

似乎授权和更大程度的员工参与将会成为大多数公司的首选模式——至少从员工的角度看是这样的。然而，人们在缺乏清晰的结构、指导方针和约束的情况下，常常会感到不舒服。例如，新入学的 MBA 学生常常组成由教师指派的，而不是自由形成的学习小组。那么，授权的影响是什么？它为个人、团队和组织带来的模糊性是什么？

当一个组织移除现有的结构，以更加民主的方式赋权时，它可能会发现，与新结构相关的模糊性令人不安，并会通过施加一个更具控制性和官僚化的结构来做出反应。这个高度理性但又强有力压制性的官僚机构被称为**铁笼（iron cage）**。[⑤] 出于对秩序的渴望，人们不断地合理化他们的官僚关系，使他们更不具有协商性（即更少地基于承诺），更加结构化。

---

① Walton,R.E., & Hackman,J.R.(1986).Groups under contrasting management strategies.In P.S.Goodman and Associates (Eds.),Designing effective workgroups.San Francisco,CA: Jossey-Bass.

② McGregor,D.(1960).The human side of enterprise.New York: McGraw-Hill.

③ Trevor Clawson,T.(2015,October 13).A fond farewell to the suggestion box: Disrupting innovation management.Forbes.forbes.com

④ Beer,M.,Eisenstat,R.A., & Spector,B.(1990).The critical path to corporate renewal.Boston,MA: Harvard Business School Press.

⑤ Weber,M.(1958).The Protestant ethic and the spirit of capitalism.Translated by T. Parsons.New York: Scribner's.

本章小结

我们研究了几种领导风格以及团队对领导者的期望。领导力是领导者和团队成员之间的关系。有效的领导者已经对如何赋予团队权力做出了审慎的选择,并认识到他们必须不断寻求对有效性的反馈。

第 4 章
团队凝聚力与信任

美国国家航空与航天局（NASA）的目标是在 2025 年前将人类送往小行星，在 2030 年前将人类送往火星。在火星计划中，由 6 名宇航员组成的机组人员将进行多年的训练，并将在狭窄的空间内度过为期超过一年半的往返旅程，并在这个过程中对 32 个月的共同生活进行记录。来自地球上 NASA 的通信传输信号将需要 20min 传递到火星空间站，答复信号又将需要 20min 传递回地球。NASA 的学者正在研究，在如此高度挑战的情况下能够使团队高效运作的因素。当训练环境和合格的测试对象受限时，NASA 与工程师团队合作，创造出一款不引人注目并且可穿戴的传感器来测量团队之间的互动。通过获取太空团队在物理、心理和行为上的体验与互动数据，可以对团队的动态变化进行量化与研究，更重要的是，这些数据也能够被其他穿戴传感器的团队成员共享。[1]

能够使团队在这样的任务中取得成功的一个关键因素就是**团队复原力（team resilience）**，即通过能量、效率和积极行动从问题和挑战中恢复过来的能力。有复原力的员工能够在事情变得艰难时采取行动并保持专注，他们能够应对不确定性，并以积极的方式面对变革。[2] 我们大多数人都不会以团队形式去火星，也不会依赖于团队成员而生活。然而，我们深深地关心团队，我们做出了工作-家庭之间的牺牲，我们的团队决定了我们是谁。本章将重点讨论凝聚力、信任和团队发展，这些动力系统构成了团队的性格。我们首先研究能够使人们感觉自己是团队成员的因素，接着探讨团队凝聚力和团队信任。

团队身份

高级管理层决定团队的创建，但这不意味着各个成员就能感受到这是一个团队。当团队成员感觉不到像一个团队时，他们也不会在行动上表现得像一个团队。

---

[1] Kozlowski, S.W.J., Chao, G. T., Change, C-H., Fernandez, R. (in press). Team dynamics: Using "big data" to advance the science of team effectiveness. In S. TonidandeI, E. King, & J. Cortina (Eds.), Big data at work: The data science revolution and organizational psychology. New York, NY: Routledge Academic.

[2] Alliger G. M., Cerasoli C. P., Tannenbaum S.I., Vessey W. B. (2015). Team resilience: How teams flourish under pressure. Organizational Dynamics. 44(3),176-184; Gaines, L. (2006). Succeeding as a manager: Five ways to build a resilient team. Ceridian Corporation Manager Toolkit. people.rice.edu

群体实体性

群体实体性（group entitativity）是指人们认为自己（和他人）是统一的、单独团队或集体的程度。实体性程度越高，人们越会感觉到群体满足了他们的需要，[1]人们对他们的群体也会有更多的认同。[2]当人们认同他们的团队时，他们基于"我们"而不是"我"来思考和行动。[3]人们在想到他们的团队时，会认为应该按照团队的原则行事。[4]无论他们可能有多少其他取得一致的原则，当小组成员对最基本的核心原则达成一致共识时，他们所感知的实体性比他们没有核心根本原则时要更大。[5]面对一个群体的越轨行为，局外人建议对高实体性群体的惩罚比对低实体性群体更严厉。[6]

群体认同

群体认同（group identity）是指人们感到自己的群体成员身份是自身重要组成部分的程度。团队成员身份为人们提供了一种归属感。具有较强群体认同感的人会认为自己的群体具有更高的地位。[7]并且，那些被其他群体拒之门外的人会觉得自己所在的群体更重要，也更有凝聚力。[8]当人们对他们的群体强烈认同时，一旦自己的态度与他人不同，他们就会感到特别紧张，也会避免做出试图改变群体行为的举动。[9]当人们感受到不确定性或者很重视他们的团队时，他们更有可能对群体产生强烈的认同感。[10]当人们对自己感到不自信的时候，他们更有

---

[1] Crawford, M. T., & Salaman, L. (2012). Entitativity, identity, and the fulfillment of psychological needs. Journal of Experimental Social Psychology, 48(3), 726-730.

[2] Jans, L., Postmes, T., & Van der Zee, K. 1. (2011). The induction of shared identity: The positive role of individual distinctiveness for groups. Personality and Social Psychology Builletin, 37(8), 1130-1141.

[3] Tajfel, H., & Turner, J. C. (1986). The social identity theory of intergroup behavior. In S. Worchel & W. Austin. (Eds.), Psychology of intergroup relations (pp.7-24). Chicago, IL: Nelson-Hall.

[4] Turner, J. C., Hogg, M. A., Oakes, P. J., Reicher, S. D., & Wetherell, M. S. (1987). Rediscovering the social group: A self-categorization theory. Oxford, UK: Blackwell.

[5] Sani, F., Todman, J., & Lunn, J. (2005). The fundamentality of group principles, and perceived group entitativity. Journal of Experimental Social Psychology, 41(6), 567-573.

[6] Newheiser, A. -K., Sawaoka, T., Dovidio, J F. (2012). Why do we punish groups High entitativity promotes moral suspicion. Journal of Experimental Social Psychology, 48(4). 931-936.

[7] Pettit, N.C., & Lount, R. B. (2011). Through whose eyes? The impact of identification on judgments of group status. Group Processes & Intergroup Relations, 14(4), 533-547.

[8] Knowles, M., & Gardner, W (2008). Benefits of membership: The activation and amplification of group identities in response to social rejection. Personality and Social Psychology Bulletin, 34(9), 1200-1213.

[9] Glasford, D., Dovidio, J., & Pratto, F. (2009). I continue to feel so good about us: In-group identification and the use of social identity-enhancing strategies to reduce intragroup dissonance. Personality and Social Psychology Bulletin, 35(4), 415-427.

[10] Grant. F., & Hogg, M.A. (2012). Self-uncertainty, social identity prominence and group identification. Journal of Experimental Social Psychology, 48(2), 538-542.

可能与激进的群体产生共鸣。当团队成员具有高度的团队认同感，并具有高学习导向时，该团队是最为有效的。

身份融合

身份融合（identity fusion）指的是在群体内部自我与他人之间界限变得模糊，群体成员身份已经强烈个人化。当群体成员的个人身份与他们的社会身份融合在一起时，他们对自我身份和群体身份感知的界限会变得比较模糊。比起未融合的人，融合的人更倾向于为了他们的群体支持极端的行为。特别地，当他们的个人或社会身份被激活时，他们更愿意为所在群体进行斗争或牺牲自己。

同身份群体和同纽带群体

人们对群体的依恋来源于以下两种：一种基于群体的整体性（共同身份，common identity）；另一种基于群体中特定的群体成员（共同契约，common bond）。例如，在对精挑细选的和无选择性的大学饮食俱乐部的研究中，同身份群体的人相比依恋群体中的任何特定成员都更依恋于整个群体，而共同纽带群体中的人则更依恋于特定的成员和群体本身。

关系认同和集体认同

关系认同（relational identity）建立在对特定人员的重要关系之上，而**集体认同**（collective identity）则以群体成员身份为基础。在集体认同较低的团队中，专业知识的多样性与团队学习和绩效负相关；而在具有高度集体认同的团队中，专业知识的多样性能够促进团队学习和绩效。

---

① Hogg, M.A., Meehan, C., & Farquharson, J. (2010). The solace of radicalism: Self-uncertainty and group identification in the face of threat. Journal of Experimental Social Psychology, 46, 1061-1066.

② Pearsall, M. J., & Venkataramani, V. (2015). Overcoming asymmetric goals in teams: The interactive roles of team learning orientation and team identification. Journal of Applied Psychology, 100(3), 735-748.

③ Swann, W. B., Jr., Gomez, A., Seyle, D. C., Morales, J. F., & Huici, C. (2009). Identity fusion: The interplay of personal and social identities in extreme group behavior. Journal of Personality and Social Psychology, 5, 995-1011.

④ Swann, W. B., Jr., Gomez, A., Huici, C., Morales, J. F., & Hixon, J. G. (2010) Identity fusion and self-sacrifice: Arousal as a catalyst of pro-group fighting, dying, and helping behavior. Journal of Personality and Social Psychology, 99(5), 824-841.

⑤ Prentice, D. A., Miller, D. T., & Lightdale, J. R. (1994). Asymmetries in attachments to groups and to their members: Distinguishing between common-identity and common-bond groups. Personality and Social Psychology Bulletin, 20, 484-493.

⑥ Gabriel, S., & Gardner, W.L.(1999). Are there "his" and "hers" tpyes of interdependence? The implications of gender differences in collective versus relational interdependence for afferct, behavior, and cognition. Journal of Personality and Social Ppsychology, 77,642-655.

⑦ van der Vegt, G., & Bunderson, S. (2005). Learning and performance in multidisciplinary teams: The importance of collective team identification. Academy of Management Journal, 48, 532-547.

男性和女性对团队的依恋类型存在差异，女性的依恋主要是基于关系（一对一的关系），男性的依恋则是基于强烈的集体性（团队和群体成员身份）以及关系⊖（见图表 4-1）。依恋的类型与强度可以预测团队对员工的重要性。⊖

第一部分：请用下面的量表测量你对每个陈述的同意程度。在每个陈述旁边的空白处，请写出最能表示您对该陈述感受的数字。

非常不同意　　　　　　　　　　　　　　　　非常同意

1. 我的亲密关系是"我是谁"的重要反映。
2. 当我身边关系亲密的人取得重要成绩时，我通常会有高度自豪感。
3. 当我考虑自身时，我也通常想到我的亲密朋友或家人。
4. 我的自豪感来自我有亲密的朋友。
5. 我的亲密关系对于我意识到自己是什么样的人非常重要。

第二部分 我们都属于不同群体的成员，有些我们可以选择（如运动队、社区团体），有些我们无法选择（如种族和民族群体）。请细想您不同的群体成员身份，并应用下面的量表回答各个陈述。

非常不同意　　　　　　　　　　　　　　　　非常同意

1. 当我处于一个群体中，我常常觉得这个群体是自我的重要组成部分。
2. 当我加入一个群体时，我通常会形成一种对该群体的强烈认同感。
3. 我认为抓住自我最为重要的部分是通过观察我所属的群体并了解他们是什么样的人。
4. 一般来说，我所属的群体是自我形象的重要组成部分。
5. 如果一个人冒犯了我所属的群体，我会觉得自己也受到了冒犯。

图表4-1　关系依恋和集体依恋

基于 Cross, S. E., Bacon, P. L., & Morris, M. L. (2000). The relational-interdependent self-construal and relationships. Journal of Personality and Social Psychology, 78(4), 791-808; Gabriel, S. Gardner, W. L. (1999). Are there "his" and "hers" types of interdependence? The implications of gender differences in collective versus relational interdependence for affect. behavior, and cognition. Journal of Personality and Social Psychology, 77(3), 642-655; Cross, S. E., Hardin, E. E., Gercek-Swing, B. (2011). The what, how, why and where of self-construal. Personality and Social Psychology Review, 15(2), 142-179; Howard, E. S., Gardner, W., Thompson, L. (2007). The role of the self-concept and social context in determining the behavior of power holders: Self-construal in intergroup versus dyadic dispute resolution negotiations. Journal of Personality and Social Psychology, 93(4), 614-631; Triandis, H. C. (1995). Individualism & collectivism. Boulder. Co: Westview Press, © Leigh L. Thompson.

自我验证与群体验证

一旦一个人形成了特定的身份认同，经验则可能会对该身份认同产生截然相反的影响。**自我验证**（self-verification）是一个人对自我观点寻求确认的过程。例如，敏感的人可能希望别人把他们看作有同情心的人。相比于那些能够提升自己群体身份的人，人们更喜欢与那些

⊖ Gabriel & Gardner, "Are there 'his' and 'hers' types of interdependence?"
⊖ Seely, E. A., Gardner, W.L., Pennington, G., & Gabriel, S. (2003). Circle of friends or members of a group? Six differences in relational and collective attachment to groups. Group Processes and Intergroup Relations,6 251-263.

能够验证自己群体身份的人打交道。①

有时人们会受到威胁，比如当他是一个被污名化群体的成员时。然而，通过肯定自己或他们的群体，他们能够增强做事的动机。具有高度群体认同的人更容易受到群体肯定的激励，与此相反，具有较低群体认同的人则更容易受到自我肯定的激励。②

团队－成员交换

团队－成员交换（team-member exchange，TMX）是指在工作场所中，同事之间互惠交换的质量。③TMX 会影响工作绩效、对公司的承诺、工作满意度和离职率。④TMX 关系也会影响团队认同以及对同事的组织公民行为。一项针对 236 名银行经理及其下属的研究显示，团队成员在 TMX 质量较高的情况下会更加认同他们的同事。⑤该研究还发现，对同事的认同与团队成员帮助同事行为呈正相关关系。此外，高水平的 TMX 有助于团队抵消消极关系对团队凝聚力以及团队绩效的不利影响。⑥

群体服务归因

当一个人的身份与群体的身份相融合时，影响团队的经历和结果也会影响团队成员本身。**群体服务判断**（group-serving judgments）通过增强自我意识，为团队成员提供自我保护的功能。例如，在一项针对 81 名模拟高层管理团队的研究中，优秀的公司业绩归因于优秀的团队合作，而低劣的公司业绩则被归咎于外部因素。⑦无论公司绩效如何，团队的凝聚力越

---

① Gómez, A., Seyle, D. C., Huici, C., & Swann, W. B. (2009). Can self-verification strivings fully transcend the self-other barrier? Seeking verification of in-group identities. Journal of Personality and Social Psychology. 97(6), 1021-1044.

② Derks, B., van Laar, C., & Ellemers, N. (2009). Working for the self or working for the group: How self versus group affirmation affects collective behavior in low-status groups. Journal of Personality and Social Psychology, 96(1), 183-202.

③ Seers, A. (1989). Team -member exchange quality: A new construct for role-making research. Organizational Behavior and Human Decision Processes, 43(1), 118-135.

④ Banks, G. C., Batchelor, J. H., Seers, A., O'Boyle, E., Pollack, J. M., & Gower, K. (2014). What does team-member exchange bring to the party? A meta-analytic review of team and leaders and social exchange. Journal of Organizational Behavior, 35(2), 273.

⑤ Farmer, S. M., Van. Dyne, L. & Kamdar, D. (2015). The contextualized self: How team-member exchange leads to coworker identification and helping OCB. Journal of Applied Psychology, 100, 583-595.

⑥ de Jong, J. P., Curseu, P. L., & Leenders, R. T. A. (2014). When do bad apples not spoil the barrel Negative relationships in teams, team performance, and buffering mechanisms. Journal of Applied Psychology, 99(3), 514.

⑦ Michalisin, M. D., Karau. S. J., & Tangpong. C. (2004). Top management team cohesion and superior industry returns: An empirical study of the resource-based view. Group and Organization Management, 29(1), 125-140.

强，越有可能做出内部归因。当人们做出积极的自我肯定时，他们就更少可能做出群体服务判断。㊀另一种形式的群体服务归因是**回溯性悲观主义（retroactive pessimism）**。在某次团队竞争失败之后，人们会降低对该团队成功机会的评估，此时就会出现回溯性悲观主义。㊁比如，当两支大学篮球队的支持者评估每支球队获胜的机会时，失败球队中最狂热的支持者最有可能陷入回溯性悲观主义。㊂

群体潜能和集体效能

群体潜能（group potency）是群体成员认为群体能够高效运作的共同信念。㊃类似的，团队效能（team efficacy）或者集体效能（collective efficacy）是指个体认为团队能够成功的信念。㊄

团队效能与绩效

通过对6128个团队的元分析结果表明，集体效能较高的团队比集体效能较低的团队表现得更好。㊅然而，随后的研究指出，团队效能对绩效的响应并不是线性的，这意味着过多的团队效能并非总是有益的，在这之中目标监控行为非常重要。㊆

相比于实际能力，群体潜能或许是预测团队绩效更重要的指标。在一项研究中，51个工作小组的143名军官学员参与团队模拟。通过对小组绩效的测量研究发现，群体潜能对团队绩效的预测超过了用实际能力预测的团队绩效。㊇类似的，一项为期5周的关于50个自我管

㊀ Sherman, D. K., & Kim. H.S. (2005). Is there an "I" in"team"? The role of the self in group-serving judgement. Journal of Personality and Social Psychology, 88, 108-120.

㊁ Tykocinski, O., Pick, D., Kedmi. D. (2002). Retroactive pessimism: A different kind of hindsight bias. European Journal of Social Psychology, 32,577-588.

㊂ Wann, D., Grieve, F., Waddill, P., & Martin, J. (2008). Use of retroactive pessimism as a method of coping with identity threat: The impact of group identification. Group Process and Intergroup Relations, 11(4), 439-450.

㊃ Shea, G. P., & Guzzo, R. A. (1987, Spring) Group effectiveness: What really matters? Sloan Management Review, 28(3), 25-31.

㊄ From "Group effectiveness: What really matters?" by Gregory P. Shea, Richard A. Guzzo in Sloan Management Review,28(3),25-31, ©1987 Massachusetts Institute of Technology.

㊅ Stajkovic, A., Lee, D., & Nyberg, A. (2009). Collective efficacy, group potency, and group performance: Meta-analyses of their relationships, and test of a mediation model. Journal of Applied Psychology, 94(3), 814-828.

㊆ Rapp, T. L., Bachrach, D. G., Rapp, A. A., and Mullins. R. (2014). The role of team goal monitoring in the curvilinear relationship between team efficacy and team performance. Journal of Applied Psychology, 99(5), 976-987.

㊇ Hecht, T.D., Allen, N.J., Klammer, J. D., & Kelly, E. C. (2002). Group beliefs, ability and performance: The potency of group potency. Group Dynamics: Theory, Research and Practice 6(2), 143-152.

理团队中 648 名军官的研究，[一]通过两个客观标准（脑力任务绩效和体力任务绩效）和一个主观标准（指挥官团队绩效评分）对团队绩效进行了评估。此研究发现，群体潜能在解释团队绩效方面比团队凝聚力更有预测力。因此，认为"我们可以"往往比实际能力更加重要。

具有强烈集体效能感的群体往往设定更具挑战性的目标，在困难面前会坚持到底，也比自我效能较低的群体更有可能取得成功。群体效能感还能增强群体认同。[二]此外，随着团队成员在一起的时间越来越久，他们对其群体潜能的看法将更趋向于一致（或相似）。[三]然而，重要的是，团队不能有膨胀的效能感。当团队在任务刚开始时就信心满满，他们就更少可能参与过程冲突，而这种冲突可能会防止群体思维（groupthink）。[四]

人们可以对群体持有积极的或消极的信念。"群体信念"量表（见图表4-2）中的四个因素共同构成一个人对群体的信念：群体偏好、积极的绩效信念、消极的绩效信念和努力信念。[五]

群体偏好 偏好群体工作而不是独自工作	我宁愿独自工作，也不愿和别人一起工作 (R) 独自而不是作为团队的一员，工作起来更舒服 (R) 我通常更喜欢致力于集体目标而不是个人目标 比起个人工作，我更喜欢小组工作 只要有可能，我喜欢和别人一起工作，而不是独自工作
积极的绩效信念 群体通常比个人更有效的信念	群体的表现通常优于个体 群体往往会比个人产生更高质量的工作 一般来说，群体是非常有效的
消极的绩效信念 群体绩效结果通常是低质量的信念	将工作分配给一个群体后患无穷 (R) 群体项目的质量通常赶不上个人项目的工作质量 (R) 期望一个群体的业绩优于同样数量的独自工作的个体业绩是愚蠢的 (R)
努力信念 个人对团队中其他成员努力工作的相信程度	我相信其他人会努力完成团队任务 我总是不愿意把我的命运交到其他成员的手中 (R) 大多数人都可以被信任来做他们份内的工作 大多数人在做一项团队任务时都会消磨时间 (R) 认为其他团体成员会履行承诺是非常天真的 (R)

图表4-2 群体信念（BAG）量表

注：(R) 代表反向计分。

基于 Karou, S. J. & Elsaid, A. M. M. K. (2009). Individual differences in beliefs about groups Group Dynamics: Theory, Research and Practice, 13(1), 1-13. © Leigh L. Thompson.

[一] Jordan, .M. H.. Field. H. S., & Armenakis, A.A. (2002). The relationship of group process variables and team performance: A team-level analysis in a field setting. Small Group Research, 33(1), 121-150.

[二] van Zomeren. M., Leach, C. W., & Spears, R. (2010). Does group efficacy increase group identification? Resolving their paradoxical relationship. Journal of Experimental Social Psychology. 46(6), 1055-1060.

[三] Jung, D. I., & Sosik, J.J. (2003). Group potency and collective efficacy: Examining their predictive validity, level of analysis, and effects of performance feedback on future group performance. Group and Organization Management, 28, 366-391; van Zomeren, M., Leach, C.W., & Spears, R. (2010). Does group efficacy increase group identfication? Resolving their paradoxical relationship. Journal of Experimental Social Psychology, 46(6), 1055-1060.

[四] Goncalo, J.A., Polman, E., & Maslach, C. (2010). Can confidence come too soon Collective efficacy, conflict and group performance over time. Organizational Behavior and Human Decision Processes, 113(1), 13-24.

[五] Karau, S., Moneim, A., & Elsaid, M. (2009). Individual differences in beliefs about groups. Group Dynamics: Theory, Research and Practice, 13(1), 1-13.

群体心境与情绪

群体情绪（group emotion）是一个群体的情感状态，是由其自下而上的组成部分（如特定团队成员的情绪）和自上而下的组成部分（如公司的整体情绪）组合而成的。○团队成员会带来他们个人层面的情绪体验，比如习惯性的心境、情绪以及与团队互动的情绪智力等。这种情感信息会传递给其他团队成员。根据**群体投入的激励系统理论**（motivational systems theory of group involvement），群体互动能够保持积极心境并减少消极心境。○同样的，组织规范和群体的情绪历史为情绪的表达与感受奠定了基础。例如，在裁员或重组之后，整个组织或行业的情绪可能会受到严重挫伤。

群体情绪在促进群体生存中也起着重要作用。○群体中情绪的感受和展现能够协调群体行为，尤其是对威胁或压力的应对。特别的，群体中情绪的表达能够为群体提供与环境相关的信息（如"裁员已经宣布"）。群体中共有的情绪促进了群体的团结和忠诚。例如，一个人对所在群体的快乐体验（或对竞争对手群体的集体愤怒）能够增强其对群体的认同。○

群体情感和绩效

群体的积极情感对任务绩效有正向影响：成员表达积极情感的团队会比成员表达消极情感的团队表现得更好。当共同的负面情绪产生于外源性（团队外部）或在一次性团队中时，这种负面情绪会对任务绩效产生积极的影响。但是，当共同的消极情绪产生于内源性（团队内部）和持续性团队中时，这种负面情绪会阻碍团队的任务绩效。○

情绪传染

个人情绪能够在群体成员之间共享和传播，就像感冒或流感在共同生活或工作的人之间传播一样。这种现象是通过隐性方式发生的，例如情绪传染、间接感受情感和行为夹带，以及有意识的、深思熟虑的过程（如情感影响和情感印象管理）等。○无论在现场还是通过视频，

○ Barsade, S. G., & Gibson, D. E. (1998). Group emotion: A view from the top and bottom. In D. Gruenfeld, B. Mannix, & M. Neale (Eds.), Research on managing groups and teams (pp. 81-102). Stamford, CT: JAI Press.

○ Park, E. S., & Hinsz, V. B. (2015). Group interaction sustains positive moods and diminishes negative moods. Group Dynamics: Theory, research, and practice, 19(4), 290-298.

○ Spoor.J R., & Kelly, J. R. (2004). The evolutionary significance of affect in groups: Communication and group bonding. Group Processes and Intergroup Relations, 7, 398-416.

○ Kessler, T., & Hollbach, S. (2005). Group-based emotions as determinants of ingroup identification. Journal of Experimental Social Psychology, 41(6), 677-685.

○ Knight, A. P., & Eisenkraft, N. (2015). Positive is usually good, negative is not always bad: The effects of group affect on social integration and task performance. Journal of Applied Psychology, 100(4), 1214.

○ Kelly, J. R., & Barsade, S. G. (2001). Mood and emotions in small groups and work teams. Organizational Behavior and Human Decision Processes, 86, 99-130.

群体成员和外人都可以准确地识别出群体情绪。[1]

情绪传染（emotional contagion）是指我们身边的人的心境和情绪影响我们自身情绪状态的过程，它是我们"捕捉"他人情绪的过程。因为人们会自动模仿别人的面部表情和说话语调，所以来自这些活动的生理反馈常常使他们感觉到伴随的情绪。某种特定表情（如微笑或皱眉）涉及的对面部肌肉的轻微操纵能够刺激情绪感觉。[2]例如，正在交谈的人会集中于谈话的节奏[3]、非语言行为[4]和面部表情[5]。

然而，有些人更容易"捕捉"他们群体中其他人的情绪。同样的，有些人比其他人更善于"传播"情绪。例如，具有高度相互关联感的个体能够更好地对情绪表达进行解读，而在情绪传染量表上得分较高的个体更容易捕捉到周围人的情绪。[6]把自己归类为"群体成员"的人更有可能将他们的情绪体验认为是他们群体的情绪体验。[7]当人们被明确地问及他们作为某一特定群体的成员而产生的情绪体验时，他们报告的情绪趋向于这个群体的典型形象。[8]对一个群体的认同会使人们的情绪、态度和行为向群体趋同。[9]情绪传染的过程意味着随着时间的推移，团队成员会趋向于相同的情绪状态，从而形成一个同质性的群体。[10]久而久之，即使在

---

[1] Barsade, S. G. (2000). The ripple effect: Emotional contagion in groups. New Haven, CT: Yale University School of Management; Bartel, C., & Saavedra, R. (2000). The collective construction of work group moods. Administrative Science Quarterly, 45, 197-231; Totterdell, P., Kellet, S., Teuchmann, K., & Briner, R. B. (1998). Evidence of mood linkage in work groups. Journal of Personality and Social Psychology, 74, 1504-1515.

[2] Duclos, S. E., Laird, J. D., Schneider, E., Sexter, M., Stern, L., & Van Lighten, O. (1989). Categorical vs. dimensional effects of facial expressions on emotional experience. Journal of Personality and Social Psychology, 57, 100-108.

[3] Warner, R. (1988). Rhythm in social interaction. In J. E. McGrath (Ed.), The social psychology of time (pp. 63-88). Newbury Park, CA: Sage.

[4] Tickle-Degnen, L., & Rosenthal, R. (1987). Group rapport and nonverbal behavior. In C. Hendrick (Ed.), Review of personality and social psychology: Vol. 9. Group processes and intergroup relations (pp. 113-136). Newbury Park, CA: Sage.

[5] Bavelas, J. B., Black, A., Lemery, C. R., & Mullett, J. (1987). Motor mimicry as primitive empathy. In N. Eisenberg & J. Strayer (Eds.), Empathy and its development (pp. 317-338). Cambridge, England: Cambridge University Press; Hatfield, E., Cacioppo, J. T., & Rapson, R. (1994). Emotional contagion. New York: Cambridge University Press.

[6] Hatfield, Cacioppo, & Rapson, Emotional contagion.

[7] Moons, W. G., Leonard, DJ., Mackie, D. M., & Smith, E. R. (2009). I feel our pain: Antecedents and consequences of emotional self-stereotyping. Journal of Experimental Social Psychology, 45(4), 760-769.

[8] Smith, E. R., Seger, C., & Mackle, D. M. (2007). Can emotions be truly group-level? Evidence regarding four conceptual criteria. Journal of Personality and Social Psychology, 93, 431-446.

[9] Smith, E. R., Seger, C., & Mackie, D. M. (2009). Subtle activation of a social categorization triggers group-level emotions. Journal of Experimental Social Psychology, 45(3), 460-467.

[10] Kelly, J. R. (2001). Mood and emotion in groups. In M. Hogg & S. Tindale (Eds.), Blackwell handbook in social psychology. Vol. 3: Group processes (pp. 164-181). Oxford, UK: Blackwell.

控制了团队绩效之后,团队成员整体上的情感状态也与特定团队成员的情感相关联。⊖ 群体领导,尤其是那些具有高表现力的领导者,可能会特别容易影响整个群体的情绪状态。⊜

一个团队整体上的情绪基调或情感基调会影响团队的各种行为和绩效。⊜ 例如,在一项针对销售团队的研究中,团队的情感基调预测了旷工行为(情绪长期恶化的群体更容易出现旷工行为)和以客户为导向的亲社会行为(情绪长期恶化的群体更不愿意帮助客户)。⑳ 类似的,61个工作团队的现场样本研究揭示,当非言语的消极表达出现频率较高时,团队中的消极情绪在团队功能失调行为和团队绩效之间起着至关重要的作用。⑤ 正如团队成员相互影响形成整体情感基调一样,人们也会被那些与自己有着相似情绪的群体所吸引。⑥ 某种程度上,如果一个群体表现出情感的同质性,那么这个群体将会更有效率。⑦

行为挟带

行为挟带(behavioral entrainment)是指人的行为被调整或修正以与另一个人的行为相协调或同步的过程。这种同步通常发生在微观(小)和宏观(大)的身体动作中。⑧ 行为同步通常会带来积极情感,如可能会表现为喜欢上对方,⑨ 对人际互动感到满意,⑩ 以及形成更融洽的群体关系等。⑪

情绪不一致

当一个群体成员以所在群体的名义体验到的情绪,与集体感受到的情绪不相符时,**情绪**

⊖ Ilies, R., Wagner, D., & Morgeson, F. (2007). Explaining affective linkages in teams: Individual differences in susceptibility to contagion and individualism-collectivism. Journal of Applied Psychology, 92(4), 1140-1148.

⊜ Barsade & Gibson. "Group emotion."

⊜ George, J. M. (1996). Group affective tone. In M. A. West (Ed.), Handbook of work group psychology (pp. 77-93). Chichester. UK: Wiley.

⑳ George, J. M. (1990). Personality, affect, and behavior in groups. Journal of Applied Psychology, 75,107-116.

⑤ Cole, M., Walter, F., & Bruch, H. (2008). Affective mechanisms linking dysfunctional behavior to performance in work teams: A moderated mediation study. Journal of Applied Psychology, 93(5), 945-958.

⑥ George, J. M. (1996). Group affective tone. In M.A. West (Ed.), Handbook of work group psychology (pp. 77-93).Chichester, UK: Wiley.

⑦ Ibid

⑧ Siegman. A. W., & Reynolds, M. (1982). Interviewer-interviewee nonverbal communications: An interactional approach. In M. A. Davis (Ed.), Interaction rhythms: Periodicity in communication behavior (pp. 249-278). New York: Human Sciences Press.

⑨ Kelly, J. R.(1987). Mood and interaction. Doctoral dissertation, University of Illinois, Urbana-Champaign.

⑩ Bernieri, F., Reznick, J. S., & RosenthaI, R. (1988). Synchrony, pseudosynchrony, and dissynchrony: Measuring the entrainment process in mother-infant dyads. Journal of Personality and Social Psychology, 54, 243-253.

⑪ Hecht, Allen, KIammer, & KelIy, "Group beliefs, ability and performance."

不一致（emotional nonconformity）现象就会发生。情绪不一致会导致**情绪负担** (emotional burden，觉得有责任以群体的名义传递情绪)和**情绪转移** (emotional transfer，将对群体的负面情绪转移到事件本身)。[①]

情绪智力

情绪智力（emotional intelligence）是指能够识别自己和他人的情绪，并有效运用情绪知识的能力。情绪智力与团队绩效呈现正相关关系。[②]例如，在一项研究中，有139名受访者接受了"工作团队情绪智力状况"（workgroup emotional intelligence profile，WEIP）的调查，这是一种测量团队成员在团队中工作时情绪智力的量表（见图表4-3）。情绪智力较高的个体在面临冲突时更愿意寻求合作式的解决方案。[③]对不同组织和行业的专业人员进行的研究表明，情绪智力较高的员工更善于团队合作，且具有更好的工作表现。[④]

工作团队情绪智力状况中的题目会询问您在团队中工作时的感受，请选择您当前的工作团队作答。请用数字1～7衡量您对以下每一项表述的同意程度（1表示强烈反对，7表示强烈同意）。

对自己情绪的认知（自我认知）
1. 我会向团队成员表达我所感受到的情绪。
2. 我会和其他团队成员讨论我所感受到的情绪。
3. 如果我情绪低落，我会告诉其他团队成员什么能让我感觉好一些。
4. 我会和其他团队成员谈论我的情绪体验。

对自己情绪的管理（自我管理）
5. 即使我认为某些团队成员错了，我还是会尊重他们的意见。
6. 当我对团队同事们感到失望时，我可以克服我的挫败感。
7. 当对某个争议做出判断时，我会在得出结论前听取所有方面的不同意见。
8. 我公平地听取了其他团队成员的意见。

对他人情绪的认知（他人认知）
9. 我能读懂其他团队成员的真实感受，即使他们试图隐藏。
10. 我能够准确地描述团队中其他成员的情感。
11. 当我和团队成员交谈时，我可以从他们的肢体语言来评估他们的真实情感。
12. 我能判断出团队成员什么时候说的不是真心话。

对他人情绪的管理（他人管理）
13. 我的热情能够感染其他团队成员。
14. 当团队成员情绪低落时，我可以让他们振作起来。
15. 我可以让团队成员共同分享我对团队任务的热情。
16. 我可以提供"火花"，让团队成员们充满热情。

图表4-3　工作团队情绪智力状况

"Emotional intelligence in teams: Development and initial validation of the short version of the Workgroup Emotional Intelligence Profile (WEIP-S)" from Journal of Management & Organization by Peter J Jordan，Sandra A Lawrence 15，452-469，e-Content Management. Copyright (c) 2009 by Cambridge University Press. Reprinted with the permission of Cambridge University Press.

[①] Goldenberg, A.T., Saguy, T., & Halperin, E. (2014). How group-based emotions are shaped by collective emotions: Evidence for emotional transfer and emotional burden. Journal of Personality and Social Psychology, 107(4), 581-596.

[②] Jordan, P.J., & Troth, A. C. (2004). Managing emotions during team problem solving: Emotional intelligence and conflict resolution. Human Performance, 17, 195-218.

[③] Jordan, P.J., & Troth, A. C. (2002). Emotional intelligence and conflict resolution: Implications for human resource development. Advances in Developing Human Resources, 4(1), 62-79.

[④] Farh, C. I., Seo, M. G., & Tesluk, P. E. (2012). Emotional intelligence, teamwork effectiveness. and job performance: The moderating role of job context Journal of Applied Psychology, 97(4), 890-900.

领导力与群体情绪

领导者的情绪能够强烈地影响群体的情绪和绩效。苛刻、消极的领导者会让工作环境变得令人毫无斗志。比如,法国电信公司前首席执行官迪迪埃·隆巴德(Didier Lombard)因创造不良的工作环境,导致公司内部部分员工情绪极端糟糕。㊀比如,员工被安排了不可能实现的绩效目标,当他们没有达到目标时,将会受到严厉的惩罚。

此外,领导者识别团队成员情绪的能力决定了其领导的有效性。**情绪孔径(emotional aperture)**是指识别团队中不同情绪的能力。㊁最有可能在变革型领导中成为有效领导者的是那些能够准确识别情绪,流露积极情绪,且本质上性情温和的人。㊂具有同理心的领导,其下属的抱怨情绪较少,他们每天目标的进展也与管理者的情绪孔径密切相关。㊃

群体凝聚力

群体凝聚力(group cohesiveness)指的是群体成员之间的情绪吸引力,这种吸引力能够使群体紧紧地联系在一起。㊄

凝聚力和团队行为

有凝聚力的团队成员更紧密地联系在一起,更多地关注彼此,表现出相互喜爱的迹象,显示出协调的行为模式,更有可能给予他们的合作伙伴应有的信任。相反,那些没有密切关系的团队更有可能将成果归因于自己,并将失败归咎于他人。㊅有凝聚力的群体也更加稳固。具有凝聚力团队的成员更有可能参与团队活动、留在团队中、说服其他人加入团队,并抵制

㊀ CEO charged with harassment after employee suicides (2012, July 5). The Weak. theweek.co.uk

㊁ Sanchct-Burkes.J., & Huy, Q. (2009). Emotional aperture and strategic change: The accurate recognition of collective emotions. Organization Science, 20(1), 22-34.

㊂ Rubin. R. S., Munz, D. C., & Bommer, W. H. (2005). Leading from within: The effects of emotion recognition and personality on transformational leadership behavior. Academy of Management Journal, 48(5), 845-858.

㊃ Scott, B. A., Colquitt, J. A., Paddock, E. L., & Judge, T. A. (2010). A daily investigation of the role of manager empathy on employee well-being. Organizational Behavior and Human Decision Processes, 113(2), 127-140.

㊄ Hogg, M. A. (1992). The social psychology of group cohesiveness: From attraction to social identity. London/New York: Harvester Wheatsheaf/New York University Press.

㊅ Sedekides, C., Campbell, W. K., Reeder, G. D., & Elliot, A. J. (1998). The self-sewing bias in relational context. Journal of Personality and Social Psychology, 74(2), 378-386.

破坏团队的企图。① 凝聚力也会提高遵守团队规范的一致性。② 当异常行为危及团队时，凝聚力是有益的；当需要团队创新时，凝聚力是有害的。有凝聚力的团队更愿意为团队服务，而不是为个人利益服务。③

凝聚力和绩效

有凝聚力的团队比没有凝聚力的团队能更加高效地处理各种任务。④ 在一项针对81支模拟相互竞争航空公司的团队研究中，高层管理人员的凝聚力与高回报相关。⑤ 团队凝聚力和团队绩效相互关联。然而，凝聚力对绩效的影响明显比绩效对凝聚力的影响更加显著。⑥ 此外，在一项针对57个团队的205名成员的纵向研究中，凝聚力对绩效的影响随着时间的推移而不断增强，而绩效对凝聚力的影响保持稳定。

增强团队凝聚力

现实中，有许多增强团队凝聚力的方式（见图表4-4）。

建立认同感 简单地将人们集合成一个团队就足以产生一定程度的凝聚力，⑦ 人们在一起的时间越长（以面对面的方式），他们就会更加凝聚。⑧ 当团队成员开始思考他们的身份（即

---

① Brawley, L. R., Carron, A. V., & Widmeyer, W. N. (1988). Exploring the relationship between cohesion and group resistance to disruption. Journal of Sport and Exercise Psychology, 10(2), 199-213; Carron, A. V., Widmeyer, W. N., & Brawley, L. R. (1988). Group cohesion and individual adherence to physical activity. Journal of Sport and Exercise Psychology, 10(2), 127-138.

② O'Reilly, C. A., & Caldwell, D. F. (1985). The impact of normative social influence and cohesiveness on task perceptions and attitudes: A social-information processing approach. Journal of Occupational Psychology, 58, 193-206; Rutkowski, G. K., Gruder, C. L., & Romer, D. (1983). Group cohesiveness, social norms, and bystander intervention. Journal of Personality and Social Psychology, 44(3), 545-552.

③ Thompson, L., Kray, L., & Lind, A. (1998), Cohesion and respect: An examination of group decision making in social and escalation dilemmas. Journal of Experimental Social Psychology, 34(3), 289-311.

④ Dion. K. L., & Evans, C. R. (1992). On cohesiveness: Reply to Keyton and other critics of the construct. Small group Research, 23(2), 242-250; Michel, J. G., & Hambrick, D. C. (1992). Diversification posture and top management team characteristics. Academy of Management Journal, 35(1), 9-37; Smith, K., Smith, K., Olian,J., Slims, H., O'Bannon, D., & Scully, J. (1994). Top management team demography and process: The role of social integration and communication, Administrative Science Quarterly, 39, 412-438.

⑤ Michalisin, M. D., Karau, S.J., & Tangpong, C. (2004). Torp management team cohesion and superior industry returns: An empirical study of the resource-based view. Group and Organization Management, 29(1), 125-140.

⑥ From "Modeling reciprocal team cohesion-performance relationships, as impacted by shared leadership and members'com-petence" by Mathieu J.E., Kukenberger M.R., D'Innocenzo L, Reilly G.. In Journal of Applied Psychology,100(3),713-734, ©2015 American Psychological Association.

⑦ Hogg, M. A. (1987). Social identity and group cohesiveness. In. J. C. Turner, M. A. Hogg, P. J. Oakes, S. D. Reicher, & M. Wetherell (Eds.), Rediscovering the social group: A self-categorization theory (pp. 89-116). Oxford, UK: Basil Blackwell.

⑧ Manning, J. F., & Fullerton, T. D. (1988). Health and well-being in highly cohesive units of the U.S. Army. Journal of Applied Social Psychology, 18, 503-519.

他们代表什么）和其他团队成员之间有什么共同之处时，他们就会变得更有凝聚力。⊖

- Aetna首席执行官马克·伯托里尼（Mark Bertolini）通过大幅提高工资、改善健康福利、引入瑜伽和正念训练，以降低离职率和改善公司文化。在公司50000名员工中，超过四分之一参加冥想或瑜伽课程，这些员工的压力水平降低了28%，同时每周的有效工作时间增加了62min。伯托里尼担任首席执行官的第一年，增加了公司利润，并降低了公司的离职率。
- 在Acuity公司，全职员工的年流动率不到2%。公司为员工提供无限量的培训费报销，没有带薪病假的上限，还有一项公司出资10%的401(K)计划。但是，在这家位于威斯康星州的保险公司中，促进凝聚力的不仅仅是巨大的福利，还包括员工在公司的战略规划中有发言权。该公司每季度会召开一次员工大会，让员工了解公司的情况，"与主管共进午餐"计划使每个员工都能与一位主管领导进行面对面的沟通。有一次，40名员工装扮成僵尸，并在工作时间拍摄了一段YouTube视频，名为《Acuity僵尸启示录》，他们在视频中解释了他们为什么热爱自己的工作。
- 波士顿咨询集团的员工可以享受3～12个月的"社会影响假期"。该公司昔日的员工曾在世界粮食计划署、克林顿健康倡议组织、比尔及梅琳达·盖茨基金会和埃塞俄比亚农业转型署工作过。

图表4-4　培养团队中的凝聚力

基于 Gelles, D., (2015, February 27). At Aetna, a C.E.O's management by mantra. The New York Times. nytimes.com; Zillman, C. (2015, March 5).Acuity's worker loyalty could outlast a zombie apocalypse. Fortune. fortune.com;100 best companies to work for: The Boston Consulting Group.(2015, March 5). Fortune. fortune.com. © Leigh L.Thompson.

身体接近　身体上的接近以及真实或感知的相似性能够增强团队的凝聚力。⊜

个人-团队匹配　团队成员对相互之间的互补配合有共同感知契合度的团队比该感知契合度较低的团队更有凝聚力，同时团队表现也更好。⊜

挑战或困难　与团队绩效相关的外部压力和奖励也会增加团队的凝聚力。⊛ 团队成员之间分享痛苦的经历能够增强彼此之间的联系和信任。⊛ 当团队在较低的以主管为中心的人际公平氛围中运作时（以较低的自尊和来自主管的尊重为特征），他们会发展出更强的凝聚力。⊛

⊖ Prentice, Miller, & Lightdale, "Asymmetries in attachments to groups and to their members."

⊜ Ruder, M. K., & Gill, D. L. (1982). Immediate effects of win-loss on perceptions of cohesion in intramural and intercollegiate volleyball teams. Journal of Sport Psychology, 4(3), 227-234; Stokes, J. P. (1983). Components of group cohesion: Inter-member attraction, instrumental value, and risk taking. Small Group Behavior, 14, 163-173; Sundstrom, E.D., & Sundstrom, M. G. (1986). Work places: The psychology of the physical environment in offices and factories. Cambridge, UK: Cambridge University Press.

⊜ De Cooman, R., Vantilborgh, T., Bal, M., & Lub, X. (2016). Creating inclusive teams through perceptions of supplementary and complementary person-team fit: Examining the relationship between person—team fit and team effectiveness. Group & Organization Management, 41(3), 310-342.

㉔ Glickman, A. S., Zimmer, S., Montero, R. C., Guerette, P.J., & Campbell, W. J. (1987). The evolution of teamwork skills: An empirical assessment with implications for training. US Naval Training Systems Center Technical Reports, No. 87-016; Shea & Guzzo, "Group effectiveness," p. 110.

㉕ Bastiaji, B., Jetten, J., & Ferris, L. J. (2014). Pain as social glue: Shared pain, increases cooperation. Psychological science, 25(11), 2079-2085.

㉖ Stoverink, A. C., Umphress, E. E., Gardner, R. G., & Miner, K. N. (2014). Misery loves company: Team dissonance and the influence of supervisor-focused interpersonal justice climate on team cohesiveness. Journal of Applied Psychology, 99(6), 1059.

对社会排斥的恐惧

一些成员总是认为他们有被排除在团队之外的风险。害怕被排斥的成员会试图通过表现出有利于团队的非伦理行为来提高团队对他们的包容性。一项针对员工工作团队的研究表明，当员工有很高的团队融入需要时，感知到的被排斥风险会导致员工做出更多的亲团队非伦理行为。㊀

群体信任

在团队"理想的成员"特征和关系特征中，可信赖是所有相互依赖的关系中最重要的属性。㊁

信任与尊重

信任与尊重对团队来说都很重要，但它们并不是一回事。**尊重**（respect）是指一个人对另一个人的敬重程度，而**信任**（trust）是指一个人在没有监督的情况下愿意依赖另一个人的程度㊂（见图表4-5）。具有高度的信任和尊重的团队是令人向往的，因为团队成员一开始就具有这样的信念，即他们的队友可以为团队增加一些有价值的东西。㊃尊重程度高但信任程度低的团队可能表现为个人主义者的集合，团队中的每个人害怕由于自己弱点的暴露而被利用。相反，信任程度高但尊重程度低的团队虽然充满了安全感，但却缺少团队效能，即便他们的队友用心良苦，其他成员也很难从他们的贡献中看到多少价值。在一项针对高层管理团队的模拟研究中，团队中的高尊重感增加了任务冲突，并减少了关系冲突，而高信任感则减少了过程冲突。㊄

㊀ Thau, S., Derfler-Rozin, R., Pitesa, M., & Pillutia, M.S. (2015). Unethical for the sake of the group: Risk of social exclusion and pro-group unethical behavior. Journal of Applied Psychology, 100(1), 98-113.

㊁ Cottrell, C., Neuberg, S., & Li, N. (2007). What do people desire in others? A sociofunctional perspertive on the importance of different valued characteristics. Journal of Personality and Social Psychology, 92(2), 208-231.

㊂ Mayer, R. C., Davis, J. H., & Schoorman, F. D. (1995). An integrative model of organizational trust. Academy of Management Review, 20, 709-734; Rousseau, D. M., Sitkin, S. B., Burt, R. S., & Camerer, C. (1998). Not so different after all: A cross-discipline view of trust. Academy of Management Review, 23(3), 393-404.

㊃ Cronin, M. A., & Weingart, L. R. (2007a). The differential effects of trust and respect on team conflict. In K. Behfar & L. Thompson (Eds.), Conflict in organizational groups: New directions in theory and practice. Chicago, IL: NU Press.

㊄ Langfred, C. W. (2004). Too much of a good thing? Negative effects of high trust and individual autonomy in self-managing teams. Academy of Management Journal, 47(3), 385-399.

团队中的信任可以被以下题项测量	团队中的尊重可以被以下题项测量
• 我信任我的队友 • 我不相信我的队友在做决定时会考虑我的需要 (R) • 我相信我的队友是真实和诚实的	• 我高度评价我队友的性格 • 这个团队树立了良好的榜样 • 我们团队以正确的方式在做事 • 我的团队值得我关心 • 我钦佩我的队友 • 我很自豪能成为团队中的一员 • 我认为我的队友有好的观点 • 我的队友们通常有很好的理由来支持他们的信念 • 我团队里的人持有理由充分的看法 • 我高度尊重我的团队 • 我高度评价我的团队成员 • 我们团队有理由感到骄傲 • 我尊重我的队友

图表4-5 团队的信任和尊重

注：(R) 代表相反维度的条目。

基于 Cronin, M. A., & Weingart, L. R. (2007).The differential effects of trust and respect on team conflict. In K. Behfar & L.Thompson (Eds.), Conflict in organizational groups: New directions in theory and practice. Chicago, IL: NU Press；Cronin,M.A.(2004).The effect of respect on interdependent work.Doctoral thesis，Carnegie Mellon University,Pittsburgh,P A, ©Leigh L.Thompson.

信任与监督

信任会提高团队的绩效，[一]但是团队成员之间高度的信任会使自我管理的团队成员不愿意相互监督。在一项对71个自我管理团队的研究中，当低监督性与高个体自主性组合在一起时，团队绩效会深受其害。[二]团队情境中的自主性是指一个人在执行指定任务时所拥有的自由度和自由裁量权。[三]只有当团队中的高度信任与低个体自主性相结合时，绩效才会提高；而当高度信任和高个体自主性相结合时，绩效会受到不利影响。

除了考虑团队中存在的信任程度之外，考虑团队内的信任和监督的分散程度也同样重要。**信任不对称（trust asymmetry）和监督分歧（monitoring dissensus）**都能对团队绩效起到预测作用。[四]信任不对称是指构成团队的所有两人之间存在的信任总体上的不对称程度。监督分歧是指团队成员对团队内部监督水平持有不同看法的程度。

信任一致性

信任一致性（trust congruence）是指领导者对群体的信任和群体对领导的信任相互匹配的程度。高度的信任一致性能增强团队动机，并提升团队绩效。[五]

[一] De Jong, B. A., & Elfring, T. (2010). How does trust affect the performance of ongoing teams? The mediating role of reflexivity, monitoring, and effort. Academy of Management Journal, 53(3), 535-549.

[二] Langfred, "Too much of a good thing?"

[三] Hackman, J. R. (1983). Designing work for individuals and for groups. In J. R. Hanckman(Ed.), Perspectives on Behavior in Organizations (pp. 242-256). McGraw-Hill, New York.

[四] De Jong, B. A., & Dirks, K. T. (2012). Beyond shared perceptions of trust and monitoring in teams: Implications of asymmetry and dissensus. Journal of Applied Psychology, 97(2), 391-406.

[五] Carter, M. Z., & Mossholder, K. W. (2015). Are we on the same page? The performance effects of congruence between supervisor and group trust. Journal of Applied Psychology, 100(5), 1349-1363.

信任倾向

当人们对自己的群体有不同程度的信任时,这种差异性会增加挫败感,进而导致信任螺旋式下降。一项对 MBA 学生群体的研究显示,在为期四个月的三个时间段里,信任倾向的多样性造成信任的螺旋式下降,进而导致较低的团队绩效。[一]

信任的类型

在团队中有不同类型的信任关系,其实,在任何人际关系中也都是如此。我们认为信任主要有五种类型:激励型信任(incentive-based trust)、熟悉型信任(familiarity-based trust)、相似型信任(similarity-based trust)、社会网络信任(social network trust)和隐性信任(implicit trust)。

激励型信任 激励型信任或计算型信任(calculated trust)涉及激励措施的设计,能最大限度地减少对信任的破坏。当一项约定(如合同)的达成是具有对另一方有利的条款时,人们就会更容易信任他们会履行自己的承诺。公司通常通过发放奖金的形式以确保达到这样的效果。

熟悉型信任 随着人们对彼此越来越熟悉,他们就更有可能信任对方。例如,对新成员的不信任给所有成员带来额外负担,原有的成员必须更努力地工作以确保团队预期清晰明确,同时新成员的行为会得到监督。[二]

相似型信任 信任的发展常常建立在共同性的基础上,比如他们是同一所学校的校友,他们属于同一个宗教机构,他们的孩子在同一个少年棒球联盟球队打球等。在信仰、态度和兴趣上相似的人之间往往会更喜欢彼此。

社会网络信任 组织中的信任关系往往基于社会网络。**社会嵌入性**(social embeddedness)是指这样一种观点,即交易和机会的产生是组织的行动者之间社会关系的产物。[三] 社会嵌入性有助于组织的团队合作,因为信任和相互遵从的共享规范对所涉及人员具有有益的治理属性。简而言之,在社会性依附中嵌入商业交换为信任创造了基础,如果这种信任得到接受与回报,那么这种信任将通过互惠的共同投资和自我强化,从而更明确化地在未来交易中运用。基于社会网络的信任有以下几点好处:①**嵌入式联系**(embedded ties)减少了达成和执行协议所需的时间;②与嵌入式联系相关的期望和信任增加了对先进技术的风险承担和共同投资;③通过嵌入式联系传递专有信息将促进更多的双赢协定的达成;④即使团队存续的时间较短,嵌入式联系仍然会促进相互合作。[四]

隐性信任 人们有时候很难意识到一些使他们去信任他人的线索。

心境 处于积极心境中的人,当他们接触到促进信任的线索时,往往更容易信任他人;

[一] Ferguson, A. J., & Peterson, R. S. (2015). Sinking slowly. Diversity in propensity to trust predicts downward trust spirals in small groups. Journal of Applied Psychology, 100(4), 1012-1024.

[二] MoreIand, R. L., & Levine, J. M (2002b). Socialization and trust in work groups. Group Processes and Interpersonal Relations, 5(3), 185-201.

[三] Uzzi, B. (1997). Social structure and competition in interfirm networks: The paradox of embeddedness. Administrative Science Quarterly, 42, 35-67.

[四] Ibid.

当他们接触到促进不信任的线索时，就会产生不信任。○

地位　地位较高的人更信任他人，主要是因为他们相信别人有积极的意图。○

曝光效应　当我们看到某些人的次数越多，我们就越喜欢他们。○这甚至适用于我们起初不喜欢的人。然而，大多数人可能并没有意识到，他们喜欢某些人是因为经常看到他们。

单纯归属感（mere belonging）是指一个人与另一个人有极小的社会联系，比如共同的生日。○

镜像　面对面交流时，人们倾向于模仿对方的姿势、面部表情、声调和言谈举止。镜像（mirroring）能够帮助人们建立融洽的关系。○从表面上看，模仿别人似乎会让人非常恼火——几乎像是一种嘲笑。然而，日常社交中所涉及的模仿类型是相当微妙的。当两个人互相模仿时，他们的动作就像是一种精心设计的舞蹈，他们的行为也会变得同步。当我们的行为与他人的行为同步时，我们会感觉更加融洽，这会增加我们对对方的信任。

奉承　我们喜欢欣赏我们、赞美我们的人。即使人们会怀疑奉承者别有用心，但在某些情况下，这仍然可以增加对对方的喜爱和信任。○

面对面的接触　与电话或电子邮件等其他媒介交流方式相比，在面对面的交流中，我们会更信任他人。也许这就是为什么即使通过电话、电子邮件或视频会议来交流的效率更高，但人们仍然会选择前往千里之外的地方进行面对面的交流。

瞳孔扩大　人们在相信他人时瞳孔会扩大，而不相信别人时瞳孔会缩小。此外，人们自己的瞳孔变化也会随着同伴瞳孔的变化而变化。○

修复破裂的信任

修复团队之间的信任比修复个人之间的信任更加困难。当行为者否认自己的不当行为时，群体和个人都会变得不太信任他；而当行为者为自己基于能力或基于诚信的不当行为道歉时，

○ Lount, R. B. (2010) The impact of positive mood on trust in interpersonal and intergroup interactions. Journal of Personality an Social Psychology, 98(3), 420-433.

○ Lount, R. B. & Pettit, N. C. (2012). The social context of trust: The role of status. Organizational Behavior and Human Decision Process, 117(1), 15-23.

○ Zajonc, R. (1968). Attitudinal effects of mere exposure. Journal of Personality and Social Psychology, 9(2, pt.2), 1-27.

○ Walton, G.M., Cohen, G. L., Cwir, D., & Spencer S. J. (2012). Mere belonging: The power of social connections. Journal of Personality and Social Psychology, 102(3), 513-532.

○ Droler, A., Larrick, R., & Morris, M.W. (1998). Thinking of others: How perspective-taking changes negotiators' aspirations and fairness perceptions as a function of negotiator relationship. Basic and Applied Social Psychology, 20(1), 23-31.

○ Jones, E. E., Stires, L. K., Shaver, K. G., & Harris, V. A. (1968). Evaluation of an ingratiator by target persons and bystanders. Journal of Personality, 36(3), 349-385.

○ Kret, M. E., Fischer, A. H., & de Dreu, C. K. W. (2015). Pupil mimicry correlates with trust in in-group partners with dilating pupils. Psychological Science, 26(9), 1401-1410.

群体和个人都会变得更加信任他。①

心理安全感

团队中的人会评估他们在提出某些问题并寻求团队帮助时的"安全感"。② **心理安全感**（psychological safety，PS）反映了人们认为他们可以提出问题而不用担心被拒绝的程度。当团队需要相互之间交流新技术流程的知识，以及需要向彼此学习时，心理安全感非常重要。③ 在某医院新生儿重症监护室中的团队成员被问了以下三个问题：①如果你对做某事的正确方式有疑问，和他人在谈论这个疑问时你会感到舒适吗？②你团队中的成员多大程度上重视其他人独特的技能和才能？③在多大程度上人们会提出存在的问题和棘手难题？把这些问题结合在一起，就生成了一种测量心理安全感的方法。那些表现出更强心理安全感的团队成员更愿意从事使用新技术流程的学习，这反过来预测了新生儿重症监护室中医疗方案实施的成功。

心理安全微气候 在一个既定的团队中，不同的心理安全微气候对于团队行为来说至关重要，但却不易被发现。mPSi 量表测量了与心理安全微气候相关的四个关键指标：团队 PS 密度、成员 PS 密度、子团队 PS 密度和领导 PS 中心性。④ 团队 PS 密度指的是在团队网络中现有 PS 连接的总数量除以网络中可能的连接总数。成员 PS 密度是指在成员的网络中现有的 PS 连接的数量除以可能的连接总数。子团队的 PS 密度是指子团队网络中现有的 PS 连接总数量除以可能的连接总数。具有更大密度 PS 连接的子团队具有真正互动的特征。领导 PS 中心性是指领导者在所有可能连入的连接中，现有连入的 PS 连接所占的比例。⑤

四种不同的心理安全微气候 存在四种不同的心理安全微气候：无礼的派系团队（irreverent clique teams）、潜在的兵变团队（potential mutiny teams）、可控的冲突团队（controlled conflict teams）和有竞争力的顾问团队（competitive advisory teams）。⑥ 无礼的派系团队的特点是领导者和子团队之间的低度安全感和高度冲突。潜在的兵变团队的特点是有限的沟通和风险承担，因为领导者在团队中处于低心理安全感位置；更高程度的成员与成员之间的心理安全感促进了子团队的工作。可控的冲突团队的特点是成员之间的心理安全感紧张，核心领导者的心理安全感促进了完整的团队协作。有竞争力的顾问团队的特点是一个高度中心性的领导者潜在地提高成员之间的心理安全感。

---

① Kim, P. H., Cooper, C. D., Dirks, K. T., & Ferrin, D. L. (2013). Repairing trust with individuals vs. groups. Organizational Behavior and Human Decision Processes, 120(1), 1-14.

② Edmondson, A. (1999). Psychological safety and learning behavior in work teams. Administrative Science. Quarterly, 44, 350-383.

③ Tucker, A. T., Nembhard, I. M., & Edmondson, A. C. (2007, June). Implementing new practices: An empirical study of organizational learning in hospital intensive care units. Management Science, 53(6), 894-907.

④ Roussin, C. J., MacLean, T. L., & Rudolph J. W. (2016). The safety in unsafe teams: A. multilevel approach to team psychological safety. Journal of Management 42(6), 1409-1433.

⑤ Ibid.

⑥ Ibid.

群体社会化和人员流失

团队并不是永久存在的实体。事实上，一个团队的平均寿命大约是24个月。[1]

群体社会化

群体社会化（group socialization）是指人们如何进入团队，之后（在某个节点）再离开团队的过程。这个过程虽然具有扰乱性，但却不一定是令人不快的或不明智的。当人们组成一个团队一起工作时，他们就开始了一个社会化的过程，这样团队成员就会相互塑造彼此的行为。团队成员也可能会经常发生变化，一些成员可能会离开，新的成员可能会加入。社会化的过程对于团队成员来说必不可少，它能够使团队成员一起工作，并协调他们之间的付出。

大多数人认为社会化是一个单向的过程，在这个过程中，团队将个体成员（通常是新员工）通过团队的规范和角色社会化。然而，每个领导都知道，在团队中引入新成员是一个共同社会化的过程。在高技术行业中，促进新人在团队中的有效性尤其重要，因为知识丰富的老员工经常会跳槽，而且整合新员工的成本很高。[2]预测新员工绩效的三个关键因素是新员工赋权、团队期望和团队绩效。[3]在一项针对65个项目团队的研究中，新员工的绩效会随着时间的推移而不断提高，尤其是在社会化的早期。[4]新员工赋权和团队对新员工积极期望能够预测新员工的绩效。此外，被赋权的和表现良好的新员工的离职倾向也较低。

群体社会化的阶段

试想一下你加入一个已有团队的经历。也许你加入了一个已经成立的学习小组，也许你接受了一个已含持续运行团队的公司的暑期实习，也许你被调到了公司的另一个部门。这些所有的例子都表明你正在经历群体社会化的过程。[5]群体社会化过程中有三个重要因素可能会影响团队的工作效率：评估、承诺和角色转变。

评估 团队评估个体成员，同时个体成员也会评估团队。简而言之，团队中的每个人都在"互相打量彼此"。在评估团队成员时，人们会进行成本效益分析。如果团队成员能够从该团队身份得到（或者预期得到）相当高的回报，而承担较少的成本，他们可能会更喜欢所在的团队。团队也会对一个为集体做出许多贡献同时付出较少成本的员工做出正面的评价。[6]那

---

[1] Thompson, L. (2016). Leading high impact teams. Team leadership survey from the Kellogg School of Management executive program. Northwestern University, Evanston., IL.

[2] Chen, G., & Klimokski, R. J. (2003). The impact of expectations on newcomer performance in teams as mediated by work characteristics, social exchanges, and empowerment. Academy of Management Journal, 46(5),591-607.

[3] Ibid.

[4] Chen, G. (2005). Newcomer adaptation in teams: Multilevel antecedents and outcomes. The Academy of Management Journal, 48(1), 101-116.

[5] Moreland, R. L., & Levine, J. M. (2000). Socialization in organizations and work groups. In M. Turner (Ed.), Groups at work: Theory and research (pp. 69-112). Mahwah, NJ: Lawrence Erlbaum.

[6] Kelley, H. H., & Thibaut, J. (1978). Interpersonal relations: A theory of interdependence. New York: Wiley; Thibaut, J., & Kelley, H. (1959). The social psychology of groups. New York: John Wiley & Sons.

些经验很少或在团队中有消极体验的人通常会避免在群体中工作。① 在一项对新员工、正式员工和边缘团队成员的研究中，人们支持那些倡导规范立场的团队内正式成员，而贬低那些支持越轨立场的正式成员。②

承诺 承诺是一个人对团队的"持久性忠诚"和团队对其成员的忠诚。③ 影响承诺的关键因素是个人和团队可能存在的替代选择。例如，如果一个团队有几个高质量的候选人可以选择，那么相比没有那么多的备选人员时，它对其中任何一个候选人的承诺就会更少。

角色转变 一个人通常会在团队中经历一系列的成员身份变化，从未来的成员到新成员，再到正式成员（见图表4-6）。获得正式成员身份的关键是被团队积极评价，并获得团队的承诺。这通常可以（但不总是）通过与团队的直接体验学习以及对团队中其他人的观察学习而实现。一方面，团队中的新成员强烈地需要获得关于对他们的期望的信息；④ 另一方面，团队也会通过正式和非正式的会议传递这些信息。⑤ 然而，新成员在得到同事的信任之前，可能得不到完成工作所需的关键信息，如领导的偏好或相应的行政流程等。⑥

---

① Bohrnstedt, G. W., & Fisher, G. A. (1986). The effects of recalled childhood and adolescent relationships compared to current role performances on young adults' affective functioning. Social Psychology Quarterly, 49(1), 19-32; Gold, M., & Yanof, D. S. (1985). Mothers, daughters, and girlfriends. Journal of Personality and Social Psychology, 49(3), 654-659; Hanks, M., & Eckland, B. K. (1978). Adult voluntary association and adolescent socialization. Sociological Quarterly, 19(3), 481-490; Ickes, W. (1983). A basic paradigm for the study of unstructured dyadic interaction. In H. Reis (Issue Ed.), New directions for methodology of social and behavioral science: Naturalistic approaches to studying social interaction (pp. 5-21). San Francisco: Jossey-Bass; Ickes, W., & Turner, M. (1983). On the social advantages of having an older, opposite-sex sibling: Birth order influences in mixed-sex dyads. Journal of Personality and Social Psychology, 45(1), 210-222.

② Pinto, I. R., Marques, J. M., Levine, J. M., & Abrams, D. (2010). Membership status and subjective group dynamics: Who triggers the Black Sheep Effect? Journal of Personality and Social Psychology, 99(1), 107-119.

③ Kelley, H. H. (1983). The situational origins of human tendencies: A further reason for the formal analysis of structures. Personality and Social Psychology Bulletin, 9(1), 8-36.

④ Louis, M. R. (1980). Surprise and sense making: What newcomers experience in entering unfamiliar organizational settings. Administrative Science Quarterly, 25, 226-251; Van Maanen, J. (1977). Experiencing organization: Notes on the meaning of careers and socialization. In J. Van Maanen (Ed.), Organizational careers: Some new perspectives (pp. 15-45). New York: John Wiley & Sons; Wanous, J. P. (1980). Organizational entry: Recruitment, selection, and socialization of newcomers. Reading, MA: Addison-Wesley.

⑤ Gauron, E. F., & Rawlings, E. I. (1975). A procedure for orienting new members to group psychotherapy. Small Group Behavior 6, 293-307; Jacobs, R. C., & Campbell, D. T. (1961). The perpetuation of an arbitrary tradition through several generations of a laboratory microculture. Journal of Abnormal and Social Psychology, 62, 649-658; Zurcher, L. A. (1965). The sailor aboard ship: A study of role behavior in a total institution. Social Forces, 43, 389-400; Zurcher, L. A. (1970). The "friendly" poker game: A study of an ephemeral role. Social Forces, 49, 173-186.

⑥ Feldman, D. C. (1977). The role of initiation activities in socialization. Human Relations, 30, 977-990.

已经加入团队的成员可以进行**自我验证（self-verification）**或**评估效应（appraisal effects）**。⊖ 当团队成员相信团队中的其他人以他们（即团队成员）看待自身的方式看待他们（即团队成员）时，就会产生自我验证过程；与此相反，当团队相信团队成员以团队看待团队成员的方式看待自己时，就会产生评估效应过程。在这两者中，自我验证比评估效应更加普遍。当团队成员促使他们的团队以他们看待他们自身的方式来看待他们时，这就会增强团队成员与团队的链接感，减少不健康的关系冲突，并改善创造性任务的绩效；相比之下，当团队希望团队成员像团队看待他们（即团队成员）那样看待自身时，整个团队在计算任务上的表现（例如，只有一个正确答案的任务）会有所改善。

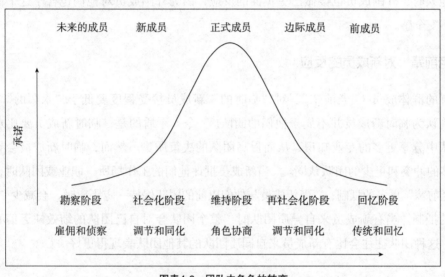

图表4-6　团队中角色的转变

"Socialization in small groups: Temporal changes in individual-group relations" from Advances in experimental social psychology In L. Berkowitz(Ed.)by Richard L. Moreland and John M. Levine, Vol.15,pp. 137-192. NewYork: Academic Press. Copyright©1982 by Richard L. Moreland and John M. Levine. Reprinted by permission of John M. Levine.

整合新成员　以下策略对新成员融入整个团队具有积极作用：

高层管理者和领导：明确新成员为什么加入团队　很多时候，当没必要引入一个新的团队成员时，引入新成员对其他成员来说就会具有威胁性。管理者不应假设团队中每个人都能充分理解新人加入团队的原因。

现有团队成员：减少原型模糊性　当团队典型成员的属性、态度和行为的界定不明确时，团队就会受到原型模糊性的影响。⊖ 团队成员可以通过社会协商过程减少原型模糊性。

新成员：理解团队的目标和程序　现有成员经常预期新成员是焦虑的、被动的、依赖的

⊖ Swann, W. B., Jr., Milton, L. P., & Polzer, J. T. (2000). Should we create a niche or fall in line Identity negotiation and small group effectiveness. Journal of Personality and Social Psychology, 79(2), 238-250.

⊖ Bartel, C. A., & Wiesenfeld. B. M. (2013). The social negotiation of group prototype ambiguity in dynamic organizational contexts. Academy of Management Review, 38(4), 503-524.

和顺从的，具有这些特征的新成员更有可能被"老前辈"所接受。㊀新成员可能意识不到他们不可避免地会对团队构成某种程度的威胁。这通常是因为新成员对团队有一个全新的和相对客观的视角，这会导致他们提出一些问题或表达令人不安的意见。新成员可以通过表现出对团队进行了解的兴趣使自己变得主动。值得注意的是，团队可能对过去的失败非常敏感，因此，通过注意团队的积极品质来转移团队的防御反应通常是一个比较好的主意。如果新成员被排除在信息圈之外，他们就会受到心理上的折磨；他们的信任感会减少，他们会不喜欢他们的团队成员，特别是当他们的排斥似乎可以避免的时候。㊁当领导者偏爱某个典型的群体成员胜于他人时，外围成员也会做出更负面的反应，因为外围成员对他们包含于这个群体中有高度的不安全感。㊂

"老前辈"对新成员的反应

现有的群体成员（"老前辈"）对"临时的"新成员接受程度要低于"永久的"新成员，因为他们认为临时新成员并不属于他们的团队。㊃令人矛盾的是，临时新成员要比永久新成员在团队中分享更多的专业知识，从而提高团队的决策质量。然而，临时新成员会导致团队经历更多的冲突和更少的团队认同。㊄当新成员批评他们的工作场所、职业或团队时，他们会引起"老前辈"更多的抵制；㊅当新成员与他们以前的团队保持一定距离时，会减少"老前辈"对他们的抵制。当有新成员来自异质团队时，整个团队会对自己团队的绩效缺乏信心；但实际来说，这种团队往往会比有新成员来自同质团队的其他团队表现得更好。㊆

㊀ Moreland. R. L., & Levine. J. M. (1989). Newcomers and old-timers in small groups. In P. Paulus (Ed.). Psychology of group influence (2nd ed., pp.143-186). Hilisdale, NJ: Eribaum.

㊁ Jones, E. E., & Kelly, J. R. (2010). "Why am I out of the loop?" Attributions influence responses to information exclusion. Personality and Social Psychology Bulletin, 36(9), 1186-1201.

㊂ Cheng, G. H. L., Fielding, K. S., & Terry, D. J. (2011). Responses of group members to procedural discrimination: The role of ingroup prototypicality. Group Processes & Intergroup Relations, 14(4), 461-476.

㊃ Rink. F., & Ellemers, N. (2009). Temporary versus permanent group membership: How the future prospects of newcomers affect newcomer acceptance and newcomer influence. Personality and Social Psychology Bulletin, 35(6), 764-775.

㊄ Rink, F., & Ellemers, N. (2009). Temporary versus permanent group membership: How the future prospects of newcomers affect newcomer acceptance and newcomer influence. Personality and Social Psychology Bulletin, 35(6), 764-775.

㊅ Homsey, T., Grice, J., Jetten, N, Paulsen, V., & Callan, V. (2007). Group-directed criticisms and recommendations for change: Why newcomers arouse more resistance than old-timers. Personality and Social Psychology Bulletin,33(7), 1036-1048.

㊆ Phillips, K., Liljenquist, K., & Neale, M. (2009). Is the pain worth the gain? The advantages and liabilities agreeing with socially distinct newcomers. Personality and Social Psychology Bulletin, 35(3), 336-351.

离经叛道的观点

当人们强烈认同自己的群体时，他们会对持有异常观点的人做出更负面的评价。[1] 而且，当小组成员表达一个偏离的意见时，群体中生气或高兴的反应标志着对该意见的拒绝或接受。是否存在可供选择的其他群体决定了持有异常观点的人是顺从当前的群体，还是在群体的愤怒反应之后离开该群体。[2] 在受到愤怒反应之后，群体中的外围成员会更加顺从该群体，但是该群体中典型成员不会有这样的行为。

新成员的创新

与普遍看法相反的是，人员流动可能会使群体受益——通过让缺乏能够帮助团队实现目标的技能或动力的老员工退出，以及让拥有所需技能的新成员进入。[3] 以下三个因素决定了新成员能够为群体带来改变的程度：①他们对团队的承诺；②他们相信他们能够提出好的创意以解决团队问题；③他们相信他们会得到回报。就人员流动所产生的正面效果，它必须超过已有团队成员在一起工作时获得的实质性收益。[4] 在一项关于人员流动的研究中，团队进行了为期两天的空中监视任务。[5] 在这两天的时间里，专家会监测飞机信息的变化（如飞行的速度和高度），并将信息传送给指挥官，指挥官会对这些信息进行综合，并给飞机分配相应的危险值。在第2天开始的时候，团队成员进行了变动：在一些团队中，一个专家被另一个团队的专家所替代；在另一些团队中，一个指挥官被另一个团队的指挥官所替代。当新成员的能力较强时，团队表现得更好；当新成员拥有较高的地位（如指挥官）时，这一点表现得尤为明显。

在一项信息技术和制造业领域的高科技合资企业的研究中，当管理者为员工提供发展性

---

[1] Hutchison, P., Abrams, D., & Randsley de Moura, G. (2013). Corralling the in-group: Deviant derogation and perception of group variability. Journal of Social Psychology, 153(3), 334-350.

[2] Heerdink, M. W., Van Kleef, G. A., Homan, A. C., & Fischer, A. H. (2013). On the social influence of emotions in groups: Interpersonal effects of anger and happiness on conformity versus deviance. Journal of Personality and Social Psychology, 105(2), 262.

[3] Levine, J. M., Choi, H.-S., & Moreland, R. L. (2003). Newcomer innovation in work teams. In P. B. Paulus & B. A. Nijstad (Eds.), Group creativity: Innovation through collaboration (pp. 202-224). New York: Oxford University Press.

[4] Argote, L., & Kane, A. (2003). Learning from direct and indirect organizations: The effects of experience content, timing, and distribution. In P. Paulus & B. Nijstad (Eds.), Group creativity. New York: Oxford University Press; Hollenbeck, J. R., Ilgen, D. R., LePine, J. A., Colquitt, J. A., & Hedlund, J. (1998). Extending the multilevel theory of team decision making: Effects of feedback and experience in hierarchical teams. Academy of Management Journal, 41, 269-282.

[5] Levine, J. M., & Choi, H.-S. (2004). Impact of personnel turnover on team performance and cognition. In E. Salas & S. M. Fiore (Eds.), Team cognition: Understanding the factors that drive process and performance (pp. 153-176), Washington, DC: American Psychological Association.

的反馈时，新成员更有可能帮助团队，并且绩效表现也更好。○

对于"新成员"来说，可能有以下几种角色：访客（visitors）、调任者（transfers）、替代者（replacements）及顾问（consultants）。○访客是指那些只会在团队中停留较短时间的人，团队也并不会期望他们能够实现团队的长期目标。其原因在于，团队认为他们缺乏承诺，而他们改变团队的能力也会被削弱。○调任者指的是那些曾经属于另一个类似团队并拥有专业技术的人。替代者是指能够取代前任成员的人。顾问能够加入团队，观察团队的工作实践，并提出相应的改进建议。

人员流失和重组

对团队来说，最常见但也是最艰巨的挑战之一便是人员的流动，即新成员的加入和/或老成员的退出。○人员流动代表了团队构成的变化，它会对团队绩效产生深远的影响，因为它改变了团队的专业知识及人际动态关系。当团队成员之间相互依赖，○团队结构较为简单，○以及任务属性比较复杂时，○人员流动会对团队绩效产生不利影响。

决定是否离开自己所处的团队取决于团队之外存在机会的多少，以及当前团队内所存在的威胁。简而言之，一个团队成员可能会问自己，是简单地离开这个团队，还是继续留在这个团队并争论相互之间的分歧，哪个更容易？当人们对他们的团队寄予高程度的尊重时，他们会更有可能继续留在团队中并争论他们之间的分歧；但是当他们对团队给予低程度的尊重

○ Li, N., Harris, T. B., Boswell, W R., & Xie, Z. (2011). The role of organizational insiders' developmental feedback and proactive personality on newcomers' performance: An interactionist perspective. Journal of Applied Psychology, 96(6), 1317-1327.

○ Arrow, H., & McGrath, J. E. (1995). Membership dynamics in groups at work: A theoretical framework. In B. M. Staw & L. L. Cummings (Eds.), Research in organizational behavior, 17, 373-411. Greenwich, CT: JAI Press.

○ Gruenfeld, D. H., & Fan, E. T. (1999). What newcomers see and what oldtimers say: Discontinuities in knowledge exchange. In L. Thompson, J. Levine, & D. Messick (Eds.), Shared cognition in organizations: The management of knowledge. Mahwah, NJ: Lawrence Erlbaum; Gruenfeld, D. H., Martorana, P., & Fan, E.T. (2000). What do groups learn from their worldliest members? Direct and indirect influence in dynamic teams. Organizational Behavior and Human Decision Processes, 82(1), 45-59.

○ Levine, J. M., Choi. H.-S., & Moreland, R. L. (2003). Newcomer innovation in work teams. Ln P. B. Paulus & B. A. Nijstad (Eds.), Group creativity: Innovation through collaboration (pp. 202-224). New York: Oxford University Press.

○ Naylor, J. C., & Briggs, G. E. (1965). Team-training effectiveness under various conditions. Journal of Applied Psychology, 49, 223-229.

○ Devadas, R., & Argote, L. (1995, May). Collective learning and forgetting: The effects of turnover and group structure. Paper presented at the meeting of the Midwestern Psychological Association, Chicago, IL.

○ Argote, L., Insko, C. A., Yovetich, N., & Romero, A. A. (1995). Group learning curves: The effects of turnover and task complexity on group performance. Journal of Applied Social Psychology, 25, 512-529.

时，他们就更可能会离开该团队。[⊖]

本章小结

  本章中，我们探讨了人们如何发展群体或团队认同，以及团队身份和个体身份相互作用的本质。团队成员对彼此的依恋程度不同，这些依恋类型会影响团队的行为和表现。团队能够感受和表达情绪，并且随着时间的推移，由于情绪蔓延过程的影响，团队成员也会产生类似的习惯性情绪。此外，我们还关注了如何在团队中建立凝聚力，并研究了刻画相互关系的信任的不同类型。最后，我们分析了团队接纳新成员的社会化过程。

⊖ Martiny, S. E., Kessler, T., & Vignoles, V. L. (2012). Shall I leave or shall we fight? Effects of threatened group-based self-esteem on identity management strategies. Group Processes & Intergroup Relations, 15(1), 39-55.

第 2 部分

团队绩效

第 5 章
绩效与生产力

2015 年，Zappos 公司的 CEO Tony Hsieh 向 1443 名员工发送了一封长邮件，鼓励他们花费 30min 阅读关于合弄制（holacracy）的细节。Hsieh 的邮件传递了经理们将被逐步淘汰出公司的消息，尽管邮件的主要内容还是使用诸如"青蓝色组织"（teal organization）、"自组织"（self-organization）和"玻璃蛙"（glass frog，合弄制的协调管理软件）等新兴词汇。在邮件的结尾处写道，经理的角色不再是公司结构的价值所在，员工有一个月左右的时间来接受新的角色或者带着遣散费离开公司。在接下来的几个月里，混乱和困惑笼罩着公司，18% 的员工自愿接受遣散费而离开，包括一个工作于大型基础设施建设团队中 40% 的员工。没有了老板，团队工作被"圈子"（circles）取代。员工开始依据他们想要从事的工作类型而加入不同的圈子，每个圈子都有一个类似于项目经理但权力有限的"领导链接"。圈子中的成员在一系列管理会议中决定他们的角色和职责，并在策略会议中跟踪项目进度。被合弄制所颠覆的 269 位前任经理中的许多人加入了被称为"重塑自己"的圈子。在消费者服务、社交媒体、合弄制落实及其他领域共建立了 300 多个圈子。为了平稳地过渡，一位主管主动组织了"青蓝色谈话"，帮助员工理解从"绿色"到"青蓝色"对组织的意义，即使公司 CEO 也不知道人们会如何看待这个消息。"我们正在做我们几个月前就应该做的事，在一项决议提出之前，就应让员工们做好准备，并对他们进行培训"，这位主管说道。㊀ 由于没有层级的划分，会议更有效率，一位经理在 90min 内快速完成了 27 个议程项目。㊁

许多领导，就如 Tony Hsieh 一样，关心团队的绩效和生产力。成功的团队合作需要具备以下几个因素：人才、动机和无缝协调。理想情况下，团队可以从一个模型或一组指导方针中获益，该模型或指导方针将告诉他们如何组织和处理目标实现过程中遇到的不可避免的威胁。这种模型会提供两个方面的作用：①**描述**（description），或者是对事件进行解释以使团队对形势有准确的分析；②**指导**（prescription），或者是对如何解决问题提供建议。在本章中，我们将介绍一种团队绩效模型。

㊀ From First, Let's Get Rid of All the Bosses by Roger D. Hodge, © October 5, 2015 New Republic

㊁ Hodge, R. D. (2015, October 4). First, let's get rid of all the bosses. New Republic. newrepublic.com; Silver-man, R.E.(2015, May 20). At Zappos, banishing the bosses brings confusion. The Wall Street Journal, wsj.com

团队绩效的综合模型

图表 5-1 是关于团队绩效的综合模型。它告诉我们应该期望什么样的团队绩效，并提出了改进团队运作的方法。本章将逐步说明模型中的每个元素。

该模型提供的信息清晰明确：团队情境（指的是团队的内部过程、外部限制以及机会）影响支持团队成功的三个必要条件——专业技术、投入和执行。这些必要条件是团队最终绩效的决定因素，决定团队的成功或失败。本章后文将分为三个关键部分，分别对应模型中的三个要素：团队情境、必要条件和团队绩效。

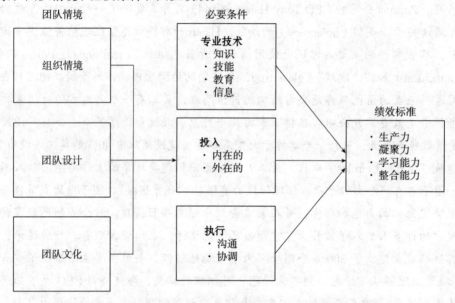

图表5-1 团队绩效的综合模型

Leigh L. Thompson

团队情境

团队情境（team context）包含更大范围的组织背景（团队在其中进行工作）、团队在内部运行方面的设计及团队文化。团队在能够塑造行为的社会环境中运作。团队领导不能只考虑团队的内部运行（如专业技术、投入和执行），还要考虑团队的外部运行，包括组织情境和团队如何与其他团队互动。

组织情境

组织情境不仅包括组织的基础结构（如横向结构和层级结构）、信息体系、培养体系及奖励体系，还包括组织的政策和完成团队任务所需的重要的物质资源。即使团队有专业技术、投入和执行技能，如果缺乏重要的组织基础设施，如信息、工具、设备、空间、原材料、金钱和人力资源等，那么组织的绩效也会受损。理想情况下，团队需要一个支持性的组织情境承认并接纳他们，提供他们需要的信息、资源和行动，使团队的任务及其实现方式合法化，且期待团队取得成功。[一]一项元分析显示，认为自身拥有高绩效管理实践能力、来自组织的社会政治支持和领导力的团队，更会感到充满活力，可以提高团队的工作满意度、组织承诺、任务绩效，并会降低团队成员的离职倾向。[二]此外，组织情境中另一要素是组织氛围。当群体成员认为工作氛围中存在不公平时，他们可能会有偏差行为。当员工之间的功能性依存度较低时，组织中的不公平氛围与偏差行为之间的关系最强。[三]

团队设计

团队设计（team design）指的是可以观察到的团队结构（如管理者主导或自我管理）。它具体涉及团队内部的领导风格、职能角色、沟通模式、团队组成及成员的培训。与团队文化相反，团队设计是团队协作中深思熟虑的、计划性的方面。尽管团队文化的演化和成长并不在管理者的直接控制之下，但团队设计是由管理者深思熟虑后做出的决定或选择。一些管理者可能没有意识到，通过不做决定或让团队协作顺其自然，实际上也是在设计团队。

团队文化

文化（culture）是一个团队的人格。团队文化包括团队中那些没有说出来的、隐性的方面，这些内容没有以正式的方式进行讨论，但却能够塑造团队成员的行为。角色、规范和所行所思的模式都会受到团队文化的影响。发展团队文化的一种方式是通过传递一些被认为是可接受的思考和行动方式给团队成员。**规范（norm）**是公认的指导团队成员行为的一套规则。规范不同于组织政策，因为他们具有非正式性和非书面性。一般来说，规范对团队成员的影响非常微妙，以至于团队成员可能无法清晰地意识到这些规范的存在。团队规范能够调节团队中的一些行为，如诚实、穿着样式、准时和情绪表达。规范既可以是指令性的（prescriptive norms），规定应该做什么；也可以是禁止性的（proscriptive norms），规定应该避免做什么。

支持创新或包含对成功的共同期望的规范可能会促进团队的有效性。[四]某些规范可能存在于团队中，但并不存在于更大的组织中。一个人最亲密的同事（被称为参照群体）的态度对一些行为（如旷工等）有着很大的影响，这比参照群体所嵌入的正式组织单位所建立的规范

[一] Bushe, G. R. (1984). Quality circles in quality of work life projects: Problems and prospects for increasing employee participation. Canadian Journal of Community Mental Health, 3(2), 101-113.

[二] Seibert, S. E., Wang, G., & Courtright. S. H. (2011). Antecedents and consequences of psychological and team empowerment in organizations: A meta-analytic review. Journal of Applied Psychology, 96(5), 981-1003.

[三] Priesemuth, M., Arnaud, A., & Schminke, M. (2013). Bad behavior in groups: the impact of overall justice climate and functional dependence on counterproductive work behavior in work units. Group & Organization Management, 38(2), 230-257.

[四] Cummings, T. G., & Mohrman, S. A. (1987). Self-designing organizations: Towards implementing quality-of-work-life innovations. In R. W. Woodman & W. A. Pasmore (Eds.), Research in organizational change and development (Vol. 1, pp. 275-310). Greenwich. CT: JAI Press; Shea, G. P., & Guzzo, R. A. (1987, Spring). Group effectiveness: What really matters? Sloan Management Review, 28(3), 25-31.

影响更大。㊀在一项经典的组织规范研究中，西方电力公司霍桑工厂中的两个团队发展出了完全不同的组织规范，即便这两个团队位于同一个工作车间。其中一个团队花费大量的时间进行交谈和辩论，玩小赌注的游戏，整个团队保持着一致的高效产出；相反，另一个团队进行工作交易（禁止的活动），相互戏谑嘲笑，这个团队呈现一致的低产出。㊁

规范是由先例发展而来的。在团队的第一次会议上出现的行为通常定义了团队在未来的运作方式——只要看看商务会议上座次的一致性便可知。规范也可能形成于其他情形的延续转移，或者对上级或同事的明确陈述的反应。它们还可能源自团队历史上的关键事件。**目标传染（goal contagion）**是一种规范设置的方式，在这种方式下，人们会采纳别人所持的目标。㊂目标传染更有可能发生在同一群体的成员之间。㊃

成功团队绩效的必要条件

团队要取得成功，必须具备许多因素。㊄团队成员必须：
1. 有相关的专业技术来履行任务。
2. 积极投入并有动力去履行任务。
3. 通过与其他团队成员的配合来执行任务。

接下来，我们将更加详细地讨论这些必要条件。

专业技术

为了使团队有效运转，团队成员必须具备专业技术或者（知识、技能和能力 KSAs）去完成任务。㊅这要求管理者适当地将具有相应技能的人员与手头的任务以及组织的人力资源结构本身相匹配。有五项关键技能对团队成员至关重要：㊆
1. 冲突解决能力——能够识别并促进任务冲突，但要避免关系冲突。

㊀ Bamberger, P., & Biron, M. (2007). Group norms and excessive absenteeism: The role of peer referent others. Organizational Behavior and Human Decision Processes, 103,179-196.

㊁ Homans, G. (1950). The human group. New York: Harcourt Brace.

㊂ Aarts,.H., Gollwitzer, P. M., & Hassin, R. R. (2004). Goal contagion: Perceiving is for pursuing. Journal of Personality and Social Psychology, 87, 23-37.

㊃ Loersch, C.,Aarts, H., Payne, B. K., & Jefferis, V E. (2008). The influence of social groups on goal contagion. Journal of Experimental Social Psychology, 44, 1555-1558.

㊄ Steiner, I. (1972). Group process and productivity. New York: Academic Press; Hackman, J. (1987). The design of work teams. In J. Lorcsh(ed.). Handbook of organizational behavior (pp. 315-342). Englewood Criffs, NJ: Prentice-Hall.

㊅ Stevens, M. A., & Campion, M. J. (1994). The knowledge, skill, and ability requirements for teamwork: Implications for human resource management. Journal of Management, 20, 503-530; Chen, G., Donahue, L. M., & Klimoski, R. J. (2004). Training undergraduates to work in organizational teams. Academy of Management: Learning and Education, 3(1), 27-40.

㊆ From "The Knowledge, skill, and ability requirements for teamwork" by Michael J. Stevens and Michael A. Campion in Journal of Management, Vol. 20, No.2, 503-530, ©1994 SAGE Publications.

2. 协作式问题解决能力——能够识别团队协作过程中的障碍，并实施恰当的纠正措施。
3. 沟通能力——不带任何评价地倾听，并适当地使用主动性倾听技巧。
4. 目标设定和绩效管理能力——建立具体的、有挑战性的和被接受的团队目标。
5. 计划和任务协调能力——协调和同步团队成员之间的活动、信息和任务依赖关系。

团队成员技能 团队有效性的一贯预测因素是团队成员的认知能力。例如，军队中的坦克小队、装配和维护团队、服务团队中成员认知能力的平均水平能直接预测他们的有效性。在装配和维护团队以及服务团队中，责任心特性也可以预测实际的团队绩效。㊀

一个有效的团队不仅需要具备履行工作所需的技术技能，还需要人际关系技能、决策技能和解决问题技能。展现出更能驾驭团队协作知识的成员也是那些在他们的团队中表现更好的成员。来自美国空军军官发展计划的 92 个团队的现场数据显示，团队协作知识提高了团队成员对任务的熟练程度。㊁

过多人才 虽然大多数人认为人才总是有助于绩效，但在团队环境中，过多的人才实际上是有害的，尤其是当团队需要高度协调才能运转良好的时候。例如，当团队成员高度相互依赖时（如足球运动员和篮球运动员），就会出现**过多人才效应**（too-much-talent effect），当团队成员相对比较独立时（如棒球运动员），该效应就不会出现。㊂

学习曲线与专业技术 其他人的物理存在会具有刺激性，这种较大程度的唤醒可以起到行为的激励因子作用。无论我们正在做什么，当有其他人，尤其是我们的团队在场时，我们都会更兴致勃勃地去完成这件事。然而，这里有一个不利因素：他人的在场提高了已精通行为的表现，但也会阻碍非精通行为的表现。因此，更大程度的唤醒或刺激会提高我们在已精通任务上的表现，但会阻碍我们在创新任务上的表现。其他人的存在会触发以下两种反应中的一种：挑战（如果某人是专家能手）或者威胁（如果某人不是专家能手）。尽管激励其做出最佳表现，个体的绩效仍然下降，此时就出现了**压力窒息**（choking under pressure）现象。㊃

㊀ Tzinerr A., & Eden, D. (1985). Effects of crew composition on crew performance: Does the whole equal the sum of its parts? Journal of Applied Psychology, 70,85-93; Barrick, M. R., Stewart, G. L., Neubert, M. J., & Mount, M. K. (1998).Relating member ability and personality to work-team processes and team effectiveness. Journal of Applied Psychology, 83, 377-391; Neuman, G. A., & Wright, J. (1999). Team effectiveness: Beyond skills and cognitive ability. Journal of Applied Psychology, 84(3),376-389; Neuman, G. A., Wagner, S. H., & Christiansen, N.D. (1999). The relationship between work-team personality composition and the job performance of teams. Groups and Organization Management, 24,28-45.

㊁ Hirschfeld, R., Jordan, M., Field, H., Giles, W., & Armenakis, A. (2006). Becoming team players: Team members' mastery of teamwork knowledge as a predictor of team task proficiency and observed teamwork effectiveness. Journal of Applied Psychology, 91(2), 467-474.

㊂ Swaab, R. I., Schaerer, M., Anicich, E. M., Ronay, R., & Galinsky, A. D. (2014). The too-much-talent effect: Team interdependence determines when more talent is too much or not enough. Psychological Science, 25(8), 1581-1591.

㊃ Baumeister, R. F., & Steinhilber, A. (1984). Paradoxical effects of supportive audience on performance under pressure: The home field disadvantage in sports championships. Journal of Personality and social Psychology, 47(1), 85-93.

此外，人们在他人在场的情况下完成一项已精通任务时，心血管反应提供了生理学的证据，即专家能手感受到了挑战——心脏反应增加，血管阻力降低。① 然而，如果人们在他人在场时执行一项非精通的任务，就会进入"威胁模式"——心脏反应增加，并且血管阻力增加。例如，考虑当台球选手在台球厅被他人观察时会发生什么事。② 新手在有人观看时表现得更差，相比之下，专业玩家在被观察时的表现会有显著的提高。同样，当有人观察时，慢跑锻炼者的速度会加快；当没有人观察时，速度就会放慢。③ 另外，在即兴演讲中，有旁人在场时人们的表现要比单独一个人时的表现更差。

社会促进与社会抑制 社会促进（social facilitation）是指当他人在场时，人们绩效表现会发生可预见性的提高。当人们处于注意力的中心，并关注他们的表现和优秀标准之间的差异时，就会发生**社会抑制**（social inhibition）。因此，如果团队领导者对那些还不是专家能手的人施加绩效压力，那么实际上会损害团队的绩效。

团队成员如何确保他们的行为是最优反应？这主要有以下两条路径。首先，专业技术是一种方式。对专家能手进行培训，使他们专注于最重要的事情。为了克服思虑过度的问题，运动员通常会使用一些心理策略，比如唱歌或背诵祈祷文等。例如，卡尔文·约翰逊（Calvin Johnson），底特律雄狮队的前接球手，每次比赛前都会做瑜伽。④ 速滑选手阿波罗·奥诺（Apolo Ohno）在大型比赛前通常会打哈欠。当被记者问及原因时，他说这不是因为疲劳，而是赛前例行活动。"我想成为一头狮子"，他微笑着说。⑤ 有些惯用右手的运动员在比赛前会通过挤压球或握紧左手的方式来激活大脑的某些区域，从而提高他们在压力情境下的表现。⑥

练习和排练是另一种策略。这种策略可以调整行为反应的层次，使期望的行为反应成为一种本能。然而，即使成为专家能手也并不能完全保证人们不受压力窒息的影响。在职业棒球联赛和篮球锦标赛中，主场球队输掉决定性比赛的可能性要比输掉早期主场比赛的可能性大得多。为什么？因为打好比赛的压力会使球员关注自身的表现过程，导致他们的注意力由比赛转移到了自身。压力越大，人们就会越关注自身。当人们过度专注于那些自动的行为反应时，就会妨碍到他们的实际表现。⑦ 另外，最好避免在团队中学习困难的内容或执行复杂的任务，因为同伴压力会阻碍团队成员的表现。然而，如果团队成员是专家能手，那么他们可能会在这种压力下表现得更好。练习不但能够使人们熟能生巧，还能够使人们在压力下保持

---

① Blascovich, J., Mendes, W. B., Hunter, S. B., & Salomon, K. (1999). Social "facilitation" as challenge and threat. Journal of Personality and Social Psychology, 77(1), 68-77.

② Michaels, S. W., Brommel, J. M., Brocato, R. M., Linkous, R. A., & Rowe, J. S. (1982). Social facilitation in a natural setting. Replication in Social Psychology, 4(2), 21-24.

③ Worringham, C. J., & Messick, D. M. (1983). Social facilitation of running: An unobtrusive study. Journal of Social Psychology, 121, 23-29.

④ Sommer, S. (2016. March 16). 10 habits of highly successful athletes. Mens journal. mensjournal.com

⑤ From Why Apolo Ohno Keeps Yawning, © April 17, 2010 tinyjump.

⑥ Beckman, J., Gropel, P., & Ehrelenspiel, F.(2013). Preventing motor skill failure through hemisphere-specific priming cases: Cases from choking under pressure. Journal of Experimental Psychology: General, 142(3), 679-691.

⑦ Lewis, B. P., & Linder, D. E. (1997). Thinking about cooking? Attentional processes and paradoxical performance. Personality and Social Psychology Bulletin, 23(9), 936-944.

良好的表现。

心流 在无聊任务和巨大压力之间存在着某种状态,这种状态被心理学家 Mihaly Csikszentmihalyi 称为**心流**(psychological flow)。⊖ 心流体验见图表 5-2。

心流是指一个人高度投入任务时的心理状态。处于这种状态的人,他们对任务本身非常感兴趣,以致他们会失去时间的概念,而完成这项任务的过程就是一种对自我的强化。投入是心流的关键所在。投入的员工更富有成效,更关注客户,有更多的安全感,能够带来更多收益,并且更满意于自己的工作。在一个典型的组织中,投入的员工和非投入的员工的比例是 2∶1;在一个高效的组织中,投入员工和非投入员工的比例是 9∶1。根据盖洛普的一项日常民意调查,美国 32% 的员工是非常投入的,但全世界范围内这项比例却只有 13%。⊜ 而且,一项针对超过 152 家企业的元分析显示,一个员工投入度高的组织比同一行业中员工投入度低的组织的每股收益率高 3.9 倍。⊜

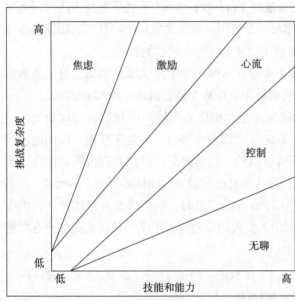

焦虑
发生在任务的挑战性对某人的技术水平要求过高时

激励
发生在某人受到任务挑战,有一些必要的技能可以成功完成任务时;某人受到任务挑战,担心失去控制时。太少或太多的激励会对任务表现产生负面影响

心流
发生在某人感觉到充满精力和能力去完成任务时;具有挑战性的任务所需的技能与其拥有的专业技术相匹配

控制
发生在某人完全掌控了任务,但没有受到挑战时。这可能发生在某人重复执行任务,但是没有为了完成目标做出调整时

无聊
发生在有高天分的人没有得到挑战或者给定的任务太寻常时

图表 5-2 心流体验

基于 Csikszentmihalyi, M. (1990). Flow: The psychology of optimal experience (p.74). New York: HarperCollins, ©Leigh L.Thompson.

压力与挑战 压力和挑战之间有一条分界线。例如,努力完成困难目标的人可能会认为他们的目标是一种挑战,而并非是一种威胁,这种情况下他们也会更好地完成目标。挑战一般发生在有机会通过有效的应对策略实现自我成长时,而威胁一般发生于人们认为某种情况没有有效的应对策略将直接导致失败时。例如,在一项研究中,人们需要对公司的股票进行

⊖ Csikszentmihalyi, M. (2003). Good business: Leadership, flow, and the making of meaning. New York: Viking Press.

⊜ Mann, A., & Harter, J. (2016, January 7). The worldwide employee engagement crisis. Gallup, gallup. com; Flade, P., Harter, J., Asplund, J. (2014, April 15). Seven things great employers do (That other's don't).Gallup, gallup.com; Employee engagement: A leading indicator of financial performance. (2012). Gallup. gallup.com

⊜ Employee engagement: A leading indicator of financial performance. (2012). Gallup, gallup.com

评估，他们必须迅速而准确地做出决定。[○]在同等的任务难度下，当人们把该种情境视作一种威胁时，这会损害他们的绩效表现，以及对变化的适应性；而当人们把它视为一种挑战时，这会提升他们对变化的适应性。

工作投入

团队成员仅仅拥有专业技能是不够的，他们还必须积极投入并有动机去执行。而这样做的动机一般来自个体的内部因素和外部因素。人从本质上来说是目标导向型的，但是一个设计糟糕的团队或组织环境会威胁团队的毅力和奉献精神。在某些时候，团队成员可能会感到他们的行动无关紧要，或者事情总是会向糟糕的方向发展（如运动队出现连败纪录），或者他们的付出没有得到重视。这也会发生在当团队成员觉得他们无法影响他们的环境或者无法依赖他人时。团队是否拥有相信他们自身或**团队潜能（group potency）**的信念是团队实际表现的重要预测因素。[○]例如，在一项研究中，军校学员以团队的形式完成一项任务，团队潜能或"觉得我们行"对团队绩效的影响超过了单纯的知识能力对团队绩效的影响。[○]

动机收益 动机收益（motivation gains）是指在集体任务中团队成员增加自身努力的情形。能力较差的团队成员更加努力工作的动机收益现象被称为**科勒效应（Kohler effect）**。[○]一项针对2008年奥运会游泳接力比赛的实地研究显示，相比处于较早出发位置的运动员，处于较晚出发位置的运动员表现得更好（游得更快）。[○]那些在接力赛中处于后面阶段的运动员显然认为他们对于团队最终的比赛结果是不可或缺的。科勒效应背后的心理机制是社会比较（尤其是认为自己的队友更有能力时），以及一种认为自己的努力对团队不可或缺的感觉。[○]当团队成员希望他们的努力有助于获得他们个人所看重的结果时，他们愿意为集体任务付出更多的努力。[○]特别的，当每个人都能及时得到他人表现的反馈时，团队中最弱的成员更有可能

○ Drach-Zahavy, A., & Erez, M. (2002). Challenge versus threat effects on the goal-performance relationship. Organizational Behavior and Human Decision Processes, 88, 667-682.

○ Shea, G. P., & Guzzo, R. A. (1987, Spring). Group effectiveness: What really matters? Sloan Management Review, 28(3), 25-31.

○ Hecht, T. D., Allen, N.J., Klammer, J. D., & Kelly, E. C. (2002). Group beliefs, ability and performance: The potency of group potency. Group Dynamics: Theory, Research and Practice, 6(2), 143-152.

○ Stroebe, W., Diehl, M., & Abakoumkin, G. (1996). Social compensation and the Kohler effect: Toward a theoretical explanation of motivation gains in group productivity. In E. H. White & J. H. Davis (Eds.), Understanding group behavior, Vol. 2: Small group processes and interpersonal relations. Mahwah, NJ: Erlbaum.

○ Hüffoieier, J., & Hertel, G. (2011). When the whole is more than the sum of its parts: Group motivation, gains in the wild. Journal of Experimental Social Psychology, 47(2), 455-459.

○ Kerr, N. L., Messé, L. M., Seok, D., Sambolec, E., Lount, R. M., & Park, E. S. (2007). Psychological mechanisms underlying the Köhler motivation gain. Personality and Social Psychology Bulletin, 33(6), 828-841.

○ Karau, S., Markus, M., & Williams, K. (2000). On the elusive search for motivation gains in groups: Insights from the collective effort model. Zeitschrift fur Sozialpsychologie, 31(4), 179-190.

努力工作。虽然动机收益现象在实际中会逐渐减弱，但是当人们和不同的队友（而不是同样的队友）在一起工作时，它会一直保持在较高的水平。人们在有同事在场（而不是虚拟存在）的情况下工作时，动机收益现象也会保持在较高的水平上。

社会堕化 群体中另一个常见的现象是动机丧失，也称为**社会堕化**（social loafing）。法国农业工程师 Max Ringelmann 对马、牛、机器和人所提供的农业生产相对效率非常感兴趣。他尤其好奇人们在水平拉动负荷时（如拔河）的相对能力情况。在他的一个实验中，14 个人一组拉动负荷，然后测量他们产生的作用力。此外，他还测量了每个人独立拉动负荷所产生的作用力。随着拉绳队伍规模的不断扩大，每个队员的平均拉力也在不断下降。一个人单独拉一根绳子时，他能够拉动大约 63kg 的物体；在一个三人队伍中，每个人平均拉动的物体下降到 53kg；而在八人队伍中，每个人平均拉动的物体下降到只有 31kg，这个作用力还不到独自工作的人所付出努力的一半。这项细致的研究揭示了团队合作的一个基本原则：人们在群体中往往不像单独时那样努力工作，这就是所谓的社会堕化。

团队绩效随团队规模的增加而增加，但这个增加的速度却是负向加速的，以致团队中新成员的不断加入会逐渐削弱团队生产力。同样的现象也会出现在团队智力游戏、创造性任务、知觉判断和复杂推理等任务中。社会堕化现象已经被证实存在于多种文化中，包括印度、日本和中国台湾。社会堕化效应的一般形式见图表 5-3。

- Kerr, N., Messé, L., Park, E., & Sambolec, E. (2005). Identifiability, performance feedback and the Köhler effect. Group Processes and Intergroup Relations, 8(4), 375-390.
- Lount, R. B., Kerr, N. L., Messé, L. M., Seok, D., & Park, E. S. (2008).An examination of the stability and persistence of the Köhler motivation gain effect. Group Dynamics: Theory, Research, and Practice, 12(4), 279-289.
- Lount, R. B., Park, E. S., Kerr, N. L., Messe, L. A., & Seek D. (2008). Evolution concerns and the köhler effect: The impact of physical presence on motivation gains. Small Group Research, 39(6), 795-809.
- Ringelmann, M. (1913). Aménagement des fumiers et des purins. Paris: Librarie agricole de la Maison rustique. Summarized by Kravitz, D. A., & Martin, B. (1986). Ringelmann rediscovered: The original article. Journal of Personality and Social Psychology, 50(5), 936-941.
- Taylor, D. W., & Faust, W. L. (1952). Twenty questions: Efficiency of problem-solving as a function of the size of the group. Journal of Experimental Social Psychology, 44, 360-363.
- Gibb, J. R. (1951). Dynamics of participative groups. Boulder, CO: University of Colorao.
- Ziller, R. C. (1957). Four techniques of group decision-making under uncertainty. Journal of Applied Psychology, 41, 384-388.
- Werner, D., Ember, C. R., & Ember, M. (1981). Anthropology: Study guide and workbook. Upper Saddle River, NJ: Prentice Hall.
- Williams, K. D., & Williams, K. B. (1984). Social loafing in Japan: A cross-cultural development study. Paper presented at the Midwestern Psychological Association Meeting, Chicago, IL.
- Gabrenya, W. K., Latané, B., & Wang, Y. (1983). Social loafing cross-cultural prespective: Chinese on Taiwan. Journal of Cross-Cultural Psychology, 14(3), 368-384.

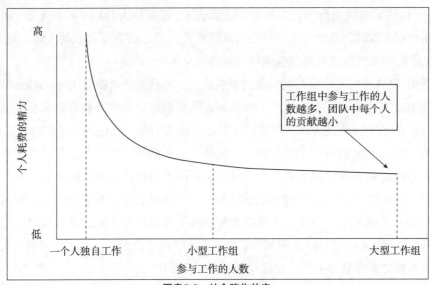

图表5-3 社会堕化效应

GREENBERG, JERALD, MANAGING BEHAVIOR IN ORGANIZATIONS, 4th Ed., ©2005. Reprinted and Electronically reproduced by permission of Pearson Education, Inc., Upper Saddle River, New Jersey.

搭便车 在一个团队中，人们的动机往往会降低，而且团队规模越大，其中任何给定个体努力工作的可能性就越小。对于许多团队任务，其他人有可能完成大部分或全部必要的工作。这意味着搭便车者可以从他人的努力中获益，而他们自己却做得很少或什么都没有做。团队成员对他们努力的重要性是如何被看待的非常敏感。当他们认为自己的贡献不会对结果产生太大影响时，就不太可能为了团队而努力。此外，当某些团队成员从事的任务超出了他们的技能水平时，如果其他成员的责任心较强，那么他们会帮助技能水平较低的成员。例如，在一项针对学生团队的研究中，团队中具有高责任心的成员会弥补那些缺乏必要能力的"社会懒汉"（social loafer）的不足。⊖ 然而，团队成员一般会选择弥补那些能力较低但努力程度较高的人，而并非那些能力较强但努力程度较低的人。⊖

团队应当如何处理搭便车现象呢？如果有人对团队没有贡献，其他团队成员可能会尝试减少这个人所获得的回报（例如，如果某个成员没有做出贡献，就不允许该名成员的名字出现在团队报告中），或者减少他们的付出（例如，团队的其他成员也有可能停止努力工作）。相较于内部群体成员，人们似乎更不能容忍那些来自外部群体的搭便车者。⊖ 基于这些原因，对团队中的搭便车行为进行明确的惩罚非常重要。Zappos公司采取了一些深思熟虑的措施来淘汰潜在的搭便车员工：任何在每天早上7点的入职培训会议开始时迟到的新员工都会被当场解雇；在入职培训结束时，新员工将被测试在为期4周的培训中学到的知识，他们需要答

⊖ Schippers, M.C.(2014). Social loafing tendencies and team performance: The compensating effect of agreeableness and conscientiousness. Academy of Management Learning & Education, 13(1), 62-81.

⊖ Gupta, N. (2012). Team responses to noncontributing members: The effects of attribution and knowledge overlap. Group Dynamics: Theory, Research, and Practice, 26(3), 172.

⊖ Hütter, M., & Diehl, M. (2011). Motivation losses in teamwork: The effects of team diversity and equity sensitivity on reactions to free-riding. Group Processes & Intergroup Relations, 14(6), 845-856.

对90%的问题才能通过考试，否则将被解雇。[一]这些严重的后果强调了这家公司中团队的核心价值观：展现自己并做出贡献。这些团队领导者清晰地认识到，搭便车和社会堕化可能会严重威胁到团队生产力。

搭便车的原因 为什么团队中会存在搭便车现象呢？这里主要有三个原因：责任分散（diffusion of responsibility）、自我效能感降低（reduced sense of self-efficacy）、"傻瓜"厌恶（sucker aversion）。

责任分散 处于团队中时，一个人的努力和贡献相比于单独工作时更加难以衡量。这是因为每个人的努力都融合在团队中了，而回报却是来自所有团队成员的贡献。区分两个人之间贡献的差异是非常困难的（或者是不可能的）。在极端情况下，这可能会导致**去个体化**（deindividuation）。去个体化是指个体感知不到自己责任的一种心理状态，在这种情况下，这个人不太可能去完成任务或为团队做出贡献。这里有一个真实的例子：在纽约，一个名叫Kitty Genovese的女性深夜下班回家，在路上遭到一名男子的袭击并被刺死。[二]而在她居住的公寓楼中，有38名邻居目睹了袭击者将她杀害的过程，却没有一个人报警。

许多人把邻居们未施出援手归咎于他们的麻木不仁。但我们可以从另一个角度来看待这个问题：随着团队中人数的增多，更容易出现搭便车现象。这也许就是那些经常从事会计欺诈的公司雇用了许多人却没有人站出来揭发的原因之一。在Kitty Genovese所居住的公寓大楼中的目击者，他们认为其他人也目睹了这一事件，他们觉得报警这件事的责任不在于自己，因此也就不太愿意出手干涉。实际上，他们对自己说，"可能已经有人报警求助了。"那么，在那个女士已经得到帮助之后，为什么还要麻烦自己呢？当然，如果每个人都这样想，受害者最终得到帮助的可能性就会大大降低。

自我效能感降低 在某些情况下，阻碍人们对团队工作的贡献并不是责任分散，而是一种自己的贡献将不像在较小团队中那样有价值、有效或值得做的感觉。我们认为自己的贡献不足以证明我们的努力有效。例如，在投票问题上，绝大多数人都同意投票是民主的必要条件，然而大部分人却往往懒得投票。在2015年的瑞士议会选举中，只有48.4%的注册选民参加了投票。在2016年美国总统候选人初选进行到一半时，只有29%的注册选民投了票。[三]原因可能在于人们会觉得他们的投票对选举结果的影响很小，所以不用去投票。同样的，团队成员可能会觉得他们缺乏肯定影响团队结果的能力。事实上，当一个团队中能力最差的成员都觉得自己对团队的成功不可或缺时，这个团队会经历一种**社会奋斗效应**（social striving effect），这意味着他们会更努力地工作来实现团队的目标。[四]

[一] Greenfield, R. (2015, June 30). How Zappos converts new hires to its bizarre office culture. Bloomberg Business. bloomberg.com

[二] Latané, B., & Darley, J. M. (1968). Group inhibition of bystander intervention in emergencies. Journal of Personality and Social Psychology, 10, 215-221.

[三] Voter turnout data for Switzerland, 2015. (2015). International Institute for Democracy and Electoral Assistance. www.idea.int; DeSilver, D. (2016, March 8). So far, turnout in this year's primaries rivals 2008 record. Pew Research Center, pewresearch.org

[四] Hertel, G., Kerr, N. L., & Messe, L. A. (2000). Motivation gains in performance groups: Paradigmatic and theoretical developments on the Köhler effect. Journal of Personality and Social Psychology, 79(4), 580-601.

"傻瓜"厌恶　团队成员都会共同关心这样一个问题，即是否可能会出现某个人被留下完成所有的工作，却并没有获得相应的回报。① 因为每个人都会避免自己被利用，团队成员会限制自己的工作力度，并观察其他人会怎么做。当然，当每个人都这么做的时候，将没人做出贡献。当人们看到别人没有贡献的时候，这就证实了他们最坏的担心，傻瓜效应（sucker effect）变成了一种自我实现的预言。相反，新教徒工作伦理观（protestant work ethic，PWE）认为努力工作会带来经济上的成功。② 具有较强新教徒工作伦理观的人不会受到工作同伴低产出的影响。无论缺乏能力还是缺乏动力，具有较强新教徒工作伦理观的人都会努力工作，即便这意味着他们是"傻瓜"。③

减少社会堕化　设想您正在管理一个处理保险索赔的团队。在组成团队之前，你测算了平均索赔处理的时间，发现结果是需要三天。组建团队之后，你发现平均时间增加到了九天左右。你的团队是否已经成了社会堕化的牺牲品？你的经理建议你立即解散这个团队，还有人建议你应当对公司的激励制度进行彻底的改革。你会怎么办呢？

在解散团队或重组公司的整体薪酬结构之前，请考虑以下几个方面：

可识别性（identifiability）　和仅仅展示整个团队（或公司层面）的绩效相比，当每个成员对任务的贡献展示在其他人可以看到的地方（例如每周的销售数据公布在公告板或电子邮件上）时，人们可能较少会闲着或懈怠。④ 人们通常把他们的团队成员看作一个集体而不是个体，但如果人们想到团队中每个人所做的贡献，他们就不太可能会以利己主义的方式行事。这里的关键不在于可识别性本身，而在于可识别性使得评价成为可能。⑤ 实际上，已经有许多公司用实时数据的即时反馈取代了传统的年终绩效评价。⑥ 例如，Instacart 和 Pinterest 公司使用实时反馈工具 Reflektive 来替代传统的年度绩效评价。Reflektive 允许员工就任何其他员工的业绩提供实时的反馈信息，给予持续进行的同行评审。在 Pinterest 公司，该工具用于将团队目标与员工反馈保持一致。⑦

---

① Kerr, N. L. (1983). Motivation losses in small groups: A social dilemma analysis. Journal of Personality and Social Psychology, 45, 819-828.

② Fumham, A. (1990a). The Protestant work ethic. New York: Routledge.

③ Abele, S., & Diehl, M.(2008). Finding team mates who are not prone to sucker and free-rider effects: The Protestant work ethic as a moderator of motivation losses in group performance. Group Process and Intergroup Relations, 11, 39-54.

④ Kerr, N. L., & Bruun, S. (1981). Ringelmann revisited:Alternative explanations for the social loafing effect. Journal of Personality and Social Psychology, 37, 224-231; Williams, K. D., Harkins, S.G., & Latané, B. (1981). Identifiability as a deterrent to social loafing: Two cheering experiments. Journal of Personality and Social Psychology, 40(2), 303-311.

⑤ Harkins, S. G., & Jackson, J. M. (1985). The role of evaluation in eliminating social loafing. Personality and Social Psychology Bulletin, 11, 457-465; Harkins, S.G., & Szymanski, K.(1987).Social loafing and social facilitation:New wine in old bottles. Beverly Hills, CA: Sage.

⑥ Cunningham, L. & McGregor, J. (2015, August 17). More U.S. companies moving away from traditional performance reviews. The Washington Post, washingtonpost.com

⑦ Greenfieldr, R. (2015, October 12). What's after annual performance reviews? Never-ending performance reviews. Bloomberg Business, bloomberg.com

卷入（involvement） 如果工作任务充满参与感、有吸引力，或非常让人感兴趣，那么就可能消除社会堕化现象。而当任务高度专业化、常规化时，就会令人感到单调乏味。当团队成员需要对工作产品或服务的所有部分负责时，他们会对工作有更多的责任感。在一项关于筹款组织的研究中，实验组的电话员与一名受益人进行了短暂的互动，两个对照组的电话员则分别阅读受益人的来信或根本没有接触过受益人。一个月后，实验组比对照组表现出更强的坚持性（多142%的通话时间）和更优秀的工作绩效（多171%的筹得资金）。

具有挑战性的任务对于由擅长完成任务或认为他们自己很优秀的成员组成的团队来说可能特别重要。大多数人都认为自己在许多智力任务或社会任务上都比别人强。例如，大多数人都认为自己比一般司机开车开得更好，他们也相信自己有可能找到一份更好的工作。然而，**积极错觉偏差（positive illusion bias）**——无根据地相信自己优越的信念——会在团队中造成不良后果。当任务没有挑战性时，由那些认为自己明显比别人更优秀的人组成的工作团队更有可能出现社会堕化现象。尤其是来自个人主义文化的人最有可能出现这种倾向。自认为高于平均水平的人最有可能出现社会堕化，因为他们对自己贡献的价值存在错误的认知。事实上，当集体任务很简单时，感觉自己超于常人的人会投入更少的精力；而当任务具有挑战性时，他们会更努力地工作。

奖励和认可 团队应认可并奖励团队成员的个人贡献。在社交游戏开发商和广告公司RockYou，每个月都会颁发"You Rock 大奖"，用以表彰优秀的创意。该公司会通过同辈提名的方式表彰解决问题、设计游戏或有其他创新的员工。被提名者将通过转盘的方式选择奖励，比如音乐会门票、额外休假或平板电脑。同样的，在Vertex制药公司，无论员工是否实现目标，只要他们表现出足够的热情和强度，就能得到尽可能高的回报。

奖励团队成员并不意味着大量的金钱激励，象征性的奖励可能比金钱更有效。销售经理

---

① BrickncrF M.A., Harkins, S. G., & Ostroin, T. M. (1986). Effects of personal involvement: Thought-provoking implications for social loafing.Journal of Personality and Social Psychology, 51(4), 763-770.

② Zaccaro. S. J. (1984). Social loafing: The role of task attractiveness. Personality and Social Psychology Bulletin, 10, 99-106.

③ Petty R. E., Cacioppo, J. T., & Kasmer, J. (1985). Effects of need for cognition on social loafing. Paper presented at the Midwestern Psychology Association Meeting, Chicago, IL.

④ Grant, A. M., Campbell, E. M., Chen, G., Cottone, K., Lapedis, D., & Lee, K. (2007). Impact and the art of motivation maintenance: The effects of contact with beneficiaries on persistence behavior. Organizational Behavior and Human Decision Processes, 103, 53-67.

⑤ Svenson, O. (1981). Are we ail less risky and more skillful than our fellow drivers? Acta Psychologica, 47, 143-148.

⑥ Taylor, S.E., & Brown, J. D. (1988). Illusion of well-being: A social psychological perspective on mental health. Psychological Bulletin, 103,193-210.

⑦ Huguer, P., Charbonnier, E., & Monteil, J. (1999). Productivity loss in performance groups: People who see themselves as average do not engage in social loafing. Group Dynamics: Theory, Research, and Practice, 3(2),118-131.

⑧ Gannon, D. (2011, July 19). How to reward great ideas. Inc. inc.com

⑨ Eban, K. (2014, March 13). What ails big pharma. Fortune, fortune.com

可以战略性地使用象征性的奖励，比如"高绩效销售团队"的称号或举行表彰模范服务团队的仪式等，以此来向销售人员传达信息。对于团队成员来说，得到团队成员和组织的赞赏和认可非常重要。如果人们觉得自己不被重视和尊重，通常会产生严重的后果。当人们觉得自己受到了不公平的对待时，他们更有可能产生欺骗和偷窃行为。[一]当人们觉得自己受到上级的尊重时，更有可能为集体做贡献。[二]对那些感觉被排斥的成员来说，感受到尊重是尤为重要的。同辈理性对照（peer-based rational control）——团队根据团队成员相应的投入分配物质奖励——会对团队绩效产生影响。一项针对3个组织中45个自我管理团队的587名工厂员工的实地研究表明，同辈理性对照会使团队绩效获得显著性提高。[三]

团队凝聚力　有凝聚力的团队很少会发生社会堕化现象。[四]例如，当团队管理者和团队成员都认为组织支持力度大并且看法高度一致时，团队绩效会得到提高，而当他们意见不一致时，团队绩效便会降低。[五]此外，当团队成员知道他们与其他成员有共同目标时，比不知道其他成员的目标更有可能增加努力和提升动机。[六]

个人责任感　当团队设定了自己的绩效目标之后，团队成员很少会出现社会堕化现象。[七]拥有授权型领导的团队会感到更有动力，也会更加努力地实现团队目标。[八]

亲社会动机　亲社会动机（prosocial motivation）是指人们希望为团队或集体做出贡献的状态；当个体追求自身利益时就会产生亲自我动机（pro-self motivation）。团队拥有较强的亲社会动机时，团队绩效和团队组织公民行为会得到提升。[九]

团队章程（team charter）　在团队合作的开始，团队成员应该制定一个书面的团队目标

[一] Greenberg, J. (1988). Equity and workplace status: A field experiment. Journal of Applied Psychology, 75, 561-568.

[二] De Cremer, D. (2002). Respect and cooperation in social dilemmas: The importance of feeling included. Personality and Social Psychology Bulletin, 28(10), 1335-1341.

[三] Stewart, G. L., Courtright, S. H., & Barrick, M. R. (2012). Peer-based control in self-managing teams: Linking rational and normative influence with individual and group performance. Journal of Applied Psychology, 97(2), 435-447.

[四] Williains, K. D. (1981). The effects of group cohesiveness on social loafing in simulated word-processing pools. Dissertation Abstraas International, 42(2-B), 838.

[五] Bashshur, M. R., Hernandez, A,, & Gonzalez-Roma, V. (2011). When managers and their teams disagree: A longitudinal look at the consequences of differences in perceptions of organizational support. Jouma of Applied Psychology, 96(3), 558-573.

[六] Shteynberg, G., & Galinsky, A. D. (2011). Implicit coordination: Sharing goals with similar others intensifies goal pursuit. Journal of Experimental Social Psychology, 47(6), 1291-1294.

[七] Brickner,M.A., Harkins, S. G., & Ostrom,T.M. (1986). Effects of personal involvement: Thought-provoking implications for social loafing. Journal of Personality and Social Psychology, 51(4), 763-770.

[八] Chen. G., Sharma, P. N., Edinger. S.K., Shapiro,D. L., & Farh, J.L.(2011).Motivating and demotivating forces in teams: Cross-level influences of empowering leadership and relationship conflict. Jouranl of Applied Psychoiogy,96(3), 541-557.

[九] Hu,J., & Liden. R. C. (2015) Making a difference in the teamwork: Linking team prosocial motivation to team processes and effectiveness. Academy of Management Journal, 58(4), 1102-1127.

和实践声明。这应该由集体撰写和颁布，而最重要的是要定期回顾。在一项关于 MBA 学生在商业战略模拟中竞争比赛的研究中，那些制定了团队章程并投入到任务中的团队比没有制定章程或策略的团队表现得更好。㊀ 这被称为"暗中布局"，为团队合作和任务完成打下坚实的基础是稳定绩效的必要条件。

团队绩效的评估与反馈　人们往往意识不到他们没有尽到自己的责任，他们会高估自己对团队的贡献。㊁ 出于这些原因，向团队成员提供清晰和定期的反馈非常重要。然而，反馈越多并不代表越好。过于频繁地提供反馈可能会压垮个人的认知资源能力，并最终削弱他们的动机。反馈频率与任务绩效呈倒 U 形关系，所以理想情况应该是适当的反馈量并给予充足的处理时间。㊂

团队规模　随着团队规模的不断扩大，搭便车现象也会更加频繁地出现。一项针对 26 个团队（由 3～19 名成员组成）中的 212 名知识工作者进行的实地研究结果显示，随着团队人数增加，团体成员会感受到更多的关系损失。㊃ 团队规模越大，团队成员感受到的支持感越低，这就直接导致了团队成员动机的减弱和绩效的降低。

假设你完成了上述步骤，而你团队的绩效仍然低于预期水平，那么应该怎么做呢？考虑威胁生产率的第三个来源：执行问题。

执行

拥有天赋和动力的团队虽然更容易成功，但除非他们能够协调才能和努力之间的关系，否则可能也无法实现团队目标。实际上，对团队生产力的大多数威胁都是由执行问题引起的，但习惯于以专门技术和敬业度来思考问题的管理者很难认识到这一点——错误归因问题的例子，已经在第 1 章中讨论过了。

一个团队若想有较高的效能，执行问题必须解决。团队成员各自可能对他们所做的事情能完成得很好，但是除非他们能够协调各自的活动，否则无法达成团队目标。成功的执行涉及所有成员活动的同步。例如，2015 年得克萨斯州经历过一场毁灭性洪水，在道路无法通行的情况下，红十字会志愿者与市镇官员协同工作：当道路正式重新开放后，城镇治安官进行监控，然后让红十字会应急小组首先通过这些道路，带领小组成员向有需要的人运送物资和食物。当道路太窄、被破坏而无法通行时，队员们会亲手将物资和食物分发给每一个需要的人。㊄

㊀　Mathieu, J. E., & Rapp, T. L. (2009). Laying the foundation for successful team performance trajectories: The roles of team charters and performance strategies. Journal of Applied Psychology, 94(1), 90-103.

㊁　Saviisky, K., Van Boven, L., Epley, N., & Wight, W M. (2005). The unpacking effect in allocations of responsibility for group tasks. Journal of Experimental Social Psychology, 41(5), 447-457.

㊂　Lam, C. F., DeRue, D. S., Karam, E. P., & Hollenbeck, J. R. (2011). The impact of feedback frequency on learning and task performance: Challenging the "more is better" assumption. Organizational Behavior and Human Decision Processes. 116(8), 217-228.

㊃　MueIIer, J. S. (2012). Why individuals in larger teams perform worse. Organizational Behavior and Human Decision Processes, 117(1), 111-124.

㊄　Maki, M. (2015, June 9). Texas flooding recovery: Stories from Red Cross volunteers. American Red Cross. redcrosschat.org

另一个例子是划艇队或舞蹈队——不管他们个人的技能水平和动机水平如何，如果每个人的动作无法实现同步，那么整个团队也无法达成他们的目标。这也就是为什么团队经常通过唱歌或反复呼喊来同步他们的动作和行动。吉百利·施威普斯（Cadbury Schweppes）的前董事长 Adrian Cadbury 刚进入公司工作时，他从划艇比赛中吸取了很多教训，"团队比赛的美妙之处在于，你会发现任何胜利都是每个人共同努力的结果。同样的，公司的业绩也是整个公司共同付出的结果"。○

执行问题随着团队规模的增加而增加，并且以加速的方式出现。随着团队规模的扩大，团队组织方式（如分工、合并贡献和协调工作）的数量也会迅速增加。○ 大多数人认为团队中的协调和沟通是理所当然的。换句话说，他们不会想到他们的手稿会被队友误读，或者电子邮件会被直接发送到垃圾邮件文件夹中。人们对自己的信息和意图的清晰程度存在认知偏差，他们可能不像他们认为的那样清楚自己。当沟通的媒介不太直接时，比如在邮件、文本和视频会议中，沟通和协调的问题就会变得复杂。那么，确保执行成功的有效步骤有哪些呢？

个位数的团队成员　　随着团队成员数量的增加，安排会议、传递文书和集中观点将变得更加困难，意外发生的概率也会增加。根据经验，团队成员应该少于 10 人，并且刚好能够覆盖所有需要的技能领域。

议程　　成员们需要清楚地知道他们要去哪里，以及他们到达那里的方法。如果一个团队不知道它的方向在哪里，那么它的工作将会碎片化，团队成员也将浪费许多时间和精力。

团队成员的共同培训　　团队成员共同培训比单独培训更有效。这是因为他们有机会与其他人互相配合。共同培训团队成员的一个附加好处是，培训提供了团队成员之间建立信任的机会。

直接沟通　　对于大多数任务，团队成员最好直接与相应的任务对象沟通，而不是通过其他人。当团队成员有不同的身份地位时，直接沟通就会变得非常具有挑战性。Ronen Shilo，以色列 Conduit 公司的首席执行官，他不希望团队成员因为"越级"而使所有事情变得一团糟。○ 所以，他鼓励人们把组织层级放在一边，任何人都可以直接向他提出问题和想法。○

清晰的绩效标准　　每个团队都需要明确的绩效标准。如果没有绩效标准，就不可能评估团队的有效性。在理想的情况下，团队成员应当能够收到基于事实和产出的客观反馈。

管理者怎样才能知道一个团队是否有效运作呢？如果你很难回答这个问题，那么你也就很难建立一个高效能的团队，以及在问题威胁到团队绩效之前对这些问题进行诊断。此外，即便你碰巧在一个成功的团队中担任重要的职位，除非你明白使你的团队变得高效的原因，否则你可能会做出错误决定，或者在不恰当的时候犹豫不决。

○ From "Cadbury trusts in teamwork" by R. Phelps in Management Today,(c) Sunday, 01 September 1996 Haymarket Media Group.

○ Kelley, H. H. (1962). The development of cooperation in the "minimal social situation". Psychological Monographs: General and Applied, 76(19), 1-19.

○ From Leading teams: Setting the stage for great performances by J. Richard Hackman, ©2002 Harvard Business Press.

○ Shilo, R. (2011, December 28). 8 essential business rules for those who don't believe in rules. Fast Company. fastcompany.com

绩效标准

我们评估团队有效性的标准是什么？绩效标准指的是那些用来评估团队工作成败的因素，包括生产力、凝聚力、学习和整合。[一]

生产力

生产力可以说是衡量团队成功最重要的标准。团队实现它的目标了吗？团队成功最重要的决定因素是团队是否有一个明确的、鼓舞人心的目标。[二]团队生产力要求团队有一个明确的目标，并且这个目标要随着新信息、市场形势和组织优先事项改变而相应地进行调整。这也同样适用于市场的变化——如竞争对手的加入或退出，以及股市暴跌等。生产力包含许多维度：团队的产出是什么？这些产出与团队最初的目标相符吗？需要多久能够取得相应的结果？这些结果的有效程度如何？团队的产出与组织的重要成就（例如市场占有率提高和新产品开发）之间的对应关系是什么？此外，效率也非常重要。如果团队的目标已经完成，那么这个过程耗费了多少成本呢？花费这样的成本值得吗？团队的生产力不仅与团队目标高度相关，还与面临新信息、变化的组织优先事项，以及变化的外部市场的适应、改变和调整能力高度相关。

团队仅仅对最终结果或者完成一些客观绩效指标感到满意是远远不够的。团队的产出满足了那些利益相关者的标准吗？如果团队的产出对于利益相关者来说无法接受，那么这个团队也不是有效的。因此，识别团队真正的客户非常重要。不同的团队客户可能关注不同的性能标准（如数量、质量、削减成本、创新性和及时性等）。在梅奥诊所（Mayo clinic），患者的最佳利益是这个诊所唯一需要考虑的。所有员工都知道患者的需求居于首位，并且整个组织都致力于实现这个目标。[三]

凝聚力

团队绩效的第二个重要指标是团队凝聚力。"凝聚力"这个词来源于拉丁语中"cohaesus"，意思是"紧贴"或"粘在一起"。在物理和化学领域，凝聚力是指把物质的分子结合在一起的作用力。对于团队来说，凝聚力指的是保持团队成员（如军事单元或工作小组）团结一致的过程。[四]整个团队合作得好吗？团队成员在未来是否能更好地合作？团队成员的需求是否更好地被团体体验所满足而不是被挫败？[五]"成员在随后团队任务中的团结协作的能力

[一] Hackman, J. (1987). The design of work teams. In J. Lorcsh (ed.). Handbook of organizational behavior (pp. 315-342). Englewood Cliffs, NJ: Prentice-Hall. Gruenfeld, D. H. (1998) Personal communication.

[二] Lafasto, F. M. J., & Larson, C. E. (2001). When teams work best: 6,000 team members and leaders tell what it takes to succeed. Newbury Park, CA: Sage.

[三] Lee, A.(2008, September 8). How to build a brand. Fast Company. fastcompany.com

[四] Dion, K. (2000). Group cohesion: From "field of force" to multidimensional construct. Group Dynamics: Theory, Research, and Practice, 4(1), 7-26.

[五] Sundstrom, E.D., Demeuse, K. P., & Futrell, D. (1990).Work teams: Applications and effectiveness. American Psychologist, 45(2), 120-133.

是否得到了增强或保持？"① 在项目团队中，凝聚力是团队绩效的一个稳定的预测因素②，但对服务团队来说却未必如此。③ 有时团队虽然达成了目标，但是如果这其中的成员关系变糟，或冲突问题没有处理好，那么团队在未来的任务中将无法卓有成效地一起工作。"如果团队成员之间的相互对抗达到一定程度，那么团队成员有时候宁愿让整个团队失败，也不愿意相互分享知识和信息。"④ 在一个有效运转的团队中，成员在未来项目中一起工作的能力应该得到维护与加强。

值得一提的是，为什么团队凝聚力这么重要，而不仅仅是团队的一个附加收益。如果一个团队成功地把一个人送上了月球，那么不管这个团队是否有凝聚力，这个团队不都是成功的吗？如果团队工作确实是一次性的工作，那么最大化团队凝聚力可能不是多有必要。然而，我们中的大多数人都希望团队能够持续一段时间。如果有的团队成员不喜欢在一个团队中工作，那么未来工作表现将会受到影响。

学习能力

除了整个团队保持团结一致以外，学习能力也非常重要。参加过高管课程学习的任何人都可以作证，即便一个团队具有凝聚力，它也可能缺少学习能力。简单而言，团队应为成员的个人需求提供成长和发展的机会。人具有成长、发展和实现的需要。有些团队的运作方式阻碍了成员的发展以及个人需要的满足。总之，成员的需求应被团体体验所满足而不是被挫败。团队应敏锐地觉察到团队成员的需要，并为其提供掌握新技能的机会。这并不意味着团队或组织的存在是为了服务个人的需要；相反，成功的团队或组织能为个体成员提供挑战性的机会。

整合能力

另一个观点是从更大组织的角度来看的。团队绩效的第四个标准是整合。组织能否从团队中获得收益？在许多情况下，团队会只关注自身，从而忽略了组织层面更高的目标（在团队拥有更大自主性的情况下，这种情况极有可能会发生）。当团队的目标与其他部门或领域的目标不一致时，这种情况就会出现。举例来说，如果一家公司的销售队伍在短时间内大幅提高了销售额，这对公司没有好处。事实上，如果制造团队不能完成销售团队的承诺，或者技术支持团队无法完成新客户的需求，对公司来说是非常不利的。这就是一个销售策略在组织

---

① From WORK REDESIGN Reading, MA: Addison-Wesley by J. R. Hackman and G. R. Oldham xxvii+330pp, © 1980 SAGE Publications.

② Gillespie, D. F, & Birnbaum-More, P. H. (1980). Status concordance, coordination and success in interdisciplinary research teams. Human Relations, 33(1), 41-56; Greene, C. N. (1989). Cohesion and productivity in work groups. Small Group Behavior, 20, 70-86; Keller, R.T. (1986). Predictors of the performance of project groups in R & D organizations. Academy of Management Journal, 29, 715-725.

③ Sundstrom, E. D., Mcintyre, M., Halfhill, T,, & Richards, H. (2000). Work groups: From the Hawthorne studies to work teams of the 1990s and beyond. Group Dynamics, 4,44-67.

④ From "Groups that work (and those that don't): creating conditions for effective teamwork" by iJ. Richard Hackman in Jossey-Bass management series, © 23 Aug 2007 The University of Michigan.

层面产生事与愿违效果的例子。

在其他情况下，组织中的不同团队可能会重新开发组织已经开发过的东西，因为他们没能掌握团队外部的信息。对于团队来说，理解组织的目标从而有效地为这些目标努力非常重要。团队需要与组织中的其他单元进行整合。实际上，这意味着团队必须及时有效地传播信息、结果、状态报告、失败情况、专业知识和想法。实现整合需要制订可靠的计划，并且与公司其他部门密切协调配合。

总而言之，有很多方式可以让团队运行良好，但不幸的是，好像有更多的方式使团队变得无效。图表5-4总结了团队绩效分析的过程，这可以由团队成员或团队领导来执行。这四个标准的相对重要程度在不同的情况下也是不同的，并且也并不存在优化绩效的简单最佳条件集合。团队是受殊途同归原则（the principle of equifinality）支配的——一个团队可以从不同的初始条件出发，通过不同的方式出发得到相同的结果。[⊖] 因此，对于每一位团队领导来说，在评价团队工作时，思考哪些标准比较重要并且以演绎的方式详细说明它们就变得非常关键。

将以下四项标准作为基准，对你的团队进行绩效分析。记住，你不需要等到团队完成任务后才开始评估。实际上，当团队正向着目标而努力工作时，持续地评估绩效是最可取的。

生产力
- 团队是否有明确的目标？
- 在团队协作开始时，已经建立了哪些客观的绩效衡量方法？
- 这个团队合情合理的客户有哪些？
- 团队的产出（如决策、产品和服务等）是否符合那些使用它的人的标准？
- 在什么条件下需要改变团队的目标？
- 团队应根据哪些信息来评估团队最初的目标是否需要改变？

凝聚力
- 团队成员喜欢在一起工作吗？
- 什么情况会导致怨恨情绪？
- 什么情况会妨碍团队成员今后继续一起工作？
- 团队成员如何适应团队情况的变化，例如团队新成员加入、发展以及成员的流失？

学习
- 团队成员是否因为团队的经历而获得成长和发展？
- 团队成员有机会提高技能和发展自己吗？
- 什么因素和条件会阻碍团队成员的个人成长？
- 团队成员个人的成长需要被团队成员所理解和共同分享吗？
- 团队成员怎样才能最好地互相学习？

整合
- 团队如何有益于更高层面的组织？
- 团队的目标是否与更高层组织的目标相一致？
- 其他哪些团队、部门和单元会受到我们团队的影响？
- 团队采取了哪些措施将自己的活动与他人的活动相结合？

图表5-4 团队绩效分析

基于 Leading high impact teams. Team leadership survey from the Kellogg School of Management Executive Program by Leigh Thompson in Northwestern University, Evanston, IL., © Leigh L. Thompson

---

⊖ Katz, D., & Kahn, R. L.(1978). The social psychology of organizations(2nd ed.). New York: John Wiley & Sons.

团队绩效方程式

我们已经讨论了团队绩效的四项关键指标和团队成功的三个重要成分。我们可以把它们放在一个等式中，以便领导者在评估团队绩效时可以使用。

$$AP = PP + S - T$$

式中　AP——实际生产力（Actual Productivity）；
　　　PP——潜在生产力（Potential Productivity）；
　　　S ——协同效应（Synergy）；
　　　T ——绩效威胁（Performance Threats）。

团队的实际生产力取决于三个关键因素：团队的潜在生产力、协同效应以及绩效威胁。团队的**潜在生产力**取决于三个子因素：任务需求、团队可用资源和团队过程。

任务需求（task demands）是由任务本身和管理任务绩效的规则对团队施加的要求。任务需求决定了最优绩效所需要的资源，以及如何组合资源。**资源（resources）**是准备执行任务的人所拥有的相关能力、技能和工具。**过程（process）**是指团队使用资源来满足任务需求的方式。团队过程描述了团队在完成任务时所采取的步骤，包括非生产性行动和生产性行动。任务需求揭示了所需资源的种类，资源决定了团队的潜在生产力，而过程决定了潜在生产力的实现程度。

协同效应（synergy）是指与独立工作的个体相比，那些以团队方式能够并且的确做得更好的情况。[⊖] **绩效威胁（performance threats）**指的是以团队方式可能会出现问题的情况。令人遗憾的是，团队的表现常常低于他们所拥有的潜能。由于协调问题和动机问题，团队会存在相当大的过程损失和表现不佳。[⊖] 领导者能够更容易掌控威胁而不是协同效应。协同效应有可能会出现，但它们通常需要比任何人预期的时间更长。因此，领导者的工作就是通过将所有可能存在的威胁最小化，进而为协同效应创造条件。

本章小结

团队在实现成功的过程中，不仅需要管理团队内部动力（如专门技术、投入和执行），也需要管理团队协调好与更高层面组织的外部关系。为了确保团队成功，管理者可以做得最有效的事情之一就是采取前瞻性的方法，分析影响团队绩效的基本条件。团队协作方面存在的最大管理缺陷之一就是没有考虑对团队绩效产生威胁的因素。这对团队来说是非常不幸的，因为相比于团队协同效应，管理者更容易掌控团队的威胁因素。领导者希望他们的团队能够

⊖ Collins, E. G., & Guetzkow, H. (1964). A social psychology of group processes for decision making. New York: Wiley.

⊖ Davis, J. (1969). Group performance. Reading, MA: Addison-Wesley; Laughlin, P. R. (1980). Social combination processes of cooperative problem-solving groups on verbal interactive tasks. In M. Fishbein (Ed.), Progress in social psychology (Vol. 1). Mahwah, NJ: Lawrence Erlbaum & Associates; Steiner, I. (1972). Group process and productivity. New York: Academic Press.

满足客户的需求,但他们也需要确保团队协作能够让员工感到满意并得到相应的回报。如果团队不能享受一起工作的乐趣,那么保持长期的生产力也变得不可能。此外,若想成功地管理一个团队,那么领导者也需要对团队中的每一位成员进行管理与投资。随着组织朝着更扁平化的结构和更大程度的团队授权方向发展,团队目标可能会变得与更高层面组织的目标不一致。一个成功的团队是需要与更高层面的组织紧密整合在一起的。

第 6 章
团队沟通与集体智慧

引力波理论由一位科学家提出，但却需要1000多位科学家证明它。阿尔伯特·爱因斯坦在100多年前就预言了引力波的存在，这是他的广义相对论的一部分。爱因斯坦这个改变世界的理论指出，由于质量的存在会造成时间和空间的弯曲，这种弯曲就形成了万有引力。当两个黑洞相互环绕时，它们会拉伸和挤压，产生称为引力波的振动。即使是爱因斯坦也对这个概念产生过怀疑。2015年，当路易斯安那州和华盛顿州的LIGO（激光干涉引力波天文台）探测器在捕捉信号方面努力了50年后，听到了"爆炸性"声音，这个时刻是一个与登月相媲美的科学时刻。LIGO是在1990年建造的，并且经过了25年的改进。多年来，来自14个国家的1000多位科学家参与了这个项目。工程师们学会了如何创建一个纯粹的真空来探测声音。美国科学家与德国团队合作，制造出更灵敏的激光和巨大的镜子来捕捉数据。来自世界各地的科学家团队分析数据，试图在收集的数据中寻找积极的信息却徒劳无功。在LIGO内部，验证小组审查了仪器是如何校准的，对软件代码进行了剖析，并认识到全球环境干扰对监听参数的影响。但最神秘的是一个小团队，他们的工作是创造"盲注"或引力波的虚假证据，以保持科学家们的专注。"我们什么都不知道。"一位科学家说道。⊖ 当一种新改进的探测器在上线几小时后检测到11亿年前黑洞碰撞产生的引力波时，这些细微改进就见到了成效。⊖

有效的沟通对于高效的团队协作至关重要。然而，随着团队协作变得更加专业化，交流和知识共享也会变得更加困难。本章考察团队成员之间如何沟通，如何发展出理解任务和过程的心智模型。我们将讨论团队的心智模型、交互记忆系统、知识共享和描述信息依赖问题——团队成员依赖于团队中其他人的关键信息与知识。同时，本章对**交互记忆系统（TMS）**进行了深入探索，它是团队成员编码、存储和检索完成工作所需关键信息的方式。最后，本章对团队学习提出了一些建议。

⊖ From Gravitational waves exist: The inside story of "how scientists finally found them" by Nicola Twilley in The New Yorker, © FEBRUARY 11, 2016 Conde Nast.

⊖ Abel,D. (2016, February 12). For the first time, the universe is heard. The Baston Globe. bostonglobe.com; Twilley,N.(2016, February 11). Gravitational wave exist: The inside story of how scientists finally found them. The New Yorker. newyorker.com

合作

功能多样化的团队由拥有不同信息、知识和专业技术的人组成，他们必须共享和整合这些信息与知识。**合作**（collaboration）是分享和使用知识的艺术与科学。协作解决问题需要团队生成新的信息，并做出任何单个团队成员都无法做出的推断。在这方面，有三种类型的推断：个人推断（由团队中的某个成员提出）、共享型推断（由小组提出，团队中的每个人都拥有信息）和合作型推断（可以从个体成员所拥有的信息中推断出新的信息）。一般团队比较擅长的是共享型推断，然后是个人推断，最不擅长的是合作型推断。在合作解决问题过程中，提高汇总信息质量的一个策略是允许单个成员有时间回忆和记录个人经验或观察的细节，并将这些内容作为整体与团队共享。另一个改进合作解决问题的策略是遵循信息收集和共享的过程脚本（process script）。这种结构化的脚本或训练方案允许每个小组成员体验相同的过程和问题，为个人和团队工作阶段确立时间，并鼓励积极的论点构建。⊖ 团队精确共享和运用知识的能力的影响因素有以下几个方面：

不平衡沟通

不平衡沟通问题（uneven communication problem）指的是在几乎任何一个群体中，只有少数人会参与大部分的讨论。例如，在一个典型的五人小组中，有两个人参与了超过60%的讨论；在一个六人小组中，有三个人会参与超过60%的讨论；在一个八人小组中，有四人会参与超过80%的讨论。⊖ 遗憾的是，进行大部分讨论的人可能并不是最了解问题的人。图表6-1以3～8个成员的团队为单位，划分出每个成员的交流百分比。由此可以看出，在所有情况下，沟通都是不平衡或有所扭曲的。

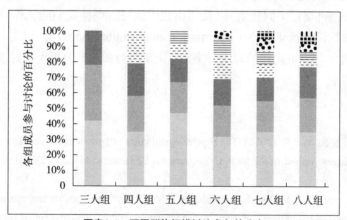

图表6-1 不同群体规模讨论参与的分布

基于 Shaw, M.E. (1981). Group dynamics: The psychology of small group behavior(3rd ed.). New York: McGraw-Hill; Bales, R. F, Strodtbeck, F.L., Mills, T.M., & Rosenborough, M.E. (1951). Channels of communication in small groups. American Sociological Review, 16, 461-468，©Leigh L.Thompson.

⊖ Deiglmay, A., & Spada, H. (2010). Collaborative problem-solviing with distributed information: The role of inferences from interdependent information. Group Process & Intergroup Relations, 13(3),361-378.

⊖ Shaw, M. E.(1981). Group dynamics: The psychology of small group behavior (3rd ed.) New York: McGraw-Hill.

知识专业化

在跨职能团队中，**知识专业化**（knowledge specialization）既有积极的一面，又有消极的一面。与拥有共同专业知识的团队成员相比，拥有独特专业知识的成员会感到不自在，特别是当他们的专业知识在团队决策中被给予较少的权重时。[1]然而，拥有独特专业知识的队员成为领导的可能性并未降低。

知识分享与知识隐藏

团队成员既可以进行**显性知识分享**（explicit knowledge sharing），这无须多做解释，也可以进行**隐性知识分享**（tacit knowledge sharing），这需要接收者做一系列推理。如果团队成员拥有不同的专长，当团队整体从事隐性知识分享而不是显性知识分享时，将更能表现出创造力；如果团队成员拥有比较相似的知识，显性知识分享将会产生更多创造性的观点。

当人们隐瞒知识不分享给他人时就会发生**知识隐藏现象**（knowledge hiding）。这会触发相互不信任的循环，队友们更加不愿意分享知识。此外，隐藏知识的行为也会减少隐藏者本身的创造力。[2]

将知识转化为解决方案

吸收能力（absorptive capacity）是一个人将新知识转化为可用知识的能力。吸收能力涉及知识评估、知识同化和知识应用。例如，高吸收能力的团队成员会赞成以下描述："我们团队中的人能够破译对我们最有价值的知识"（评估），"团队共享的知识能够使我们更加简单地理解技术领域中的新材料"（同化），以及"我的团队可以调整我们的工作以利用新的技术知识"（应用）。[3]根据**信息精化理论**（information elaboration theory），功能多样化的团队需要将他们的知识广度转化为可操作的解决方案。[4]认知能力和低自力更生偏好能够提高团队在动荡环境中的信息精化。[5]

---

[1] Jones, E.E., & Kelly, J.R. (2013). The psychological costs of knowledge specialization in groups: Unique expertise leaves you out of the loop. Organizational Behavior and Human Decision Process, 121(2),174-182.

[2] Černe,M.,Nerstad,C.G.L.,Dysvik,A., & Škerlavaj,M.(2014). What goes around comes around: Knowledge hiding, perceived motivational climate, and creativity. Academy of Management Journal, 57(1), 172-192.

[3] From "Developing and Validating Field Measurement Scales for Absorptive Capacity and Experienced Community of Practice" by David Cadiz, John E.Sawyer, Terri L.Griffith in Educational and Psychological Measurement vol.69 no.6 1035-1058, (c) December 2009 SAGE Publications.

[4] Van Knippenberg, D., Dreu, C. D., & Homan, A. C. (2004). Work group diversity and group performance: An integrative model and research agenda. Journal of Applied Psychology, 89, 1008-1022.

[5] Resick, C. J., Murase, T., Randall, K. R., & DeChurch, L. A. (2014). Information elaboration and team performance: Examining the psychological origins and environmental contingencies. Organizational Behavior and Human Decision Processes, 124(2), 165-176.

经验丰富的实践社群

经验丰富的实践社群（experienced community of practice）是指一个人与特定实践社群互动的程度。[一]参与相关知识社群的关键指标包括以下方面：成员之间的开放沟通（例如，"在我擅长的专业领域中，我可以与其他人自如地讨论"），共通词汇（例如，"在我的技术专业中，对于技术专业中使用的词汇及其含义有一个共同的理解"），回忆以前的课程（例如，"与专业技术人员一起参加会议有助于我记住所学到的东西"），相互学习（例如，"通过与我的专业领域中的其他成员合作，我学习到了新的技能和知识"）。[二]

实践研究表明，乐于进行知识分享的团队具有更高的顾客满意度以及更好的绩效。[三]一项针对4795个团队样本的元分析结果显示，信息分享能够预测团队绩效。[四]在一项研究中，对同一行业条件下运营的企业进行比较，分析了每家企业的高管们如何理解、搜索、使用知识来为企业创造独特优势。每个管理者对公司微观层面知识过程的理解可以预测公司的战略结果。值得注意的是，高层领导对公司中哪些信息是可获得的存在不同的看法，而且他们的看法会导致不同的搜索方向。特别地，当管理人员从事**主动搜索（proactive scanning，细心以及付出大量的努力）**，然后通过**知识适配（knowledge adaptation，巧妙即兴地解决问题）**和**知识增强（knowledge augmentation，挑战、改变和扩展知识）**将知识付诸实践时，知识就成了一种战略资源。[五]

适应能力

适应能力（adaptive capacity）指的是团队在面对变化及动荡时调整策略的能力。例如，在一项模拟研究中，参与研究的团队首先被要求管理一个需要采取增长策略的新城市，然后突然切换到管理一个已经建立、需要采取复兴策略的城市。此时，那些能够形成相似且准确的策略心智模型和能够共享目标相关信息的团队更容易取得成功。[六]

[一] Cadiz, D., Sawyer, J. E., & Griffith, T. L. (2009). Developing and validating field measurement scales for absorptive capacity and experienced community of practice. Educational and Psychological Measurement,20(1), 1-23.

[二] From "Developing and Validating Field Measurement Scales for Absorptive Capacity and Experienced Community of Practice" by David Cadiz, John E.Sawyer, Terri L.Griffith in Educational and Psychological Measurement vol.69 no.6 1035-1058, (c)December 2009 SAGE Publications.

[三] Griffith, T., & Sawyer, J. (2010). Multilevel knowledge and team performance. Journal of Organizational Behavior, 31(7), 1003-1031.

[四] Mesmer-Magnus, J. R, & DeChurch, L. A. (2009). Information sharing and team performance: A meta-analysis. Journal of Applied Psychology, 94(2), 535-546.

[五] Nag, R., & Goia, D. A. (2012). From common to uncommon knowledge: Foundations of firm-specific use of knowledge as a resource. Academy of Management Journal, 55, 421-457.

[六] Randall, K. R., Resick, C. J., & DeChurch, L. A. (2011). Building team adaptive capacity: The roles of sensegiving and team composition. Journal of Applied Psychology, 96(3), 525-540.

监督与"对房间谈话"

在高风险环境中工作的团队中会出现两种隐性的协调行为：团队成员监督与"对房间谈话"（talking to the room）。"对房间谈话"是指无方向性谈话，其目的是传递有关实时自我表现的相关信息或注释。①例如，一项针对27个麻醉小组进行的研究显示，绩效更好的团队是那些在对团队成员进行监督之后，通过畅所欲言、提供帮助和进行"对房间谈话"的团队。②

团队心智模型

心智模型（mental models）是关于世界的心理表征，它便于人们在给定的情况下理解、预测和解决问题。③心智模型可以描述为一个简单的物理模型，例如抛出物体的轨迹，也可以描述为一个复杂的社会系统，例如组织或金融系统。

团队心智模型（team mental model）是指一个团队的成员对某件事情如何运作的共同理解。④团队成员拥有关于他们所做的工作以及团队运作的心智模型。心智模型是在角色认同行为的过程中形成的（通过该过程，团队成员分享有关他们的专业知识、技能和能力的信息）。⑤具有认知基础（如心智模型）的团队，比缺乏认知基础的团队绩效更好。⑥

反映性心智模型与反射性心智模型

反映性心智模型（reflective mental models，简称C系统，C-system）是通过推理和深思熟虑形成的；与此相反，反射性心智模型（reflexive mental models，简称X系统，X-system）则

---

① Kolbe, M., Künzle, B., Zala-Mezö, E., Burtscher, M. J., Wacker, J., Spahn, D. R., & Grote, G. (2010, August). The functions of team monitoring and 'talking to the room' for performance in anesthesia teams. Human Factors and Ergonomics Society Annual Meeting Proceedings, 54(12), 857-861.

② Kolbe, M., Grote, G., Waller, M. J., Wacker, J., Grande, B., Burtscher, M. J., & Spahn, D. R. (2014). Monitoring and talking to the room: Autochthonous coordination patterns in team interaction and performance. Journal of Applied Psychology, 99(6), 1254-1267.

③ Gentner, D., & Gentner, D. R. (1983). Flowing waters or teeming crowds: Mental models of electricity. In D. Gentner & A. Stevens (Eds.), Mental models. Mahwah, NJ: Lawrence Erlbaum & Associates; Johnson-Laird, P. N. (1980). Mental models in cognitive science. Cognitive Science, 4(1), 71-115; Rouse, W., & Morris, N. (1986). On looking into the black box: Prospects and limits in the search for mental models. Psychological Bulletin, 100, 359-363.

④ Klimoski, R., & Mohammed, S. (1997). Team mental model: Construct or metaphor? Journal of Management, 20(2), 403-437.

⑤ Pearsall, M. J., Ellis, A. P. J., & Bell, B. S. (2010). Building the infrastructure: The effects of role identification behaviors on team cognition development and performance. Journal of Applied Psychology, 95(1), 192-200.

⑥ DeChurch, L. A., & Mesmer-Magnus, J. R. (2010). The cognitive underpinnings of effective teamwork: A meta-analysis. Journal of Applied Psychology, 95(1), 32-53.

在本质上更加无意识、更加凭借直觉、更偏向情感性。与团队任务及成员相关的 X 系统表征有可能与共享的 C 系统心智模型产生竞争。例如，即使团队成员有相似的 C 系统心智模型，他们的 X 系统表征也可能会有所不同，反之亦然，这会导致产生虚假一致（当他们并不一致时，他们认为是一致的）或表面不一致（当他们实际一致时，他们却认为他们不一致）。

表征差异

具有较大**表征差异**（representational gap）的团队对团队问题或任务的定义有不一致的观点，以致团队中成员的心智模型有所差别。一项调查研究了一家美国汽车制造商的大型跨职能项目团队。该汽车设计团队由 200 多名成员组成，他们负责汽车设计、工程技术及未来模型的生产等各个方面。车辆团队被细分为一个个小组，每个小组负责一个特定的部件或系统（如车身和底盘）。对这些团队小组及其日常工作方式的深入研究表明，任务分歧是团队运作过程中不可避免的现象。表征差异越大，团队对任务的分歧就越多（参见图表 6-2）。为了有效地消除跨职能团队之间的表征差异，团队应该分享对问题的某种程度的共同理解，以便他们能够"翻译"自己的知识。有动力去了解他人观点的团队成员会比缺乏动力去了解他人观点的团队成员更加成功。

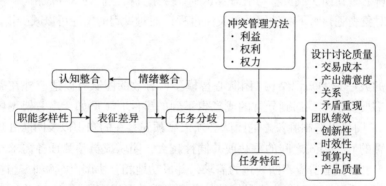

图表6-2　跨部门产品发展团队冲突和绩效模型

基于 "Functional diversity and conflict in cross-functional product development teams: Considering repre-sentational gaps and task characteristics" from Understanding teams. In L.Neider & C. Schriesheim（Eds.）by Weingart，L. R., Cronin，M.A., Houser，C.J.S., Cagan，J., & Vogel，C.（pp.89-100）.Copyright（c）2005 by IAP.Reprinted by permission of Information Age Publishing.

- Healey, M. P., Vuori, T., & Hodgkinson, G. P. (2015). When teams agree while disagreeing: Reflexion and reflection in shared cognition. Academy of Management Review, 40(3), 399-422.
- Ibid.
- Weingart, L. R., Cronin, M. A., Houser, C. J. S., Cagan, J., & Vogel, C. (2005). Functional diversity and conflict in cross-functional product development teams: Considering representational gaps and task characteristics. In L. Neider& C. Schriesheim (Eds.), Understanding teams (pp. 89-100). Greenwich, CT: IAP.
- Cronin, M. A., & Weingart, L. R. (2007). Representational gaps, information processing, and conflict in functionally diverse teams. Academy of Management Review, 32(3), 761-773.

精确性

假设你要解释家里的恒温器是如何运作的。[1]根据一个（错误的）模型，即"阀门"模型，恒温器的工作类似于汽车中的油门。那些持有恒温器的"阀门"心智模型的人会推理，正如加大油门会使汽车的速度以更快的速度增加，将恒温器设置为高温会使房间温度以更快的速度升高。

另一个不同的（正确的）心智模型是"阈值"模型。在这个模型中，热源要么开启要么关闭，而恒温器的设置决定了热源开启的持续时间。当前室温和恒温器设置之间的差异越大，热源开启的时间就越长。这两种模型对人们在家中如何设置恒温器有不同的影响。持"阀门"模型观点的人会不断调整他们的恒温器设置，以达到舒适的室温。相比之下，那些持"阈值"模型的人会将恒温器设置成他们感到舒适的温度，每天只有1～2个恒温器设置：一个夜间设置，一个日间设置。人们对恒温器工作模型的理解预测了他们实际中对恒温器设置方式的稳定性。

使用不正确的心智模型可能会导致效率低下或不理想的结果出现。把恒温器误当成"阀门"的人会花更多的时间和精力来调整恒温器的设置。另外，他们永远也不会感到舒服，因为他们不是太热就是太冷。

一项研究曾通过让团队成员参与航海及识别任务来分析他们的认知风格。[2]空间视觉化水平高的团队比对象视觉化水平高的团队更关注过程，而对过程的关注可以减少错误的发生。

一致性

通过共同的或一致的知识结构/团队心智模型，有效的团队可以适应外在需求并预测其他成员的信息需要。例如，遇到异常的或意想不到的事件时（例如，当一架飞机进入另一个飞机的空域时），明显没有制胜策略的团队必须依靠预先存在的知识以及团队处理任务需求的期望。团队成员的心智模式之间的重叠或共同性越大，团队成员预测任务需求和团队需求的可能性就越大，也就更能适应不断变化的需求，并成功地相互协调。[3]例如，当机组人员久而久之形成互动模式后，疲劳对机组人员绩效的负面影响就可以克服。[4]对69个软件开发团队的研究显示，"专业知识协调"是预测团队绩效的关键指标，其重要性在专业知识和行政协调之

---

[1] Kempon, W. (1986). Two theories of home heat control. Cognitive Science, 10, 75-90; Kempton, W. (1987). Two theories of home heat control. New York: Cambridge University Press.

[2] Aggarwal, I. & Woolley, A. W. (2013). Do you see what I see? The effect of members' cognitive styles on team processes and errors in task execution. Organizational Behavior and Human Decision Processes, 122(1), 92-99.

[3] Cannon-Bowers, J. A., Salas, E., & Converse, S. A. (1993). Shared mental models in expert team decision making. In N. J. Castellan (Ed.), Individual and group decision making (pp. 221-246). Mahwah, NJ: Lawrence Erlbaum & Associates; Cannon-Bowers, J. A., Tannenbaum, S. I., Salas, E., & Converse, S. A. (1991). Toward an integration of training theory and technique. Human Factors, 33(3), 281-292.

[4] Foushee, H. C., Lauber, J. K., Baetge, M. M., & Comb, D. B. (1986). Crew factors inflight operations: III. The operational significance of exposure to short-haul air transport operations (NASA TM 88322). Moffett Field, CA: NASA Ames Research Center.

上。变革型领导行为会影响团队心智模型相似度（或一致），而更大程度的心智模型相似度能预测团队效能。

让我们看看佩罗（Perrow）在他的《常态性意外》一书中对 Cuyahoga 灾难的描述：在 1978 年秋天一个黑暗的夜晚，切萨皮克湾的两艘船发现了对方并相互接近。一艘船是海岸警卫队的船只——the Cuyahoga，它的船长认为接近的船只是一艘小渔船。船长认为他在那艘船上看到了两盏灯，这意味着那艘船和他的船是同向行驶的。然而，the Cuyahoga 的大副看见了三盏灯，而这是相互接近的信号。大副认为船长和他做出了相同的判断，所以当那艘船不断靠近时，他并没有怀疑船长。船长错误地认为他们可以超过那艘渔船，做出了转向港口的命令。对于接近信号的错误判断，导致 the Cuyahoga 与那艘被认为是小渔船的大型货轮相撞，造成了 the Cuyahoga 上 11 名船员的死亡。显然，船长的心智模型是错误的。同时，船长和大副之间的心智模型也缺乏一致性。

在一项针对 83 个团队的研究中，这些团队需要在为期两周的训练计划中完成一项复杂的技能任务，目的是测试心智模型的准确性和心智模型的一致性。研究结果显示，准确性更能预测团队绩效。此外，团队能力与准确性的关系比与心智模型的一致性更强。

交互记忆系统

交互记忆系统（transactive memory system, TMS）是一种共享系统，用于注意、编码、存储、处理和检索信息。我们可以将 TMS 看作脑力劳动的一部分。当每个人都在某种程度上具体地学习团队中其他人可能知道的内容时，团队成员就可以共享详细的记忆。从本质上讲，每个团队成员都把其他成员作为外部记忆来培养，这样一来，他们就成了一个更大系统的一部分。许多团队都在隐性地发展 TMS，以确保重要信息不被遗忘。TMS 是两种事物的结合：特定团队成员的知识，以及对"谁知道什么"的意识。通过这种方式，TMS 作为一个外部存储设备，像图书馆或计算机，可以通过访问它来检索其他方式难以获得的信息。与任何单个团队成员拥有的信息相比，拥有 TMS 的团队可以获得更多、更好的信息。TMS 对于以质量为

㊀ Faraj, S., & Sproull, L. (2000). Coordinating expertise in software development teams. Management Science, 46(12), 1554-1568.

㊁ Ayoko, O. B., & Chua, E. L. (2014). The importance of transformational leadership behaviors in team mental model similarity, team efficacy, and intra-team conflict. Group & Organization Management, 39(5), 504-531.

㊂ Perrow, C. (1984). Normal accidents: Living with high-risk technologies, (p. 215).

㊃ Based on Normal Accidents: Living with High Risk Technologies, Charles Perrow (pp. 215) Princeton University Press, 2011, © Leigh L. Thompson.

㊄ Edwards, B., Day, E., Arthur, W., & Bell, S. (2006). Relationships among team ability composition, team mental models, and team performance. Journal of Applied Psychology,91(3), 727-736.

㊅ Wegner, D. M. (1986). Transactive memory: A contemporary analysis of the group mind In B.Mullen & G. Goethals (Eds.), Theories of group behavior (pp. 185-208). New York: Springer-Verlag; Weger,D. M., Giuliano, T., & Hertel, P. (1995). Cognitive interdependence in close relationships. In W.J. Ickes (Ed.),Compatible and incompatible relationships(pp.253-276). New York: Springer-Verlag.

绩效衡量标准的小团队是有益的，但是对大型的团队、动态任务环境中的团队、将时间作为关键绩效衡量指标的易变知识环境中的团队则更有益。⊖

团队成员本能地期望团队中的专家会记住与其专业领域紧密相关的细节。即使当这些专家并未被清晰地界定，人们善于记住特定类型的信息，而所有的团队成员一般都知道（虽然通常都是内隐性的）谁有某个领域的知识。这种处理信息的方式为团队提供了优势，因为他们集体性地记住和使用的信息比独立行事的个体更多——即使在个体数量相同的情况下。

集中式 TMS 与分散式 TMS

当团队成员知道每个人擅长的事情时，团队的表现会更好。⊖例如，当银行贷款人员审查各公司的财务状况并预测每家公司是否会破产时，专业知识的多样性以及团队识别专业知识的能力会提高预测的准确性。⊜当成员知道谁擅长什么时，就能更快、更容易地解决突如其来的问题。㊃这样的信息使团队成员能够将问题与最有可能解决它的人进行匹配。当他们的伙伴有差异性的、与工作相关的专业知识时，人们会在自己的专业领域里学习到和回忆出更多的知识。㊄一项研究比较了接受过运用知识解决问题培训的小组与没有接受该类培训的小组。接受过分享信息培训的小组会进行更有效的对话，能够更好地识别哪些成员有专长，并且整个团队也有更好的绩效。㊅

TMS 中的元知识（metaknowledge）是关于"谁知道什么"的知识。在一些团队中，元知识集中在一名核心成员那里（集中式 TMS）；而在另外一些团队中，元知识被均匀地分散到团队成员中（分散式 TMS）。集中式元知识比分散式元知识给团队提供更好的绩效优势，因为那个核心成员可以作为信息交换和整合的促进者。㊆

⊖ Ren, Y., Carley, K., & Argote, L. (2006). The contingent effects of transactive memory: When is it more beneficial to know what others know? Management Science, 52(5), 671-682.

⊖ Stasser, G., Stewart, D. D., & Wittenbaum, G. M. (1995). Expert roles and information exchange during discussion: The importance of knowing who knows what. Journal of Experimental Social Psychology, 31, 244-265.

⊜ Libby, R., Trotman, K. T., & Zimmer, I. (1987). Member variation, recognition of expertise, and group performance. Journal of Applied Psychology, 72(1), 81-87.

㊃ Moreland, R. L., & Levine, J. M. (1992). The composition of small groups. In E. J. Lawler, B.Markovsky, C. Ridgeway, & H. A. Walker (Eds.), Advances in group processes (Vol. 9, pp. 237-280). Greenwich, CT: JAI Press.

㊄ Hollingshead, A. B. (2000). Perceptions of expertise and transactive memory in work relationships. Group Processes and Intergroup Relations, 3(3), 257-267.

㊅ Bonner, B. L. & Baumann M. R. (2012). Leveraging member expertise to improve knowledge transfer and demonstrability in groups. Journal of Personality and Social Psychology, 102(2), 337-350.

㊆ Mell, J. N., Van Knippenberg, D., & Van Ginkel, W. P. (2014). The catalyst effect: The impact of transactive memory system structure on team performance. Academy of Management Journal, 57(4), 1154-1173.

差异化 TMS 与整合式 TMS

TMS 的另一个区别是差异化 TMS 与整合式 TMS。[1] **差异化知识结构**（differentiated knowledge structures）将分布在团队成员之间的知识联系起来，使得不同的信息存储于不同的个体中，但是团队成员知道那些他们个人不具备的信息储存在哪里。

相反，**整合式知识结构**（integrated knowledge structures）将所有团队成员共有的知识联系起来，使得相同的信息保存在不同的个体记忆存储中，同时团队成员也知道信息重叠的部分，因为他们之间共享信息存储的位置。

隐性协调

隐性协调是基于对团队中其他人可能会做什么的假设，来对成员的行动进行同步。任务导向型团队很少讨论如何执行任务的计划，除非他们被明确指示需要这样做。[2] 团队成员试图在互动之前就默契地展开行动。然而，评估其他团队成员的能力可能会有些困难。同事声称的个人能力并不总是可信的，因为它们可能反映了成员们想要给彼此留下深刻印象的愿望。[3] 认可同事对彼此能力的评价也是有风险的，因为这些二手评估往往是基于有限的信息，[4] 并且也有可能反映出提供这些信息的人在做印象管理的努力。[5] TMS 消除了许多可以影响团队有效性的协调损失。[6] 拥有交互记忆系统的团队，因为他们的成员彼此熟悉，相比于与不熟悉的人组成的团队，他们更不容易成为共同信息效应的受害者。[7]

常规任务与非常规任务

在一项研究中，研究人员调查了在医院手术中进行全膝关节置换的医生团队完成手术所需要的时间。[8] 他们对三种类型的学习进行了测试：组织经验（进行过此类型手术的次数），

---

[1] Wegner, D. M. (1987). Transactive memory: A contemporary analysis of the group mind. In Theories of Group Behavior (pp. 185-208). New York: Springer New York.

[2] Hackman, J. R., & Morris, C. G. (1975). Group tasks, group interaction process and group performance effectiveness. A review and proposed integration. In L. Berkowitz (Ed.), Advances in experimental social psychology (Vol. 8, pp. 45-99). New York: Academic Press.

[3] Gardner, W. L. (1992). Lessons in organizational dramaturgy: The art of impression management. Organizational Dynamics, 21(1), 33-46.

[4] Gilovich, T. (1987). Secondhand information and social judgment. Journal of Experimental Social Psychology, 23(1), 59-74.

[5] Cialdini, R. B. (1989). Indirect tactics of image management: Beyond basking. Mahwah, NJ: Lawrence Erlbaum & Associates.

[6] Moreland, R.L., Argote, L., & Krishnan, R. (1998). Training people to work in groups. In R. S. Tindale, J. Edwards, E. J. Posavac, F. B. Bryant, Y. Suarez-Balcazar, E. Henderson-Kling, & J. Myers (Eds.), Theory and research on small groups. New York: Plenum Press.

[7] Gruenfeld, Mannix, Williams, & Neale, "Group composition and decision making."

[8] Reagans, R., Argote, L., & Brooks, D. (2005). Individual experience and experience working together: Predicting learning rates from knowing who knows what and knowing how to work together. Management Science, 51(6), 869-881.

个人经验（在给定的团队中，某一特定成员完成手术的次数），以及团队经验（一个团队中任何两个人一起做手术的次数）。如果成功的外科手术仅仅是经验积累的结果，那么"团队学习"就不重要了。然而，事实却是：人们作为一个团队共同工作的次数越多，他们的手术会完成得越快、越顺畅。例如，在拥有其他类型的经验相同的情况下，一个完成了10次全膝关节置换手术的团队比没有共同工作经验的团队完成手术要少5%的时间。

TMS的好处不仅限于执行日常任务的团队，对应急反应团队（如SWAT和战术警察团队）来说，拥有TMS的团队有着更强的协调能力和适应能力，进而团队绩效也会得到提升。[1]

应对团队成员流失的恢复能力

拥有完善成熟TMS的团队能够更好地承受团队成员的意外流失。一项针对78个四人团队进行指挥与控制模拟的研究显示，在失去一名团队成员之后，TMS可以积极地影响团队绩效。[2]然而，随着关键团队成员的流失，TMS的益处也会有所减少，因为团队成员在计划形成上存在更多困难了。

对搭便车的反应

具有整合式TMS结构的团队更经常为贡献少的成员完成任务，而具有差异化结构的团队更经常促进团队成员完成其工作。[3]与整合式TMS相比，差异化TMS团队会经历更多负面的社会情感互动、更低的凝聚力、更大程度的冲突。

发展TMS

工作计划 团队在完成任务花费的时间和决定如何完成任务上花费的时间不成比例。需要共同完成任务的团队应对他们的工作进行计划。位于康涅狄格州哈特福德市St.Francis医院的医疗失误数据揭示了计划的重要性：护士离开手术室拿东西的次数越多，患者的感染率越高。[4]这项发现引起开发了准备手术的新的团队过程。

培训 培训是确保团队快速准确地开发TMS最有效的方式之一，从而能够保证团队的效能。例如，2003年，联邦工时制的设立使得教学医院减少了住院医师的培训。随后的一项研

---

[1] Marques-Quinteiro, P., Curral, L., Passos, A. M., & Lewis, K. (2013). And now what do we do? The role of transactive memory systems and task coordination in action teams. Group Dynamics: Theory, Research, and Practice, 17(3), 194-206.

[2] Christian, J. S., Pearsall, M. J., Christian, M. S., & Ellis, A. P. J. (2014). Exploring the benefits and boundaries of transactive memory systems in adapting to team member loss. Group Dynamics: Theory, Research, and Practice, 18, 69-86.

[3] Gupta, N. (2012, August). Team responses to noncontributing members: The effects to noncontributing members: The effects of attribution and knowledge overlap. Group Dynamics Theory Research and Practice, 16(3): 172-188.

[4] Becker, A. L. (2012, May 28). Checklists, teamwork minimizing mistakes in medicine. The Connecticut Mirror.ctmirror.org

究发现，相比之前的 5 年，在新规定实施后的 5 年期间，神经脑肿瘤患者并发症的发生概率增加了 2%，这表明培训对于患者护理至关重要。

公司面临的一个基本问题是，对于个体是对其进行单独培训还是将其作为团队的一部分进行培训。培训中有一个基本指导原则，就是工人在培训期间的经历应与工作有高度的对应关系。遵守这个原则的关键原因是，相似的条件有助于员工将培训中学到的知识转移到实际工作中。培训可以专门指向开发特定的 TMS 结构。例如，团队可以计划由谁负责什么类型的信息；他们也可以努力辨别专业知识，然后向团队成员分享该信息。当团队成员将只为某个项目共同工作时，或者当团队需要与整个组织内的其他团队进行互动时，记忆交互系统的培训可能尤其重要。使工作单元（如个人、小团队和大型团队）与要接受培训的单元相一致是非常重要的。因此，当小团队一起工作时，他们应一起接受培训；当大团队一起工作时，他们也应一起接受培训；当个人单独工作时，最好对他们进行单独的培训。

如果一家公司的培训资源有限，那么将需要共同工作的员工一起进行专业培训是非常重要的。如果这不可行，那么他们一起进行的培训应与他们将共同完成的工作直接相关。仅仅让员工一起接受人际交往技能训练（这与他们将共同完成的实际工作有所脱节）会削弱他们的绩效。在大多数情况下，进行有效学习的关键是得到及时和有效的反馈。

对工作团队进行培训的例子 为了说明 TMS 对绩效的影响，有一项研究将组装 AM 收音机作为模拟工作团队培训的一部分。培训以两种方式进行：①单独培训；②团队培训（三人一组）。在培训阶段，所有的个人与团体都接受完全相同的信息，模拟团队也没有额外得到关于他们该如何行动的任何指导。这两者唯一的区别就是人们是单独培训还是作为团队的一部分进行培训。

一周后，参与者被要求再次组装收音机。因为没有提供书面指导，就像在培训阶段的情况一样，组装任务显得非常困难。在这个研究环节，每个人会收到收音机的一部分，同时被安排到一个三人小组中，并被要求根据记忆进行组装。这意味着一些小组由经过单独培训的人员组成，而另外一些小组则由接受过小组培训的人员组成。因此，两类小组之间的表现差异就在于培训的差异。

毫无疑问，结果显示一起训练过的团队表现得更好。他们更有可能完成组装任务，同时出现错误的次数也较少。培训时就在一起的小组的表现要好于临时组成的小组，原因就在于他们能够利用训练中自发形成的 TMS。

相较于创造型团队或问题解决型团队，TMS 及对团队训练的强调与战术型团队（如执行流程的团队）最为相关。因此，如果一个团队在组装收音机、在煤矿中操作机器、驾驶喷气式飞机或者进行心脏手术，那么团队式培训对成员会有非常大的帮助。（有关培训效果的案例分析，参见图表 6-3。）

⊖ Dumont, T. M, Tranmer, B. I., Horgan, M. A., & Rughani, A. I. (2012). Trends in neurosurgical complication rates at teaching vs. nonteaching hospitals following duty-hour restrictions. Neurosurgery, 71(5), 1041.

⊖ Moreland, R. L., Argote, L., & Krishnan, R. (1996). Socially shared cognition at work. In J. L. Nye & A. M. Brower (Eds.),What's social about social cognition? Thousand Oaks, CA: Sage.

初步调查

一位顾问被请到一家装配收音机的工厂,评估各个团队装配收音机的效率。为了创造健康的内部竞争环境,工人们被组织成自我管理团队。这个工厂有四个这样的团队,但是四个团队的绩效差异却很大,原因究竟是什么呢?

这位顾问通过询问不同团队是如何进行培训的信息开始了她的调查。她发现每个团队都使用不同的培训方式。同时,在采访工厂中的这四个团队时,她发现每个团队都确信其方法是最好的。当顾问向团队出示明显的绩效差异的证据时,团队就会列出一些影响绩效的对抗因素。管理者特别担心,因为该公司即将聘用和培训四个新的工厂团队,他们不知道哪种方法最好。顾问以收音机装配任务设计了以下测试:整个工厂中的每个人都接受了相同的技术培训,最终以三人小组的形式完成组装工作。但是,培训过程中的某些方面存在系统差异。顾问跟踪了以下团队的表现:

红队	每个成员被单独培训一天
蓝队	每个成员先被单独培训一天,然后整个队伍参加了为期两天的团队建设工作坊,旨在改善团队的凝聚力和沟通能力
黄队	团队成员接受了一天的集体培训,但在测试当天被分配到不同的队伍中
绿队	团队成员接受了一天的集体培训,并在测试当天留在同一团队中

测试当天

在测试当天,这位顾问获得第5章中提到的测试团队绩效的关键指标。尽管雇主似乎主要关心生产力——按成功完成的数量来衡量——但是该顾问也有兴趣评估其他的团队绩效指标,如凝聚力、学习及整合能力。

首先,该顾问要求每个团队尽可能多地回忆培训内容,即每个团队都被要求从记忆中重新提取组装说明。她将此作为组织记忆的衡量。然后,她要求每个团队在没有任何书面说明的情况下组装收音机。因此,每个团队都被迫依靠他们学习和记住的培训内容来进行组装。她会对组装进行计时,以便测量每个团队的准确率和效率。

之后,她要求每个团队成员根据他们的任务专长来评估其他团队成员。这是一种用来对各个成员掌握任务不同方面的知识,以及谁被认为具有相关技能的测量方法。她在关键测试阶段对每个团队进行了录像,并记录了成员之间合作的情况。这主要包括:成员是否会无意中将东西掉在地上?是否会弄丢某些零件?是否会相互撞击手肘?是否重复问题和说明?是否会质疑相互的专业知识?团队是否紧密合作?

这些视频显示了团队积极性的水平,还帮助顾问记录了一些其他事情,比如团队成员之间坐得有多近,以及他们相互交流的语气。最后,顾问记录下团队成员所说的"我们"/"我"的比率,或者"我们"的次数和"我"的次数,这是团队认同感和凝聚力的隐性指标。那么,你认为结果将会如何呢?

结果

在完成的准确性方面,绿队表现得最好。

向管理者汇报

其中一位管理者很难相信蓝队与其他团队没有显著差异,因为他们团队在凝聚力和人际交往能力方面接受了相关培训。"我们每年都花费大量资金试着在团队中建立信任和凝聚力,这难道是一种浪费吗?"然后,该顾问向管理者展示了不同培训方法对装配错误次数的影响。

下图比较了进行过六周团队建设(非技术性技能训练)的团队和由共同训练的陌生人组成的团队之间装配错误次数的差异。错误数量最少的团队是一同训练、一起完成任务的团体,而对凝聚力进行特殊培训似乎没有那么重要。

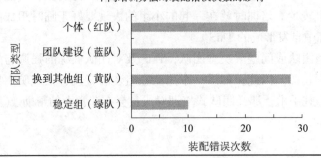

图表6-3　不同类型培训效果的案例分析

基于 Moreland,R.L., Argote, L., & Krishnan, R.(1996).Socially shared cognition at work. In J.L.Nye & A.M.Brower(Eds.) , What's social about social cognition? Thousand Oaks, CA: Sage; Liang,D.W.,Moreland,R.L., & Argote,L.(1995). Group versus individual training and group performance: The mediating role of transactive memory. Personality and Social Psychology Bulletin, 21(4), 383-393, © Leigh L.Thompson.

团队训练 在战术型团队和问题解决型团队中，一起工作和训练的团队比技能相同但不在一起训练的团队绩效更好。[一]当团队中关键角色以及当成员转换到更具战略核心角色时，团队成员的变更会导致很大程度的协作损失。[二]相比之下，团队培训通过促进对团队成员专业知识的认可和运用来提高绩效。

团队中队员的相互熟悉程度与培训相比，其重要性有过之而无不及。例如，当团队成员之间的熟悉度较高时，可以降低在煤矿中工作的队友发生事故的数量和死亡率（如矿工和矿工助手）。[三]尽管熟悉地形比熟悉人员的影响作用更大，但是后者显然也非常重要，特别是当团队在不太熟悉的地形中工作时。即使考虑到劳动力、技术和环境等因素，团队成员之间相互熟悉的程度也与更高的生产力相关。[四]

压力舒缓 急性压力会影响团队的心智模型和交互记忆系统。[五]在一项研究中，当团队处于急性压力下时，进行命令和控制模拟的97个团队的绩效均受到了负面影响。然而，被视为挑战的压力因素（挑战性压力源，challenge stressor）可以改善团队的绩效和交互记忆；阻碍性压力源（hindrance stressor）则对绩效有负面影响（即使它与挑战性压力源相结合）。[六]类似的，当核电站控制室的工作人员以模拟危机方式接受考查时，较高执行力的员工更具适应性，他们表现出更少、更短、更简单的交互模式。[七]

共同信息效应

通过汇聚团队成员的不同背景、训练方法、经验，相比于把决定权交给任何一人的情况而言，他们有潜力以一种更明智的方式工作。团队成员之间需要依赖彼此获得信息，我们称

[一] Hollingshead, A. B. (1998). Group and individual training. Small Group Research, 29(2), 254-280; Littlepage, G., Robison, W., & Reddington, K. (1997). Effects of task experience and group experience on group performance, member ability, and recognition of expertise. Organizational Behavior and Human Decision Process, 69(2), 133-147.

[二] Summers, J. K., Humphrey, S. E., & Ferris, G. R. (2012). Team member change, flux in coordination, and performance: Effects of strategic core roles, information transfer, and cognitive ability. Academy of Management Journal, 55(2), 314-338.

[三] Goodman, P. S., & Garber, S. (1988). Absenteeism and accidents in a dangerous environment: Empirical analysis of underground coal mines. Journal of Applied Psychology, 73(1), 81-86.

[四] Goodman, P. S., & Leyden, D. P. (1991). Familiarity and group productivity. Journal of Applied Psychology, 76(4), 578-586.

[五] Ellis, A. (2006). System breakdown: The role of mental models and transactive memory in the relationships between acute stress and team performance. Academy of Management Journal, 49(3), 576-589.

[六] Pearsall, M.J., Ellis, A. P. J., & Stein, J. (2009). Coping with challenge and hindrance stressors in teams: Behavioral, cognitive, and affective outcomes. Organizational Behavior and Human Decision Processes, 109 (1), 18-28.

[七] Stachowski, A., Kaplan, S. A., & Waller, M. J. (2009). The benefits of flexible team interaction during crises. Journal of Applied Psychology, 94(6), 1536-1543.

之为**信息依赖问题**（information dependence problem）。图表6-4是一个团队信息依赖的例子，同时也揭示了信息依赖会造成的可怕后果。

> 1955年，乔纳斯·索尔克（Jonas Salk）宣布研制出第一个脊髓灰质炎疫苗。索尔克在全国范围内开展疫苗接种的前一年，疾病控制中心召集了6家疫苗制造商。这些制造商与生物标准司的Jonas Salk及其他专家会面，讨论与疫苗生产相关的问题。一些制造商向生物标准司坦言，它们在生产过程中使病毒灭活时遇到了问题。此时，其中一个制造商开始解释它的公司是如何在灭活病毒方面更加有效和成功的。在这位制造商开始阐述之前，另一家疫苗制造商的成员离开房间去接电话，在讨论结束后才回来。全国疫苗接种计划开始后的两周内，疾病控制中心不断接到小儿麻痹症的报告。值得注意的是，6~8天前接种疫苗的儿童几乎无一例外地在他们接种脊髓灰质炎疫苗的腿部或手臂部位感染了脊髓灰质炎。在报告的6起病例中，含有活性病毒的受污染疫苗是那名在关键讨论期间出去接电话的制造商实验室里生产的。

图表6-4　信息依赖问题

基于 Larson, C. E., & LaFasto, F. M. J. (1989). Teamwork: What must go right/what can go wrong. Newbury Park, CA: Sage Copyright 1989 by Sage. Reprinted by permission of Sage Publications, © Leigh L. Thompson.

当团队由来自不同职能领域的成员组成时——具有不同的专业知识领域、不同信息、不同优先事项以及对问题和机会的不同理解——信息依赖问题便会加剧。

假设一个由三人组成的最高执行委员会负责为一个重要部门招聘一名新经理。该公司确定了六条非常重要的评估应聘者是否适合该职位的信息：

- 以前的经历（A）
- 学业成绩（B）
- 标准化测试分数（C）
- 第1轮面试的表现（D）
- 跨文化和国际经验（E）
- 推荐信（F）

该委员会已将竞争范围缩小至三名候选人。按照公司惯例，招聘委员会的成员专攻获得的每位候选人的局部信息。三种可能的信息分布如图表6-5所示。

- **不重叠**　每个合伙人都有关于每位候选人的独特信息。
- **分布式，部分重叠**　每个合伙人不仅知道其他合伙人也知道的一些有关每个候选人的信息（公共信息），还知道一些独特信息。
- **完全共享**　每个合伙人都知道每位候选人的完整信息。从这个意义上说，每位合伙人拥有的信息完全相同。

这三种情况的唯一区别是信息冗余的程度，即信息在决策者之间的分布是否均等。在这三种情况下，合伙人的集体智慧是相同的。信息的分配会影响合伙人做决策的方式吗？在完全理性的情况中，它是不应有所影响的，但是在现实团队中，影响确实存在。信息对团队整体决策的影响，和在团队决策之前知道这个信息的团队成员数量直接关联。简而言之，一个给定的事实影响群体决策的主要决定因素并不是事实本身，而是有多少人在小组讨论前知道这个事实。这种团队谬误被称为**共同信息效应**（common information effect）。⊖

⊖ Gigone. D., & Hastie. R. (1997). The impact of information on small group choice. Journal of Personality and Social Psychology, 72 (1). 132-140.

这意味着尽管（在客观意义上）这六条信息同等重要，但高层管理团队往往过于强调其中的某些信息（例如在分布式情况中的 A 和 C）。

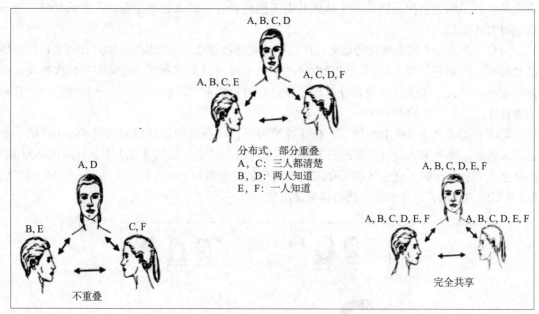

图表6-5　三种信息分布模式

Leigh L.Thompson

共同信息效应有几个严重的后果。首先，团队成员更有可能讨论每个人都知道的信息，而不是各自拥有的独特信息。这通常意味着技术型信息（通常不被完全共享）不会给予专家认为它应该具有的分量。人们共同拥有的信息不仅更有可能被讨论，而且还会讨论很长时间，这会对决策的完整性产生重大影响。比起从别人那里听到的信息，人们更善于记住那些他们读过或描述过的信息。⊖ 结果就是，如果所有团队成员都有关于选择的全部信息，团队常常无法做出被所有信息支持的决策。

隐藏的侧面

隐藏的侧面（hidden profile）是一种更优的决策方案，但其优势隐藏于团队成员之中，因为每个成员只拥有支持这个优势方案的部分信息。⊖ 换句话说，群体成员所共同持有的信息会支持某个特定的决策，而未共享的信息则会与该决策相矛盾。

举例来说，在一个高管层会议上，需要考虑三名候选人（Alva, Jane 和 Bill）晋升为组织合伙人的事情。三名候选人中的每一位都在公司工作了一些年头，每个人都取得了不同数量

⊖ Larson, J. R., & Harmon, V. M. (2007). Recalling shared vs. unshared information mentioned during group discussion: Toward understanding differential repetition rates. Group Processes and Intergroup Relations, 10(3), 311-322.

⊖ Stasser, G. (1988). Computer simulation as a research tool: The DISCUSS model of group decision making. Journal of Experimental Social Psychology, 24(5), 393-422.

和类型的成就，但高管团队这次只能晋升一人。

高管团队为有益于组织，可以将每位团队成员的信息汇集起来，从而获得对每位候选人资质的全面了解。当决策团队的个体成员由于他们自身会议议程的原因而产生偏颇时，这一点显得尤其重要。

只有一个或几个成员知道的信息往往在讨论时会被忽略。⊖ 如果某些信息在团队讨论前就已经被所有人知道，那么在讨论过程中这些信息不仅仅只是被提到，还可能被多次提及以及详细讨论。因此，团队决策通常反映的是成员在讨论之前共享的知识，而不是他们自己独特的角度或经历所产生的不同知识。

请试着思考图表6-6中的场景。在这种情形下，一开始的选择偏差就是指向 Bill 的。在会议开始时，每个团队成员拥有的关于他的信息（五条信息）要比其他人多，同时团队对 Bill 的信息是完全共享的，这意味着所有团队成员在会议前都知道这个候选人的竞选资格。显然，Bill 在组织内推销自己的业绩方面做得更加出色。

图表6-6 隐藏侧面

Leigh L. Thompson

接下来考虑 Alva，他总共有八条有利信息支持他竞选合伙人的职位。然而，每个高层管理团队成员只获知该候选人的三条信息，而且这些信息并不重复。在客观意义上讲，Alva 是迄今为止最有资格的；然而他的业绩信息并没有在高层管理团队中完全共享——这是一个无法通过讨论（至少是非结构化讨论）得到纠正的因素。

如果这个团队不受共同信息效应的影响，团队成员能够理想地合并和汇集各个候选人独特的信息，那么 Alva 将占据上风。

共同信息也会影响人们对团队讨论的记忆，人们一般很少会回忆起那些在团队讨论中非

⊖ Stasser, G., & Titus, W. (1985). Pooling of unshared information in group decision making: Biased information sampling during discussion. Journal of Personality and Social Psychology, 48, 1467-1478.

共有的论据。① 此外，对讨论记录的分析结果表明，非共有的论据在团队讨论中也不太可能会被表达出来。②

有许多听起来较为合理的策略似乎可以减少共同信息效应，但遗憾的是，这些策略的效果一般不佳，并且可能会造成更多的问题，比如以下几点：

无效的策略

增加讨论　即使明确告诉团队花更多时间进行讨论，他们仍然是共同信息效应的牺牲品。③

将决策与评论分开　在一项研究中，团队成员得到了旨在遏制共同信息效应的指示。④ 团队成员避免陈述他们最初的偏好，并被鼓励评论所有相关事实。然而，团队讨论还是主要赞成团队成员最初分享的信息（相比于23%的非共享事实被讨论，67%的共享信息被讨论）。

扩大团队规模　假如信息分布程度保持不变，随着团队规模的增加，讨论共同信息的趋势也会增加。例如，六人组的共同信息效应比三人组更明显。在一个典型的三人小组中，团队讨论会提及46%的共享信息，而非共享信息只占18%。对于六人团队来说，这种差异更为明显。⑤ 此外，如果是种族不同的成员拥有独特的信息，那么这些独特信息就会更少被共享。⑥

增加信息量　如果团队成员获得了额外的信息，但信息的相对分布保持不变，共同信息效应仍然会影响团队决策。⑦ 事实上，讨论共享信息的偏差最有可能发生在有大量"共享"事实需要讨论时。假如团队成员可以减少认知负担，那么团队的表现会更好。⑧

责任制　责任制（accountability）是指人们和团队对自己的行动和决策负责任的程度。

---

① Gigone & Hastie, "The impact of information on small group choice" p. 140; Stasser, G., & Titus, W. (1987). Effects of information load and percentage of shared information on the dissemination of unshared information in group discussion. Journal of Personality and Social Psychology, 53, 81-93.

② Stasser, G., Taylor, L.A., & Hanna, C. (1989). Information sampling in structured and unstructured discussions of three-and six-person groups. Journal of Personality and Social Psychology, 57, 67-78.

③ Parks, C, D., Cowlin, R.A. (1996). Acceptance of uncommon information into group discussion when that information is or is not demonstrable. Organizational Behavior and Human Decision Processes, 66(3), 307-315.

④ Stasser, Taylor, & Hanna, "Information sampling in structured and unstructured discussions of three-and six-person groups."

⑤ Ibid.

⑥ Houlette, M., Sawyer, J. E., & Muzzy, E. L. (February, 2002). Convergent versus cross-cut diversity structure and group decision performance. Paper presented at the third annual meeting of the Society for Personality and Social Psychology, Savannah, GA.

⑦ Stasser, G., Titus, W. (1987). Effects of information load and percentage of shared information on the dissemination of unshared information during group discussion. Journal of Personality and Social Psychology, 53(1), 81-93.

⑧ Tindale, S., & Sheffey, S. (2002). Shared information, cognitive load, and group memory. Croup Processes and Intergroup Relations, 5(1), 5-18.

令人惊讶的是，与不太负责任的团队相比，负责任的团队更有可能不太关注于非共享信息。①许多专业团队对他们的决策会高度负责。例如，在一项研究中，由住院医师、实习医生和三年级医学生组成了一个医疗团队，他们获得了某个患者的信息并被要求做出诊断。通过对录像的讨论分析发现，与独特信息相比（46%），患者的共享信息更常被提及（67%）。更令人不安的是，与标准的病例相比，这些小团队对拥有隐藏侧面的病例做出错误诊断的频率要高得多：总体而言，24个隐藏侧面病例中只有17个被正确诊断（命中率约为70%），而所有标准（共享信息）病例都会被正确诊断。显然，医疗团队过度依赖以前共享的信息，不能恰当地利用独特信息，进而导致了错误的诊断。②相反，当团队被要求对他们的过程（而不是结果）负责时，他们更可能重复讨论非共享信息并做出更好的决策。③

讨论前的民意调查 讨论中最常见的策略之一就是对该小组进行民意调查。然而，如果团队成员最初的偏好是基于不充分的信息，那么这种策略会对随后的讨论质量产生非常负面的影响。如果小组意见过于一致，那么团队成员可能就不知道需要讨论什么。此外，民意调查行为本身会引发从众压力，这样，地位较低的团队成员为了确保自己在组织中的地位，可能会同意大多数人的意见。例如，团队在确定两种降胆固醇药物中哪一种进入市场时，最初的偏好是该团队最终决策的主要影响因素。④此外，人们通常也倾向于认为他们拥有的信息比其他信息更有效。⑤

有效的干预

幸运的是，仍然有办法可以有效地减少共同信息效应。

领导力 团队领导者总是比其他成员更有可能提出问题并重复未共享（以及共享）的信息。⑥领导者在团队讨论过程中发挥重要的信息管理作用，领导者可以集中团队的注意力、促进沟通、激发成员贡献、确保讨论中所提出的重要信息能够保持活跃度，并纳入团队的最终

---

① Stewart, D. D., Billings, R. S., & Stasser, G. (1998). Accountability and the discussion of unshared, critical information in decision making groups. Group Dynamics: Theory, Research, and Practice, 2(1), 18-23.

② Christensen, C., Larson, J. R., Jr., Abbott, A., Ardolino, A., Franz, T., & Pfeiffer, C. (2000). Decision-making of clinical teams: Communication patterns and diagnostic error. Medical Decision Making, 20, 45-50.

③ Scholten, L., van Knippenberg, D., Nijstad, B. A., & De Dreu, C. K. W. (2007). Motivated information processing and group decision making: Effects of process accountability on information processing and decision quality. Journal of Experimental Social Psychology, 33, 539-552.

④ Kelly, J. R., & Karau, S. J. (1999). Group decision making: The effects of initial preferences and time pressure. Personality and Social Psychology Bulletin, 25(11), 1342-1354.

⑤ Van Swol, L. M., Savadori, L., & Sniezek, J. A. (2003). Factors that may affect the difficulty of uncovering hidden profiles. Group Processes & Intergroup Relations, 6(3), 285-304.

⑥ Larson, J. R., Christensen, C., Franz, T. M., & Abbott, A. S. (1998). Diagnosing groups: The pooling, management, and impact of shared and unshared case information in team-based medical decision making. Journal of Personality and Social Psychology, 75(1), 93-108.

决策中。命令型领导者比参与型领导者更有可能重复未共享的信息，从而做出最佳的选择。[一] 经验丰富的领导者也对此更为有效。[二]

转向并保持讨论重点在未共享的信息（独特信息） 越多团队成员重复共同信息，他们发现隐藏侧面的可能性就越小。[三] 团队讨论应将讨论重点放在独特信息上，并在未共享信息被摈弃后重新提出它。在提及独特信息前耽搁时间越久，团队的绩效就会越低。[四] 当团队成员个人被认同时，未共享线索在讨论中被提及的可能性会增加。[五] 当团队成员知道谁在特定知识领域具有专长时，非共享信息被提及的可能性会显著增加。[六] 此外，当团队被提醒思考"谁知道什么"时，他们会做出更好的决策。[七] 在对拥有"少数派"信息持有者群体的研究中，当"少数派"信息持有者也拥有不同的信息时，群体会更有效地利用这些知识。从这个意义上说，社会类别的差异标志着重要的信息差异。[八]

将任务定位为"解决问题"，而不是"做出判断" 将任务定位为一个需要用"可论证的证据"来解决的"问题"。如果团队相信他们的任务有一个可论证的正确答案，他们就不太可能忽视未共享的信息。[九]

例如，陪审团成员被明确告知要注意事实和证据。他们会被告诫，代表本案当事人的律师并不是证人，而是试图影响陪审团成员接受某种特定观点的人。正因如此，辩护律师才有机会解雇那些被认为不能考虑事实的候选陪审员，因为他们的想法已经固定了——他们会以

[一] Larson, J. R., Foster-Fishman, P. G., & Franz, T. M. (1998). Leadership style and the discussion of shared and unshared information in decision-making groups. Personality and Social Psychology Bulletin, 24(5), 482-495.

[二] Wittenbaum, G. M. (1998). Information sampling in decision-making groups: The impact of members' task-relevant status. Small Group Research, 29, 57-84.

[三] Van Swol, Savadori, & Sniezek, "Factors that may affect the difficulty of uncovering hidden profiles."

[四] Kim, P. (1997). When what you know can hurt you: A study of experiential effects on group discussion and performance. Organizational Behavior and Human Decision Processes, 69(2), 165-177.

[五] Stasser, G., Stewart, D. D., Wittenbaum, G. M. (1995). Expert roles and information exchange during discussion. Journal of Experimental Social Psychology, 31(3), 244-265.

[六] Stasser, G. (1988). Computer simulation as a research tool. The DISCUSS model of group decision making. Journal of Experimental Social Psychology, 24(5), 393-422.

[七] Van Ginkel, W. P., & Van Knippenberg, D. (2009). Knowledge about the distribution of information and group decision making: When and why does it work? Organizational Behavior and Human Decision Processes, 108(2), 218-229.

[八] Phillips, K. W., Mannix, E. A., Neale, M. A., & Gruenfeld, D. H. (2004). Diverse groups and information sharing: The effects of congruent ties .Journal of Experimental Social Psychology, 40(4), 497-510; Dahlin, K., Weingart, L., & Hinds, P. (2005). Team diversity and information use. Academy of Management Journal,48(6), 1107-1123.

[九] Laughlin, P. R. (1980). Social combination processes of cooperative problem-solving groups on verbal interactive tasks. In M. Fishbein (Ed.), Progress in social psychology (Vol. 1). Mahwah, NJ: Lawrence Erlbaum & Associates; Stasser, G., & Stewart, D. D. (1992). Discovery of hidden profiles by decision-making groups: Solving a problem versus making a judgment. Journal of Personality and Social Psychology, 63, 426-434.

特定的偏见或信念进入法庭。

排序而不是选择 与简单地让他们"选择"相比，当团队被要求对候选人或备选方案进行"排序"时，他们更有可能做出最佳决策。①

一次只讨论一个选择 充分地讨论一个选择之后再进行下一个选择的讨论。②

延缓最初的判断 提醒团队成员不要在讨论之前就做出判断。共同信息效应是人们将偏见带入讨论过程的直接结果，而并非来自团队讨论本身。③在团队讨论之前，如果越多的团队成员选择相同的方案，那么在团队讨论时越倾向于支持该方案的信息。④即便团队层面过程不存在功能失调问题，团队成员仍然会倾向于坚持最初的、次优的决策偏好，因为他们倾向于用与他们最初偏好一致的方式来评估信息。实际上，即使所有相关信息都被团队成员所共享，也会有近一半的团队发现不了更好的替代方案。⑤

团队成员之间建立信任与熟悉感 与成员相互不熟悉的团队相比，成员彼此熟悉的团队更不太可能由于共同信息效应的影响而做出糟糕的决定。⑥团队成员越认为自己与团队中的其他成员相互依赖，那么他们之间的信息共享就会越强，互相学习也会更多，整个团队也会更加有效。⑦相反，与相互合作的团队相比，相互竞争的团队中团队成员会倾向于保留自己独特的信息。⑧那些意识到他们有详述信息这一共同目标的团队能够更好地做出决策。⑨在混合动机情形下，人们分享信息的意愿可能取决于人们是亲自我导向还是亲社会导向。亲社会导向的人会不断披露私有信息和重要信息，但亲自我导向的人会策略性地隐瞒甚至编造他们的私

---

① Hollingsheadr A. B. (1996a). The rank-order effect in group decision making. Organizational Behavior and Human Decision Processes, 68(3), 181-193.

② Larson, C. E., Foster-Fishman, P. G., & Keys, C. B. (1994). Discussion of shared and unshared information in decision-making groups. Journal of Personality and Social Psychology, 67(3), 446-461.

③ Gigone, D., & Hastie, R. (1993). The common knowledge effect: Information sharing and group judgment. Journal of Personality and Social Psychology, 65(5), 959-974.

④ Schulz Hardt, S., Frey, D., Lüthgens, C., & Moscovici, S. (2000). Biased information search in group decision making. Journal of Personality and Social Psychology, 76(4), 655-669.

⑤ Faulmulier, N., Kerschreiter, R., Mojzisch, A., & Schultz-Hardt, S. (2010). Beyond group-level explanations for the failure of groups to solve hidden profiles: The individual preference effect revisited. Group Processes & Intergroup Relations, 13(5), 653-671.

⑥ Gruenfeld, D. H., Mannix, E. A., Williams, K. Y.,& Neale, M. A. (1996). Group composition and decision making: How member familiarity and information distribution affect process and performance. Organizational Behavior and Human Decision Processes, 67(1), 1-15.

⑦ De Dreu, C. K. W. (2007). Cooperative outcome interdependence, task reflexivity, and team effectiveness: A motivated information processing perspective. Journal of Applied Psychology, 92(3), 628-638.

⑧ Toma, C., & Butera, F. (2009). Hidden profiles and concealed information: Strategic information sharing and use in group decision making. Personality and Social Psychology Bulletin, 35(6), 793-806.

⑨ vanGinkel, W. P., & van Knippenberg, D. (2008). Group information elaboration and group decision making: The role of shared task representations. Organizational Behavior and Human Decision Processes, 105, 82-97.

有信息和重要信息。㊀

团队反思 团队反思（team reflexivity）是讨论团队任务、目标以及达成目标方式的过程。㊁ 当团队成员最初没有意识到详述信息的重要性时，团队反思增加了团队成员对该行为重要性的理解程度。㊂

传达信心 在互动过程中，与传达信心减少的团队相比，鼓励成员表达他们对决策和判断具有信心的团队运转得更为有效，并能从互动中学到更多。㊃ 自认为团队过去的成功归因于他们自己的团队成员，更有可能分享独特信息并考虑更多不同的选择。㊄ 另外，与成员都是中性情绪的团队相比，至少有一名体验过积极情绪成员的团队会分享更多独特的信息。㊅

最小化地位差异 在某一项研究中，组建两种不同的团队，它们分别由平等地位的成员与由不平等地位的成员组成。㊆ 在某些小组中，只有地位较低的成员拥有做出最佳决策所需要的关键信息。与平等地位的团队相比，混合地位的团队做出较差的决策，并且它们较少参考那些关键信息。也许正是出于这个原因，圣弗朗西斯医院和医疗中心的医生和护士缩小了地位差异：手术室里的每个人——不管什么角色——都直呼他们的名字，而不是他们的头衔。㊇ 此外，在精心设计的角色扮演中，医生和护士互换角色，以学习如何对待他人。Scott Ellner 医生立刻能清楚地意识到当一名护士扮演医生的角色时，她会开始以一种居高临下的方式对待下属。

防御导向与进攻导向 与进攻性战略导向的团队相比，防御性战略导向的团队会进行更多的信息搜索，并且最终在隐藏侧面任务上取得更好的表现。㊈

㊀ Steinel, W., Utz, S., & Koning, L. (2010). The good, the bad and the ugly thing to do when sharing information: Revealing, concealing and lying depend on social motivation, distribution and importance of information. Organizational Behavior and Human Decision Processes, 113(2), 85-96.

㊁ West, M. A. (1996). Handbook of work group psychology. Chichester: John Wiley & Sons.

㊂ vanGinkel, W. P., Tindale, R. S., & van Knippenberg, D. (2009). Team reflexivity, development of shared task representations, and the use of distributed information in group decision making. Group Dynamics: Theory, Research, and Practice, 13(4), 265-280.

㊃ Bloomfield, R., Libby, R., & Nelson, M. W. (1996). Communication of confidence as a determinant of group judgment accuracy. Organizational Behavior and Human Decision Processes, 68(3), 287-300.

㊄ Goncalo, G. A., & Duguid, M. D. (2008). Hidden consequences of the group-serving bias: Casual attributions and the quality of group decision making. Organizational Behavior and Human Decision Progresses, 107, 219-233.

㊅ Emich, K.J. (2014, June). Who's bringing the donuts: The role of affective patterns in group decision making. Organizational Behavior and Human Decision Processes, 124(2): 122-132.

㊆ Hollingshead, A. B. (1996b). Information suppression and status persistence m group decision making: The effects of communication media. Human Communication Research, 23, 193-219.

㊇ Becker, A. L. (2012, May 28). Checklists, teamwork minimizing mistakes in medicine, The Connecticut Mirror. ctmirror.org

㊈ Woolley, A. W., Bear, J. B., Chang J. W., & DeCostanza, A. H. (2013). The effects of team strategic orientation on team process and information search. Organizational Behavior and Human Decision Processes, 122(2), 114-126.

虚拟团队合作　这个建议可能看起来有点自相矛盾，一个能够面对面开会的团队反而可以选择虚拟会议，但对 94 个研究中 5596 个团队的大规模分析表明，虚拟性提高了团队中独特信息的共享，而这种共享和面对面会议的绩效表现也是关联的。然而，虚拟团队合作对信息共享开放性的影响效应似乎是呈曲线形的，低水平的虚拟性能够改善信息共享开放性，但高水平的虚拟性却会损害信息共享开放性。换句话说，虚拟团队合作提高了团队内共享独特信息的过程，但会阻碍促进信息共享公开性这一过程。○

团队学习

团队学习包括分享知识、存储知识及提取知识的基本过程。○那么团队如何向环境、新来者和外来者学习呢？

环境

在医院新生儿重症监护病房中，针对项目团队改进的组织学习进行分析时，出现了两个明显的关键影响因素：**学什么**（识别当前最佳实践的活动）和**怎么学**（在给定环境中实施实践的活动）。○当医院团队实施了由广泛证据所支持的实践活动，以及当项目团队成员从事于旨在提升本团队参与度的学习活动时，团队都取得了更大的成功。因此，对于团队来说，学什么（内容）和怎么学（方法）都非常重要。

新来者与轮换者

许多团队都是流动性的，有新人加入团队，也有其他轮换者加入或离开团队。当某个人与该团队有共同的上级时，该团队就有可能采纳这个轮换者的意见。○同时，当这个人的建议优于团队自身的建议时，团队就可能会采取他的意见。当团队和这名轮换者的上级不同时，即使那些想法优于团队的想法，并且有可能会提高团队的绩效，该团队也不会采纳这位轮换者的想法和知识。

间接经验与直接经验

团队成员直接或者间接获得的任务经验会影响团队绩效吗？与间接任务经验相比，直接

○　Mesmer-Magnus, J. R., DeChurch, L. A., Jimenez-Rodriquez, M., Wildman, J., & Shuffler, M. (2011). A meta-analytic investigation of virtuality and information sharing in teams. Organizational Behavior and Human Decision Processes, 115(2), 214-225.

○　Argote, L., McEvily, B., & Reagans, R. (2003). Managing knowledge in organization: An integrative frame work and review of emerging themes. Management Science, 49(4), 571-582.

○　Tucker, A. T., Nembland, I. M., & Edmondson, A. C. (2007, June). Implementing new practices: An empirical study of organizational learning in hospital intensive care units. Management Science, 53(6), 894-907.

○　Kane, A., Argote, L., & Levine, J. (2005). Knowledge transfer between groups via personnel rotation: Effects of social identity and knowledge quality. Organizational Behavior and Human Decision Processes, 96, 56-71.

任务经验会产生更高程度的团队创造力和更多样化的产品。㊀ 通过从直接任务经验中学习的团队会形成更好的交互记忆系统。

思考通过经验所提供的反馈非常重要，但过于详细和具体的反馈可能弊大于利。对某家具工厂 48 名员工的绩效模拟研究显示，反馈具体性的增加阻碍了知识的转移。与得到更多具体反馈的人相比，那些得到较少具体反馈的员工更大程度地依靠明确的信息加工，并且更多地接触到任务的挑战性方面。㊁ 一项针对某家日本制造公司的研究显示，当团队进行学习时，加强垂直机制（vertical mechanisms）对于协调 TMS 非常有必要。㊂

危险、改变与失败

团队失败或环境以意想不到的和剧烈的方式挑战团队的执行能力是不可避免的。例如，有关团队对工作载荷突然和剧烈变化的适应能力的研究表明，学习导向和绩效导向会影响团队的适应能力。㊃ 此外，关于团队项目失败的研究表明，坦然接受组织失败的团队能够更快地从创伤中恢复。㊄

事后回顾

事后回顾（after-action review，AAR）是一种基于对人们在任务中的表现进行回顾的学习和培训方法。采用 AAR 的团队有更好的团队绩效、团队效率、团队沟通及团队凝聚力。㊅

程序化与创新性之间的取舍

团队成员在一起工作的时间越长，就越有可能产生 TMS，因此也会更有效率。然而，在长期合作的团队中存在着一股消极力量，即程序化。某些工作关系可能会随着时间的推移而变得越来越僵化。例如，经历了部分成员资格变化的群体倾向于依赖团队最初发展起来的

㊀ Gino, F., Argote, L., Miron-Spektor, E., & Todorova, G. (2010). First, you get your feet wet: The effects of learning from direct and indirect experience on team creativity. Organizational Behavior and Human Decision Processes, 111(2), 102-115.

㊁ Goodman, J. S., Wood, R. E., & Chen, Z. (2011). Feedback specificity, information processing, and transfer of training. Organizational Behavior and Human Decision Processes, 115(2), 253-267.

㊂ Peltokorpi, V. (2014). Transactive memory system coordination mechanisms in organizations: An exploratory case study. Group & Organization Management, 39(4), 444-471.

㊃ Porter, C. O. L. H., Webb, J. W., & Gogus, C. I. (2010). When goal orientations collide: Effects of leaning and performance orientation on team adaptability in response to workload imbalance. Journal of Applied Psychology, 95(5), 935-943.

㊄ Shepard, D. A., Patzelt, H., & Wolfe, M. (2011). Moving forward from project failure: Negative emotions, affective commitment, and learning from the experience. Academy of Management Journal, 54(6), 1229-1259.

㊅ Villado, A. J., & Arthur, W. Jr. (2013). The comparative effect of subjective and objective after-action reviews on team performance on a complex task. Journal of Applied Psychology, 98(3), 514-528.

TMS，而这最终会损害团队绩效。然而，当团队中的原有成员开始反思他们的集体知识时，这些负面影响就会被减少到最小。当委托是可选择的（TMS 并不确保授权），并且团队对需要什么（如消费者需求）的预期是准确的，更多的 TMS 大体上会导致任务更加程序化，团队成员也可以更加有效地推动工作。这种情况的发生是因为在理解每个团队成员角色时，协调损失比较少。如果没有什么创新需求，这似乎是最好的。因此，程序化和创新性之间存在着不稳定的权衡。

对于组织中的很多工作来说，程序化是一件好事。然而，对于组织的大部分工作而言，创新对于第 1 章所提到的 "竞争性挑战" 是必需的。因此，过于固定的 TMS 可能会阻碍团队的适应能力。

出于这些原因，有关延长团队寿命的问题就显得尤为重要。例如，以一家美国大公司的研发机构为例，该部门有 345 名工程师和科学专业人员，与本组织其他成员在地理上是分开的。该部门的 50 个项目团队在寿命方面（即团队成员彼此合作了多久）差异很大。在为期 15 周的时间里，专业人员保存了与工作有关的沟通记录，无论在饮水机旁还是在停车场，任何时候进行的咨询或交谈都会被记录下来。之后，7 名部门经理和 2 名实验室主管在他们熟悉的领域评估了每个团队在所有项目上的绩效。这些团队的绩效随着他们寿命的延长而不断增加，但是最多只能达到某个极点。在一起工作了 5 年之后，团队的项目绩效急剧下降，正如项目内沟通、组织沟通和外部专业沟通——基本上所有能够给团队带来新鲜观点的所有类型的沟通，其水平都会下降。

这些在一起工作超过 5 年的团队中，发生了以下 4 项行为上的变化：

- **行为稳定性**　项目成员在相当长的时间内都进行着互动，所以他们会发展出相互熟悉和舒适的标准工作模式。这可能很快就会发生——例如，在一次又一次的会议中，即使没有任何合乎逻辑的理由，人们总是倾向于坐在同一个地方。随着时间的推移，这种行为的稳定性导致团队成员与外界的隔离。这个团队会变得越来越自满，不再去质疑那些塑造他们行为的实践。
- **选择性接触**　群体成员会倾向于只与自己观点一致的人交流。这与同质性偏见有关——人们倾向于选择与现有群体成员相似的新成员。随着时间的推移，项目成员将学会有选择地进行互动，以避开那些与他们既定做法和性情有所冲突的信息。
- **小组同质性**　不会受到组织中其他人员影响的团队，他们会对团队以及所处环境达成一致的理解。
- **角色分化**　一起工作和培训的团队在项目能力和工作角色方面会变得越来越专业化。这更加导致了团队成员角色的分化，进而又会导致组员之间更少的互动，因为每个成员的团队角色以及团队对他的期望都变得非常固定。因此，他们失去与许多内部人才的交流，并减弱了相互之间学习新观点的能力。

⊖ Lewis, K., Belliveau, M., Herndon, B., & Keller, J. (2007). Group cognition, membership change, and performance: Investigating the benefits and detriments of collective knowledge. Organizational Behavior and Human Decision Processes, 103(2), 159-178.

⊖ Katz, R. (1982).The effects of group longevity on project communication and performance. Administrative Science Quarterly, 27, 81-104.

因此，就实际任务绩效而言，随着团队寿命的增加，某些社会化过程共同降低了团队的项目沟通水平，进而会降低团队的项目绩效。项目小组越来越孤立于其组织内外的关键信息来源，其成员也越来越稳定。项目沟通的减少会对项目团队的技术绩效产生不利影响。沟通活动的变化更多地与项目团队的寿命相关，而并非取决于某个工程师的任期。换句话说，最重要的不是员工的年龄，而是团队的年龄。此外，个人能力对团队绩效不会带来什么影响。因此，团队中是否有年龄较大、技能较差的员工与团队的寿命之间没有必然的联系。此外，团队的寿命似乎并不是管理者心智模型的一部分——实际上也没有人知道他们项目团队会真正存在多长时间。

那么，上文谈到的原因对团队的寿命而言究竟意味着什么呢？一定程度的熟悉感对于团队以高效的方式一起工作是必要的。协同工作的效果往往使团队成员更加熟悉彼此所掌握的知识，因此可以发展出TMS。TMS对需要减少协调损失和提高战术精度的任务非常有帮助。虽然一定程度的程序化对团队任务会有所裨益，但是过度的程序化会阻碍团队的沟通与创新。从团队设计的角度看，这个问题可能会提供一些见解。例如，可以设计一些团队，其主要目标是充当创新专家，用以创建和传递组织的最佳实践经验。当一个团队与某位轮换者有一个共同上级时，他们更有可能从这位新来者带来的知识和想法中受益。⊖ 此外，当团队成员以一种整体的方式坐着（而不是坐在桌子的对边）时，他们之间有可能会建立一种超常的身份认同。

本章小结

要使团队在工作中取得成效，他们需要共同分享知识，有效地处理相关信息，经过深思熟虑后，以适当的方式采取行动。团队成员之间的沟通需要所有成员协作努力。精确的团队心智模型和TMS的发展可以对抗共同信息效应和隐藏侧面带来的威胁。

⊖ Kane, A., & Argote, L.(2002). Social identity and knowledge transfer between groups. Paper presented at the Annual Meeting of the Academy of Management, Denver, CO.

| 第 7 章 |

团队决策
——陷阱和解决方案

2015年,德国大众汽车公司被卷入了一起大规模的公司丑闻事件:美国及欧洲实验室的测试结果发现,宣称有着"清洁柴油"引擎的大众汽车,其引擎软件中实际上含有"减效装置"的程序。具体来说,当汽车在测试条件下被驱动时,引擎软件会感知并随之激活尾气处理设备以减少排放。但在日常行驶中,这些"清洁柴油"发动机的引擎软件会关闭尾气处理设备,使有毒气体排放量高于法定上限40倍之多。其中一种有毒气体——氮氧化物,可引起支气管炎、肺气肿和其他呼吸道疾病。专家推测,大众之所以安装这种"减效装置"的程序,是为了获得旗下汽车的竞争优势——这种看上去尾气排放量低,同时又能节省燃料并带给司机高扭矩和加速度的汽车,无疑具有广泛的市场吸引力。全球范围内有1100万辆汽车受到了这个"作弊"装置的影响,每年向空气中多排放了25万~100万吨有毒气体。大众有30位管理者参与了此次活动,一系列因素都发挥了作用。大众在生产清洁柴油发动机方面投入了大量资金,却未能达到美国排放测试所要求的标准,这实在使公司相关管理者和工程师难以接受。对那些固执的设计团队来说,对软件动手脚以规避规则并取得成功是诱人的。这家有着78年历史的公司发表了几份声明,为它"完全搞砸了"而道歉,并承诺要纠正他们的错误。大众汽车向美国车主提供了1000美元的补贴,并停止了受影响汽车的销售。大众的股价暴跌,首席执行官文德恩辞职,一些高管也被停职。⊖

大众汽车的溃败令人十分震惊,因为该公司拥有近乎完美的声誉。当造成灾难性的决策后果时,我们就要试图找出问题的根源,而这根源,有可能是错误的决策过程或故意的错误行为。我们将在本章中看到,遵守谨慎决策过程的团队仍有可能做出错误的决定;而在某些情况下,似乎做错了所有事情的团队依旧能够获得成功。

⊖ DiPietro, B. (2015, September 28). Crisis of the week: Volkswagen scandal pollutes carmaker's reputation. The Wall Street Journal. blogs.wsj.com; Kedrosky, P. (2015, October 16). An engineering theory of the Volkswagen scandal. The New Yorker. newyorker.com; Topham, G., Clarke, S., Levett, C., Scruton, P., Fidler, M. (2015, September 23). The Volkswagen emissions scandal explained. The Guardian theguardian.com; Russell, K., Gates, G., Keller, J., Watkins, D. (2016, January 5). How Volkswagen got away with diesel deception. The New York Times. nytimes.com

团队决策

决策（decisionmaking）是一个整合性的活动序列，包括收集、解释和交换信息，创造和确定可供选择的行动路线，通过整合团队成员的不同角度和观点来选择方案，实施选择的方案并监测其结果。⊖ 在决策过程中所涉及的一套理想化活动如图表7-1所示。

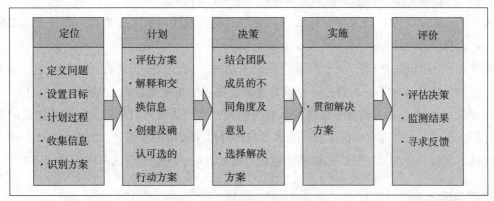

图表7-1　群体决策的理性模型

基于 Forsyth, D. (1990). Group Dynamics (2nd ed., p. 286). Pacific Grove, CA: Brooks/Cole; Guzzo, R. A., Salas, E., & Associates. (1995). Team effectiveness and decision making in organizations. San Francisco, CA: Jossey-Bass,© Leigh L.Thompson.

接下来，我们会讨论各种证据充分的决策偏差如何影响个人决策，以及这些偏差如何在群体中得到改善或加剧；识别团队经常遇到的几个决策陷阱，包括群体思维、从众压力、承诺升级、阿比林悖论、群体极化、不道德决策。

个体决策偏差

各种决策偏差将会使个体决策变得困扰起来（若需全面理解，请参见巴泽曼和摩尔所著的《管理决策中的判断》一书）。⊖ 在这一节中，我们将简要回顾四种证据充分的个体决策偏差，并讨论它们对团队的影响。

框架效应

考虑下面这个问题：⊖

设想美国正在准备应付一种罕见疾病的爆发，这种疾病预计会造成600人死亡。现在已经提出了两种对抗这种疾病的方案，假定对各方案所产生后果的精确科学估算如下：

⊖ Guzzo, R. A., Salas, E., & Associates. (1995). Team effectiveness and decision making in organizations. San Francisco, CA: Jossey-Bass.

⊖ Bazerman, M. H., & Moore, D. A. (2012).Judgment in managerial decision making (8th ed.). Hoboken, NJ: John Wiley & Sons.

⊖ From The framing of decisions and the psychology of choice by Amos Tversky and Daniel Kahneman,© 1981 American Association for the Advancement of Science.

方案 A：如果方案一被采纳，那么 200 人将会获救。

方案 B：如果方案二被采纳，那么有三分之一的可能性 600 人都获救，有三分之二的可能性没有人获救。

如果一定要做出选择，你会选择哪个方案？

当被给予这两种选择时，大部分决策者都会选择方案 A（72%）。现在考虑以下情况：

方案 C：如果方案三被采纳，那么 400 人将会死亡。

方案 D：如果方案四被采纳，那么有三分之一的可能性没有人会死亡，有三分之二的可能性 600 人都会死亡。

面临相同的问题，当用"死亡"这个词语表达时，大多数受访者选择了危险的行动方案（方案 D, 78%）。○这种不一致性是一种偏好逆转，揭示的是**框架效应**（framing effect）。几乎任何决定都可以被定义为相对于某物的收益或损失，然而决策者对于定义收益或损失的参考点往往是武断的。○有几项调查比较了个体与群体对框架效应的敏感性。结果是喜忧参半：有时，群体不太容易受到框架效应的影响，但在一些调查中，他们和个人一样容易犯错。○

过度自信

过度自信偏差（overconfidence bias）是指人们对自己的判断拥有毫无依据的信心的倾向。94% 的大学教授认为他们的教学水平高于平均水平；90% 的司机认为他们高于平均水平；当计算机公司高管做有关他们行业的测试时，他们估计只有 5% 的答案是错误的——事实上，他们的答案 80% 都是错误的。○思考一下图表 7-2 中的问题，图表 7-2 中的指导说明要求决策者选择一个上下界限，即使决策者有 98% 的把握认为实际答案会落在他们选择的范围内，实际上对于大多数决策者，只有四个答案落在了他们选择的上下界限的置信范围内。在一项对 100 人的调查中，就有 42% 的人跌落到 90% 的置信区间外。在一个团队中，过度自信会让人们目光短浅地将注意力集中在他们队友的长处上，而不是他们的弱点上，并且忽略了竞争团队成员的长处和弱点。○

○ Milch, K. F., Weber, E. U., Appelt, K. C., Handgraaf, M. J., & Krantz, D. H. (2009). From individual preference construction to group decisions: Framing effects and group processes. Organizational Behavior and Human Decision Processes, 108(2), 242-255.

○ Tversky, A., & Kahneman, D. (1981). The framing of decisions and the psychology of choice. Science, 211, 453-458.

○ Milch, K. F., Weber, E. U., Appelt, K. C., Handgraaf, M. J., & Krantz, D. H. (2009). From individual preference construction to group decisions: Framing effects and group processes. Organizational Behavior and Human Decision Processes, 108(2), 242-255.

○ Brooks, D. (2009, October 27). The fatal conceit. New York Times, p. A31.

○ Krizan, Z., & Windschitl, P. D. (2007). Team allegiance can lead to both optimistic and pessimistic predictions. Journal of Experimental Social Psychology, 43, 327-333.

说明：下面列出了 10 个问题，在不查阅任何与这些问题有关的信息的情况下，请写下你对每个问题答案的最佳估计。接下来则为你的估计设定一个下界和上界，使你有 98% 的信心确保实际的答案就在你选择的范围内。

问题	最佳估计	下界	上界
1. 2015 年美国人口的平均年龄。	___	___	___
2. 2015 年美国家庭平均年收入。	___	___	___
3. 2015 年美国 5 岁以下的人口比例。	___	___	___
4. 美国联邦政府支出（2016 财年人均医疗保健支出）。	___	___	___
5. 2015 年美国不足 25 岁的人口中至少拥有学士学位的比例。	___	___	___
6. 2016 年美国人口中相信美国在其有生之年会变成无现金社会的比例。	___	___	___
7. 2015 年美国所有濒危或生存受到威胁的动植物的数量。	___	___	___
8. 2015 年美国拥有世界 500 强企业的数量。	___	___	___
9. 2015 年美国世界 500 强企业中营收最高的沃尔玛年度收入。	___	___	___
10. 2016 年薪酬最高的美国 CEO——来自 Expedia 的 Dara Khosrowshahi 的薪酬（包括薪水、期权奖励和限制性股票）。	___	___	___

答案：1. 37.8　2. 53657 美元　3. 6.2%　4. 4301 美元　5. 32.5%　6. 62%　7. 1604　8. 134　9. 48213 万美元　10. 9461 万美元

图表 7-2　过度自信的判断

基于 U.S. Census Bureau（2015）.census.gov； Health, United States, 2014.（2015, May）.National Center for Health Statistics.cdc.gov； Ryan, C.L., Bauman, K.（2016, March）.Educational attainment in the United States；2015.U.S.Census Bureau.census.gov； Swift, A., Ander, S.（2016, July）.Most Americans foresee death of cash in their lifetime.Gallup.gallup.com；Endangered animals and plants of the U.S.（2016）.U.S.Fish and Wildlife Service.fws.gov， ©Leigh L.Thompson。

确认偏差

确认偏差（confirmation bias）是指人们倾向于考虑那些能够支持他们立场、假设或期望的证据，而忽视或不完全信那些会反驳他们信念的证据。那些已深受确认偏差所害的人们，在接收到不支持其信念的证据时，也依旧会保持他们的信念，在某些情况下甚至会增加他们的决心。此外，无论坚决的人还是犹豫不决的人，都有选择性地让自己接触验证性信息的强烈倾向。[一] **视野狭窄（tunnel vision）**往往会加强确认偏差。例如，在新产品开发的研究中，已成为焦点的产品原型往往被过度地看好，并被选中以毫无根据的热情投放市场，这甚至发生在经验丰富的高管身上。[二] 作为确认偏差的示范，请在图表 7-3 中进行测试。**调节焦点（regulatory focus）**将会影响群体中确认偏差的发生率。在追求个人目标时，预防焦点如安全性，会比采取促进焦点时导致更大的偏差（例如，不考虑相互矛盾的信息）。[三]

[一] Galdi, S., Gawronski, B., Arcuri, L., & Friese, M. (2012). Selective exposure in decided and undecided individuals: Differential relations to automatic associations and conscious beliefs. Personality and Social Psychology Bulletin, 5(8),559-569.

[二] Posavac, S. S., Kardes, F. R., & Brakus, J. J. (2010). Focus induced tunnel vision in managerial judgment and decision making: The peril and the antidote. Organizational Behavior and Human Decision Processes,113(2), 102-111.

[三] Sassenberg, K., Landkammer, F., & Jacoby, J. (2014). The influence of regulatory focus and group vs. individual goals on the evaluation bias in the context of group decision making. Journal of Experimental Social Psychology, 54, 153-164.

> 想象一下有下面四张卡片放在你面前，每张卡片分别印有以下符号：
>
> | 卡片1 | 卡片2 | 卡片3 | 卡片4 |
> |---|---|---|---|
> | E | K | 4 | 7 |
>
> 假如现在你被告知卡片的一面是字母，另一面是数字。你的任务则是判断对这四张卡片来说下列规则的有效性："如果一张卡片的一面有一个元音字母，那么它的另一面是一个偶数。"你只能翻转那些可以判断规则正确与否的卡片，那么你会翻哪张（些）卡片？（在继续阅读前请决定好翻哪些卡片。）
>
> 在大量的调查中，89%的人选择"E"，这是一个逻辑上正确的选择，因为另一面出现奇数就会使规则无效。[a]然而，62%的人也会选择"4"，但这张卡片并不是很有意义，因为另一面无论出现元音还是辅音都不会推翻规则。只有25%的人选择翻"7"这张卡片，这是一个非常有意义的选择，因为"7"的背面若是元音，则规则会被推翻。只有16%的人选择"K"，这也并不是一个具有丰富信息的选择。
>
> 人们在这个任务中犯了两种逻辑错误。首先，他们选择"4"就是确认偏差的一个例子。其次，他们试图否定他们所相信的事实，即翻了"7"这张卡片。[b]

图表7-3 卡片测试

基于 [a]Oaksford, M., & Chater, N. (1994). A rational analysis of the selection task as optimal data selection. Psychological Review, 101, 608-631; [b]Wason, R. C., & Johnson-Laird, P. N. (1972). Psychology of reasoning: Structure and content. Cambridge, MA: Harvard University Press, ©Leigh L.Thompson.

决策疲劳

制定决策，尤其是制定复杂的组织决策时，需要耗费大量的精神资源。众所周知，仅仅做决定这个行为就会产生疲劳。然而，与体力消耗不同的是，大多数决策者并没有意识到他们在做了几项决定后就已经筋疲力尽了。这样导致他们的组织处于危险之中，因为他们会花费更多的钱，拒绝做出权衡，做出苛刻的决策，或者干脆回避决策。例如，一项调查研究了法官如何做出1000个以上的假释裁决，并发现在控制了种族背景、犯罪、当前刑期等变量的情况下，这些假释决定与法官审理案件的时间有着相关性。在上午，即法官们精神疲惫之前，有70%的案件获得了假释，但在这之后，只有10%的人获得了假释。[1]对此的解释是，法官在当天晚些时候会更加疲惫，因此做出更苛刻的决策。

个体与群体决策

可论证与不可论证的任务

可论证的任务是一个有明显、正确答案的任务。许多管理和高管教育课程会用这样的模拟情境挑战商业人士：假设他们被困在恶劣的环境中，如北极苔原、炙热的沙漠或危险的丛林，他们必须一起计划并制定策略以确保他们的存活。[2]一些组织确实会设置这样的情境。一

---

[1] Danziger, S., Levav, J. & Avnaim-Pesso, L. (2011, April 26). Extraneous factors in judicial decisions. Proceedings of the National Academy of Sciences of the United States of America, 108(17), 6889-6892.

[2] One such simulation is Desert Survival, available from Human Synergistics International, 39819 Plymouth Road, C8020, Plymouth, MI 48170-8020, USA.

些流行的电视节目秀基于"求生"的概念，让一些团队在里面展现了他们擅长的冒险运动。但在管理实验室和课堂上，队友们仅仅被要求按重要性对一些物品进行排序，比如手电筒、水壶和刀等。接着，团队做出的排序可以作为基准，与专家的排序以及团队每个成员的排序相比较。

超越个人的团队

在可论证的任务中，团队的表现必然会优于群体简单算术平均值。回顾团队绩效方程，其中一个团队的实际生产力（AP）= 潜在生产力（PP）+ 协同作用（S）- 绩效威胁（T）。在这种情况下，群体算术平均值代表了群体的潜在生产力。如果团队实际生产力超过了这个值，则表明该团队经历了一个协同过程（即一起工作让这个团队胜过简单聚合他们自己的决策所做出的表现）。如果团队的实际生产力更差了，说明群体协同过程是有缺陷的。然而，团队领导者关注团队的表现是否超过了团队中最优秀成员的表现也是有道理的，也许团队决策最好的方法就是将团队的信任托付给一个知识渊博和有能力的小组成员。一项调查研究了222个项目团队的个人与团队决策，团队人数从三人到八人不等。[一] 在大多数情况下，团队的表现超出其中最为训练有素的团队成员。

在许多可论证的问题上，团队都表现得比个人好。例如，三人、四人或五人组成的团队在"字母–数字映射"问题上（例如，"A + D = ？"）[二] 会比最优秀的个人表现得更好，并且团队在估算问题上胜过个体。[三] 在世界知识问题上，例如词汇、类比和有用性排序项目，团队表现出的是处于团队次优的个体成员的水平。使用结构化方法进行决策的团队比那些没有使用的表现更好。[四]

[一] Michaelsen, L. K., Watson, W. E., & Black, R. H. (1989). A realistic test of individual versus group consensus decision making. Journal of Applied Psychology, 74(5), 834-839.

[二] Laughlin, P., Hatch, E., Silver, J., & Boh, L. (2006). Groups perform better than the best individuals on letters-to-numbers problems: Effects of group size. Journal of Personality and Social Psychology, 90(4), 644-651;Laughlin, P. R., Bonner, B. L., & Miner, A. G. (2002). Groups perform better than the best individuals on letters-to-numbers problems. Organizational Behavior and Human Decision Processes, 88, 605-620; Laughlin,P., Zander, M., Knievel, E., & Tan, T. (2003). Groups perform better than the best individuals on letters-to numbers problems: Informative equations and effective strategies. Journal of Personality and Social Psychology, 85(4). 684-694.

[三] Laughlin, P., Gonzalez, C., & Sommer, D. (2003). Quantity estimations by groups and individuals: Effects of known domain boundaries. Group Dynamics: Theory Research and Practice, 7(1), 55-63; Laughlin, P., Bonner,B., Miner, A., & Carnevale, P. (1999). Frames of references in quantity estimations by groups and individuals.Organizational Behavior and Human Decision Processes, 80(2), 103-117; Laughlin, P. R., Carey, H. R., & Kerr, N.L. (2008). Group-to-individual problem-solving transfer. Group Processes & Intergroup Relations, 11(3), 319-330.

[四] Whitte, E. H. (2007). Toward a group facilitation technique for project teams. Group Processes & Intergroup Relations, 10(3), 299-309; Bonner, B. L., Sillito, S., & Baumann, M. (2007). Collective estimation: Accuracy expertise, and extroversion as sources of intra-group influence. Organizational Behavior and Human Decision Processes, 103(1), 121-133.

群体 – 个体转移

具有在群体中参与解决可论证任务经历的人，会将他们的绩效表现转移为个体任务，[一]同时那些参与过小组讨论的人会表现得更为准确。[二]群体之所以能超越个人，是因为有一个**"群体 – 个体"转移**（group-to-individual transfer），在此过程中群体成员的行为会在群体的互动中变得更为准确。[三]

然而，无论群体的实际准确性如何，群体会比个人更为过度自信。例如，在一项调查中，要求群体对股票价格进行预测，群体的实际正确率是 47%，但其信心水平却是 65%。[四]在 2003 年"哥伦比亚号"航天飞机解体的三天前，美国宇航局的官员曾开会讨论应如何监控并减少升空时下降的碎片数量（"哥伦比亚号"解体可能的原因之一），但得出的结论是，在飞行时的修复工作——可能的解决方案——过于昂贵，"比他们试图修复的要产生更多的损失"。[五]群体也更有可能加剧个人表现出的一些缺点，即群体比个人更容易忽视特定的、基本的信息。[六]然而，当群体成员搜索与某个问题相关的信息时，准确性高的群体成员会更有影响力，绩效也会提高。[七]

少数人与多数人

关于可论证问题的解决，少数人和多数人指的是群体中最初有多少人知道正确的解决方案。最初正确的少数人比最初正确的多数人更有可能向群体其他人解释其正确的解决方案，尤其是当小组的目标聚焦于学习上的时候。[八]

[一] Laughlin, P. R., Carey, H. R., & Kerr, N. L. (2008). Group-to-individual problem-solving transfer.Group Processes & Intergroup Relations, 11(3), 319-330.

[二] Roch, S. R. (2007). Why convene rater teams: An investigation of the benefits of anticipated discussion, consensus, and rater motivation. Organizational Behavior and Human Decision Processes, 104(1), 14-29.

[三] Schultze, T., Mojzisch, A., & Schulz-Hardt, S. (2012). Why groups perform better than individuals at quantitative judgment tasks: Group-to-individual transfer as an alternative to differential weighting. Organizational Behavior and Human Decision Processes, 118(1), 24-36.

[四] Fischhoff. B., Slovic, P., & Lichtenstein, S. (1977). Knowing with certainty: The appropriateness of extreme confidence. Journal of Experimental Psychology: Human Perception and Performance, 3(4), 552-564.

[五] Associated Press. (2003, February 14). Before Columbia, NASA mulled space repairs.

[六] Hinsz, V. B., Tindale, R. S., & Nagao, D. H. (2008). Accentuation of information processes and biases in group judgments integrating base-rate and case specific information. Journal of Experimental Social Psychology, 44(1), 116-126.

[七] Bonner, B. L., & Bolinger, A. R. (2013). Separating the confident from the correct: Leveraging member knowledge in groups to improve decision making and performance. Organizational Behavior and Human Decision Processes, 122(2), 214-221.

[八] Aramovich, N. P., & Larson, J. R. (2013). Strategic demonstration of problem solutions by groups: The effects of member preferences, confidence, and learning goals. Organizational Behavior and Human Decision Processes, 122(1), 36-52.

群体决策规则

鉴于群体决策的广泛性,团队需要一种方法,借由此能够融合个体决策,产生群体决策收益的方法。⊖ 决策规则的目标可能会有所不同,比如是最多团队成员偏好的选择,还是最少成员反对的选择,或者是最大化团队福利的选择。在对几种成功的决策规则的广泛测试中,与其他需要更多资源的规则(如个体判断取平均规则,见图表 7-4)相比,"服从多数"规则的表现更好。⊜ 因此,在寻求真相的群体决策中,群体在使用多数投票规则时表现良好。然而,当他们选择时却往往会避开多数原则。例如,群体倾向于选择所有群体成员都可以接受的替代方案,即使大多数成员倾向于另一种选择。⊜

群体决策规则	描述	个人认知努力	社会(群体)努力
平均优胜	让每一个成员对每个备选方案的价值进行估计,并计算每个方案的平均估计值,然后选择最高的平均值	高	高
中位优胜	让每一个成员对每个备选方案的价值进行估计,并计算每个方案的中位估计值,然后选择最高的平均值	高	高
Davis 加权平均优胜	让每一个成员对每个备选方案的价值进行估计,并为每个方案赋值加权平均值,然后选择最高的加权平均值	高	高
Borda 排名优胜	让每一个成员都按照估计值对每个方案进行排名,并为每个位置赋值 Borda 排名分数(个人对每个方案排名的总和),并选择一个最低的(最受欢迎的)分数	高	高
Condorcet 多数规则	对所有的两两组合进行投票选择(例如,10 个候选方案有 45 次投票),而赢得所有投票的方案就是 Condorcet 获胜者(有可能没有唯一的全体赢家)	低	高
多数/简单规则	每个成员以最高的估计值选择一种方案,然后选择得票最多的一种方案	低	低
最佳成员规则	在估计方案价值时,个人准确性最高的人有决定的权利,这个成员的第一选择就是团队的选择	高	中
随机成员规则	在每一个试验中,随机选择一个成员,这个成员的第一选择就是团队的选择	低	低
团队满意度规则	在每一个试验中,都是按照随机顺序对方案进行考察;第一个让所有成员的估计值都超过对其期望阈值的方案,就是团队的选择	中	中

图表 7-4 群体决策规则

基于"The robust beauty of majority rules in group decisions" by Reid Hastie, Tatsuya Kameda in Psychological Review, 112(2), 494-508, ©2005 American Psychological Association.

⊖ For a review, see Laughlin, P. R. (2011). Social choice theory, social decision scheme theory, and group decision-making. Group Processes & Intergroup Relations, 14(1), 63-79.

⊜ Hastie, R., & Kameda, T. (2005). The robust beauty of majority rules in group decisions. Psychological Review,112(2), 494-508.

⊜ Ohtsubo, Y., & Miler, C. E. (2008). Test of a level of aspiration model of group decision making: Non obvious group preference reversal due to an irrelevant alternative. Journal of Experimental Social Psychology, 44(1), 105-115.

多数规则（majority rule）是最常见的决策规则，由于它的易用性和熟悉度，团队可能经常使用它启发决定。㊀尽管多数规则具有民主的吸引力，然而它在协商达成一致意见时会出现几个问题。首先，多数规则忽略了成员对备选方案的偏好强度。一个对某件事情有着强烈感受的人，他的投票却和一个几乎漠不关心的人的投票一样重要。因此，多数规则可能无法促进问题之间的创造性权衡。㊁多数规则也可能鼓励团队内部形成联盟或子团队。虽然达成意见一致的决策是费时的，但它能够鼓励团队成员考虑创造性的选择以满足所有成员的利益。需要达成共识的团队比那些不需要达成共识的团队决策准确性更好。㊂

拒绝决策

有时候，人们会拒绝做决定，拒绝一切选项并延迟选择。根据**组模型中动机性信息处理**（motivated information processing in groups model），认知动机和社会动机都会影响群体拒绝做出决定的可能性。㊃当求知动机较低时，群体会迅速做出决定；当求知动机较高时，他们往往拒绝做决定。当群体具有亲自我（与亲社会相对）动机时，他们就会进行更长时间的讨论，并从事更多的强制行为。㊄

群体思维

当团队成员将达成一致置于所有其他优先事项之上——包括运用良好的判断力——且一致性折射出糟糕的判断力或不恰当、不道德的行为时，就会出现**群体思维**（groupthink）。在企业界，群体思维惨败的例子可见图表7-5。想要达成一致的愿望变得如此重要，以至于它可以凌驾于对其他行动方案的评估之上。㊅群体思维可能来自顺从环境的群体压力，或真诚希望能吸收和反映所有团队成员的观点。这种压力也可能来自管理层，指令要求达成所有人都同意的决策。㊆从众压力会促使决策者减少顾虑，忽略外部信息，感到非常自信，并采取一种坚决的态度。

㊀ Hastie, R., Penrod, S., & Pennington, N. (1983). Inside the jury. Cambridge, MA: Harvard University Press;Ordeshook, P. (1986). Game theory and political theory: An introduction. Cambridge, UK: Cambridge University Press.

㊁ Mannix, E., Thompson, L., & Bazerman, M. H. (1989). Negotiation in small groups. Journal of Applied Psychology 74, 508-517; Thompson, L., Mannix, E., & Bazerman, M. (1988). Group negotiation: Effects of decision rule, agenda, and aspiration. Journal of Personality and Social Psychology, 54(1), 86-95; Castore. C. H., & Murnighan,J.K(1978). Determinants of support for group decisions. Organizational Behavior and Human Performance, 22, 75-92.

㊂ Roch, "Why convene rater teams."

㊃ DeDreu. C. K. W., Nijstad, B. A., & van Knippenberg, D. (2008). Motivated information processing in group judgment and decision making. Personality and Social Psychology Review, 12(1), 22-49.

㊄ Nijstad, B. A., & Oltmanns, J. (2012). Motivated information processing and group decision refusal. Group Processes & Intergroup Relations, 15(5), 637-651.

㊅ Janis, I. L. (1972). Victims of groupthink (2nd ed.). Boston: Houghton Mifflin.

㊆ Ibid.

> - 安然出现了一些会导致公司垮台的风险会计做法、利益冲突和隐藏的债务风险，董事会对此其实有充分的了解（并可阻止）；然而，安达信（安然的会计师事务所）并没有采取任何措施来阻止公司的高风险行为。[a, b]
> - 英国石油公司漏油事件：英国石油公司的员工实际上知道这些危险，并承认有许多警告信号出现。然而，他们的奖金是根据维修的"停机时间"计算的。[c]
> - 大众公司的丑闻：该公司所安装的技术无法达到雾状污染物的排放标准，尤其是美国的排放标准。这个决策可以追溯到10年前，当时是该公司的监事会决定将柴油车推向美国的。[d]
> - 通用汽车公司等了十多年才召回260万辆点火开关有缺陷的汽车，该公司的决定显得每一个开关可以节省的57美分比客户的安全更重要。[e]
> - 2013年的反挖人运动中，科技巨头卢卡斯影业、皮克斯和Intuit公司支付了2000万美元。而在2015年，谷歌、苹果、英特尔和Adobe因为限制员工的流动性，压低员工工资而被判支付4.15亿美元的赔偿金。[f]

图表7-5　企业中群体思维的例子

基于 [a]Janis, I.L., & Mann, L.(1977).Decision making: A psychological analysis of conflict, choice, and commitment(p.130).New York: The Free Press, a Division of Simon & Schuster.[b]Levine, D.(2004, February 5).The wheels of Washington/groupthink and Iraq. San Francisco Gate.www.sfgate.com.[c]Byrne,J.A.(2002a, July 29).No excuses for Enron's board.Businessweek,3793, 50-51.[d]Byrne, J.A.(2002b,August 12).Fall from grace.Businessweek, 3795, 51-56.[e]Corrigan,T(2010,August 27).So many warnings, so little action ahead of BP's Deepwater disaster.Telegraph. Telegraph.co.uk.[f]Davenport,C.& Hakim, D.(2016,January 4).U.S.sues Volkswagen in diesel emissions scan-da © Leigh L.Thompson

当群体中存在屈服于达成一致的压力时，群体思维表现出三个主要症状：

- 对群体高估：群体成员认为自己是完美的，同时在道德上是正确的。这会让决策者认为他们是不受标准约束的。
- 封闭思维：参与集体合理化（collective rationalization）的群体成员，往往会伴有对群体外部成员的偏见。
- 趋向一致的压力：在群体思维的情况下，成员对多样化观点存在着一种强烈的排斥。持异议者会受到巨大的社会压力，这往往会导致群体成员抑制他们的表达本意。

群体思维所产生的不足会导致决策过程中的许多缺陷。例如下面这些常常伴随群体思维的失误：

- 不完全调查替代方案
- 不完整调查目标
- 不能重新审视替代方案
- 没有校验首选方案
- 选择性偏差
- 信息搜索不足
- 未能制订应急计划

以上这些行为往往会阻碍理性决策。

以史为鉴

历史上，一些显著的差异可以将群体思维与机警的决策区分开来。

图表7-6总结了三种关键证据：①可能导致群体思维的因素；②促进合理决策的因素；③没有引起群体思维的因素。

对政治后果过分担忧，或基于政治影响的备选方案分析，与这些相关联的领导者行为，是群体思维的一个关键性决定因素。类似的，当群体过分关注自己的政治形象时，他们可能不会做出合理的决策。

在防范性的情形方面，团队行为比领导者行为对群体思维发展的影响更大。有效的群体决策可以通过任务导向、灵活性、去中心化、开放性规范、鼓励不同意见、关注共同目标、考虑必要的权衡来实现。

条　件	领导行为与认识	团队行为与认知
险峻条件 （可能导致团体迷思）	• 评估范围狭窄、有缺陷 • 从政治角度分析选项 • 对形象和声誉的关注 • 规避损失的策略	• 僵化 • 从众 • 从政治角度看待角色（保护政治资本和地位） • 大的团队规模 • 团队成员对团队感到一种社会认同感 • 团队相互作用和讨论必须产生或揭示一个新兴的或占主导地位的群体规范 • 低自我效能感，团队成员对他们达成满意解决方案的能力缺乏信心 • 对社会认同的感知威胁
预防条件 （可能产生有效决策）	• 明确和直接的政策偏好允许团队立即知道领导者的立场	• 任务导向 • 知识的灵活性 • 更少的危机意识 • 更少悲观 • 更少腐败（即更关注遵守正确的规则和程序） • 更少的集中化 • 开放性和直言性 • 及时调整失败的政策 • 真正致力于解决问题 • 鼓励不同意见 • 在紧急情况下果断采取行动 • 适应环境变化 • 关注共同的目标 • 认识到权衡的必要性 • 能够为意外事件临时创造解决方案
不确定条件 （不太可能创造不同）	• 强有力的、固执己见的领导	• 勇于冒险 • 凝聚力 • 内部辩论

图表7-6　群体思维发展的促发和预防条件

基于 Tetlock, P. E., Peterson, R., McGuire, C., Chang, S., & Feld, R (1992). Assessing political group dynamics: The test of the groupthink model. Journal of Personality and Social Psychology, 63, 403-425; Baron, R. (2005). So right it's wrong: Groupthink and the ubiquitous nature of polarized group decision making. Advances in Experimental Social Psychology, 37, 219-253.©Leigh L.Thompson.

减少群体思维

大多数群体思维现象（如封闭思维）发生的背景范围比最初认为的要更加广泛，而实证证据是混杂的。[⊖] 在本节中，我们确定了一些领导者可以采取的预防群体思维的具体步骤。这种预防建立在两个目标的基础上：激发建设性、认知性冲突，降低关注他人看待团队的态度（一种从众压力）。

⊖ Baron, R. (2005). So right it's wrong: Groupthink and the ubiquitous nature of polarized group decision making. Advances in Experimental Social Psychology, 37, 219-253.

团队规模　大规模的团队会更加容易陷入群体思维，[一]因为随着团队规模的增加，人会变得更加胆怯和犹豫。当团队人数超过10人时，团队成员对团队绩效的个人责任感也会随之削弱。

为团队保全面子的机制　一个得到组织尊重和支持的小团队，看上去处于一个能做出有效决策的理想位置。然而，他们却往往不能做到。很多团队都会害怕因糟糕的决策，甚至是那些本身就无法预测结果的决策而被指责。保全面子的顾虑常常会阻碍人们改变行动方向，即使当目前的行动方向明显令人怀疑时。因此那些在知道决策后果之前就预先为糟糕业绩表现找到借口的团队，相比那些没有借口的团队，更不容易陷入群体思维。[二]

风险技术　风险技术是为了减少团队成员对决策的恐惧而设计的一个结构化讨论情境。[三]讨论的结构化使团队成员更易讨论决策所涉及的危险或风险，并延迟对潜在收益的讨论，进而商量出处理危险或风险的控制手段或机制。这样做的目的是为团队成员创造良好的环境，他们可以自由表达疑惑、提出批评，而不用担心来自团队的拒绝或敌意。第一种方法是，让一位协调者扮演对某项决策故意持相反意见的人，只要有一个人表达出疑问，就有可能使其他人摆脱约束，从而提出质疑和顾虑。第二种方法则是让成员私下表达质疑或顾虑，并以一种无法辨认的方式将信息公布出来。

不同视角　在这项技术中，团队成员会假定其他支持者的观点与决策之间存在着利害关系。[四]1986年，由O形密封圈失效引起的火箭助推器故障，使"挑战号"航天飞机在起飞后就发生了爆炸。RogerBoisjoly，一位当时注意到可能存在故障的工程师曾尝试中止发射，但其后来表示"我受到了其他人的冷眼，'那些眼神似乎想让我走开且不要来打扰'，管理层没有人想要讨论这个事实，他们在言语上忽视我，我感到非常无助，觉得进一步的争论也是白搭，所以我停止了报告"。[五]尽管"挑战号"灾难的发生很大程度上是因为不知道如何解释统计数据，采取不同视角的重点在于可以创建一个促使人们更慎重考虑问题的机制，这会促使这些团队重新考虑其证据。

故意唱反调的人　当高级管理层执着于某个计划或观点时，他们通常对可疑的，甚至是完全对立的证据无动于衷。更糟糕的是，下属通常不会去挑战管理者的权威。因此，有一些团队会制定**故意唱反调的机制（devil's advocate）**，从而能够对占据主导地位的提议提出反对和质疑的意见。相比那些会为其决策寻找理由的团队，预期会对论点进行反驳的团队更不

[一]　McCauley, C. (1998). Groupthink dynamics in Janis's theory of groupthink: Backward and forward. Organizational Behavior and Human Decision Processes, 73(2-3), 142-162.

[二]　Turner, M. E., Probasco, P., Pratkanis, A. R., & Leve, C. (1992).Threat, cohesion, and group effectiveness: Testing a social identity maintenance perspective on groupthink.Journal of Personality and Social Psychology 63, 781-796.

[三]　Maier, N. R. F. (1952). Principles of human relations, applications to management. New York: John Wiley & Sons.

[四]　Turner, M. E., & Pratkanis, A. R. (1998). A social identity maintenance model of groupthink. Organizational Behavior and Human Decision Processes, 73(2-3), 210-235.

[五]　From Ethical decisions—Morton Thiokol and the space shut-tle Challenger disaster by Roger M.Boisjoly, ©1987 Roger M.Boisjoly.

容易陷入确认偏差。温斯顿·丘吉尔（Winston Churchill）知道应如何对抗群体思维和"应声虫"。由于担心他具有传奇色彩的形象会阻止下属向他反映事实，他在指挥链外创立了一个部门，即"统计办公室"，该部门的主要职责是向他提供最缺乏的和倒胃口的事实。类似的是，《公司如何撒谎》（How Companies Lie）一书的作者认为团队应有"反向指针"，它的主要功能是提出最丑陋的可能的问题。

在激发新颖的见解、思考对立的意见以及改变态度方面，**诚恳的异议（genuine dissent）**优于**做作的异议（contrived dissent）**或完全无异议。**异见者（a deviant）**是指团队中表达了不同观点的人。团队中异见者的存在，虽然减弱了团队信心、团队凝聚力以及任务满意度，但是可以增加团队的精心规划，提升团队的决策质量。

结构化讨论 结构化讨论的目标是延迟解决方案的选择过程，进而增加问题解决的阶段。这样可以避免解决方案过于武断，并且能使问题的分析与评估得到延伸。举例而言，团队可能得到的指导方针，即强调解决方案的持续征集，保护以免受批评，保持以问题为中心的讨论，以及在评估前列出所有的解决方案。在这样的讨论中，由于心理距离以及抽象化会增加从众行为，因此决策制定者应更加具体与直接。

保护备选观点 尽管团队能够产生高质量的决策备选方案，但他们往往未能将其作为首选的解决方案进行采纳。团队面临的绝大多数问题都不是简单的、"尤里卡"型（即"找到了"类型）决策，在这类决策中，正确答案显而易见。准确地说，团队成员必须使别人相信他们观点的正确性。当存在从众压力以及团队成员已经对某一特定行动方案做出公开表态时，说服是非常困难的。由于这些原因，告知团队成员记录每次会议中提出的所有备选方案是有帮助的。

---

① Mojzisch, A., Schulz-Hardt, S., Kerschreiter, R., & Frey, D. (2008). Combined effects of knowledge about others' opinions and anticipation of group discussion on confirmatory information search. Small Group Research, 39(2), 203-223.

② Schroth, R. J., & Elliott, A. L. (2002). How companies lie: Why Enron is just the tip of the iceberg. New York:Crown Business.

③ Schulz-Hardt, S., Jochims, M., & Frey, D. (2002). Productive conflict in group decision making: Genuine and contrived dissent as strategies to counteract biased decision making. Organizational Behavior and Human Decision Processes. 88. 563-586; Nemeth, C., Connell, J., Rogers, J., & Brown, K. (2001). Improving decision making by means of dissent.Journal of Applied Social Psychology, 31(1), 48-58; Nemeth, C., Brown, K. & Rogers,J. (2001). Devil's advocate versus authentic dissent: Simulating quantity and quality. European journal of Social Psychology, 31, 707-720.

④ Rijnbout. J. S., & McKimmie, B. M. (2012). Deviance in organizational group decision-making: The role of information processing, confidence, and elaboration. Group Processes & Intergroup Relations, 15(6), 813-828.

⑤ Maier, Principles of human relations, applications to management.

⑥ Ledgerwood, A., & Callahan, S. P. (2012). The social side of abstraction psychological distance enhances conformity to group norms. Psychological Science, 23(8), 907-913.

⑦ Janis, Victims of groupthink (2nd ed.), p. 172; Turner, Probasco, Pratkanis, & Leve. "Threat, cohesion, and group effectiveness," p. 176.

第二解决方案 这种方法需要团队识别出第二推荐的解决方案或决策建议，作为第一选择的补充替代。这样可以加速问题解决，促进观点产生，以及提高绩效水平。○

时间压力 时间压力会导致更多的风险决策。○时间压力是团队的压力源，且会影响团队决策的有效性。○相比近期决策，道德原则在远期决策中起指导作用的可能性更大。在近期决策中，困难、成本和情境压力更有可能占据重要位置。对管理者而言，相比于远期的未来行动，他们更有可能在近期决策行动中妥协其道德原则。○

承诺升级

1985 年，可口可乐推出新可口可乐的举动最终被视作一次错误和反面教材。这样明显的失败是否能促使团队重新审视他们的决策过程并对其进行改进呢？不一定。事实上，在某些情况下，即使面对明显相反的证据，团队依旧会坚持失败的行动方案，这就是**承诺升级**（escalation of commitment）的现象。

考虑以下的决策情境：

- 尽管苹果和安卓系统已在智能手机市场中占据主导地位，但微软依旧决定联手诺基亚试水手机市场，在诺基亚的 Lumia 手机上开发了 Windows phone。在得到平淡无奇的评价后，微软本可以就此打住，但其反而完全买下了诺基亚。○
- 尽管贺卡市场规模在 2012 年缩至 54 亿美元，且预计到 2018 年将降至 43 亿美元，但 Hallmark 依旧生产着不盈利的产品。○
- 由谷歌的秘密实验室 Google X 开发的谷歌眼镜，以 1500 美元的价格将可穿戴电脑雏形提供给了几千名"探索者"。然而，该产品的缺陷早在推出之前就已在公司内部得到广泛承认，当时的用户就已提出产品存在软件缺陷和隐私问题。最终在推出近四年后，谷

○ Hoffman, L. R., & Maier, N. R. F. (1966). An experimental reexamination of the similarity-attraction hypothesis. Journal of Personality and Social Psychology, 3, 145-152.

○ Young, D. L., Goodie, A. S., Hall, D. B., & Wu, E. (2012). Decision making under time pressure, modeled in a prospect theory framework. Organizational Behavior and Human Decision Processes. 118(2). 179-188.

○ Morgan, B. B., & Bowers, C. A. (1995). Teamwork stress: Implications for team decision making.In R. A. Guzzo & E. Salas (Eds.), Team effectiveness and decision making in organizations (pp. 262-290). San Francisco, CA: Jossey-Bass.

㊃ Liberman, N., & Trope, Y. (1998). The role of feasibility and desirability considerations in near and distant future decisions: A test of temporal construal theory. Journal of Personality and Social Psychology, 75(1), 5-18.

㊄ Klingebiel, R. (2013, September 3). The right deal for Nokia, but wrong deal for Microsoft? What the $7.1bn deal really means. The Drum. thedrum.com

㊅ Morris, F. (2015, July 8). To survive, the greeting card industry will have to get creative. National Public Radio. npr.org; Franzen, C. (2013, September 4). Sorry for your loss: Hallmark struggles to update its card empire.The Verge. theverge.com

歌终止了该产品。○

上面的每一种情境，个人和团队都为最终被认为是失败的行动方案投入了额外的资源。通常情况下，这些情境最初并不会看上去毫无吸引力。如果在此之前没有参与事件的相关人员做出不同的决策，或其他客观人士不选择该行动方案，就意味着升级困境的出现。在升级困境下，承诺投入追加资源的决策是为了"扭转局势"。然而，投资越大意味着可能的损失越严重，人们就越倾向于扭转局面。

承诺升级的过程如图表7-7所示。在承诺升级的第一阶段，决策团队面临着可疑或负面的结果（如价格下跌、市场份额下降、绩效评估不佳，或运转失常）。这一外部事件促使人们重新审视团队当前的行动方案，在这一过程中，将权衡继续行动的效用与退出，或改变路线的效用。这个决策决定了团队对当前行动方案的承诺。如果承诺很低，团队可能退出项目并承担其损失。但是，如果承诺很高，团队将继续承诺，并在决策阶段连续循环。承诺升级周期涉及四个关键流程：项目决定因素、心理决定因素、社会决定因素和结构决定因素。○

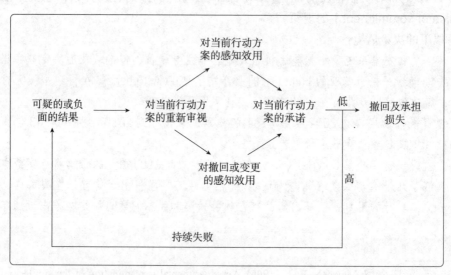

图表7-7　承诺升级

基于 Ross, J., & Staw, B. M. (1993). Organizational escalation and exit: Lessons from the Shoreham Nuclear Power Plant. Academy of Management Journal, 36(4), 701-732, ©Leigh L.Thompson.

项目决定因素

项目决定因素是情境的客观特征。在收到负面的反馈后，团队成员会询问感知到的挫折是永久性的还是暂时性的（例如，在一个嘈杂的系统中，市场份额的减少是一种有意义的趋势还是一种简单的扰动）。如果被认为是暂时的，那么似乎没有什么理由改变方向。然后，考虑是否增加项目的投资或投入更多的时间和精力，团队必须考虑是否希望升级承诺。当然，

○ Bilton, N. (2015, February 4). Why Google Glass broke. The New York Times. nytimes.com; 12 worst American product flops. (2015, April 15). Market Watch. marketwatch.com

○ Ross, J., & Staw, B. M. (1993, August). Organizational escalation and exit: Lessons from the Shoreham nuclear power plant. Academy of Management Journal, 36(4), 701-732.

这可能是正确的选择，但应明确的是，在结果持续糟糕的情况下，这样的决策可能会使团队难以终止行动方案。

心理决定因素

心理决定因素指的是那些驱使人们坚持已选择的行动方案的认知和动机因素。当管理者和团队得知项目结果可能是负面的时候，他们应依据自己在项目中的参与程度询问自己以下问题：

在这个项目中我能获得什么个人回报？ 在很多案例中，是项目本身的过程而不是项目的结果促成了继续项目。这将导致进入一个自我持续的强化陷阱，而其中继续项目所得的回报和组织目标并不一致。令人讽刺的是，有着高自尊的人更有可能成为心理压力的受害者，因为相比低自尊的人，高自尊的人对自我有着更多的投资。

我的自尊与团队的声誉是否受到威胁？ "如果我取消这个项目，我是否觉得自己愚蠢？我是否会担心他人觉得我愚蠢？"对比项目的成功，更多时候是自我保护占据优先地位。当管理者感觉到对项目的个人责任时，对于项目的金钱分配会以更高的速度增长。⊖

当管理者亲自对项目进行监督时，他们会试图确保项目抓住每一个成功的机会（例如，通过分配更多的资源）。毕竟这是他们的工作。一个从头到尾跟随项目的管理者可能会对项目了解得更多，并且有着更好的判断。进一步，个人的承诺对许多项目的成功至关重要。培养一个项目让其有最大的机会存活下来固然是好的，但对大多数管理者来说，几乎不可能做到完全客观。有一个清晰、公正的标准去评估项目的成功是非常重要的。

社会决定因素

绝大多数人都希望他人赞成自己、接纳自己以及尊重自己。因此，他们通常大多数时间从事着他们认为会取悦大多数人的行动和行为，也可能付出"做对的事却不受欢迎"的代价。

在由朋友组成的群体中，这种对赞同和喜欢的需要会更加显著。事实上，在没有得到相关组织当局支持的情况下，与由不熟悉的人组成的群体（16%）相比，长久朋友组成的群体更有可能在失败的行动方案中继续投资（41%）。⊖ 相比之下，当一群朋友得到组织的尊重时，他们会非常善于从失败的行动中解脱出来。群体的社会认同感越强，就越有可能对不合理的行动方案进行承诺升级。例如，在市议会模拟中的团队，他们要么穿着团队名称标签（高社会认同组），要么穿着个人姓名标签（低社会认同组），面临着有关运动场项目的重要预算分配决策。⊖ 高社会认同组在这个注定要失败的运动场项目中展现出了更多的承诺升级。

结构决定因素

项目本身也可以成为制度化的东西，将其从关键评价中移除。对团队来说，考虑项目的

⊖ Staw, B. H. (1976). Knee-deep in the big muddy: A study of escalating commitment to a chosen course of action. Organizational Behavior and Human Decision Processes, 16(1), 27-44.

⊖ Thompson, L., Kray, L., & Lind, A. (1998). Cohesion and respect: An examination of in social and escalation dilemmas. Journal of Experimental Social Psychology, 34(3), 289-311.

⊖ Dietz-Uhler, B. (1996). The escalation of commitment in political decision making groups: A social identity approach. European Journal of Social Psychology, 26, 611-629.

移除或废止几乎是不可能的。此外，政治支持能够让一个应该被终止的项目保持生机。

对失败行动方案的承诺升级最小化

当大多数团队意识到他们处于承诺升级的两难境地时，为时已晚。一个团队如何最合适地退出升级困境？①

设置限制　理想状况下，一个团队应该在一开始就确定什么样的条件和绩效标准，可以证明对讨论中的行动或项目继续投资是合理的。

避免旁观者效应　在多数情况下，尤其是模糊情境下，人们并不确定应采取何种行动，从而任何事情都不做，因为他们并不想表现得愚蠢。这种动力即诠释了旁观者效应，或他人在场时不采取行动的趋势。②

避免狭隘视野　团队应从多角度看待问题，避免狭隘视野。

识别沉没成本　沉没成本是以前投资的资源，比如金钱，以及无法挽回的时间。如果今天做初步的决定，你会进行目前正在考虑的投资（作为持续的投资），还是选择另一种行动方案？如果这个决定不是你会再次选择的那个，你可能会开始思考如何终止这个项目并开始下一个。2012年，华盛顿Redskins队为了引入一名球员，付出了美国橄榄球联合会（NFL）历史上最高的价格，以数年的首轮选秀权为代价，才得以选择来自贝勒大学的海斯曼奖杯得主四分卫罗伯特·格里芬三世。为了证明这笔投资是合理的，格里芬三世需要表现出三届超级碗冠军、新英格兰爱国者队的汤姆·布拉迪相当的水平。第一个赛季因为格里芬三世的膝伤而结束了，在接下来的两个赛季场上格里芬三世表现平平。③

避免不良情绪　不愉快的情绪状态常常会牵扯到糟糕的决策。④消极的情绪（如坏心情、愤怒和尴尬）会导致非最佳的行动方案——寄予希望一些积极但有风险的结果。当人们感到沮丧时，他们倾向于选择高风险、高回报的选择。⑤

外部审查　在一些情况中，很有必要将初始决策者从审议会中撤除或者替换，恰恰是因为他们可能带有偏见。

阿比林悖论

阿比林悖论（Abilene paradox）产生于群体成员对于避免冲突与不惜一切代价达成一致的

---

① Sleesman, D.J., Conlon, D. E., McNamara, G., & Miles, J. E. (2012). Cleaning up the big muddy: A meta-analytic review of the determinants of escalation of commitment. Academy of Management Journal. 55(3), 541-562.

② Latone, B., & Darley, J. M. (1970). The unresponsive bystander: Why doesn't he help? NewYork:Appleton-Century-Crofts.

③ Leonhardt, D. (2014, September 15). Robert Griffin III and the sunk cost fallacy. The New York Times. nytimes.com

④ Baumeister, R. F., & Scher, S. J. (1988). Self-defeating behavior patterns among normal individuals. Psychological Bulletin, 104, 3-22.

⑤ Leith, K. P., & Baumeister, R. F. (1996). Why do bad moods increase self-defeating behavior? Emotion, risk-taking, and self-regulation. Journal of Personality and Social Psychology, 71(6), 1250-1267.

渴望。阿比林悖论是**多数无知（pluralistic ignorance）**的一种形式：群体成员之所以采纳某种立场，是因为他们觉得其他成员希望这样；群体成员不会挑战他人想法，因为他们想要避免冲突或达成一致。

Jerry Harvey 的故事说明了一个大家庭所面临的阿比林困境。在得克萨斯州一个 104 华氏度的下午，这个家庭挤进了一辆湿热的汽车，穿越了一个平坦的沙尘暴区域，到暴晒 50 英里外的另一端寻找冰激凌。在最开始，这个家庭显得热情，他们心甘情愿地放弃家里的风扇、冷饮、游戏。但在经历了去冰激凌店途中的暴晒后，店里的口味却平淡无奇——香草味的、淡巧克力味的——而且都不如记忆中的那么好。吃冰淇淋时，他们寂静无声。几个小时后，经历了穿越沙漠的艰苦返程，他们回到了家。在有人打破沉默之前，没有人说话。"伟大的旅行，对吧？""老实说，不。"一位恼怒的家庭成员咆哮着说，并补充道她在旅行中感到很有压力。"什么？！"其他人说。"我同意去是因为似乎其他人都想去。谁愿意在这么热的天气里跑 50mile（1mile=1.609km）去买冰淇淋？"换句话说，这个家庭在 104 华氏度的温度下自愿走了 100 mile 的往返路程去买冰淇淋，虽然没有人真正想去，仅仅是因为他们认为群体里的其他人希望去。

也许奇怪的是，那些私下达成一致意见的聪明人，在某种程度上却无法意识到他们信念的共通性并由此陷入阿比林困境。然而，如果成员之间不能相互交流他们的意愿，则很容易看到这种情况是如何发生的。

像阿比林悖论这样的难题是很容易陷入的。避免这种情况的策略包括：扮演唱反调者，仔细地询问，以及承诺让团队成员表达他们的意见、恭敬地倾听别人的想法。

是什么因素导致了像阿比林悖论这样的问题？一般来说，如果单个团队成员感到害怕或觉得并不值得付出努力，那么他们就不太可能说出或捍卫自己的观点，这被称为**自我限制行为（self-limiting behavior）**。根据一项对 569 名经理的调查，团队中出现自我限制行为主要有六个原因：

- **专家的存在**：如果团队察觉，他们的成员之一在讨论的话题上拥有非凡的专业知识或经验，那么每个人都会自我限制他们的投入。
- **一个有力的论点**：如果团队已经在循环往复的讨论中花了很多时间，已经出现观点疲劳，这时如果有一个成员提供一个令人信服的和合理的解决方案，即使它不是最优解，他的论点也可能得到一致同意，因为这可以让团队继续他们的工作。
- **缺乏自信**：当团队成员不确定自己是否有贡献时，他们会进行自我限制。
- **不重要的决策**：当团队成员不知道决策会怎样影响他们或某些重要事件时，他们也会进行自我限制。
- **从众**：Roger Boisjoly——1986 年悲剧的"挑战号"航空飞机事故中的首席工程师，在

○ Harvey, J. (1974). The Abilene Paradox: The management of agreement. Organizational Dynamics, 3(1), 63-80.

○ Harvey, J.(1974).The Abilene Paradox: The management of agreement.Organizational Dynam-ics, 3(1), 63-80.

○ Based on Mulvey, P. W., Veiga, J. F., & Elsass, P. M. (1996). When teammates raise a white flag. Academy of Management Executive, 10(1), 40-49.

顺从 NASA 管理层团队发射飞机的要求时，就感受到了难以置信的压力。
- **有缺陷的决策氛围**：当团队成员容易沮丧并且相信其他人是不带感情的、复杂的或冷漠的时候，他们会进行自我限制。

如何避免阿比林悖论 ⊖

直面团队环境中的问题 避免一个注定失败的决策，最直截了当的方法就是与那些在决策中处于权力地位的团队成员进行面对面交流，并讨论继续和退出的选择。例如：

我建议召开这次会议是为了分享我们关于 X 项目工作的一些想法。在项目开始的时候我并没有这样的感觉，但是伴随着更多的思考，我发现我们目前的行动方案是行不通的。我对这一情况的焦虑日益增加，觉得有必要与大家分享这些想法，以免我们相互误导，产生一种相互同意的错觉。如果不进行坦诚的讨论，我们可能会继续就一个我们都不相信的解决方案达成共识，这是对时间和资源的糟糕利用。我冒昧地说，团队中的其他人可能对当前的解决方案有相同的看法，但我不想代表他们发言。我们可以讨论一下我们在这个问题上的立场吗？

进行匿名投票 反对意见在私下更容易表达——分发空白卡片并要求团队成员匿名写下他们的意见，保障他们的匿名性，然后与团队分享整体的结果。

最小化地位差异 地位高的成员往往是沟通的中心，地位低的成员则可能会感受到快速顺从的压力。尽管这种情况很难避免，但若高地位成员对坦率和诚实讨论的重要性进行肯定，并加以消除身份象征（如着装、会面地点和头衔）的话，可能会有所帮助。富兰克林·罗斯富（Franklin Delano Roosevelt）拒绝在会议开始时提出自己的观点；相反，他给人的印象是他同意他们的观点，即使他的观点与他们的不一致。在 Cloudfare 安全软件公司，任何员工都不能获得分等级的职位头衔，如"经理""总经理"或"副总裁"。相反，每个人的称呼取决于他们的工作内容，如"工程师""设计师"等。⊜

使用科学方法 当团队成员使用科学的方法时，应由证据来支撑决策，而非他们自己的信念。

为有争议的观点提供正式讨论 这可以通过将讨论分成正反两部分来实现，而辩论必须合法化。成员无须担心提出相反的意见是否合适；这些讨论应得到期望和鼓励。

勇于承担失败的责任 创造一个团队可以犯错的氛围，并让他们承担自己的责任，然后在无须害怕相互指责的情况下继续前进，这是非常重要的。在易集网，工程师们不仅会给其他同事发送电子邮件，告诉他们自己哪里犯了什么错误，这样其他人就不会犯同样的错误，他们还会给犯了最重要错误的员工颁发年度护身毛衣奖，因为他人能从其中学习到重要东西。⊜ 同样，在葛瑞全球广告公司，会给这样的员工颁发"英勇失败奖"，他的想法被认为是意义深远的失败。㉔

⊖ Based on Harvey, "Abilene paradox," p. 186; Mulvey, Veiga, & Elsass, "When teammates raise a white flag." p. 188.

⊜ Sunstein, C.R., Hastie, R. (2015, January 13). How to defeat groupthink: Five solutions. Fortune. fortune.com

⊜ Nisen. M. (2015, September 18). Why Etsy engineers send company-wide emails confessing mistakes they made. quartz. qz.com

㉔ Moran, G. (2014, April 4). Fostering greater creativity by celebrating failure. Fast Company. fastcompany.com

群体极化

有一个关于工程师决定是否换工作的案例。[一]这名员工目前在一家相当不错的电子公司拿着高薪，且有着丰厚的退休金，工作也是保证终身的，但是在退休前工资不会增加太多。在参加一个会议的时候，有人向这名员工提供了另一份工作，即与一个前途未卜的初创公司合作。如果这家公司能够发展壮大并击败竞争对手，那么这份新工作的薪水将会更高，而且有合伙的可能。如果你有为这个工程师提供建议的机会，那么你觉得初创公司成功的最低概率是多少，才能让这个员工为新的机会而离开现在的工作？

大多数独立评估这个问题的人认为，新公司成功的可能性必须有近三分之二，才能建议这名工程师放弃目前的工作，接受新的职位。[二]当让同样的人讨论完这个工程师的情况，并让他们达成一致意见时，你认为会发生什么？

即使这个初创公司成功的概率可能只比二分之一好一点点，这群人还是会建议这个工程师选择这个新工作。也就是说，在群体中会出现**风险转移（risky shift）** 现象。经过群体讨论后，仅是微弱偏好某工作求职者的人，会表现出强烈拥护该候选人的情形。[三]在一个实地调查中，调查者对美国联邦地区法院法官所做的判决进行了分析，在法官们独自做出判决的1500个案件里，他们做出极端判决的比例占到30%，但在以三人为小组的群体中，他们做出极端判决的比例则加倍至65%。[四]

考虑这样一种情况，一个公司正在决定一种新药上市时所能容许某种药物禁忌证的最高概率。在这种情况下，个体独立给出的建议是谨慎的，但让同样的人处于一个群体之中，他们会共同坚持更低的概率。他们展现的是一种**谨慎转移（cautious shift）**。2015年的一天，在听取了数十名患者的情绪性证词后，美国食品和药物管理局的一个顾问团坚持在一种名为氟喹诺酮类的流行抗生素上添加更强烈的标签警告，因为越来越多的证据显示这种抗生素具有非常大的不良反应。尽管这类强力抗生素已经使用了近30年，但专家组依旧以21比0的投票结果，认定所有类型的氟喹诺酮类药物应有更强烈的标签警告。[五]

为什么团队的决策会比个人更具风险或更谨慎？团队并不是天生就比个体更具风险或更谨慎，他们只是比个体更加极端。**群体极化（group polarization）** 是群体讨论过程中群体意见强化的一种趋势，会产生比个人独立意见更极端的判断（见图表7-8）。

群体极化不仅仅是一例社会遵循或从众效应情况。个体在经历了群体讨论后，被私下询问时也会表现出极化效应。这意味着人们真的相信这个群体的决定，他们在内心是一致的。在名义上的群体中，极化效应不会发生。随着时间的推移，极化效应会变得更强，这意味着

[一] Wallach, M. A., & Kogan, N. (1961). Aspects of judgment and decision making: Interrelationships and change with age.Behavioral Science, 6, 23-31.

[二] Stoner, J. A. F. (1961). A comparison of individual and group decisions involving risk. Thesis, Massachusetts Institute of Technology.

[三] Main, E. C., & Walker, T. G. (1973). Choice shifts and extreme behavior: Judicial review in the federal courts.Journal of Social Psychology. 91(2), 215-221.

[四] Ibid.

[五] Burton, T.M. (2015, November 5). FDA panel seeks tougher antibiotic labels. The Wall Street journal. wsj.com

在两周之前参加过小组讨论的人在其判断中会更加极端。

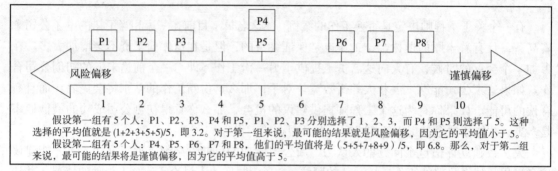

图表7-8 群体极化

基于 Forsyth, D.R. (1983). Group dynamics (2nd ed.). Pacific Grove, CA: Brooks/Cole; Rao, V. R., & Steckel, J. H. (1991, June). A polarization model for describing group preferences. Journal of Consumer Research, 18(1), 108-118, ©Leigh L. Thompson.

对于群体极化有两种心理解释:"希望正确"的需要,以及"被喜欢"的需要。

"希望正确"的需要

人是**信息依赖者(information dependent)**,也就是说,他们常常缺乏他人所拥有的信息。因此,个人希望团队提供他们不知道的信息。然而,当人们把别人的意见当作事实而不去质疑他们的有效性时,这会导致一些问题。因此,**"希望正确"的需要(need to be right)**是一种指望群体来定义事实是什么的倾向——持有特定观点的人越多,答案似乎就越正确。虽然这种寻求信息的倾向似乎与我们在前一章中讨论的共同信息效应相矛盾,但这两个过程并不是相悖的。共同信息效应(及其所有不良后果)是由对信息的片面搜索所导致的。当个体对自己的处境感到不确定时,从众性或者群体层面信念的采纳是最强的。当人们做出私人回应并与大多数人非直接沟通时,**信息性影响(information influence)**可能会更大。⊖

"被喜欢"的需要

大多数人都有被他人接受和认可的基本需求。在一个群体中立即获得接受的最直接方式之一就是表达与团队成员一致的态度。换句话说,大多数人喜欢那些与自己信仰一致的人。这意味着群体中的人在朝着群体的总体看法上会变得更为极端,因为他们对群体的赞同态度很可能会得到积极的回报。**"被喜欢"的需要(need to be liked)**指的是人们倾向于与一个群体达成一致,这样他们就会觉得自己更像是这个群体的一部分。统计意义上的少数群体成员会更关注他们的群体身份,且没有多数人群体成员开心。⊖当人们与多数人面对面并且需要做出公开回应时,**规范性影响(normative influence)**或"被喜欢"的需要就会更加强烈。⊜

简单地说,人们想做出正确的决定,并且得到团队的认可。以前文的工程师为例,当人们赞同建议工程师应该认真地考虑换工作时,大多数人都是积极的。然而,他们有不同的理

⊖ Bond, R. (2005). Group size and conformity. Group Processes and Intergroup Relations, 8(4), 331-354.

⊖ Lucken, M., & Simon, B. (2005). Cognitive and affective experiences of minority and majority members: The role of group size, status, and power. Journal of Personality and Social Psychology, 41, 396-413.

⊜ Bond, "Group size and conformity."

由来解释为什么工程师应该换工作。团队中的某些人可能认为工程师应该离开那份安全的工作，因为这份工作没有什么挑战性；其他人则可能认为工程师应该离开公司，因为他应该提高他的生活水平。总的来说，人们认为工程师应该考虑换工作，但他们有不同的（但互补的）理由来支持他们的想法。这是我们之前讨论过的理性的从众性。与此同时，团队成员希望被接受，即"'被喜欢'的需要"过程的一部分。

从众压力

群体极化效应与从众压力有关。当人们将他们的行为向群体的期望与想法看齐时，就会出现从众（conformity）。图表 7-9 对从众压力的影响进行了清晰独到的阐释。

当对事件的判断或见解很难表达，以及人们不确定时，从众行为会更明显。如果他们面对的是一个一致的群体共识，⊖ 那么他们很可能会随大流。当人们重视或敬仰他们的团队时，一致性会更强，因为来自理想团队的拒绝是非常具有威胁性的。⊜ 当人们知道团队中的其他成员提出了一个较差的解决方案时，如果他们的动机更倾向于一致性而不是准确性，那么他们就不太可能进行干预。⊜ 当人们有很高的社会地位，对自己的专业知识有信心，⑩ 对自己的最初看法非常坚定，⑮ 以及不喜欢或不尊重试图影响他们的人时，他们更愿意进行表态。⑯

与"'被喜欢'的需要"相伴的，就是对于被自己团队排斥的担忧。担忧的原因是，那些与团队观点相左的人会比顺从团队观点的人受到更严苛的评价。⑰ 一个团队即使在没有达成一致共识的压力的情况下，也可能排斥偏离团队观点的人。⑱ 显然，持有不同的观点即使没有直接阻止团队的目标，也足以引发反感。出于这个原因，当人们需要公开回应⑲、预期与团队成

⊖ Asch, S. E. (1956). Studies of independence and conformity: A minority of one against a unanimous majority. Psychological Monographs, 70(9), 1-70. Wilder, D. A., & Allen, V. L. (1977). Veridical social support, extreme social support, and conformity. Representative Research in Social Psychology, 8, 33-41.

⊜ Back, K. W. (1951). Influence through social communication. Journal of Abnormal Social Psychology, 46, 9-23.

⊜ Quinn, A., & Schlenker, B. (2002). Can accountability produce independence? Goals as determinants of the impact of accountability and conformity. Personality and Social Psychology Bulletin, 28(4), 472-483.

⑩ Harvey, O. J., & Consalvi, C. (1960). Status and conformity to pressure in informal groups. Journal of Abnormal and Social Psychology, 60, 182-187.

⑮ Deutsch. M., & Gerard, H. B. (1955). A study of normative and informational social influence upon individual judgment. Journal of Abnormal and Social Psychology, 51, 629-636.

⑯ Hogg, M. A. (1987). Social identity and group cohesiveness. In J. C. Turner, M. A. Hogg, P. J. Oakes, S. D.Reicher, & M. Wetherell (Eds.), Rediscovering the social group: A self-categorization theory (pp. 89-116). Oxford,UK: Basil Blackwell.

⑰ Levine, J. M. (1989). Reaction to opinion deviance in small groups. In P. Paulus (Ed.), Psychology of group influence (2nd ed., pp. 187-231). Mahwah, NJ: Lawrence Erlbaum & Associates.

⑱ Miller, C. E., Jackson, P., Mueller, J., & Scherching, C. (1987). Some social psychological effects of group decision rules. Journal of Personality and Social Psychology, 52, 325-332.

⑲ Main & Walker, "Choice shifts and extreme behavior."

员今后有互动○、缺乏自信○、发现遇到的问题是模糊不清或困难○、在奖励方面相互依赖时○，会更倾向于与大多数人保持一致。被排斥的团队成员会经历各种不利影响。他们不喜欢或不信任他们的团队，这最终可能会危害团队的运作。○大多数管理者都大大低估了会在群体中出现的从众压力。管理者应该预见群体的从众压力，了解是什么驱动了它们（例如"被喜欢"的需要和"希望正确"的需要），然后付诸相应的群体结构，不让从众压力危害群体决策质量。

> 假设你正在和你的团队一起开会，你们面对的是一个比较简单的问题：
> 下方右图中的三条线段，哪一条线段和左图中的线段相同？团队领导需要使团队达成一致意见。她一开始先询问坐在你左边的同事，听取他的意见。让你惊讶的是，你的同事选择了线段1；然后，即使线段2才是正确的那一条，但其他四个团队成员同样选择了线段1。你会开始怀疑自己是否失去了理智。最后，轮到你做决定时，你会怎么做？
> 即使每个人都选择了线段1，但大多数读过这个例子的人都会很难想象他们会选择线段1。然而，有76%的人至少在一个问题上做出了错误的、从众的判断（比如选择线段1）；平均来说，当其他人给出了一个明显错误的答案时，人们有三分之一的时间都会选择从众。

标准线段　　　　　对比线段

图表7-9　从众压力

资料来源：基于 Asch，S.E.(1956).Studies of independence and conformity：A minority of one against a unanimous majority. Psychological Monographs，70（9），Whole No.416，©Leigh L.Thompson.

不道德决策

在一个巨大的庞氏骗局中，金融家 Bernie Madoff 通过欺诈、盗窃和洗钱欺骗了成千上万的人。在他被捕的时候，他声称管理的投资者资金达到650亿美元，但实际上，只有10亿美元。○成千上万的人受到影响，失去了一生的积蓄。

○ Lewis. S. A., Langan, C.J., & Hollander, E. P. (1972). Expectation of future interaction and the choice of less desirable alternatives in conformity. Sociometry, 35, 440-447.

○ Allen, V. L. (1965). Situational factors in conformity. In L. Berkowitz (Ed.), Advances in experimental social psychology(Vol. 2, pp. 267-299). New York: Academic Press.

○ Tajfel, H. (Ed.). (1978). Differentiation between social groups: Studies in the social psychology of intergroup relations.New York: Academic Press.

○ Deutsch & Gerard, "A study of normative and informational social influence upon individual judgment."

○ Jones, E. E., Carter-Sowell, A. R., Kelly, J. R., & Williams, K. D. (2009). "I'm out of the loop"：Ostracism through information exclusion. Group Processes & Intergroup Relations, 12(2), 157-174.

○ Teather, D. (2009, June 30). Madoff case: Damned by judge and victims, fraudster will die behind bars: 150-year prison sentence for financier who cheated investors of $65B in one of Wall Street's biggest frauds.The Guardian, p. 2.

不道德决策与我们在本章中讨论过的其他概念，比如群体思维，有许多相同的动力。群体思维在公司内部可能导致一种不道德行为的文化。㊀当欺骗确定能带来经济利益时，群体说谎要比个人更多。㊁而且，群体比个人更具策略性的地方在于，他们会采取任何行动方案——无论欺骗还是诚实——服务于他们的经济利益。㊂然而，团队关心道德和重视群体道德规范更甚于能力或社交性。㊃此外，不诚实的行为多被群体而非个人所惩罚。㊄某些情形可能成为不道德行为的诱发条件。

理性预期模型

理性预期模型（rational expectations model）几乎可以支撑所有的经济理论和实践。根据这个模型，人们从根本上是为了最大化他们自己的效用，即等同于最大化自身利益。在现代商业分析中，这个模型已经根深蒂固，以至于其他任何关于人类行为的假设都是非理性的、不合逻辑的以及有缺陷的。一项对 126 个团队的研究表明，那些拥有功利主义取向的团队更有可能做出不道德的决定，从事不道德的行为，特别是当团队成员拥有高度的心理安全感时。㊅对美国和英国的 500 名金融工作者进行的调查显示，如果不道德和非法的行为能够帮助人们在行业中取得更大的成功，有 24% 的人会选择参与；更有 16% 的人甚至表示，若是他们知道自己可以从内幕交易中侥幸逃脱，他们就会参与其中。㊆

自利规范（norm of self-interest）是如此的普遍，以至于人们经常为非自私（或利他）的行为，例如把钱捐给慈善机构，"创造"利己主义的解释。㊇更令人不安的是，相比那些没有学习过商业课程的人，学习过的人更有可能从事于可疑的或潜在不道德的行为中，例如没有归还在街道上捡到的钱，或在囚徒困境中表现出竞争性。㊈

㊀ Sims, R. R. (1992). Linking groupthink to unethical behavior in organizations. Journal of Business Ethics, 11(9),651-662.

㊁ Cohen, T. R., Gunia, B. C., Kim-Jun, S. Y., & Murnighan, J. K. (2009). Do groups lie more than individuals? Honesty & deception as a function of strategic self-interest. Journal of Experimental Social Psychology, 45, 1321-1324.

㊂ Ibid.

㊃ Leach, C. W. Ellemers, N., & Barreto, M. (2007). Group virtue: The importance of morality (vs. competence and sociability) in the positive evaluation of ingroups. Journal of Personality and Social Psychology, 93, 234-249.

㊄ Keck. S. (2014), Group reactions to dishonesty. Organizational Behavior and Human Decision Processes, 124(1),1-10.

㊅ Pearsall, M. J., & Ellis, A. P.J. (2011). Thick as thieves: The effects of ethical orientation and psychological safety on unethical team behavior. Journal of Applied Psychology, 96(2) 401-411.

㊆ Dominguez, R. (2012, July 12). Survey of senior executives in Britain and U.S. found 24 percent consider unethical or illegal conduct needed for success in the financial world. Daily News. nydailynews.com

㊇ Miller, D. T. (1999). The norm of self-interest. American Psychologist, 54(12), 1053-1060.

㊈ Frank, R. H., Gilovich, T., & Regan, D. T. (1993). Does studying economics prohibit cooperation? Journal of Economic Perspectives, 7(2), 159-171.

错误共识

错误共识效应（false consensus effect）是指人们倾向于认为其他人与自己享有共同的观点，而事实上，其他人并不是这样的。例如，对道德问题，人们会高估别人和自己具有共同观点的程度。[一] 对于那些在组织网络中占据中心位置的人来说尤其如此。出于这个原因，不道德行为的一个主要驱动力就是"其他人都在这么做"的信念。

替代许可

自相矛盾的是，当他们的群体成员以往行为已经被认为是没有偏见时，他们更可能表现出带有偏见的和不道德的态度。例如，见证了一个团队的无偏见招聘决策的参与者，反而更有可能拒绝一个非裔美国人的求职，大概是因为他们认为自己已经建立了一个初始的道德基础。[二]

脱敏

另一个问题则是关于行为脱敏。当某人第一次做出越界行为后，他可能会经历一系列的负面情绪和情感。然而，当他越过这条线后，对此就会不再敏感，也会关闭内部检查和平衡的规范机制。图表7-10是行为脱敏的一个例子。

> 在2014年的春天，密歇根的弗林特市对其原本来自底特律系统、由休伦湖流入弗林特河的水源进行了调整。这一调整是在州政府指定的应急财务管理人员的要求下完成的，旨在每年为弗林特市省下1200万美元。至2014年秋天，当地的通用汽车工厂开始停止使用这条河，原因是在水中发现的化学物质腐蚀性比休伦湖高19倍，并且会腐蚀汽车发动机。在接下来的一年里，弗林特市的人们开始注意到皮肤上的麻疹、荨麻疹，以及他们洗澡后皮肤上的灼烧感。许多居民开始抱怨水的气味，以及水是如何让他们经常感到恶心和腹泻的。市民投诉后，该市发布了几个将水煮沸的政策，并增加了供应水中的氯含量。研究人员对弗林特河的供水进行了测试，即使发现其中的铅含量超过$100/10^9$，远高于美国环保署的规定水平$15/10^9$，城市应急管理人员和市长仍然没有采取任何行动来将水源改回由底特律供应。尽管有越来越多的证据显示供水中含有毒物质，弗林特市市长Dayne Walling依旧错过了关于升级城市水处理厂设施或安装一个工业级碳滤水器的想法，且声称由于未来计划用管道直接从休伦湖引水，因此再进行更改可能没有什么必要。城市应急事务管理人员Jerry Ambrose经常提及城市因使用弗林特河水源而省下的积蓄，但却没有提及这笔资金为什么没有传递给当地居民，这其中很多人生活在贫困线之下，几乎无力为城市中无法使用的水支付账单，更无法负担瓶装水或自来水过滤器。在弗林特，Ambrose先生和Walling市长的行为显示了他们对公民、研究人员和卫生保健专业人员提出的健康问题的脱敏。

图表7-10 行为脱敏

基于Gottesdiener, L. (2015, April 3). Flint, Mich., residents find state water control hard to swallow.AI Jazeera. america.aljazeera.com; Gilman, A. (2015, September 25). Researchers: Lead levels up after Flint switches to cheaper water supply. AI Jazeera. america.aljazeera.com, ©Leigh L.Thompson.

当然，问题是应该如何补救或防止这种情况发生，下面提供了策略：

问责制 问责制即含蓄地或明确地期望人们会被要求去向他人为其信念、感受和行动辩护。[三] 这意味着，那些无法为自己的行为提供令人满意理由的人，将遭受负面的后果。某种程

[一] Flynn, F. J., & Wiltermuth, S. S. (2010). Who's with me? False consensus, brokerage, and ethical decision making in organizations. Academy of Management Journal, 53(5), 1074-1089.

[二] Kouchaki, M. (2011). Vicarious moral licensing: The influence of others' past moral actions on moral behavior. Journal of Personality and Social Psychology. 101(4), 702-715.

[三] Lerner, J. S., & Tetlock, P. E. (1999). Accounting for the effects of accountability. Psychological Bulletin, 125(2), 255-275.

度上让团队对自己的行为负责，他们才更可能表现出道德的行为。例如，在有他人监督的情况下，团队成员更有可能对团队内成员的道德越轨行为进行补偿。相比之下，没有问责制可能导致不道德的行为。

以下是组织决策中关于问责制的一些注意事项：㊀

- **对已知观点与未知观点的受众负责**：那些知道最终受众想要听到的结论的人往往会顺从他们的观点。例如，那些不知道自己的受众偏好的金融援助机构会有效地将奖励与需求相匹配；而那些了解受众偏好的机构则会告诉他们想听的内容（而不是实际满足他们需求的内容）。㊁
- **决策前与决策后问责制**：在人们做出了不可撤回的决定之后，他们会试图为自己的决定进行辩护。例如，当人们负有责任并表达他们的态度时，他们会形成更少复杂的思考，并持有更加僵化和具有防御性的观点。㊂
- **结果问责制与过程问责制**：对结果的问责会导致更大的升级行为，而对过程的问责制则会提高决策效率。㊃
- **正当的问责与不正当的问责**：如果问责被认为是不正当的，比如具有侵扰性和侮辱性，那么问责的任何有益影响都可能会失败或适得其反。㊄
- **冥想** 冥想是在面临决策时的一种道德导向的对话。在一项研究中，人们被引导说谎。那些参与了冥想或道德导向对话的人，都说出了真相，但那些参与了利己主义对话或立即做出选择的人则撒谎了。㊅
- **消除利益冲突** 当一个人依照组织利益最大化行事而没有给予激励时，就会发生利益冲突。试想薪酬委员会如何做出 CEO 薪酬的决定。人们会对已知的利益冲突进行调整，但他们不会由于给予他们慷慨的或适中的建议而进行调整。㊆
- **创造正直文化** 团队文化是组织和团队中的设计因素的产物。即使是在最严格控制的科层组织中，也不可能做到对每一个员工的行动进行监督。在没有监督的情况下，文化准

㊀ From "Accounting for the effects of accountability" by Jennifer S.Lerner and Philip E.Tetlock in Psychological Bulletin, ©1999 American Psychological Association.

㊁ Adelberg, S., & Batson, C. D. (1978). Accountability and helping: When needs exceed resources. Journal of Personality and Social Psychology, 36, 343-350.

㊂ Tetlock, P. E., Skitka, L., & Boettger, R. (1989). Social and cognitive strategies for coping with account ability: Conformity, complexity and bolstering. Journal of Personality and Social Psychology, 57, 632-640.

㊃ Doney, P. M., & Armstrong, G. M. (1996). Effects of accountability on symbolic information search and information analysis by organizational buyers. Journal of the Academy of Marketing Science, 24, 57-65.

㊄ Lerner & Tetlock, "Accounting for the effects of accountability."

㊅ Gunia, B. C, Wang, L., Huang, L., Juwein, L., & Murnighan, J. K. (2012). Contemplation and conversation: Subtle influences on moral decision making. Academy of Management Journal, 55(1), 13-33.

㊆ Bonner, B. L., & Cadman, B. D. (2014). Group judgment and advice-taking: The social context underlying CEO compensation decisions. Group Dynamics: Theory Research and Practice, 18(4), 302-317.

则应发挥其指导团队成员做出正确决定的作用。例如，团队成员遵守团队的道德规范，因为期望表现团队道德价值观时能够获得尊重。㊀然而，在某些情况下，员工也可能从事一些不道德行为，因为他们认为这会使组织受益。对那些强烈认同他们组织的员工进行的实地调查表明，当他们相信利益将会得到回报时，他们更有可能从事那些有益于组织的不道德行为。㊁

根据道德决策的**涓滴模型（trickle-down model）**，领导者在影响员工道德行为和乐于助人的倾向方面发挥着重要作用。㊂事实上，领导力和不道德行为之间存在着直接的负向关系。领导阶层的行为越道德，团队就会越少一些不道德以及偏差的行为。㊃团队中未能惩戒越轨，如同未能奖励卓越行为一样具有破坏性。一般情况下，缺乏采取迅速果断行动能力的企业文化，则会冒着不道德行为的风险。

当人们没有按照他们所宣称的价值观行事时，就会出现伪善。当员工未能将组织所宣扬的理念付诸实践时，就会产生**关联伪善效应（hypocrisy-by-association effect）**。㊄组织的员工在道德上被视作有义务维护组织所提倡的价值观。自2013年以来，富国银行通过调查来了解员工对公司的信心，并通过所谓的"快乐暴躁率"来衡量员工的满意度。他们的想法是，如果员工会向朋友和家人提及公司的产品，并在快乐量表上评价更高，那么他们可能会采取更合乎道德的行为。㊅

未来的自我定位 那些希望与未来的自我保持一致的人，相比那些与未来的自我缺乏一致性的人，更有可能以负责任的方式展现道德行为。例如，那些没有感觉到与未来的自己有联系的人更有可能撒谎，做出虚伪的承诺，并进行欺骗。㊆

㊀ Pagliaro, S., Ellemers, N., & Baretto, M. (2011). Sharing moral values: Anticipated ingroup respect as determinant of adherence to morality-based (but not competence-based) group norms. Personality and Social Psychology Bulletin, 37(8), 1117-1129.

㊁ Umphress, E. E., Bingham, J. B., & Mitchell, M. S. (2010). Unethical behavior in the name of the company: The moderating effect of organizational identification and positive reciprocity beliefs on unethical pro-organizational behavior. Journal of Applied Psychology, 95(4), 769-780.

㊂ Brown, M. E., Trevino, L. K., & Harrison, D. A. (2005). Ethical leadership: A social learning perspective for construct development and testing. Organizational Behavior and Human Decision Processes, 97, 117-134.

㊃ Mayer, D. M., Kuenzi, M., Greenbaum, R., Bardes, M., & Salvador, R. (2009). How low does ethical leadership flow? Test of a trickle-down model. Organizational Behavior and Human Decision Processes. 108(2), 1-13.

㊄ Effron, D. A., Lucas, B. J., & O'Connor, K. (2015). Hypocrisy by association: When organizational membership increases condemnation for wrongdoing. Organizational Behavior and Human Decision Processes, 130, 147-159.

㊅ Glazer, E., & Rexrode, C. (2015, February 1). As regulators focus on culture, Wall Street struggles to define it. The Wall Street Journal. wsj.com

㊆ Hershfield, H. E., Cohen, T. R., & Thompson, L. (2012). Short horizons and tempting situations: Lack of continuity to our future selves leads to unethical decision making and behavior. Organizational Behavior and Human Decision Processes, 117(2), 298-310.

本章小结

　　团队做出重要决策，其中有一些决策可能并不如意，尽管出发点是好的。认为糟糕的决策甚至灾难性的决策是可以避免的，这种想法是不现实的。其中的关键信息需要追溯到我们在第 1 章中提出的观点，即创建一个能够以最佳方式从失败中学习的组织。当人们尤其是无辜的人，遭受痛苦时，从失败中学习是很困难的。组织中决策团队的关键在于制定和运用决策程序，如否决策略和预先制定的标准等，来指导决策。所有这些决策都包含一定程度的风险，但这种风险可以被最小化。在有原则的冒险行为和不道德的冒险行为之间有着明显的区别。创造正直诚实的文化包括从上到下的道德领导，并确保对行为的激励不会鼓励或奖励不道德的行为。

第 8 章
管理团队冲突

在网上零售商只销售书籍的时候，亚马逊创始人兼首席执行官 Jeff Bezos 就创建了众多的领导原则或"信条"，其中之一就是"不同意和承诺"。实际上，这意味着要用直接的反馈来抨击同事的想法。每年，亚马逊的招聘人员都会甄别出成千上万的求职者，这些人都是被"抬杆者"——亚马逊文化中的明星——筛选出来的（抬杆者是指在跳高比赛中负责一次次将杆调高的人，现多特指亚马逊公司面试员工时提出犀利刁钻问题的面试官——译者注）。公司将绩效与所分配项目的成功联系起来。领导原则强调持续的反馈和员工间的竞争，从而纠正问题或提出改进建议。一个大胆的低层员工共同创造了亚马逊的无人机送货（drone-by-delivery）服务；而一个较低级别的运营高管则提出了一个想法，即在一小时或更短的时间内将商品送到城市客户手中——也就是后来的亚马逊当日投递（prime now）服务。"我们总是希望得到正确的答案"，一位公司高管表示。"只是妥协而不是辩论，这当然更容易，也更具社会凝聚力。但这也可能导致错误的决定。"⊖

与亚马逊不同，许多组织对冲突并不感到舒服。毫不奇怪，团队内部和团队之间的冲突是团队管理的首要关注点之一。⊖ 许多团队要么积极避免冲突，冒着"通往阿比林悖论"的风险（如第 7 章中所讨论的），要么产生个人的而非有原则的冲突。一些团队的领导者为他们团队中从来没有产生过冲突而自豪，但是这些领导者却为他们的团队带来了巨大的伤害。

利益、观念、信息和偏好的差异是无法避免的，尤其是在长期紧密合作的团队中。管理不当的冲突可能会导致敌意、业绩亏损，甚至在极端情况下导致团队解散。在某些情况下，冲突可能有利于团队合作。苹果公司的工程师们习惯于在狭小空间里进行自己的项目，常常发现同行对他们工作的评论具有破坏性。在同行评审中，团队成员向团队展示他们的工作，同时获得积极和消极的反馈。这一过程可能会导致冲突，但是在一天结束的时候，团队成员一致认为，这种类型的团队冲突保证了工作在受到检验和均衡的情况下发展，最终带来一个更好的产品。⊖

一方面，冲突可以带来积极的结果，比如提高创造力或促进能反映许多观点的综合解决

⊖ From Inside Amazon: Wresting big ideas in a bruising workplace by Jodi Kantor, ©August 15,2015 The New York Times.

⊖ Thompson,L.(2016).Leading high impact teams Team leadership survey from the Kellogg School of Management Executive Program.Northwestern University,Evanston,IL.

⊖ England, L. (2015). What Apple employees really think about the company's internal corporate culture. Business Insider. businessinsider.com

方案；另一方面，冲突会阻碍团队的有效性和绩效。

在本章中，我们将区分团队内不同类型的冲突。我们描述了不同的冲突解决方式和方法，并讨论团队中少数人与多数人的冲突。我们关注的是团队及其领导者可以采取的进而主动管理冲突的具体干预措施。

关系、任务与过程冲突

冲突有三种不同的类型：关系冲突、任务冲突和过程冲突（见图表8-1）。[1]

冲突类型	定义	用于评估/衡量此类冲突的题项示例
关系冲突 （也被称作情绪冲突、A型冲突或情感冲突）	涉及与工作无关的个人和社会问题上的分歧	在你的团队工作时，人们生气的频率是多少？ 你的团队中关系紧张的程度有多大？
任务冲突 （也被称作认知冲突或C型冲突）	涉及对团队中正在进行的工作上的分歧	团队中的意见在多大程度上存在差异？ 在团队中就你所做的工作有多少冲突？ 你的团队中的成员对于将要完成的工作持不同意见的频率是多少？ 你团队中产生想法上冲突的频率是多少？
过程冲突	关注任务策略，以及责任与资源的分配	你的团队就谁应该做什么这一问题产生分歧的频率是多少？ 你的团队成员不同意完成团队任务方法的频率是多少？ 你的团队就任务分配产生分歧的程度有多大？

图表8-1 冲突的三种类型

基于 Jehn, K. A. (1995, June). A multimethod examination of the benefits and detriments of intragroup conflict. Administrative Science Quarterly, 40(2), 256-282; Jehn, K.A., & Mannix, E.A. (2001).The dynamic nature of conflict: A longitudinal study of intragroup conflict and group performance.Academy of Management Journal, 44(2), 238-251; Behfar, K. J., Peterson, R.S., Mannix, E. A., & Trochim, W. M. K. (2008).The critical role of conflict resolution in teams: A close look at the links between conflict type, conflict management strategies, and team outcomes. Journal of Applied Psychology,93(1), 170-188; Peterson, R.S. (1997). A directive leadership style in group decision making can be both virtue and vice: Evidence from elite and experimental groups. Journal of Personality and Social Psychology, 72(5), 1107-1121, ©Leigh L.Thompson.

关系冲突

关系冲突（relationship conflict）是个人的、防御性的和愤恨的。它也被称为**A型冲突**（A-type conflict）、**情绪冲突**（emotional conflict）或**情感冲突**（affective conflict），[2] 源于愤

---

[1] Jehn, K. A. (1995). A multimethod examination of the benefits and detriments of intragroup conflict. Administrative Science Quarterly, 40, 256-282; Jehn, K. A., & Mannix, E. A. (2001). The dynamic nature of conflict: A longitudinal study of intragroup conflict and group performance. Academy of Management Journal,44(2), 238-251; Behfar, K. J., Peterson, R. S., Mannix, E. A., & Trochim, W. M. K. (2008). The critical role of conflict resolution in teams: A close look at the links between conflict type, conflict management strategies, and team outcomes. Journal of Applied Psychology, 93(1), 170-188; Peterson, R. S. (1997).A directive leadership style in group decision making can be both virtue and vice: Evidence from elite and experimental groups. Journal of Personality and Social Psychology, 72(5),1107-1121.

[2] Guetzkow,H., & Gyr,J. (1954).An analysis of conflict in decision-making groups. Human Rlations, 7,367-381.

怒、个人摩擦、个性冲突、自我和紧张。这是大多数团队领导者和团队成员试图避免的冲突类型。关系冲突比其他类型的冲突更加消耗团队精力。㊀例如，Common Form 公司的两位高管对一个产品应该在什么时候上市持有不同的观点，并在持续数周的紧张氛围之后，讨论变得激烈和更具对抗性，这甚至会导致产品发布被进一步推迟。

关系冲突并不总是通过公开的争吵来表达的。事实上，有些人竭尽全力避免冲突的公开表达。例如，Argyris 描述了一个案例，在这个案例中，较低级别的经理发现了他们公司的一些严重的生产和营销问题。㊁他们告诉中层管理人员，在中层管理者确信下级经理所描述的情况是真实的之后，他们才会小心翼翼地释放这些坏消息。他们谨慎地进行沟通，以确保在高层管理人员不高兴时，他们自己会被"掩护"。结果就是，高层管理者从未充分注意到这些问题——相反，他们收到了奇怪的、被编辑过的有关该问题的看法。因此，高层管理者继续对该产品大加赞赏，一定程度上是为了确保它能从公司内部得到所需的资金支持。低层管理者变得困惑，并最终陷入沮丧，因为他们不明白为什么高层管理者继续支持这个产品。他们对此的反应是减少简报的频率和他们表达警示的强度，同时将问题转交给中层管理者。

当团队遭受**辱虐管理**（abusive supervision）时，关系冲突更有可能发生。有些人有动机去搜寻团队其他成员是否做过威胁或伤害他们的信息的事情。㊂**获取关系威胁信息的动机**（motivation to acquire relationship-threatening information，MARTI）更高的人，会对同事做出更多险恶的归因，更可能阻止潜在的团队成员加入他们的团队，并计划在他们成为成员后拒绝接受他们。㊃MARTI 高的人认可的表述风格，举例如下："我喜欢在小组中工作，也经常与小组中其他人一起工作。但我一直很想知道，在我不知道的情况下，小组中其他人是否说过有关我的不友好或不公平的事情"，以及"我想知道同事们是否向小组内部或外部的人说过关于我的坏话"。㊄

任务冲突

任务冲突（task conflict）或**认知冲突**（cognitive conflict），在很大程度上是去个性化的，也被称为 C 型冲突（C-type conflict）。它包括关于想法、计划和项目优点的论证。任务冲突被称为"激进的坦率"或"正面刺穿"，它不是攻击人，而是通过让员工进行辩论和交谈来关

㊀ Halevy, N., Chou, E. Y., & Galinsky,A D. (2012). Exhausting or exhilararing? Conflict as threat to interests,relationships and identities. Journal of Experimental and Social Psychology, 48(2), 530-537.

㊁ Argyris,C. (1977b). Organizational learning and management information systems. Harvard business Review,55(5), 115-125.

㊂ Farh,C.I.C.,Chen,Z.(2014).Beyond the individual victim: Multilevel consequences of abusive supervision in teams.Journal of Applied Psychology, 99(6),1074-1095.

㊃ Marr,J. C.,Thau, S.,Aquino, K., & Barclay, L.J. (2012). Do I want to know? How the motivation to acquire relationship-threatening information in groups contributes to paranoid thought, suspicion behavior, and social rejection. Organizational Behavior and Human Decision Processes, 117(2), 285-297.

㊄ From "Do I want to know? How the motivation to acquire relationship-threatening information in groups contributes to paranoid thought, suspicion behavior, and social rejection" by Jennifer Carson Marr, Stefan Thau, Karl Aquino, Laurie J. Barclay in Organizational Behavior and Human Decision Processes, ©2012 Elsevier.

注想法。那些对自己的群体有强烈认同感的人，当他们意识到某件事对其所在群体的福利有伤害时，更有可能站出来表达异议。例如，Sheryl Sandberg 在谷歌的时候，曾告诉一位主管同事，说她在一个重要会议上说了太多的"嗯…"，这听起来很不明智。在某些情况下，任务冲突可以有效激发创造力，因为它鼓励人们重新思考问题，并达到每个人都能接受的结果。例如，当大多数人面对少数人的不同意见时，他们会被促使去思考为什么这些少数人不同意这样做，从而产生更多新颖的想法。此外，在混合动机的情况下，从事任务相关交流的人会进行更多的合作，因为谈论任务会激发与公平和信任相关的想法和规范。

过程冲突

过程冲突（process conflict）集中在团队成员对于如何处理任务的分歧上，尤其是集中在谁应该做什么上。过程冲突常常涉及团队成员之间关于如何实现目标的分歧。当智能手表研发公司 Pebble 与苹果公司联手开发 iPhone 用户应用程序时，过程冲突就变得非常激烈。该团队不同意测试应用程序和审查过程的最后期限，结果就是产品几乎延迟 6 个月发布。

对绩效的影响

冲突的性质会如何影响团队绩效呢？2012 年的一项元分析显示，关系冲突与团队产出之间存在负相关关系。然而，任务冲突与团队绩效之间没有显著的负相关关系，这表明任务冲突并不会对团队绩效产生不利影响。一项对 145 个组织团队进行的研究表明，任务冲突预示着更好的团队绩效，而关系冲突则与绩效下降有关。

某些特定条件可以使任务冲突提高团队绩效。具体来说，更多的任务冲突可以提高团队

㊀ Feintzeig, R. (2015, December 30). 'Nice' is a four-letter word at companies practicing radical candor. Wall Street Journal. wsj.com; Shellenbarger, S. (2014, December 14).To fight, or not to fight? Wall Street Journal. wsj.com

㊁ Packer, D. J., & Chasteen, A. L. (2010). Loyal deviance: Testing the normative conflict model of dissent in social groups. Personality and Social Psychology Bulletin, 36(1),5-18.

㊂ Feintzeig (2015, December 30). "'Nice' is a four-letter word at companies practicing radical candor."

㊃ Levine,J.M., & Moreland,R.L.(1985). lnovation and socialization in small groups.In S. Mocovici, G. Mugny, & E. van Avermaet (Eds.), Perspectives on minority influence (pp.143-169).Cambridge, UK:Cambridge University Press; Nemeth, C.J. (1995). Dissent as driving cognition, attitudes, and judgments. Social Cognition, 13, 273-291.

㊄ Cohen T.R., Wildschut,T., & Insko, C.A. (2010). How communication increases interpersonal cooperation in mixed-motive situations. Journal of Experimental Social Psychology, 46(1), 39-50.

㊅ Mark Gurman, M. (2015, June 3). Pebble blames Apple for delayed iOS Pebble Time app as first backers receive watches. 9to5Mac. 9to5mac.com; Kelly, H.(2015, September 23). Pebble launches round, thin smartwatch. CNN Money. money.cnn.com

㊆ De Wit,F. R. C., Greer, L. L., & Jehn, K. A. (2012). The paradox of intragroup conflict: A meta-analysis Journal of Applied Psychology, 97(2), 360-390.

㊇ Chun,J.S., & Choi,J.N. (2014). Members' needs, intragroup conflict, and group performance. Journal of Applied Psychology, 99(3), 437-450.

生产力的三个条件是任务复杂性、信息处理能力和恰当的表达。㊀简而言之，任务冲突与团队绩效之间通常消极的关系在以下三种情况下可以变得积极：①任务非常复杂；②团队成员能够处理信息；③当冲突出现时，能够以恰当的方式表达。此外，对一个医疗机构的232名员工进行的研究表明，轻度的任务冲突会产生更多的信息获取，但是更频繁、更激烈的任务冲突会阻碍信息获取。㊁当团队成员从事轻度的任务冲突时，他们会更积极、更有活力、更感兴趣、更兴奋，所有这些都会带来更高的工作满意度。

人际关系冲突会干扰人们投入到任务中的努力，因为成员们都在专注于减少威胁、提高权威，并试图建立凝聚力，而不是致力于完成任务。人际敌意产生的焦虑可能会抑制认知功能，㊂分散团队成员的注意力，导致他们的工作效率降低，从而导致次优的产出。㊃关系冲突对绩效和满意度（团队生产力的两个主要指标）都是不利的，因为情绪化会降低团队效率。㊄关系冲突增大了人们紧抓次优偏好方面的刚度，导致了糟糕的决策。㊅此外，关系冲突会对团队处理信息的能力产生负面干扰。㊆一项对任务和关系冲突的实地研究发现，关系冲突加剧了任务冲突与团队绩效之间的负面关系。㊇就团队满意度而言，关系冲突比任务冲突更具破坏性。㊈事实上，关系冲突更多的是人际关系、情感问题，并且可能是直指他人的。

一些调查研究了团队内冲突的时间过程。在团队发展的早期阶段，成员之间信任程度较高的团队，会在未来的关系冲突中得到缓冲（见图表8-2）。当团队在早期接收到负面的绩效反馈时，关系冲突和任务冲突都会增加。㊉团队冲突的增加也会导致团队低效率地重组自己。

㊀ Bradley, B.H., Anderson, H.J., Baur,J.E., & Klotz,A.C. (2015). When conflict helps: Integrating evidence for beneficial conflict in groups and teams under three perspectives. Group Dynamics: Theory, Research, and Practice,19(4), 243-272.

㊁ Todorova, G., Bear,J.B., & Weingart,L.R. (2014. Can conflict be energizing? A study of task conflict, positive emotions, and job satisfaction. Journal of Applied Psychology, 99(3), 451-467.

㊂ Roseman, I., Wiest, C., & Swartz, T. (19949. Phenomenology, behaviors, and goals differentiate emotions. Journal of Personality and Social Psychology, 67, 206-221.

㊃ Wilson, D. C., Butler, R. J.,Cray, D.,Hickson,D.J., & Mallory, G. R. (1986). Breaking the bounds of organization in strategic decision making. Human Relations, 39, 309-332.

㊄ Jehn,K.A. (1997)A qualitative analysis of conflict types and dimensions in organizational groups. Administrative Science Quarterly, 42, 530-557.

㊅ De Wit, F.R.C., Jehn, K.A., & Scheepers, D. (2013). Task conflict, information processing, and decision-making: The damaging effect of relationship conflict. Organizational Behavior and Human Decision Processes,122(2), 177-189.

㊆ De Dreu, C. K. W., & Weingart, L. R. (2003a). Task versus relationship conflict, team performance, and team member satisfaction: A meta-analysis. Journal of Applied Psychology, 88(4),741-749.

㊇ Shaw,J. D.,Zhu,J.,Duffy, M. K., Scott, K. L., Shih, H.-A., & Susanto, E. (2011). A contingency model of conflict and team effectiveness. Journal of Applied Psychology, 96(2),391-400.

㊈ De Dreu & Weingart (2003a). "Task versus relationship conflict, team performance, and team member satisfaction: A meta-analysis."

㊉ Peterson, R. S., & Behfar, K. (2003). The dynamic relationship between performance feedback, trust, and conflict in groups: A longitudinal study. Organizational Behavior and Human Decision Processes, 92, 102-112.

当团队经历冲突时，他们的信任度降低，这会导致他们降低个体自主性以及团队中的任务依赖性。[一]

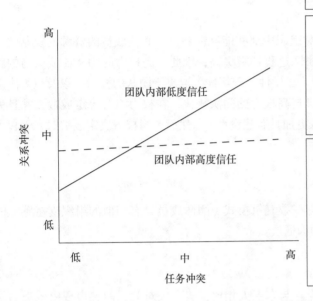

图表8-2　信任缓和消极的冲突

基于 Peterson, R. S., & Behfar, K. J. (2003).The dynamic relationship between performance feedback, trust, and conflict in groups: A longitudinal study. Organizational Behavior and Human Decision Processes, 92, 102-112; Hurley, R. (2006). The decision to trust. Harvard Business Review, 84(9), 55-62, ©Leigh L. Thompson.

人格与冲突

一项调查研究了三种"黑暗人格"特性——马基雅维利主义、自恋和精神病态（分别代表操控性、以自我为中心和残酷无情，表示喜欢操控他人以达到自己的目的，深度自恋以及对身边亲近的人冷酷无情——译者注）。具有较高精神病态得分成员的团队可能更具有较差的冲突解决策略，导致任务绩效较低。[二] 相反，当团队成员高度开放或情绪稳定时，任务冲突对绩效具有积极影响。然而，当团队成员开放性或情绪稳定性较低时，任务冲突会对绩效产生

[一] Langfred, C. W. (2007). The downside of self-management: A longitudinal study of the effects of conflict on trust, autonomy, and task interdependence in self-managing teams. Academy of Management Journal, 50, 885-900.

[二] O'Neill,T.A., & Allen, N. J. (2014). Team task conflict resolution: An examination of its linkages to team personality composition and team effectiveness outcomes. Group Dynamics: Theory, Research, and Practice, 18(2),159.

消极影响。①

团队认同

任务冲突和关系冲突通常是正相关的：任务冲突往往与团队中的关系冲突相关联，反之亦然。但是，如果团队成员具有高度的团队认同感，任务冲突则可以与关系冲突相分离。②

权力与冲突

团队权力（team power）指的是对组织中那些能够影响团队其他成员的资源的控制的权力。与低权力的团队相比，高权力的团队过程冲突更高，因此，高权力的团队比低权力的团队表现更差。③团队中冲突行为的类型（建设性与破坏性）取决于团队的权力，以及权力决定成功和失败的可能性。在一项调查中，与高权力的团队相比，在权力不会决定成败、并且失败的威胁较低的情况下，低权力的团队更加具有建设性。④然而，当权力决定成败时，无权力的团队倾向于表现得更加不具有建设性。

组织气氛与冲突

组织气氛缺乏一致性的团队比具有一致气氛模式（团队成员具有相似的组织支持感）的团队拥有更高水平的任务冲突和更低的沟通质量。⑤

全球文化与冲突

全球文化中存在着关于冲突的差异。与东亚人相比，美国人对关系冲突表现出乐观的偏见。⑥就任务冲突而言，美国人和东亚人都认为要积极应对冲突，但欧裔美国人却认为没有必要通过解决关系冲突来获得良好的绩效。与东亚人相比，美国人更有可能加入一个具有高关系冲突的天才团队。

---

① Bradley, B., Klotz, A., Postlethwaite, B., & Brown, K. (2013). Ready to rumble: How team personality composition and task conflict interact to improve performance. Journal of Applied Psychology, 98(2), 385-392.

② Schaeffner, M., Huettermann, H., Gebert, D., Boerner, S., Kearney, E., & Song, L. J. (2015). Swim or sink together: The potential of collective team identification and team member alignment for separating task and relationship conflicts. Group & Organization Management, 40(4), 467-499.

③ Greer, L. L., Caruso, H. M., & Jehn, K. A. (2011). The bigger they are, the harder they fall: Linking team power, team conflict, and performance. Organizational Behavior and Human Decision Processes, 116(1), 116-128.

④ Kamans, E., Otten, S., Gordijn, E. H., & Spears, R. (2010). How groups contest depends on group power and the likelihood that power determines victory and defeat. Group Processes & Intergroup Relations, 13(6), 715-724.

⑤ González-Romá, V., & Hernández, A. (2014). Climate uniformity: Its influence on team communication quality, task conflict, and team performance. Journal of Applied Psychology, 99(6), 1042.

⑥ Sanchez-Burks, J., Neuman, E.. Ybarra, O., Kopelman, S., Goh, K., & Park, H. (2008). Cultural folk wisdom about relationship conflict. Negotiation and Conflict Management Research, 1(1), 55-78.

跨文化团队中，语言相关的挑战增加了关系冲突的可能性。⊖出于这个原因，谈论冲突实际上弊大于利。就文化信仰而言，与亚洲人相比，美国人在很大程度上被认为是个人主义的，而亚洲人则被认为是集体主义的。⊜当一种集体主义规范被操纵（施加于一个群体）时，持一致态度的成员比持不同态度的成员能得到更正面的评价；但是，当个人主义规范被施加时，异议者会更加得到重视。⊜

考虑到表达冲突的文化风格上的差异，团队很适合探讨差异，并在某些情况下提供培训。例如，豪华度假连锁酒店 Soneva 的首席执行官 Sonu Shivdasani 在泰国收购了一家酒店管理公司，他发现泰国的商业文化需要根据西方商业规范进行一些调整。泰国人非常尊重权威，Shivdasani 的私人助理在进入他的办公室时会屈膝，使得她的头比他的低。这个 CEO 在讲话时总是提高自己的音量从而导致听众的沉默。这种讲话方式在文化中被看作直言不讳，但是会使得经理感觉被冒犯。因此，该公司开发了自己 200～300 字的 "Soneva" 语言，以超越巨大的文化差异。例如，所有员工都被称为"主人"，以便给他们一种"一家之主"的感觉。随着新语言的出现，传统上不情愿的员工开始更多地畅所欲言。Shivdasani 说："在一场讨论中，即使他们比最资深的人低两到三个层次，他们也会很乐意表达自己的观点，他们会觉得自己有权利发表与别人不一致的言论。"㉔

冲突的类型

比例冲突与感知冲突

如果团队成员对团队中存在的冲突数量和类型有不同的看法，**比例冲突（proportional conflict）**就会产生。例如，在任何一个团队中，关系冲突、任务冲突和过程冲突都可能有着不同的实际水平，而这些冲突的相对水平对于团队领导者来说是至关重要的，因为它们会影响任务的绩效。㉕**比例冲突构成（proportional conflict composition）**将三类冲突（任务、关系和过程）之间的关系描述为每类冲突的水平与其他两类冲突的水平以及团队内部冲突的总体水平之间的关系，而不是任何一种类型冲突的绝对水平或数量。例如，经历了适度的建设性任务冲突，并且没有过其他冲突（关系或过程冲突）的团队，与经历过相同数量的任务冲突，

⊖ Von Glinow, M. A., Shapiro, D. L., & Brett, J. M. (2004). Can we talk, and should we? Managing emotional conflict in multicultural teams. Academy of Management Review, 29(4), 578-592.

⊜ Brett, J. M. (2007). Negotiating globally: How to negotiate deals, resolve disputes, and make decisions across cultural boundaries. San Francisco, CA: Jossey-Bass.

⊜ Hornsey, M.J., Jetten, J., McAuliffe, B.J., & Hog, M.A. (2006). The impact of individualist and collectivist group norms on evaluations of dissenting group members. Journal of Experimental Social Psychology, 42, 57-68.

㉔ From Language can be key to results by Sonia Kolesnikov-Jessop, ©The New York Times.

㉕ Jehn, K., & Chatman, J. A. (2000). Reconceptualizing conflict: Proportional and relational conflict. International, Journal of Conflict Management, 11(1), 51-69.

同时具有高比例关系冲突的团队相比，将会拥有一段不同的经历。与较多中等程度任务和关系冲突的团队成员相比，前者的成员将会体验到更少的压力、分心以及愤怒，而这些是关系冲突惯常的后果。事实上，具有高比例任务冲突的团队会拥有更高的团队成员承诺、凝聚力、个体表现、团队绩效和成员满意度。与此相反，高比例的关系冲突与成员承诺、凝聚力、个体表现、团队绩效和成员满意度都呈负相关关系。

感知冲突（perceptual conflict）指的是根据团队成员是否感知到冲突，并存在一致或不一致的程度。**感知冲突构成**（perceptual conflict composition）是指团队中每个人对冲突水平的感知不同于其他团队成员的程度。具体来说，每个成员对冲突的感知都会与团队其他成员的感知相比较。例如，一个八人团队中的两名成员在团队中感知到了与任务有关的争论，而其他六名成员则没有察觉到这种冲突。这两名成员的感知冲突构成得分要高于那些认为没有任务冲突的成员。一项对 51 个工作团队进行的研究发现，冲突感知的不同会降低团队的绩效和创造力。

冲突状态与冲突过程

冲突状态与冲突过程是不同的。**冲突状态**（conflict states）是团队成员之间关于任务（即目标、想法和绩效策略）或关系（即人格碰撞、人际关系风格）的不一致程度的共同看法。相反，**冲突过程**（conflict processes）是成员之间的互动，目的是通过任务和人际的分歧来发挥作用。值得注意的是，状态和过程会影响团队的结果，但是团队用来管理差异的过程解释了结果的差异。就关键过程而言，集体主义的冲突过程（即对整个团队的关注）与更好的绩效和更积极的情感结果正相关。相反，个体主义的冲突过程（即对个人的关注）与绩效和团队产生的情感结果都是负相关的。

冲突传染

冲突传染（conflict contagion）指的是人与人之间的双方冲突如何蔓延到他人身上。冲突

㊀ Ibid.

㊁ Amason, A. (1996). Distinguishing the effects of functional and dysfunctional conflict on strategic decision making: Resolving a paradox for top management teams. Academy of Management Journal, 39(1), 123-148; Jehn, K. (1994). Enhancing effectiveness: An investigation of advantages and disadvantages of value based intragroup conflict. The International Journal of Conflict Management,5, 223-238; Jehn, "Multimethod examination of intragroup conflict," p. 202.

㊂ Jehn, K., & Chatman, J. A. (2000). Reconceptualizing conflict: Proportional and relational conflict. International Journal of Conflict Management, 11(l),51-69.

㊃ Ibid.

㊄ Jehn, K.A., Rispens, S., & Thatcher, S. M. B. (2010). The effects of conflict asymmetry on work group and individual outcomes. Academy of Management Journal, 53(3),596-616.

㊅ DeChurch, L.A., Mesmer-Magnus,J.R., & Doty, D. (2013). Moving beyond relationship and task conflict: Toward a process -state perspective.Journal of Applied Psychology, 98(4), 559.

㊆ Ibid.

传染会导致冲突升级。①

分配冲突与程序冲突

有时，人们会在稀缺资源的分配上产生冲突，例如薪水和支持人员。在其他情况下，人们也卷入与程序有关的冲突。人们往往过于关注分配和程序的公平，以至于监督其他人，收集和处理组织中的信息。例如，认为自己的组织是以市场为中心的员工倾向于收集有关分配公平的信息；相反，认为自己的组织是官僚主义的员工倾向于收集有关程序公平的信息。②潜在的团队成员会使用程序分配标准来作为选择团队的一种依据，并对基于平等的团队表现出强烈的偏好。③

公平、平等和需求

分配稀缺资源的方法至少有三种不同：**公平（equity）**法（或基于贡献的分配）强调，收益（和成本）应与团队成员的贡献成比例；④**平等（equality）**法（或盲目的正义）强调，无论投入多少，所有的团队成员都应该承担同样的责任或享受同样的利益；⑤**需求（need）**法（或基于福利的正义）强调，收益（和成本）应与成员的需求成比例。⑥

强调生产力的群体倾向于公平法则，但几乎没有证据表明公平实际上有助于群体的生产力。群体成员具有独立的（即利己主义的）自我建构，而非相互依赖的建构，公平性会促进这类群体的生产力。⑦另一个问题是，有些人经常感觉自己比其他人更有权利或资格。例如，贡献较少的团队成员更喜欢平均分配资源，而贡献较多的团队成员则更偏向公平原则。⑧在包含了不同权力或地位水平成员的团队中，低权力的成员想要平等，而拥有高权力的成员则

---

① Jehn, K., Rispens, S., Jonsen, K., & Greer, L. (2013). Conflict contagion: A temporal perspective on the development of conflict within teams. International Journal of Conflict Management, 24(4), 352-373.

② Long, C. P., Bendersky, C., & Morrill, C. (2011). Fairness monitoring: Linking managerial controls and fairness judgments in organizations. Academy of Management Journal, 54(5), 1045-1068.

③ Poepsel, D. L., & Schroeder, D. A. (2013). Joining groups: How resources are to be divided matters. Group Dynamics: Theory, Research, and Practice, 17(3), 180.

④ Adams, S. (1965). Inequity in social exchange. In L. Berkowitz (Ed.), Advances in experimental social psychology (Vol. 2, pp.267-299). New York: Academic Press.

⑤ Messick, D. (1993). Equality as a decision heuristic. In B. A. Mellers & J. Baron (Eds.), Psychological perspectives on justice (pp. 11-31). New York: Cambridge University Press.

⑥ Deutsch, M.(1975). Equity, equality, and need: What determines which value will be used as the basis of distributive justice? Journal of Social Issues,31,137-149.

⑦ Goncalo, J. A., & Kim, S. H. (2010). Distributive justice beliefs and group idea generation: Does a belief in equity facilitate productivity? Journal of Experimental Social Psychology, 46(5), 836-840.

⑧ Allison. S., & Messick, D. (1990). Social decision heuristics and the use of shared resources. Journal of Behavioral Decision Making,3,195-204.

要求公平。总之，大多数人认为自己有资格获得比别人所认为的更多的资源。常常这是由人们自己对共同任务贡献的自我中心估价所驱使的。例如，在一次调查中，团队成员被要求完成几份问卷。这些花了 45min 或 90min。调查问卷是这样安排的：每个时间段内，一些参与者完成 6 份问卷，而另一些则只完成 3 份。当被问到分配金钱奖励时，参与者强调了分配过程中有利于他们的维度（那些工作时间更长的人强调时间；填了更多调查问卷的人则强调问卷的完成度）。然而，大多数人并没有意识到，他们对公平的观念是有着以自我为中心的偏见的。

客观正确的公正方法并不存在。事实上，在不同的时候，团队会有不同的操作方法。例如，考虑一个持续一个学期课程的学习小组。小组成员可能会在公平的基础上分配小组的工作，这样的话在某个学科领域中拥有更多经验和技能的人有望为该任务带来更多的知识（例如，财务专业的人可能会单独阅读财务报告，负责所有的计算，并自行制作电子表格）。在预约学习小组的房间和为小组会议提供零食的问题上，这个小组则可能会采用平等的方法，例如每周都让不同的小组成员提供饮料、饼干，以及预订房间。这个小组偶尔也会采用基于需求的公正制度，比如当一个小组成员因为准备婚礼而错过了三次小组会议时。团队的其他成员可能会同意接手他的任务，让队友有时间为婚礼做准备。如何减少对权利的自私自利的或以自我为中心的判断，在团队中是一个棘手的问题。虽然看起来换位思考可能会减少以自我为中心的判断，但被鼓励去考虑他人想法的人会增加他们的以自我为中心的（自私的）行为，这样他们实际上就会获得更多的可用资源。更令人惊讶的是，群体不喜欢无私的成员。当群体感受到某些成员为某一事物做出了过多的贡献，而又很少从这一事物中获取利益时，他们就会成为被驱逐的目标。显然，这样的群体成员被看作建立了不良的行为标准。

少数派冲突与多数派冲突

有时候，冲突会涉及特定团队中的子群体，包括多数派和少数派。多数派和少数派影响他们团队的方式有两种：一种是通过**直接影响**（direct influence），比如他们劝诱其他团队成

○ Komorita, S., & Chertkoff, J. (1973). A bargaining theory of coalition formation. Psychological Review, 80, 149-162; Shaw, M. E. (1981). Group dynamics: The psychology of small group behavior (3rd ed.). New York: McGraw-Hill.

○ Van Avermaet, E. (1975). Equity: A theoretical and experimental analysis. Doctoral dissertation, University of California, Santa Barbara.

○ Epley, N., Caruso. E. M., & Bazerman, M. (2006). When perspective taking increases taking Reactive egoism in social interaction. Journal of Personality and Social Psychology,. 91(5), 872-889.

四 Parks, C. D., & Stone, A. B. (2010). The desire to expel unselfish members from the group. Journal of Personality and Social Psychology, 99(2), 303-310.

员采纳他们的观点；另一种是通过**间接影响**（indirect influence），比如多数派私下赞同少数派。○当人们由于直接影响或压力而改变自己的态度和行为时，就被称为**顺从**（compliance）（尽早和直接采纳某一观点）；相反，当人们因自己对某一主题的思考结果而改变自己的态度和行为时，就被称为**转化**（conversion）（内心接受）。转化也可能发生在一个潜在的层面上，并产生延迟的影响，比如当后来发生改变时，它也被称为**睡眠者效应**（sleeper effect）。○转化是一种更稳定的态度改变，因为这是一个人内在的改变，而非外在。少数派引起转化，而多数派引起顺从。

被看作专家的少数派起到催化剂作用，他们通过提高多数派成员的认知质量以及帮助他们做出更准确的个人判断。○群体中的少数派是有益的，因为他们激发出对问题的更多思考。○当群体中的少数派表达了不同的观点时，群体认知活动的一般水平就会增加，而群体成员则会进行更多的信息推敲。○少数派的意见不只让群体专注于某一特定的信息，还从总体上激发了对这个问题更广泛的思考，并打开了考虑多种观点的大门——也许这些观点里面只有一个代表了他们少数派。○通过塑造和倡导，少数派能够改变关于群体帮助行为的规范。○事实上，那些接触过少数派异议的人会搜寻更多关于问题各方面的信息，○记住更多的信息，○部署更有

○ Mugny, G. (1982). The power of minorities. London: AcademicPress; Nemeth, C., & Wachtler, J. (1974). Creating perceptions of consistency and confidence:A necessary condition for minority influence. Sociometry,37, 529-540.

○ Moscovici, S., Mugny, G., & Papastamou, S. (1981). Sleeper effect and/or minority effect? Cahiers de Psychologie Cognitive, 1, 199-221.

○ Sinaceur, M.,Thomas-Hunt, M.C., Neale, M. A., O'Neill, O. A., & Haag, C. (2010). Accuracy and perceived expert status in group decisions: When minority members make majority members more accurate privately.Personality and Social Psychology Bulletin, 36(3), 423-437.

○ Nemeth, C. J. (1986). Differential contributions of majority and minority influence. Psychological Review, 93,23-32；Perez.J.A., & Mugny, G. (1996). The conflict elaboration theory of social influence. In E. H. Witte& J.H. Davis (Eds.), Understanding group behavior: Small group processes and interpersonal relations(Vol.2, pp.191-210).Mahwah, NJ: Erlbaum.

○ Moscovici, S. (1980). Towards a theory of conversion behavior. In L. Berkowitz (Ed.), Advances in Experimental Social Psychology (Vol.13, pp.209-239). San Diego, CA: Academic Press.

○ Nemeth, "Differential contributions," p. 217; Nemeth, C.J.(1997). Managing innovation: When less is more.California Management Review, 40,59-74.

○ Grant, A. M., & Patil, S. V. (2012). Challenging the norm of self-interest: Minority influence and transitions to helping norms in work units. Academy of Management Review, 37(4), 547-568.

○ Nemeth, C., & Rogers,J. (1996). Dissent and the search for information. British Journal of Social Psychology,35, 67-76.

○ Nemeth, C., Mayseless, O.,Sherman, J., & Brown, Y. (1990). Improving recall by exposure to consistent dissent. Journal of Personality and Social Psychology, 58, 429-437.

效的绩效策略,○察觉他人难以发现的解决方案,○以更复杂的方式思考,○并且更具有创造性。○美国最高法院多数派意见的作者倾向于关心具体说明所有可以想象到的情况,这些情况下法律应该或者不应该适用,从而确保判决先例的长久性。相比之下,美国最高法院少数派意见的作者往往把重点集中于最终可能有利于推翻判决先例的论据上。与持少数派意见的成员相接触的人,会体验到综合性思考水平的提升;相反,与多数派意见或意见一致的群体相接触的人,事实上会经历综合性思考水平的下降。○当少数派的观点存在并得到表达时,团队会做出更好的决策。○

除了激发更多的信息推敲和认知活动之外,统计学上的少数派还能激发发散性思考。○多数派引发的思考是排斥所有其他想法,聚焦于一种解决方案,但少数派却通过考虑多种观点而引发了发散性思考。○从这个意义上说,少数派可能比多数派拥有更多的独创思想。例如,在争论中他们对话语的联想比多数派的人更具原创性。○

即使少数派在某个问题上错了,它也可以通过刺激发散性思考、增加创造性观点、产生更多的想法和达成更好的解决方案来增加一个群体的价值。然而,少数派在刺激转化方面并不总是成功的。事实上,群体中的人可能会主动远离少数派,以避免被嘲笑和拒绝。○当群体成员主动地回避少数派成员时,他们对相关话题的态度可能会发生改变。○

---

① Butera, F.,Mugny,G., Legrenzi, P., & Perez,J.A. (1996). Majority and minority influence: Task representation and inductive reasoning. British Journal of Social Psychology, 67, 123-136.

② Nemeth, C., & Wachtler,J.(1983). Creative problem solving as a result of majority vs. minority influence. European Journal of Social Psychology, 13, 45-55.

③ Gruenfeld, D. H. (1995). Status, ideology, and integrative complexity on the U.S.Supreme Court: Rethinking the politics of political decision making. Journal of Personality & Social Psychology, 68(1), 5-20.

④ Nemeth, C.J, & Kwan,J. L. (1985). Originality of word associations as a function of majority vs. Minority influence processes. Social Psychology Quarterly, 48, 277-282; Nemeth, C., Rogers, J., & Brown, K. (2001).Improving decision making by means of dissent. Journal of Applied Social Psychology, 31, 48-58.

⑤ Gruenfeld,D.H., Thomas-Hunt, M. C., & Kim, P. (1998). Cognitive flexibility, communication strategy,and integrative complexity in groups: Public versus private reactions to majority and minority status. Journal of Experimental Social Psychology, 34, 202-226.

⑥ Van Dyne, L., & Saavedra, R. (1996). A naturalistic minority influence experiment: Effects on divergent thinking, conflict and originality in work groups. British Journal of Social Psychology, 35, 151-167.

⑦ Nemeth, C.J.(1976). A comparison between majority and minority influence. Invited Address. International Congress for Psychology. Joint Meeting of SESP and EAESP, Paris; Nemeth, "Differential contributions," p.217.

⑧ Nemeth & Rogers, "Dissent and the search for information."

⑨ Nemeth & Kwan, "Originality of word associations, " p.217.

⑩ Perez,J. A., & Mugny, G.(1987). Paradoxical effects of categorization in minority influence: When being an out-group is an advantage. European Journal of Social Psychology, 17, 157-169.

⑪ Mugny, Power of minorities, p.216; Crano, W.D.(2000). Social influence: Effects of leniency on majority and minority-induced focal and indirect attitude change. Revue Internationale de Psychologie Sociale, 15, 89-121.

在某些情况下，少数派可能会受到多数派的侵扰或施压。事实上，在直接的和间接的影响力衡量上，受侵扰的少数派实际上比不受侵扰的少数派更有说服力。㊀受侵扰的少数派被更加正面看待的原因根植于**勇气假说（courage hypothesis）**——坚持面对困难和嘲笑的人被认为是特别真诚、自信和勇敢的，因为他们愿意承担社会谴责的风险。少数派的成员越勇敢，少数派的影响就越大。而且，如果被侵扰的少数派在公共场合（而不是私下）坚持不懈，他们甚至更加令人钦佩和有说服力。㊁

工作–家庭冲突

一些团队会因为团队成员经历工作与团队义务以及与他们对家庭的承诺之间的冲突而艰难前行。工作–家庭冲突（work-family conflict，WFC）可能表现在个人层面上，比如当一个人对自己的工作–家庭状况感到压力时，或者表现在团队层面上。在性别、家庭人口数方面，对人口统计学属性与团队不同的人来说，工作–家庭冲突会更加强烈。㊂工作团队层面上的工作–家庭冲突会导致个体层面的工作–家庭冲突。但是，当团队成员感觉自己得到了团队的社会支持时，工作–家庭冲突就会减少。

组织文化冲突

领导者的冲突管理行为会在组织中产生三种不同的文化：合作、支配和回避。对一家大银行92个分行的调查显示，冲突文化影响分行的生存能力（即凝聚力、效能、倦怠）和分行的业绩（即创造力和客户服务）。㊃

冲突管理

接下来，我们将介绍解决冲突的几种模型。

冲突模型

根据Thomas的说法，当人们发现自己卷入冲突时，至少可以采取五种行动方案。㊄这五

㊀ Baron, R., & Bellman, S. (2007). No guts, no glory: Courage, harassment and minority influence. European Journal of Social Psychology, 37, 101-124.

㊁ McLeod, P., Baron, R., Marti, M., & Yoon, K. (1997). The eyes have it: Minority influence in face-to-face and computer mediated group discussion. Journal of Applied Psychology, 82, 706-718.

㊂ Bhave, D. P., Kramer, A, & Glomb, T. M. (2010). Work-family conflict in work groups: Social information processing, support, and demographic dissimilarity. Journal of Applied Psychology, 95(1), 145-158.

㊃ Gelfand, M., Leslie, L.,Keller, K., & Dreu, C.K.W. (2012). Conflict cultures in organizations: How leaders shape conflict cultures and their organizational-level consequences. Journal of Applied Psychology, 97(6),1131-1147.

㊄ Thomas, K.W.(1992). Conflict and conflict management: Reflection and update. Journal of Organizational Behavior, 13(3), 265-274.

种方案的选择取决于人们对自己和他人的关心程度（见图表8-3）。

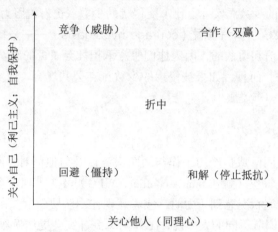

图表8-3 冲突模型

基于 Thomas, K. W. (1992). Conflict and conflict management: Reflections and update. Journal of Organizational Behavior, 13, 265274, ©Leigh L.Thompson.

让我们用模型来分析 Columbia Sportswear 公司发生的冲突（见图表 8-4）。在 Neal Boyle（Gert 的丈夫和 Tim 的父亲）去世之前，他的妻子和儿子并没有很多的参与和互动，因此陷入了一段长期僵持的局面。Neal 去世后，Tim 和他的母亲 Gert 互相竞争，甚至威胁对方。然而，当他们专注于一个更高层次的目标、降低工资、重建公司时，他们就开始了合作。当离岸外包的问题出现时，Gert 让步了，并满足了 Tim 的想法。在公司发展的关键阶段，Tim 和 Gert 从回避转向合作，这对公司来说是非常幸运的。

> 户外用品零售商 Columbia Sportswear 的创始人 Tim Boyle 和他的母亲 Gert 花了 30 多年的时间争辩经营公司的最佳方式。1970 年，在 Neal Boyle——Tim 的父亲和 Gert 的丈夫突然去世后，两人不得不仓促地试图挽救这家小公司。在 Neal 去世前不久，他用家庭住房作为抵押，得到了一笔 15 万美元的小型商业贷款，从而将家人的生存直接与公司的命运联系了起来。第一年是一场灾难。销售额下降 25%，许多核心员工辞职。Tim 和 Gert 承认，由于缺乏经验，他们做出了很多糟糕的商业决策。公司头几年业绩不佳，并持续下降。母亲和儿子甚至试图以 1400 美元的价格出售公司（Columbia 公司 2011 年的报告年收入为 17 亿美元），但当潜在买家提出一系列额外的要求时，他们犹豫了。母子之间的关系变得紧张，但通过合作、长时间工作，以及同意大幅降低工资，他们慢慢地重建了公司。然而，随着 Columbia 的成长，Tim 和 Gert 再次产生了冲突。当 Tim 推动公司扩张，并与 J.C. Penny & Co. 等面向大众市场的零售商进行交易时，Gert 反对了。Gert 从一开始就是这家公司的一员，曾亲自在缝纫车间制作 Columbia 的第一批钓鱼背心，她担心大型零售商会以不利的方式给公司施加压力。但是 Tim 却不善于向母亲解释他所做决定背后的理由。20 世纪 80 年代，Tim 坚持要将制造业转移到国外以降低组装成本，但受到了母亲的抵制。因为 Gert 认识很多公司的女裁缝，她不想看到她们失业。两人最终妥协，并同意寻求顾问来调解争端（在未来的许多冲突中他们继续这样做）。Gert 最终满足了 Tim 的愿望，同意将生产转移到亚洲。母子的团队划分出各自的职权领域，避免频繁的接触。具体来说，Tim 专注于推动"哥伦比亚战略和全球化公司的扩张"；Gert 成为公司的大使，主持公司的参观活动，并在 Columbia 的营销广告中扮演"一个严厉的母亲"。他们不同的责任，以及位于公司总部相反方位的两个办公室，减少了两人冲突的可能性。两人学会了如何共同工作，并且分别为公司带来了利益。该公司 2014 年销售额达到创纪录的 21 亿美元，2015 年的销售额又增长了 25%。那一年，该公司发起了一场全球性的广告宣传活动，名为"艰难的考验"，以 91 岁高龄、为公司工作了 50 年还依然是董事长的 Gert 为宣传点。

图表8-4 Columbia Sportswear 公司

基于 Steen, M. (2011, Autumn). Columbia sportswear: An American success story. Family Business Magazine. Family business magazine Anders, G. (2005, October 10). When mom is chairwoman andson is CEO, tens!on reigns. Wall Street Journal, p. B1;Valdiva, S. (2015, November 12). Business person of the year:Tim Boyle, CEO, Columbia Sportswear. Fortune. fortune.com, © Leigh L. Thompson.

团队中任务冲突和绩效的权变理论

权变观点将团队绩效视为任务冲突类型、冲突管理方法以及团队执行的任务性质的函数。⊖ 从图表 8-5 可以看出，冲突的数量是团队绩效和个人幸福（即个人满意度）的直接决定因素。

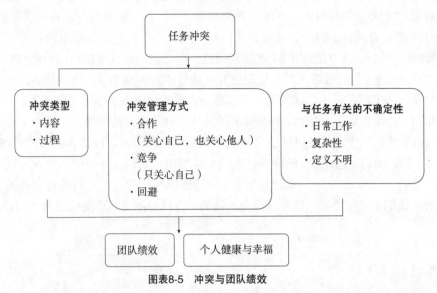

图表8-5　冲突与团队绩效

基于 De Dreu, C.K.W.,Weingart, L.R. (2003b). A contingency theory of task conflict and performance in groups and organizational teams. In M.A. West, D. Tjosvold, K.G.Smith (Eds.), International handbook of organizational teamwork and cooperative working. Chichester, UK: John Wiley & Sons Ltd, ©Leigh L.Thompson.

在这个模型中，冲突的类型可能是任务的内容或任务的过程（类似于前面描述的任务冲突和过程冲突）。**任务内容的冲突（task-content conflicts）**是团队成员对所执行任务的想法和意见之间的分歧，包括关于事实或观点的争论。相反，**任务过程的冲突（task-process conflicts）**是关于后勤和授权问题的冲突，例如如何进行和分配工作。

个人的幸福感对人们处理冲突的方式产生了强大的影响。例如，承受高压力水平的人荷尔蒙会被激活，导致一些负面生理结果，包括头痛和心血管反应的增加。⊜ 几项调查——其中一项涉及 3000 多名员工——揭示了工作冲突与身体健康问题之间显著的正相关关系。⊜

冲突投入模型

Rubult 的 EVLN 冲突模型认为，在亲密关系中人们面对冲突时，可以采取以下四种方法中的一种：退出、发声、忠诚或忽视。⊕ **退出（exit）**指的是正式分离或脱离一段关系，并且

⊖ De Dreu, C.K.W., & Weingart, L.R. (2003b).A contingency theory of task conflict and performance in groups and organizational teams. In M.A. West,D.Tjosvold, & K.G.Smith (Eds.), International handbook of organizational teamwork and cooperative working. Chichester, UK: John Wiey & Sons LTD.

⊜ Pennebaker,J.W.(1982). The psychology of physical symptoms. New York: Springer-Verlag.

⊜ Spector,P.E., & Jex, S.M. (1998).Development of four self-report measures of job stressors and strain: Interpersonal conflict at work scale, organizational constraints scale, quantitative workload inventory, and physical symptoms inventory.Journal of Occupational Health Psychology,3,356-367.

⊕ Rusbult,C.E.,Zembrodt,I.M., & Gunn,L.K.(1982).Exit,voice,loyalty,and neglect: Responses to dissatisfaction in romantic involvements. Journal of Personality and Social Psychology,43(6):1230-1242.

很多情况下结束所有联系。当人们被动地等待并希望事情发生好转时，**忠诚（loyalty）**就会出现。**发声（voice）**涉及讨论问题，寻求双方可以接受的解决方案，并愿意做出改变。例如，一位经理说："我需要和你讨论一些困扰我的事情……"或"我对当前项目的状态感到不舒服，我猜想你可能会有同样的感受，我想澄清……"当人们忽视对方并且很消极时，就会发生**忽视（neglect）**。如果人们对他们的关系感到满意，那么他们更有可能使用发声和忠诚（而不是退出或忽视）。当人们高度投入时，他们更有可能使用发声和忠诚。团队层面的承诺缓和了组织层面的承诺与 EVLN 运用之间的关系，这样更高的承诺就提高了发声的运用。

一项对 38 名工人进行的纵向调查揭示了另外两种破坏性的选择：想象中的退出和残酷的忽视。[①]在某些团队中，成员可能会公开表示敌意或互相攻击。图表 8-6（冲突选择）展示了 Rusbult 冲突模型在商业团队中的应用。在这个模型中，人们在冲突中的行为表现为两个关键维度：主动行为与被动行为，以及建设性行为与破坏性行为。当人们的行为是被动的且具有破坏性时，他们会进行回避。这意味着会忽视另一方或者不进行可能的澄清性讨论。

	被动的	主动的
破坏性的	回避 忽视或回避他人 不进行澄清性讨论	攻击 主动挑衅他人 收集资源阻碍和反对他人
建设性的	合理化 容忍这段关系 将行为合理化 希望事物可以自己解决	加入 积极主动 谈论冲突，并致力于能使关系 变得更好的策略

图表8-6 冲突选择

基于 Impact of Exchange Variables on Exit, Voice, Loyalty, and Neglect: An Integrative Model of Responses to Declining Job Satisfaction Author(s): Caryl E. Rusbult, Dan Farrell, Glen Rogers, Arch G. Mainous III Source: The Academy of Management Journal, Vol.31, No.3 (Sep., 1988), pp.599-627 Published by: Academy of Management, © Leigh L. Thompson.

让我们用模型来检验商业冲突。经过近一个月的对游行和政党职能活动中小心翼翼地相互回避（忽视），纽约州州长 Andrew Cuomo 和纽约市市长 Bill de Blasio 终于通过电话联系，交流了他们共同关心的问题。这是自 de Blasio 抨击（攻击）州长对纽约市经济保障房缺乏支持以来，两名政客之间的首次互动。这两名政治人物之间的不和是市政厅与奥尔巴尼州政府之间大量争执的负面背景；两个人努力沟通交流时，双方的工作人员都松了口气。[②]

如果一个人主动地破坏别人并收集资源来阻碍和反对他们，那这就是所谓的**攻击（attack）**。例如，Cornell Iron Works 公司首席执行官 Andrew Cornell 的目标是不成为一个以经常攻击别人而著称的老板。当员工没有或不能满足他的期望时，尽管他有时想要大声吼叫，

---

① Grima,F., & Glaymann, D. (2012). A revisited analysis of the Exit-Voice-Loyalty-Neglect model:Contributions of a longitudinal and conceptually extended approach.M@n@gement,15(1),1-41.

② Grynbaum,M.M., & Craig,S.(2015,July 29).Cuomo and de Blasio end the silence, but not the feud. The New York Times. nytimes.com; Scott, E. (2015,July 3). Bill de Blasio, Andrew Cuomo fight enters spotlight.CNN.cnn.com

但他还是尽量忍住不说。他说:"大声吼叫是过去的一种残留,我总是为此而后悔。"⊖

Wageman 和 Donnenfeld 的冲突干预模型

Wageman 和 Donnenfeld 区分了团队领导和管理者可以用来提高冲突解决过程质量的四种干预措施:⊜

团队(再)设计 [team (re)design]:团队开展工作中结构(如环境和任务)上深思熟虑的改变。干预措施可能包括在完成给定工作产出时,提高团队的任务相互依赖程度。团队设计通常涉及对一个团队非常具体的、结构上的改变,这可能包括目标的界定、团队成员的确定、分配给团队的资源性质和数量、团队报酬和行为规范。

任务过程辅导(task process coaching):通过努力、策略和才能的改变来帮助团队表现得更好。任务过程辅导不同于冲突过程辅导,任务过程辅导的目的仅仅是提高动机、策略和才能,而不是冲突本身。任务过程辅导可能包括培养团队成员技能,改进沟通系统等。

冲突过程辅导(conflict process coaching):直接干预团队以提高团队内冲突的质量。⊜ 干预措施可能包括信任建设练习、结构化的辩论以及任命故意唱反调的人。

改变个体(changing the individual):个体层面培训的目标是让特定的团队成员在与他意见不同时更加宽容、体贴和得力。⑩ 这可能包括谈判中的行为训练。

Wageman 和 Donnenfeld 提出了加强团队有关冲突方面的四项指导原则:㊄

原则 1:在上面列出的所有策略中,团队(再)设计的影响最大。为此,Wageman 和 Donnenfeld 建议从这个干预角度出发。㊅ 有效的团队设计解决了大多数团队冲突的根源。团队设计的一个重要方面是团队所阐明的目标。

那些在共同目标或共同愿景上达成一致的团队比那些没有或不能达成共识的团队更成功。当 33 名智利矿工被困在距地面 0.5mile 的地方时,他们通过建立专注于一个目标的领导结构而幸存了下来,这个目标是要一直活到被救的那一天。69 天里,矿工们通过选择领导者和委派任务来维持领导结构。矿工们遵循着严格的日常工作安排,比如锻炼和打扫非常艰苦的生活环境。这期间的每个决定都由投票表决。㊆

⊖ From "When the boss is a screamer" by Sue Shellenbarger in Wall Street Journal, ©August 15,2012 Dow Jones & Company, Inc.

⊜ Based on Wageman,R., & Donnenfeld, A.(2007). Intervening in intra-team conflict. In K. M. Behfar & L. L.Thompson (Eds.), Conflict in organizational groups: new directions in theory and practice. Evanston,IL: Northwestern University Press,©Leigh L. Thompson.

⊜ Hackman,J.R., & Wageman, R. (2005). A theory of team coaching. Academy of Management Review, 30,269-287.

⑩ Lewicki, R.J.,Weiss,S.E., & Lewin,D.(1992). Models of conflict, negotiation, and third party intervention:A review and synthesis.Journal of Organizational Behavior,13(2),209-252.

㊄ Wageman,R., & Donnenfeld,A.(2007).Intervening in intra-team conflict.In K.M.Behfar& L.L.Thompson (Eds.),Conflict in organizational groups: new directions in theory and practice. Evanston, IL:Northwestern University Press.

㊅ Ibid.

㊆ Moffett, M. (2010, August 25). Trapped miners kept focus, shared tuna. Walll Steet Journal. wsj.com

共同的目标并不意味着同质化的思维，但它们确实需要每个人都有共同的愿景。例如，两位广告公司高管创办了 ZinePak，将 CD、时尚杂志、访谈和商品打包，吸引他们所谓的"超级粉丝"。这两位公司联合创始人 Kim Kaupe 和 Brittany Hodak 分享了他们增长的愿景，宁愿拥有"价值 1 亿美元的蛋糕的 10%，而不是价值 5 百万美元的蛋糕的 100%"。当他们出现在 Shark Tank（美国一档提供给发明创业者展示发明和获取主持嘉宾投资赞助的真人秀节目——译者注）后，他们还分享了控股公司 51% 的愿景。①

原则 2：设计好团队之后，团队领导者应该使用团队辅导策略。只有在设计好团队的情况下，团队辅导才能发挥作用。专注于关键绩效驱动因素的辅导可以巩固团队设计。2006 年接任福特的 CEO 之后，Alan Mulally 创立了一个叫作"商业计划会议"（business plan meeting）的每周例会，经理们会在他的领域里提交一份报告，用绿色、黄色或红色标注，以显示业务是否达到目标（红、黄、绿标注分别表示问题环节、警觉区域、优秀流程——译者注）。在第一次商业计划会议上，福特所有的经理都把他们业务部门的报告标记为绿色，即没有任何问题。Mulally 用这些会议作为辅导时机，支持那些互相帮助，而不是仅仅关注自己部门问题的领导者。在一次会议上，当一个经理在他自己的项目上标注红色时，整个团队鼓掌。②

原则 3：关于冲突的辅导可能会产生与团队中的动机、策略或利用才能的讨论相关的阻力。在某些情况下，关于冲突和关系的辅导甚至会适得其反。③ 然而，它往往可以有助于团队制定战略，以积极地处理未来潜在的冲突。事实上，制定了关于如何管理冲突的规范的团队比那些没有制定规范的团队更有效。④ 而且，制定合作型冲突规范的团队会比使用竞争或回避方式的团队做出更有效的团体决策。冲突规范也会影响其他团队活动，例如制定那些不一定涉及冲突的决策。此外，朋友组成的团队比陌生人组成的团队，更能擅长运用有效的冲突管理策略以适合手头的任务，后者的冲突管理方法更少富有经验。⑤

干预的一种方式是结构化的辩论。大多数人，甚至是经验丰富的经理和高管，都会对冲突感到不安。然而，为冲突创造一个发生的时间和地点来解决冲突，会比期望它自然地爆发要容易得多。此外，讨论冲突爆发前的潜在冲突比在事后处理冲突要有效得多。在美国西南航空公司，领导者希望改变员工之间的"虚假和谐"文化。因此，该航空公司开始根据管理者的能力来提拔中层管理人员担任高管职位，以点燃成员之间积极的团队冲突。此外，新上任的管理者参加为期五周的培训计划，以帮助他们学会接受和培养严谨的内部辩论。⑥

冲突辅导的重点在于关注内容，而不在于风格。换句话说，关注实质，而不是演讲方式。

---

① Fenn, D.(2015,April 27). After landing $725,000 on 'Shark Tank,' 2 young founders tell all. IncMagazine.inc.com;Inc Magazine(producer). (2015). Partners need to share a vision. inc.com

② Stallard, M.L. (2014,January 22). 7 practices of Alan Mulally that helped Ford pass competitors. Fox Business.fox business.com; Boudette,N.E.,Rogers,C., & Lublin,J.S.(2014,April 21). Mulally's legacy: Setting Ford on a stronger course. The Wall Street Journal.wsj.com

③ Kaplan, R. E. (1979). The conspicuous absence of evidence that process consultation enhances task performance.The Journal of Applied Behavioral Science,15,346-360.

④ Kuhn,T., & Poole,M.S.(2000).Do conflict management styles affect group decision making? Evidence from a longitudinal field study.Human Communication Research, 26(4),558-590.

⑤ Shah & Jehn, "Do friends perform better than acquaintances?" p.205.

⑥ Lublin,J.S.(2014,February 14).The high cost of avoiding conflict at work.The Wall Street Journal.wsj.com

那些超越风格问题并专注于内容的项目团队是最为成功的。关注内容而不是风格类似于"将人与问题分离开来"的规范性建议。

原则 4：只有在团队设计和团队过程得到解决之后，改变个体才会产生最大的影响。当团队设计最优并且核心团队过程是积极的时候，人们才有更好的机会做出改变，也因此才有助于加强个体行为。

争端的利益、权利和权力模型

根据利益、权利和权力模型，团队成员倾向于使用以下三种方法中的一种来解决争端：基于利益的论证、基于权利的论证、基于权力的论证。**基于权利的论证**（rights-based argument）侧重于应用一些公平、先例、合同或法律的标准。**基于权力的方法**（power-based approach）的特点是使用武力、恐吓、等级头衔或权力。当然，回避也是团队成员的一种选择。合作型冲突管理风格，比如**建设性争论**（constructive controversy），更有利于团队的绩效。**基于利益的方法**（interest-based approach）着重于满足双方核心利益；当人们把对错的问题放在一边时，他们有时会制定满足其最重要利益的条款，但通常不是满足全部利益。

作为团队中合作（基于利益的方法）和竞争（基于权利或权力的方法）之间差异的一个例子，我们可以假设这样一个团队，在团队中成员之间关于所分配任务的性质存在着严重的、长期的冲突。有些任务显然比其他任务更具吸引力和利于职业提升。但是为了组织的成功，所有的任务都必须由整个团队负责。其中一名成员 Larry 以这样的叙述开始会议："我对如何进行任务的分配很不满意。我一直不得不做项目中最不具吸引力的部分，而且工作量很大。我希望将来能够远离项目中的那部分。"三名团队成员可能会做出以下几种反应，具体取决于他们采取何种方式来处理冲突：

- **合作的（基于利益）回应**："Larry，我已经感觉到了这是你非常在意的事。我们都想多听听你对这件事的看法，以及你的建议。老实说，我也不确定事情会不会发生变化，至少现在是这样。但我认为，我们有这样一个机会来了解大家对工作量和任务分配的想法，在此时此刻是非常重要的。"
- **竞争的（基于权利）回应**："听着，Larry，四年前我们第一次接受这个挑战时，你就同意了处理项目的这个部分。事实上，我相信我收到了一封来自你的电子邮件，邮件里你表示同意做那部分工作。就我而言，这绝对是一个先例问题，而且也是人们已经同意去做的事情。我相信如果我们的主管看到了这封邮件，他也会得出和我一样的结论。"
- **竞争的（基于权力）回应**："Larry，我觉得你这样做非常出格。你这样耍大牌并要求特

- Behfar,K.,Peterson,R.S.,Mannix,E.A., & Trochim,W.M.K, "The critical role of conflict resolution in teams," p.202.
- Fisher,R., & Ury,W.(1981).Getting to yes:Negotiating agreement without giving in. Boston, MA: Houghton Mifflin.
- DeDreu,C.K.W., & Weingart,L.R.(2003b).A contingency theory of task conflict and performance in groups and organizational teams. In M.A.West,D.Tjosvold,& K.G.Smith(Eds.), International handbook of organizational teamwork and cooperative working.Chichester,UK: John Wiley & Sons LTD.

殊待遇，并不有助于我们团队合作。为了完成项目目标，大家都有重要的事情要做。我厌倦了在这个问题上小心翼翼，而且我也认为讨论这样不切实际又自私的目标是在浪费团队时间。我们可以简单地按照等级的原则来分配任务，但这样对你不利。我已经准备继续我们的民主进程，但前提是你要和我们一起像个团队一样开始工作。"

这个例子中基于权力的团队成员使用了一些旨在威胁和恐吓的技巧。首先，有很多不讨人喜欢的角色攻击——Larry 被贴上"出格""要求""耍大牌""不切实际又自私"的标签。这种回应也包含了一些显而易见的、变相的威胁：如果 Larry 不闭嘴，那么这个团队成员就打算通知上级领导。基于权利的团队成员，通过关注过去，有效地说出"我们不能进行这个讨论"。基于利益的团队成员明确表示虽然可能没有任何改变空间，但是她对讨论持开放态度。用这种方式，基于利益的回应塑造了双向的沟通方式。⊖ 在面对敏感和重要问题时，大多数人会发现更容易进行基于权利或基于权力的争论。然而，几乎任何基于权利或基于权力的争论都可以转化为基于利益的回应，而不用强迫团队成员屈从于他人。

本章小结

团队中冲突是不可避免的。然而，它不一定会导致生产力下降。通过有效管理，冲突可能会成为利用利益差异来达成创造性解决方案的关键。然而，许多人本能地以防御性的方式来应对冲突，而这种情绪方式的冲突会威胁到生产力。团队成员应最大限度地去除掺杂个人感情的冲突。在冲突和冲突管理方面，最有效的团队分享了几种常见的做法。首先，他们意识到冲突是高效团队合作不可避免的一个方面。其次，他们积极处理冲突，在冲突出现之前就会制定程序和方法来解决它。随着时间的推移，那些提高或一直保持着最佳绩效的团队分享了三种解决冲突的最佳方法：①他们关注的是互动的内容，而不是演讲风格（即语气）；②他们明确地讨论了工作分配决策背后的原因；③他们将工作分配给有任务专业知识的成员，而不是通过志愿服务或便利性等其他方式。⊖

⊖ Argyris,C.(1977a).Double loop learning. Harvard Business Review, 55(5),115-125.

⊖ Behfar,Peterson,Mannix,& Trochim, "The critical role of conflict resolution in teams."

第 9 章
团队内创造力与创新

沃达丰尼克·休斯的开发团队与肯尼亚最大的移动运营商 Safaricom 合作，研究了人们在不依靠银行账户、信用卡、纸币，甚至信用记录的情况下，如何将钱汇到农村的家中。团队的研究基于两个关键的事实：75% 的肯尼亚人没有银行账户，但 80% 的人拥有手机。该公司通过头脑风暴的方式，在水果摊、香料店和理发店中建立了一个遍及全国的店铺网络，流通中的货币在几秒钟内就可以转换成虚拟货币。提高交易速度的关键挑战得到解决：让客户仅仅输入一个手机号码和付款金额，并单击发送。接下来发生的事甚至让休斯的开发团队感到惊讶。客户不仅通过该服务简单地向家庭成员汇款或者偿还银行贷款，还通过该服务来进行企业与企业之间的付款交易，他们把它当作一个彻夜运行的保险柜，一种旅行时携带金钱的安全途径，以及一种为他人偿还贷款以换取现金的方式。[一]

创造力（creativity）需要背离传统和已建立的商业模式。我们有充分的理由相信创新和洞察力能够得到回报。平均而言，公司在研发方面每投入 1 美元，带来的新产品销售额就能达到 7.25 美元。[二]2013 年，美国在研究与开发中的总投入（R & D）达到了 4561 亿美元，而 2012 年为 4353 亿美元，2011 年为 4278 亿美元。在金融危机和美国经济大衰退之前，美国的研发总额就达到了 4070 亿美元。在 2008 年—2013 年的五年时间里，经通货膨胀调整后的美国研发总额，平均每年仅增长 0.8%，低于美国**国内生产总值（GDP）**年平均值 1.2 个百分点。[三]

在一项对 35 个分支机构的 65 个销售团队的研究中，团队创造力预测了团队的财务绩效：最具创造力的是那些运用了团队知识的团队。当团队领导者具有系统的认知风格，以及团队处于较高不确定性的环境中时，团队知识运用与团队创造力之间的正向关系更强。[四]

[一] Consultative Group to Asist the Poor. (Producer). (2016). Nick Hughes. cgap.org; Stahl, L. (2015, November 22). The future of money.60 Minutes. cbsnews.com; Introducing fortune's change the world list: Companies that are doing well by doing good. (2015, August 20). Fortune. fortune.com

[二] Cooper, R. G. (2012). Winning at new products: Creating value through innovation. Basic Books: New York.

[三] Boroush, M. (2015, September). U.S., R & D Increased in 2013, well ahead of the pace of gross domestic product. National Science Foundation. nsf.gov

[四] Sung, S. Y., & Choi, J. N. (2012). Effects of team knowledge management on the creativity and financial performance of organizational teams. Organizational Behavior and Human Decision Processes, 118(1), 4-13.

在科学世界里，创造性的突破通常是由于密切的团队协作而产生的。例如，在物理学中发现希格斯玻色子，相当于哥伦布发现了新大陆，而这些绝大多数的研究都是由团队进行的。[一] 然而，正因为团队面临的任务要求创造力，我们却并不能保证每个团队成员都具有创造力。事实上，很多因素阻碍了团队内的观点交流。[二] 许多人都认为团队比个人更具有创造力。但是，对此却没有相关实证支持。事实上，情况正好相反！

本章主要分析创造力是先天的还是后天培养的。我们将创造力与创新区分开来，讨论收敛思维与发散思维、激进式创新与渐进式创新，以及**头脑风暴（brainstorming）**、**头脑写作（brainwriting）**、**速度风暴法（speedstorming）**、**电子头脑风暴法（electronic brainstorming）**。数据表明，团队的创造力低于个人的创造力。我们还检验了团队创造力的四个关键威胁：社会惰化、从众性、生产阻碍和绩效匹配。最后，我们提出了一些比较好的实践方法来提高团队的创造力，包括激励措施，如数量（与质量相对）目标；认知方法，如明确的规章制度；推动者引导方法，包括安排短暂的休息；组织形式，如团队的多样性和团队成员的变化。

先天与后天

创造力与智力、动机、抱负、毅力、承诺、决心、教育和好奇心息息相关。有创造力的人对特定的事情充满激情。也许这就是为什么约瑟夫·坎贝尔（Joseph Campbell）教授在萨拉·劳伦斯学院（Sarah Lawrence College）为他的实验室挑选博士后时，不希望找一个一直获得 A 或 B 的人。他寻找的是那些既获得过 A 又获得过 F 的学生，因为他相信这些人不仅仅是聪明的——他们让激情来带领自己。[三] 那些有动力去认识世界的人——具有高认识动机——会更有创造力。[四] 根据 Teresa Amabile 的观点，创造力最重要的一点就是热爱你所做的事。[五] 比如一个典型的例子，20 世纪 90 年代中期，篮球运动员迈克尔·乔丹（Michael Jordan）的合约中有一项"热爱篮球"的条款，保证了他有权在任何时候打"即兴比赛"。乔丹并不总是因为他的合同去打球，而是出于他对比赛的热爱。评估、监督，甚至为人们提供奖励都会破坏创造力。[六]

有创造力的人工作非常努力。例如，具有创造精神的科学家通常每周工作 70～80 h。无论象棋、网球、天体物理还是管理，一般都需要至少 10 年的时间来掌握其领域的专业知

[一] Sample, I. (2012, July 4). Higgs boson: It's unofficial! CERN scientists discover missing particle. The Guardian. guardian.co.uk; Diep, F. (2012, July 6). Higgs boson: So who is getting the Nobel? The Christian Science Monitor. csmonitor.com

[二] Thompson, L. (2014). Creative Conspiracy. Boston, MA: Harvard Business School Publishing.

[三] Muoio, A. (1997, August). They have a better idea ... do you? Fast Company, 10, 73-79.

[四] Bechtoldt, M. N., De Dreu, C. K. W., Nijstad, B. A., & Choi, H. -S. (2009). Motivated information processing, social tuning, and group creativity. Journal of Personality and Social Psychology, 99(4), 622-637.

[五] Amabile, T. M. (1997). Motivating creativity in organizations: On doing what you love and loving what you do. California Management Review, 40(1), 39-58.

[六] Ibid.

识。熟练的国际象棋棋手经过多年的学习，才能成为"大师"。⊖ 而且，没有至少10年的精心准备，没有人能够谱写出优秀的音乐。⊜ 这一切加起来约为10000h的专注练习。基本上，如果你一直在某个岗位上努力工作了好几年，在你变得真正伟大之前，想想还有数十年吧！

对人的创造性组合比选择具有创造力的人更有效，因为创造力并不只是一贯的性情，更是在恰当时间的恰当想法的函数。因此，企业应该选择那些对自己的工作充满激情和技能的人，然后将这些人与其他相似（在激情上）但不同（在思维方式上）的人聚集在一起。例如，麻省理工学院提出了一个解决世界在卫生保健、教育、能源与环境、基础设施和经济方面最紧迫挑战的跨学科计划 *Solve*，它召集了来自世界各地的科学家和思想家。"麻省理工科技评论"的主编兼出版人 Jason Pontin 说："*Solve* 并不认为麻省理工学院拥有解决全球最紧迫问题的所有解决方案，但是麻省理工学院可以在校园内召集一些聪明的人去解决那些问题。我们可以帮助参与者看到他们的共同点，消除可能的摩擦，也许能用新的方法来推动产生突破性的进展。"⊜

创造力与创新

大多数人认为创意是天马行空、不切实际的突发奇想，相反，**创造力**或**构思能力**（ideation）是利用现有知识形成新概念的能力，能够产生新颖和有用的观点。⑭

收敛性思维与发散性思维

在创造性思维中涉及两个关键技能：发散性思维（divergent thinking）和收敛性思维（convergent thinking）。⑮ 收敛性思维是指优于其他答案的单一最优答案的思维。例如，有70%的机会获得1000美元，这里的期望值是通过将1000美元×70%=700美元得到的。相反，发散性思维并不需要一个单一的、正确的答案。发散性思维从问题向外朝四面八方移动，包含无边界思维。

在一个团队以发散的方式产生观点之后，他们最终需要选择一个观点来发展。在这里，收敛性思维是必要的。在收敛性思维中，一个团队或一个人评估所提出的各种观点的可行性、实用性和总体优点。例如，在一家金融机构中，高层管理人员从整个公司挑选了12名具有高潜力的管理人员担当"观点倡导者"。这些观点倡导者训练员工，以提升员工对观点信息输

⊖ DeGroot, A. (1966). Perception and memory versus thought: Some old ideas and recent findings. In B. Kleinmuntz (Ed.), Problem solving: Research, method, and theory (pp.19-50). New York: John Wiley & Sons.

⊜ Weisberg, R. W. (1986). Creativity, genius and other myths. New York: Freeman.

⊜ From A week of celebration and inspiration—Boston-style by Jessica Fujimori, © September 25, 2015 Massachusetts Institute of Technology.

⑭ Thompson, L. L., & Choi, H.S. (Eds.). (2006). Creativity and innovation in organizational teams. Mahwah, N.J.: Lawrence Eribaum Erbium Associates.

⑮ Guilford, J. P. (1959). Personality. New York: McGraw-Hill; Guilford, J. P. (1967). The nature of human intelligence. New York: McGraw-Hill.

入、分类和排序的能力,并向贡献者提供反馈。提交的观点由"观点倡导者"做了划分,他们使用标准化的条件来分类和选择在影响力和可实现性上最具潜力的观点。每个"观点倡导者"都与一名高级经理配对,每一对组合都形成了高商业价值的观点,并在原创观点提交者的帮助下创建计划进行测试、原型设计和推进观点(或快速失败)。[1]

任务冲突会刺激团队中的发散性思维。[2] 例如,某个成员提出过与众不同的或者不正确的解决方案,这个团队的表现要优于没有出现过这种"离经叛道"(deviance)的团队。被指导进行"辩论"的团队比被指导进行"头脑风暴"的团队更具创造力。[3] 而且,即使直言不讳或认知上"离经叛道"的成员不在现场,这些绩效优势也会类推到后续的、不相关的任务中。[4] 一项对71个IT项目团队的调查发现,任务冲突对创造力具有曲线效应,在中等水平的任务冲突下创造力最高。[5]

独立工作的人擅长发散性思维,因为没有认知或社会压力来约束他们的思想。相比之下,团队则不太擅长发散性思维。为了避免社会谴责(social censure),人们需要遵循团队的规范。发散性思维有点像贾纳斯思维(Janusian thinking,又称多面共存性思维)。贾纳斯思维指的是处理矛盾观点、悖论、含糊不清和疑惑的能力。使用悖论式框架的团队——鼓励人们认识和拥抱矛盾的心智模板——比那些不使用这些框架的团队更具有创造力。[6]

刺激发散性思维有多种方式,包括提出开放式的问题。在芝加哥第二城喜剧团,喜剧表演是在10~12周的过程中创作出来的,这一过程包括产生创意草图、结合观众反馈、确定最佳的表演顺序。在讨论的过程中,当某人提出一个观点,其他成员不允许完全否决,肯定提出的观点并在此基础上继续进行建构才是被鼓励的行为。为了延缓对自己观点的判断(人们习惯于审查自己,过滤掉脑海中"疯狂"的观点,并用语言表达他们认为可以接受的东西——译者注),演员使用一种被称为"指出并不说出"(point and untell)的练习,[7] 在这个练

---

[1] Ashkenas, R. (2015, February 2). Don't ask for new ideas if you're not ready to act on them. Harvard Business Review. hbr.org

[2] Nemeth, C. J., & Ormiston, M. (2007). Creative idea generation: Harmony versus stimulation. European Journal of Social Psychology, 37(3), 524-535; Nemeth, C. J., Personnaz, M., Personnaz, B., & Goncalo, J. A. (2004). The liberating role of conflict in-group creativity: A study in two countries. European Journal of Social Psychology, 34(4), 365-374; Nemeth, C. J., & Nemeth-Brown, B. (2003). Better than individuals? The potential benefits of dissent and diversity for group creativity. In P. B. Paulus & B. A. Nijstad (Eds.), Group creativity: Innovation through collaboration (pp. 63-84). New York: Oxford University Press.

[3] Nemeth & Ormiston, "Creative idea generation," p. 227.

[4] Smith, C. M., Tindale, R. S., & Dugoni, B. L. (1996). Minority and majority influence in freely interacting groups: Qualitative vs. quantitative differences. British Journal of Social Psychology, 35 (1), 137-149.

[5] Farh, J. L, Lee, C., & Farh, I. C. (2010). Task conflict and team creativity: A question of how much and when. Journal of Applied Psychology, 95(6), 1173-1180.

[6] Miron-Spektor, E., Gino, F., & Argote, L. (2011). Paradoxical frames and creative sparks: Enhancing individual creativity through conflict and integration. Organizational Behavior and Human Decision Processes, 116(2), 229-240.

[7] From The Second City Way Of Better Brainstorming by Denis Wilson, ©29 June 2012 Fast Company.

习中,某人在房间里四处走动,指向不同的物体,其他人需要说些什么,但决不能说出物体的真正"身份"。⊖不可能的事情也会激发发散性思维。例如,挑战参与者去想出那些不可能实施的观点(例如,生活在月球上,通过卫星去旅行),然后找到可能使观点实现的条件。

尽管科学证据是明确的,但大多数人仍坚信团队比个人更有创造力,实际上,不是这样的。在收敛性思维的情况下,团队的创造力比个人做得要好,但是在发散性思维时,团队的创造力会更差。

激进式创新与渐进式创新

创造力发生在从渐进式创新(incremental innovation)到激进式创新(radical innovation)的连续过程中。⊜可行性和价值这两个指标把创造力划分成四个象限:愚蠢、破坏性、激进和突破(见图表9-1)。最重要的是,观点必须达到最低程度的价值和可行性,才能成为某种创新。位于激进式连续体的观点是有价值的,但缺乏可行性,因此,领导者需要通过特殊团队(skunkworks)或其他庇护所来保护这些观点,直到它们变得可行。

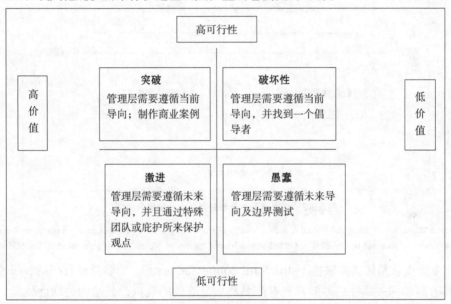

图表9-1　基于可行性和价值的创造性想法连续体

基于 Litchfield, R. C., Gilson, L. L., & Gilson, P. W. (2015). Defining Creative Ideas To-ward a More Nuanced Approach. Group & Organization Management, 1059601115574945, © Leigh L. Thompson.

创造性协同(creative synthesis)是一个过程,在这个过程中,创新是通过激进式创新而出现的,强调肯定而不是否定,并且创新会整合不同的观点。⊜以互补的方式来看,破坏性的

⊖ Wilson, D. (2012, June 29). The Second City way of better brainstorming. Fast Company. fastcormpany.com

⊜ Ettlie, J. E., Bridges, W. P., & O' Keefe, R. D. (1984). Organization strategy and structural differences for radical versus incremental innovation. Management Science, 30(6), 682-695.

⊜ Chen, J., & Adamson, C. (2015). Innovation: Integration of random variation and creative synthesis. Academy of Management Review, 40(3), 461-464.

观点是可行的，但不被认为是有价值的。这也意味着领导者需要找到一个倡导者去提升这个观点的价值。

团队发展激进式创新要比实施渐进式创新面临更多的不确定性和失败的风险。团队能够改变目标方向，以应对扰乱常规团队活动的严重"冲击"，这需要领导力和团队反思过程。⊖

创造性现实主义

在 Finke 的创造力模型中，有两个维度：创造力和结构关联性或有用性（见图表9-2）。⊜ 就创造力而言，观点可以是保守的或创造性的。团队应该努力获得创造性的观点（即原创的和新奇的观点），而不是保守的、传统的观点。

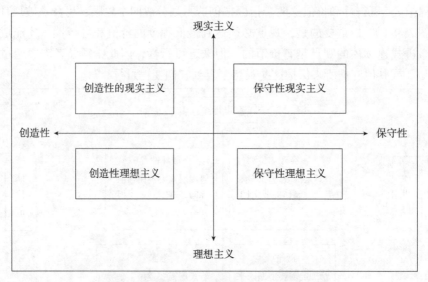

图表9-2　新观点可以被划分到四个一般概念领域

Smith, Steven M., Thomas B.Ward, and Ronald A. Finke, eds., The Creative Cognition Approach, figure: "Four general, conceptual domains into which new ideas can be classified", © 1995 Massachusetts Institute of Technology, by permission of The MIT Press

另一个维度就是**结构关联性**（structural connectedness）。能够对现有产品和服务有效的观点就具有高结构关联性；不能对现有产品和服务有效的观点，其结构关联性就低。结构关联性将现实主义的观点（与当前的看法和知识有关）与理想主义的观点（与目前的知识无关）区分开来。如果观点与当前的看法和知识没有联系，那么它们很有可能是不易于实施的。

左上方象限内的观点是最为可取的。这一领域被称为创造性现实主义（creative realism），因为这些观点有高度的想象力，并和目前的结构与看法高度相关。托马斯·爱迪生发明的电灯就是创造性现实主义的最佳例子。爱迪生的很多发明都是通过与早期发明的连贯性发展出来的（见图表9-3）。⊜

⊖ Alexander, L., & Van Knippenberg, D. (2014). Teams in pursuit of radical innovation: A goal orientation perspective. Academy of Management Review, 39(4), 423-438.

⊜ Finke, R. A. (1995). Creative realism. In S. M. Smith, T B. Ward, & R. A. Finke (Eds.), The creative cognition approach (pp. 303-326). Cambridge, MA: MIT Press.

⊜ Weisberg, R. W. (1993). Creativity: Beyond the myth of genius. San Francisco, CA: Freeman.

> 托马斯·爱迪生在发明了白炽灯泡之后，接下来就是开发一个完整的系统，从而使他的发明在商业上取得成功。在那个时候，已经有两个现行的照明系统（但都不是爱迪生发明的），一个是煤气灯，另一个是电弧灯。煤气灯可以直接控制亮度；气体燃料在异地生产并通过埋地的燃气管道输送。由碳棒之间的电火花产生了电弧光，这个过程伴随着高温并且会产生烟雾。发电厂的位置直接由用户决定。爱迪生的电力照明系统就是建立在燃气照明系统基础之上的。爱迪生在工作手册中写道，他完全模仿了燃气照明系统，只是用电代替了燃气而已。在爱迪生的电力系统中，能源和用户的距离比较远，并且输送电力的线是在地下的。用户可以自由开关个人电灯。电灯泡在爱迪生的系统中被称为燃烧器，被设计用来产生和煤气灯一样的光亮。

图表9-3　爱迪生电气照明系统发展中的类比

基于 Basalla, G. (1988). The evolution of technology. New York: Cambridge University Press; Weisberg, R.W. (1997). Case studies of creative thinking: Reproduction versus restructuring in the real world. In S. M. Smith, T. B. Ward, & R. A. Finke (Eds.), The creative cognition approach (pp. 53–72). Cambridge, MA: MIT Press, © Leigh L. Thompson.

至于其他几个象限，如保守性现实主义（conservative realism）代表那些非常传统的观点并与当下知识和实践密切相关。保守性现实主义产生更少的模糊和不确定。保守性理想主义（conservative idealism）是一个本来就不切实际的共同观点的延伸。这些观点展现了很少的想象力，甚至没有想象力，并且和目前的知识没有关联。创造性理想主义（creative idealism）代表高度原创的，但高度不切实际的观点。

团队如何最大限度地产生那些最终可能会通向新颖而有用的产品和服务的观点？关键是积极鼓励团队成员在所有象限中去产生观点。IDEO 的前 CEO 大卫·凯利认为开明的试错胜过孤独天才的计划。[一] 按照 IDEO 公司的哲学，人们就应当早失败、常失败。[二]

流畅性、灵活性和原创性

通常，衡量团队观点的创造力主要通过三个方面：流畅性、灵活性和原创性。[三]

- 流畅性（Fluency）：个人或团队产生观点的数量。
- 灵活性（Flexibility）：个人或团队产生观点的种类。
- 原创性（Originality）：个人或团队提出不同寻常的解决方案或者独特答案的能力。[四]

要想详细了解创造力的三个方面，可以尝试以下练习：思考一个纸板箱有多少种用途。（限时 10min）

然后对你（或者你的团队）的创造力进行评分。假设 Geoff 有三个想法，将纸板箱当作仓鼠笼子、养乌龟的容器和狗屋，那么 Geoff 在流畅性方面可以获得 3 分，因为这是三个不同的想法，但是在灵活性上仅能获得 1 分，因为这三个想法都属于一类，都是给动物当家用。如果 Avi 同样有三个想法，将纸板箱置于圣坛上，制作远程电话（两个盒子之间连着一根细绳），以及用于交易货币，[五] 那么 Avi 和 Geoff 一样在流畅性上拥有三个想法，从而获得 3

[一] Kelley, T., & Littman, J. (2001). The art of innovation: Lessons in creativity from IDEO, America's leading design firm. New York: Currency Books.

[二] Brown, T. (2009). Change by design: How design thinking transforms organizations and inspires innovation. New York: Harper Collins.

[三] From "The nature of human intelligence" by J. P. Guilford in Personality, © 1967 McGraw-Hill.

[四] Dennis, A. R., Valacich, J. S., Connolly, T., & Wynne, B. E. (1996). Process structuring in electronic brainstorming. Information Systems Research, 7(2), 268-277.

[五] Kurtzberg, T. (2000). Creative styles and teamwork: Effects of coordination and conflict on group outcomes (Doctoral dissertation). Northwestern University, Evanston, IL.

分，在灵活性上 Avi 也可以获得 3 分，因为其中一个是用于宗教祭祀，一个用于通信（物理传音），还有一个把它运用于完全不同的经济领域。灵活性更像是一种心智锻炼，锻炼在短时间内持有不同观点的能力。大多数人，尤其是大多数团队会陷入两种类别思维之一。这是一种认知障碍。诚然，Avi 的一些观点明显不符合结构联结性上的要求，但是正如我们看到的，Avi 和他的团队在为创造性现实主义的准备上，处于比 Geoff 更好的位置。

我们很容易看出灵活性，或者说思考事物不同类别的使用，是如何影响原创性的。因此，一个提高创造力的简单方法就是从不同的类别和角度进行思考，这可以作为"精华"或"催化剂"以获得更多观点。通过对纸板箱不同种类用途（容器、庇护所、建筑材料、治疗方法、流行款式、政治活动、武器、通信等）的思考，一个人在创造力方面的得分能够得到显著提升。这种练习通常可以帮助团队摆脱对问题的狭隘视角，并为创造性的解决方案创造新机遇。比如，当团队接触到来自一个广泛类别的看法时，他们会产生更多各式各样的观点。[一]

原创性是在保守性和创造性基础上的创造力，如图表 9-2 所示。如果在一个给定的总体中，只有 5% 以下的人产生了某个观点，那么这个观点通常可以被认为是具有"原创性"的。因此，如果在一个 100 人的公司中，只被 5 个人或者更少的人持有的观点，就可以被看作一个原创性的观点。

流畅性、灵活性和原创性的测量通常是强相关的。一个原创性最高分获得者也会获得很高的流畅性和灵活性分数。Guilford 认为，这三者之中，灵活性是最重要的。[二]而在创造力的大多数商业观念中，观点的多样性通常不被赞赏，数量被认为是低质量的表现。Guilford 的理念刚好否认了上述观念。

探索与开发

企业通常会在探索（exploration）和开发（exploitation）之间不断摇摆。[三]探索是指进行一些如搜寻、变动、风险承担、试验、游戏、适应性、发现和创新的活动。初创企业 Liquid Light 的团队思考的问题是如何将二氧化碳——造成全球变暖的主要气体污染物——转化成消费品。团队发现二氧化碳的主要释放来源是一些工厂和电力工作站，这些单位可以廉价地利用释放的二氧化碳来制备胶水、苏打水和护肤品。[四]

探索通常要跳出一个人惯例的领域，进入一个新领域的研究。比如进化生物学家 Andrew Parker 应用其来自澳大利亚腹地徒步过程中的构思，解决了一些工程、材料科学和医学上的问题。受蝴蝶翅膀上的彩色和飞蛾眼睛表面的纳米涂层（具有抗反射的作用）的启发，人们研究出了色彩更鲜艳的手机屏幕和一项防伪技术。[五]

[一] Njjstad, B. A., Stroebe, W., & Lodewijkx, H. F. M. (2003). Production blocking and idea generation: Does blocking interfere with cognitive processes? Journal of Experimental Social Psychology, 39(6), 531-548.

[二] Guilford, J. P. (1950). Creativity. American Psychologist, 5(9), 444-454.

[三] March, J. G. (1991). Exploration and exploitation in organizational learning. Organization Science, 2(1), 71-87.

[四] Derbyshire, D. (2015, December 8). Liquid light finds use for polluting CO_2 gas. The Guardian. guardan.com

[五] Mueller, T. (2009, April). Biomimetrics: Design by nature. National Geographic. nationalgeographic.com

自主和自由是创造力的关键。给予团队非常多的自主性的领导者，会具有创造力。[一]在Onbase（Onbase是用于管理内容、流程和案例的单一企业信息平台——译者注）诞生之地——Ohio-based Hyland，员工们提出了一个新想法之后，会分享在公司的创新板上，然后让大家进行投票。[二]开发应用化指的是对想法进行筛炼、取舍、生产、提高效率、选择、实现和执行等一系列内容。那些仅仅探索而不开发的团队会发现他们在探索上的花费只会获得少量利益，同时也会面临许多未开发的新问题和自身较弱的差异化竞争力。致力于开发而不进行探索的团队和组织会发现他们被局限在了一些固定的想法之中。因此，这两者之间需要一个平衡。对于具有高度学习倾向的人来说，团队学习和开发会提高他的创造力。[三]探索化的任务具有创造力，开发应用化的任务则比较标准化，它们两者尽管看起来比较矛盾，但却可以互相补充。比如，在一个对大型跨国公司90人的服务技术团队的研究中发现，标准化会获得更大的顾客满意度，但是更好的创造力会提升团队的表现。[四]

头脑风暴讨论和头脑写作

头脑风暴

Alex Osborn是20世纪50年代的一个广告经理，他认为限制组织创造力的主要原因是对想法的不成熟估计。他曾经坚信，两个人讨论得出的结论会比一个人的更好，但是在想法产生的过程中，不能对自己和他人的想法进行评价。因此，Osborn发明了现今机构广泛应用的、在团队中促进创造性想法诞生的策略——头脑风暴（brainstorming）。

在具有影响力的《应用想象力》一书中，Osborn认为在头脑风暴中，每个成员的想法的质量和数量都会得到大幅提高。[五]更确切地说，在特定情况下，Osborn认为集体讨论的结果比个人结果的总和要好得多。相比于知识需要的整合性，头脑风暴更加自然和疯狂，并且面向大众，因此，Osborn制定了特定而又简单的规则：①严禁指责；②欢迎自由发挥；③想法越多越好；④鼓励想法的结合和提高（见图表9-4）。

[一] Amabile, T. M., Schatzel, E. A., Moneta, G. B., & Kramer, S. J. (2004). Leader behaviors and the work environment for creativity: Perceived leader support. Leadership Quarterly, 15(1), 5-32.

[二] 2015 Fortune 100 best companies to work for. (2015, October 15). Fortune. fortune.com; Best places to work for Generation X (2015, April 4). Crain's Chicago Business. chicagobusiness.com

[三] Hirst, G., Knippenberg, D. V., & Zhou, J. (2009). A cross-level perspective on employee creativity: Goal orientation, team learning behavior, and individual creativity. The Academy of Management Journal, 52(2), 280-293.

[四] Gilson, L. L., Mathieu, J. E., Shalley, C. E., & Ruddy, T. M. (2005). Creativity and standardization: Complementary or conflicting drivers of team effectiveness. Academy of Management Journal, 48(3), 521-531.

[五] Osborn, A. F. (1957). Applied imagination (rev. ed.). New York: Scribner; Osborn, A. F. (1963). Applied imagination (3rd rev. ed.). New York: Scribner.

善于表现	团队成员们有创意想法就应表达出来,不管想法有多么奇怪、荒诞;鼓励成员们不受限制,不要羞怯;讨论时应该畅所欲言
不做评价	不评价和批评别人的想法。在想法产生阶段,成员们不应该评价任何想法;所有想法都应当被看作有价值、有新意的
追求数量	成员们应尽量提出更多的想法;团队要努力获得更多更好的想法;创意想法越多,解决问题的方法就会更好
建立拓展	由于创意想法皆属于团队共有,成员们若在别人的想法上有其他建议或者修改,也应该一并表达出来,鼓励对已建立的想法进行拓展

图表9-4　头脑风暴的规则

基于 Osborn,A. F. (1957),Applied imagination(rev.ed.).New York:Scribner, © Leigh L. Thompson.

头脑风暴在企业中快速传播开来,并且像先进技术一样受到热烈欢迎。[1] 头脑风暴的目的在于最大化想法的数量和质量。Osborn 明确指出,数量是质量的前提保证,一个团队如果有许多想法,则一定会产生很好的想法。但头脑风暴更多的是为了讨论,而不仅仅是为了产生数量更多的想法。Osborn 相信,如果团队中某个人提出想法后,会刺激其他人进行一个类似的思考,从而得到其他的想法,这一过程被称为**认知模拟**。

Osborn 认为,正如其他人所做的一样,头脑风暴的四条规则会通过标准的建立或者竞争的心理,激励团队中的每一个成员,从而达到更高的创造水平。同时,Osborn 认为团队成员的社会强化也会增加对每个人的头脑风暴激励。最终,Osborn 坚信,头脑风暴有一种**启动效应**(priming effect),会使每个成员通过倾听别人的想法意见而获得共同的联系与进步。

群体头脑风暴和单独头脑风暴

Osborn 指出,使用头脑风暴的团队,相比于同样规模的独立工作小组,会得到两倍多的想法。但是,这没有科学依据。因此,一些组织的心理学家和理论研究者们仍然有这个疑问,头脑风暴真的有效吗?然而,有研究支持了 Osborn 的部分判断。其中,与没有这些规则指示的团队相比,遵守头脑风暴四个规则的团队明显增加了想法的产生。[2]

然而,Osborn 最令人争议的观点是,相比于独立头脑风暴的小组,群体头脑风暴会更加有效,而且这一效果被他明确说明是两倍。[3] 研究证据却显示结果刚好相反(见图表 9-5)。

	面对面头脑风暴小组	同样规模的独立工作小组 (个人独立头脑风暴)
数量:产生的创意想法数量	28	74.5
质量:第三方人员评价团队产生"优秀创意想法"的百分比	8.9%	12.7%

图表9-5　群体头脑风暴与独立工作小组的表现数据

基于 Diehl, M., & Stroebe,W.(1987).Productivity loss in brainstorming groups:Toward a solution of a riddle.Journal of Personality and Social Psychology,53(3),497-509,©Leigh L.Thompson.

---

[1] Kayser, T.A. (1995). Mining group gold: How to cash in on the collaborative genius of work teams. Chicago, IL: Irwin.

[2] Parnes, S. J., & Meadow, A. (1959). Effect of "brainstorming" instructions on creative problem-solving by trained and untrained subjects. Journal of Educational Psychology, 50(4), 171-176.

[3] Osborn, Applied imagination (rev. ed.), p. 230.

一项研究把真实小组和一个同等规模的、没有任何交流的对照组进行了对比。这个对照组被称为**名义小组**，因为他们只是在数量规模上算作一个小组。几乎所有的对比试验都发现，不管在实验室还是在企业机构中，群体头脑风暴比单独头脑风暴的效果要差。^㊀无论在数量上还是在质量上，单独头脑风暴都要比群体头脑风暴更加优秀^㊁。

实际上，基本所有对群体头脑风暴的实证研究都表明，群体头脑风暴的有效程度都极度逊色于单独头脑风暴。^㊂超过50年的头脑风暴研究结果显示，与独立完成既定任务相比，同等规模的人员如果采用头脑风暴，那么他们在促进创造力上明显表现得更差。

这些结论在每件事都要头脑风暴的团队里已经被复述了几百次。"其实很多表现结果都很难证实头脑风暴的作用；这个长期存在的、流行的头脑风暴思想，其实是被明确地误导了。"^㊃然而，名义小组虽然在想法的产生上优于真实小组，但在想法的抉择上却不能真正胜出。^㊄

因此，如果遵从头脑风暴的规则，团队的绩效将会提升，但相比于独立头脑风暴的名义小组来说，群体头脑风暴产生的想法和观点仍然更少。尽管大量的经验证据都证明了头脑风暴的无效性，许多团队还是处于头脑风暴能增加想法产出的幻影之中。^㊅简单来说，他们认为头脑风暴能够使整个团队更加有创造力，但实际情况却并非如此。

㊀ Diehl, M., & Stroebe, W. (1987). Productivity loss in brainstorming groups: Toward a solution of a riddle. Journal of Personality and Social Psychology, 53(3), 497-509; Jablin, F. M. (1981). Cultivating imagination: Factors that enhance and inhibit creativity in brainstorming groups. Human Communication Research, 7(3), 245-258; Mullen, B., Johnson, C., & Salas, E. (1991). Productivity loss in brainstorming groups: A meta-analytic integration. Basic and Applied Social Psychology, 12, 3-23; Paulus, P. B., & Dzindolet, M. T. (1993). Social influence processes in-group brainstorming. Journal of Personality and Social Psychology, 64, 575-586; Paulus, P. B., Larey, T.S., & Ortega, A. H. (1995). Performance and perceptions of brainstormers in an organizational setting. Basic and Applied Social Psychology, 17, 249-265; Taylor, D. W., Berry, P. C., & Block, C. H. (1958). Does group participation when using brainstorming facilitate or inhibit creative thinking? Administrative Science Quarterly, 3, 23-47.

㊁ Rietzschel, E. F., Nijstad, B. A., & Stroebe, W. (2006). Productivity is not enough: A comparison of interactive and nominal groups on idea generation and selection. Journal of Experimental Social Psychology, 42(2), 244-251; McGlynn, R. P., McGurk, D., Effland, V. S., Johll, N. L., & Harding, D. J. (2004). Brainstorming and task performance in-groups constrained by evidence. Organizational Behavior and Human Decision Processes, 93, 1, 75-90; Diehl & Stroebe, "Productivity loss in brainstorming groups," p.232; Mullen, Johnson, & Salas, "Productivity loss in brainstorming groups," p. 232.

㊂ Diehl & Stroebe, "Productivity loss in brainstorming groups," p. 232; Mullen, Johnson, & Salas, "Productivity loss in brainstorming groups," p. 232.

㊃ From "Productivity Loss in Brainstorming Groups: A Meta-Analytic Integration" by Brian Mullen, Craig Johnson & Eduardo Salas in Basic and Applied Social Psychology, Volume 12, Issue 1, © 1991 Taylor and Francis UK.

㊄ Rietzschel, Nijstad, & Stroebe, "Productivity is not enough," p. 232.

㊅ Paulus, P. B., Dzindolet, M. T., Poletes, G., & Camacho, L. M. (1993, February). Perception of performance in-group brainstorming: The illusion of group productivity. Personality and Social Psychology Bulletin, 19(1), 78-89; McGlynn, McGurk, Effland, Johll, & Harding, "Brainstorming and task performance," p. 232.

头脑写作

头脑写作不是头脑风暴。头脑写作是记录观点的即时延伸。头脑写作的工作方式是：在头脑风暴的间歇，团队成员停止所有的讨论和交流，安静和独立地书面记录自己的观点和想法。㊀

记录观点代替了原来的讨论，让团队成员不用等到自己发言的机会就能够表达自己的想法，减少了对想法产出的限制。同样，写作也减少了头脑风暴表达中的一致性要求，因为个人写作相较于公开发言来说更加不注重形式。记录观点同样也可以用组内成员循环的方式共享并使用黑板或者海报进行总结展示。一项对四个人的头脑风暴小组的研究表明，相比于标准的头脑写作，遵循循环交流的头脑写作消除了产出阻塞和社会惰化的问题。㊁

许多团队并不欢迎"头脑写作"这一概念，并且声称头脑写作毁掉了团队流程的流动性，但数据结果却是无可争议的：采用头脑写作的团队比直接遵从直觉的团队产出了更多更好的想法和观点。团队想法和个人想法之间的轮换是可取的，因为它规避了产出的限制，并且为发散性思维提供了舞台。这种两步技术对在集体头脑风暴中最大化产能做了一定数量的条件要求。每个团队成员需要抽出时间进行独立思考。这一过程在最初的写作环节、截止日期、短时休息、特定用途、简单和细分的问题中，同样会产生有益的影响。因此，通过共同工作，然后独立，然后再共同工作，团队会更容易达到创造性思考的最佳状态。㊂

尽管头脑写作很少被采用，甚至不被采用，但团队应该周期性地暂停头脑风暴讨论，让每位成员都能独立思考；越多暂停冷静思考，获得的想法的质量就会越好。给每位成员短暂休息以思考，尽管不需要他们进行写作，同样也对获得高质量的想法有所帮助㊃。确实，团队成员对想法的反应，如果进行周期性地暂停孵化，则更能产生其他更多的观点和想法。㊄

速度风暴

速度风暴在某种程度上类似于头脑风暴，常与头脑风暴轮流产生，只是更加迅速。速度风暴具有更明确的目的性、时效限制性，以及一对一的偶然性。一项研究检验了速度风暴在纳米科学中的合作，研究证实，它比常规的群体头脑风暴更有效率，而且观点和想法的产生

㊀ Geschka, H., Schaude, G. R., & Schlicksupp, H. (1973, August). Modern techniques for solving problems. Chemical Engineering, 91-97; Paulus, P. B. (1998). Developing consensus about groupthink after all these years. Organizational Behavior and Human Decision Processes, 73(2-3), 362-374; Paulus, P. B., & Yang, H. (2000). Idea generation in-groups: A basis for creativity in organizations. Organizational Behavior and Human Decision Processes, 82(1), 76-87.

㊁ Paulus & Yang, "Idea generation in-groups," p. 244.

㊂ Osborn, Applied imagination (3rd ed.), p. 230.

㊃ Horn, E. M. (1993). The influence of modality order and break period on a brainstorming task. (Unpublished honors thesis). University of Texas at Arlington.

㊄ Dugosh, Paulus, Roland, & Yang, "Cognitive stimulation in brainstorming."

更加专业化和技术化。①

电子头脑风暴

电子头脑风暴（EBS）是指成员通过计算机或者其他形式的信息技术进行头脑风暴和交流。典型的 EBS 环节中，成员们都坐在一个有计算机或者其他电子产品的桌子面前，所有人的想法都将呈现在大屏幕上。EBS 同样适用于不在同一个地方的成员，个人的想法也会同时在同一网站上显示。由于 EBS 产生的想法是匿名的，因此表达也更加自由和广泛。

EBS 现已经被部分用于常规机构的会议过程中。机构组织使用它后，更能有效地聚集想法，组织整合观点，然后做出相应的决定。它加速了会议的结果产出，使得成员们可以更加集中于想法本身而不易分心他用。当一个成员有了想法后，整个团队便可即时获得和进一步发展讨论。

在 EBS 讨论中，成员个人的贡献不是很明确。通过点击屏幕，其他成员可以在任意时间查看参与者的想法和详细内容。想法被投射到一个大型公共屏幕或者个人屏幕上，要求团队进行评价。最后团队可能会决定出最优的观点。在这期间，主持人引导了整个想法和观点的产生和决定过程。②

《财富》杂志每年会主办电子头脑风暴会议，如 Brainstorm E，它聚集了能源、技术和大量工业界的人员，这些人挑战了团队探索的突破性技术和新的商业模式。③EBS 克服了许多传统头脑风暴的缺点。例如，某公司使用传统头脑风暴进行一年或者五年计划的规划会议。④ 在这个会议中，委员会组织了 5 位成员，花费 2 天时间，起草了一份计划文件。最后这份文件被公司几位关键人物否决了。但使用 EBS 后，此文件只需要 2h 就能完成，同时还可以对方案的客观性、目的性、战略性进行进一步描述，最后此方案无修改地被董事会所接受。然而，EBS 并不保证有效性：在一项研究中，一个有 11 名成员的会议使用团队决策支持系统反而受到了更多的阻碍。⑤ 对于这一交流方法的优点和缺点，详见图表 9-6。

一项对 EBS 和头脑写作的对比研究表明，EBS 对产生想法更加有效，因为 EBS 的联合效

---

① Hey, J., Joyce, C. K., Jennings, K. E., Kalil, T., & Grossman, J. (2009). Putting the discipline in interdisciplinary: Using speedstorming to teach and initiate creative collaboration in nanoscience. Journal of Nanoscience Education, 1(1), 75-85.; Joyce, C. K., Jennings, K. E., Hey, J., Grossman, J. C., & Kalil, T. (2010). Getting down to business: Using speedstorming to initiate creative cross-disciplinary collaboration. Creativity and Innovation Management, 19(1), 57-67.

② Jessup, L. M., & Valacich, J. S. (Eds.). (1993). Group support systems. New York: Macmillan; Nunamaker, J.F., Jr, Briggs, R. O., & Mittleman, D. D. (1995). Electronic meeting systems: Ten years of lessons learned. In D. Coleman & R. Khanna (Eds.), Groupware: Technology and applications (pp. 149-193). Upper Saddle River, NJ: Prentice Hall.

③ Fortune Brainstorm: E. (2016, January 27). (Web log post.) Fortune. fortuneconferences.com

④ Dennis, Nunamaker, Paranka, & Vogel, "A new role for computers in strategic management."

⑤ Jackson, M. H., & Poole, M. S. (2003). Idea generation in naturally-occurring contexts: Complex appropriation of a simple procedure. Human Communication Research, 29(4), 560-591.

应使得每位成员可以及时了解到他人的观点[一]。然而，如果需要额外的努力来获得他人的观点，那么 EBS 的相对优势便荡然无存。

优 点	缺 点
想法同步产生：所有团队成员可同时产生想法	缺乏群体社交：EBS 可能导致反群体行为
匿名：成员表达想法无须担心他人指责评价	缺乏认同：有想法的 EBS 团员得不到肯定
规模：EBS 团队规模可以更大	
亲近性：远距离分散的团队可以更同步想法，增加熟悉和亲进度	
平等：参加会议的所有人都平等，不受任何人控制	
组织记忆：所有想法都会被记录	
改进和评价：可用软件工具对整体数据进行筛选	

图表9-6 电子头脑风暴（EBS）的优缺点

Leigh L. Thompson

团队创造力的潜在威胁

为什么个人的创造力优于团队的创造力？这是因为四个主要问题扼杀了团队头脑风暴的效果。

社会惰化

如第 5 章所述，社会性惰化是人们在群体中工作不如他们单独工作时（心理上或身体上）努力的倾向。确实，随着团队成员的增多，每个成员搭便车的可能性就会变大[二]。就像每个成员告诫自己的一样，"我不需要工作得那么努力，因为其他人同样也在工作。"[三]大部分人相信团队会比个人更加有创造力，但也认为团队成员数量增加后，个人产生想法的比例会下降。这些低绩效期望会造成自我满足的预想，进而导致更低的工作绩效。[四]进一步的，当团队成员认识到他们的自我贡献是模糊和可有可无的时候，他们就会更加懈怠。[五]相比于直觉感受，当

[一] Michinov, N. (2012). Is electronic brainstorming or brainwriting the best way to improve creative performance in-groups? An overlooked comparison of two idea-generation techniques. Journal of Applied Social Psychology, 42(S1), E222-E243.

[二] Karau, S. J., & Williams, K. D. (1993). Social loafing: A meta-analytic review and theoretical integration. Journal of Personality and Social Psychology, 65, 681-706; Shepperd, J. A. (1993). Productivity loss in performance groups: A motivation analysis. Psychological Bulletin, 113, 67-81.

[三] Leigh L. Thompson

[四] Jones, E. E., & Lambertus, J. D. (2014). Expecting less from groups: A new perspective on shortcomings in idea generation groups. Group Dynamics: Theory, Research, and Practice, 18(3), 237.

[五] Bouchard, T.J. (1972). Training, motivation, and personality as determinants of the effectiveness of brainstorming groups and individuals. Journal of Applied Psychology, 56(4), 324-331; Diehl & Stroebe, "Productivity loss in brainstorming groups," p. 232; Harkins, S. G., & Petty, R. E. (1982). Effects of task difficulty and task uniqueness on social loafing. Journal of Personality and Social Psychology, 43(6), 1214-1229; Shepperd, "Productivity loss in performance groups," p. 233.

头脑风暴的主题变得更轻松愉悦的时候，持续时间却并不会有所减少。[1]

从众行为

当人属于一个团体之后，为了获得团队的接纳，有时会表现出一些奇怪的行为。[2]由于非常在意其他成员对自己的判断和评价，团队中的个人有时会比较顾虑表达个人的想法[3]。这是一种"被喜欢"的需要，在第7章中曾有讨论。大多数人都渴望被他人积极对待[4]。这种"他人如何看待自己"的顾虑可能会妨碍团队中想法的产生[5]。当团队成员担心团队其他人会对他提出的建议进行评价时，从众行为（conformity）就产生了，即使设计的一些指导说明会弱化这种担忧。从众行为通常会减少创造性想法的产生。例如，成员在团队中的表现会和单独时候的表现不同，在团队中他们会用一些常规的、老生常谈的话语来回答问题。然而，当人们在创造性人格测试中的得分偏低时[6]，基于遵循个人主义规范的从众压力事实上能够增加创造力[7]。

产出阻塞

个人单独解决问题的时候能从容不迫地进行连续思考。但在参与群体头脑风暴时，个人不仅仅需要思考，同时还需要倾听别人的想法和意见。更多的是，我们还需要等待自己发言的机会，以及运用一定的技能进行表述和记忆。**产出阻塞（production blocking）**发生在团队成员需要倾听别人想法而不能表达自己的想法时。在别人谈话时，进行思考或者记忆会有

---

[1] Nijstad, B. A., Stroebe, W., & Lodewijkx, H. F. M. (1999). Persistence of brainstorming groups: How do people know when to stop? Journal of Experimental Social Psychology, 35, 165-185.

[2] Tajfel, H. (Ed.). (1978). Differentiation between social groups: Studies in the social psychology of intergroup relations. New York: Academic Press.

[3] Mullen, Johnson, & Salas, "Productivity loss in brainstorming groups," p.232.

[4] Leary, M. (1995). Self-presentation: Impression management and behavior. Dubuque, IA: Brown & Benchmark.

[5] Camacho, L. M., & Paulus, P. B. (1995). The role of social anxiousness in-group brainstorming. Journal of Personality and Social Psychology, 68, 1071-1080.

[6] Collaros, P. A., & Anderson, L. R. (1969). Effect of perceived expertness upon creativity of members of brainstorming groups. Journal of Applied Psychology, 53(2, Pt. 1), 159-163; Diehl & Stroebe, "Productivity loss in brainstorming groups," p. 232; Harari, O., & Graham, W. K. (1975). Tasks and task consequences as factors in individual and group brainstorming. Journal of Social Psychology, 95(1), 61-65.

[7] Gough, H. G. (1979). A creative personality scale for the Adjective Check List. Journal of Personality and Social Psychology, 37(8), 1398.

[8] Goncalo, J. A., & Duguid, M. M. (2012). Follow the crowd in a new direction: When conformity pressure facilitates group creativity (and when it does not). Organizational Behavior and Human Decision Processes, 118(1), 14-23.

认知上的困难。[1]一项多任务研究表明，同时进行两件或者多件事情，会使人的产能下降。[2]团队成员在倾听别人的观点时，容易分散精力，同时他也在等待自己发言的机会，因此这个时候很难产生新的想法。在这段等待的时间里，成员们要倾听别人的想法和观点，同时就比较容易忘记自己想法的要点。因此，个人容易忘记自己的想法和观点，或者在等待过程中反而决定不去表达它们。[3]更多的是，这种不能表达和空闲时间可能会令人消极和压抑。尽管Osborn的理论认为群体头脑风暴时，团队会根据其他人的想法产生新的想法，但其实并没有真实的证据来证明这种刺激效应会产生独特和稀有的想法。[4]产出阻塞干扰想法的产出主要表现在两个方面：①如果拖延的时间足够长，那么组织想法和观点的产生就会被打断；②如果拖延的时间不可预计，那么想法产生的灵活性也会降低。[5]

表现相配

在团队中，团队成员的工作表现随着时间的推移而逐渐收敛。社会比较过程可能会让团队成员将自己的表现逐渐向他人靠拢。[6]比如在CDW中，相比工作在其他大楼或区域的销售员，工作在大楼同样物理位置的销售员报告的月销售数字会更为相似。[7]存群体中的最低业绩者会削减团队平均水平是个普遍倾向。实际上，在头脑风暴中人们倾向于将他们的表现与最差产出成员的表现靠近，这一现象也被称为**向下规范设定（downward norm setting)**[8]。当团队中对高业绩没有强有力的内部或外部激励时，最可能出现表现区配(performance matching)[9]。例如，可以从团队中表现最差的两个人身上预测四个人的团队在最终环节时的表现。这种表现水平可能会给团队设置一个基准，作为团队的典型或正常水平。[10]当头脑风暴讨论开始时，团

---

[1] Diehl & Stroebe, "Productivity loss in brainstorming groups," p. 232.

[2] Pashler, H. (2000). Task switching and multitask performance. In S. Monsell & J. Driver (Eds.), Attention and performance XVII: Control of mental processes (pp. 227-308). Cambridge, MA: MIT Press.

[3] Diehl & Stroebe, "Productivity loss in brainstorming groups," p. 232.; Diehl, M., & Stroebe, w. (1991). Productivity loss in idea-generating groups: Tracking down the blocking effect. Journal of Personality and Social Psychology, 61(3), 392-403; Stroebe, W., & Diehl, M. (1994). Why are groups less effective than their members? On productivity losses in idea generating groups. European Review of Social Psychology, 5, 271-301.

[4] Connolly, T., Routhieaux, R. L., & Schneider, S. K. (1993). On the effectiveness of group brainstorming: Test of one underlying cognitive mechanism. Small Group Research, 24, 490-503.

[5] From "Production blocking and idea generation: Does blocking interfere with cognitive processes?" by Bernard A. Nijstad, Wolfgang Stroebe, and Hein F.M. Lodewijkx in Journal of Experimental Social Psychology 39 (2003) 531-548, © Elsevier.

[6] Jackson, J. M., & Harkins, S. G. (1985). Equity in effort: An explanation of the social loafing effect. Journal of Personality and Social Psychology, 49, 1199-1206.

[7] This observation was shared by a manager in the company.

[8] Camacho & Paulus, "Role of social anxiousness," p. 234; Paulus & Dzindolet, "Social influence processes," p.232.

[9] Shepperd, "Productivity loss in performance groups," p. 233.

[10] Paulus & Dzindolet, "Social influence processes," p. 232.

队会处于一个较低的水平，因此水平高的人可能会有异样的感觉。结果就是，他们可能会朝着低群体标准的方向改变他们的绩效。例如，与没有互动的群体相比，在交流活跃的双人或四人群体中参与者倾向于在观点产生比率上更为接近。㊀令人遗憾的是，团队中最差产出成员通常在形成团队整体绩效上比高绩效者更有影响。然而，当团队与其他团队竞争时，他们不会称为表现区配的牺牲品。㊁

典型的头脑风暴环节会发生什么？

在一个典型的头脑风暴环节中，我们究竟期望发生什么？人们通常在群体头脑风暴中㊂：
- 未能遵守头脑风暴规则。
- 经历压抑、焦虑，关注自我的表现。
- 在开始的几分钟想出大部分想法后，产出开始减少。
- 参与非生产性的社会惯例，如讲故事，陈述重复的观点，给予积极的反馈（一种在社会事务中有效的、正常的沟通模式但会抹杀创造力）。
- 设定过低的表现基准。
- 遵从别人想法的创意。
- 遵从别人产生想法的速度。

多数人在头脑风暴团队中没有明确的想法是一件令人困扰的事情，同时活跃的头脑风暴团队成员会对自己的创造力感到相当自信。因此，团队往往会处于一个错误的能力臆想之中。实际上，这种臆想是自私的，多数时候仅仅是为了别人给自己一个良好的评价。㊃

提升团队创造力的最佳训练

幸运的是，团队领导或组长们可以采取一些措施来克服头脑风暴产生的典型问题。㊄

激励方法

数量目标（quantity goals） 头脑风暴小组常常表现不佳，这是因为他们没有明确的目标和基准。如果设置了一定的基准，而且此基准与实际相符，提供关于组内其他成员的活动水

㊀ Camacho & Paulus, "Role of social anxiousness," p. 234; Paulus & Dzindolet, "Social influence processes," p.232.

㊁ Munkes, J., & Diehl, M. (2003). Matching or competition? Performance comparison processes in an idea generation task. Group Processes and Intergroup Relations, 6, 305-320.

㊂ Leigh L. Thompson

㊃ Stroebe, W., Diehl, M., & Abakoumkin, G. (1992). The illusion of group effectivity. Personality and Social Psychology Bulletin, 18(5), 643-650.

㊄ Thompson, L. (2003). Improving the creativity of organizational work groups. Academy of Management Executive, 17(1), 96-109.

平信息会提高整个团队的表现。[一] 为头脑风暴设立较高的标准会极大地增加创意想法的产生。[二] 即使每个成员独立工作，主持人每隔 5min 向大家宣告总共产生了多少想法，创意想法的产生数量也会增多。[三] 相似的，如果主持人周期性地提醒头脑风暴者注意计算机屏幕上自己团队与其他团队表现的对比数据，也会显著增加团队的创意想法产生数量。[四] 提前警示团队，在环节结束时会公布所有的想法，这也会增加特殊创意想法的数量。[五] 处于拥有大量想法和观点的环境中也会增加创造力。[六] 设置一个想法的数量目标是非常恰当的，但设置一个实际的产能目标却是非常不合适的。有些团队关注于达成某些合意的目标（促进定向的）；而其他团队关注于防止灾难性的或令人失望的结果（预防定向的）。具有促进定向的团队会更具有创造力。[七]

竞争（competition） 竞争会出现在个体层面（团队内成员的竞争）或者团队层面（不同团队的竞争）。拥有一个比较好的搭档，团队成员完成任务的表现会更好（对比于较差的或相同能力的搭档）。[八] 当团队的权力地位不稳定时，可能会导致权力的竞争，此时低权力的个体会比高权力的个体更具有创造力。[九] 在没有变换成员的群体中，中低程度的竞争产生最大数量的创造力。[十] InnoCentive 公司运用社交网络、云计算和众包来充分利用竞争。特别地，来自真实客户的难题被公布出来，比如 General Funsion 公司难以为其聚变能系统打造一个密封装置，这个装置必须承受住极大的压力和类似太阳的温度。最终，参与此系统设计的工程挑战优胜者，通过"密封砧承受熔融金属反复冲击"的方法，获得了 20000 美元的奖金。[十一] 另一项研究表明，结合了集体主义（相比个体主义）价值导向和个体主义自我建构的群体会更加具有创

[一] Seta, J.J. (1982). The impact of comparison processes on coactors' task performance. Journal of Personality and Social Psychology, 42, 281-291.

[二] Paulus & Dzindolet, "Social influence processes," p. 232.

[三] Paulus, P. B., Larey, T. S., Putman, V. L., Leggett, K. L., & Roland, E. J. (1996). Social influence process in computer brainstorming. Basic and Applied Social Psychology, 18, 3-14.

[四] Shepherd, M. M., Briggs, R. O., Reinig, B. A., Yen, J., & Nunamaker, J. F., Jr. (1995-1996). Invoking social comparison to improve electronic brainstorming: Beyond anonymity. Journal of Management Information Systems, 12, 155-170.

[五] Roy, M. C., Gauvin, S., & Limayem, M. (1996). Electronic group brainstorming: The role of feedback on productivity. Small Group Research, 27, 215-247.

[六] Dugosh, K. L., & Paulus, P. B. (2005). Cognitive and social comparison processes in brainstorming. Journal of Experimental Social Psychology, 41, 313-320.

[七] Rietzschel, E. F. (2011). Collective regulatory focus predicts specific aspects of team innovation. Group Processes & Intergroup Relations, 14(3), 337-345.

[八] Seta, "The impact of comparison processes on coactors' task performance."

[九] Sligte, D. J., de Dreu, C. K. W., & Nijstad, B. A. (2011). Power, stability of power, and creativity. Journal of Experimental Social Psychology, 47(5), 891-897.

[十] Baer, M., & Brown, G. (2012). Blind in one eye: How psychological ownership of ideas affects the types of suggestions people adopt. Organizational Behavior and Human Decision Processes, 118(1), 60-71.

[十一] From "Crowdsourcing is the new outsourcing for scientists" by Tony Wanless in Entrepreneur, © May 11, 2015 Financial post.

造力。㊀另一项研究验证了**目标断层线（goalfaultlines）**，群体内基于不同的绩效目标所造成的假设区分线）如何影响创造性观点产生。有目标断层线的群体比那些具有明确困难目标或尽力而为目标的群体更具有创造力。㊁

调节性匹配（regulatory fit）　在一项研究中，群体成员要么倾向促进定向要么倾向预防定向，然后给予一个"渴望的"策略或一个"警惕的"策略去完成头脑风暴问答。相比于经历目标区配的（促进＋渴望的；预防＋警惕的）群体，经历非匹配的（促进＋警惕的；预防＋渴望的）群体工作更持久并产生更多独特观点。㊂另一项研究发现，当团队具有促进定向（相比预防定向）时，开放的团队文化对团队创造力表现的影响会得到增强。㊃

责任性（accountability）　相比于那些不明确团队想法贡献来源的团队，对个人所提出的想法负责的团队会更加高产。组织承诺高的人打破自己心理束缚的可能性更小，即他们对自己有隐形的期望和规范，因此也会有更多的创新能力。㊄

情绪激活（energizing moods）　情绪激活，通常会带来积极效应，增加创造力。相反的，情绪压抑则会降低创造力。比如，一项关于大型高科技公司大规模裁员前、中、后期的研究发现，裁员明显地让员工产生了负面情绪㊅，同时也降低了团队在工作中的创造力。在一项关于7个公司222个员工的研究中，正向激励与高效创造力密切相关。㊆在压力环境下，评价性压力和创造力之间存在曲线关系，评价性低的情境会增加创造力，但高度评价的情境则会降低创造力。㊇

认知方法

分类（categories）　在一项研究中，在头脑风暴之前，团队成员生成笼统的分类。分类

㊀ Bechtoldt, M. N., Choi, H. S., & Nijstad, B. A. (2012). Individuals in mind, mates by heart: Individualistic self-construal and collective value orientation as predictors of group creativity. Journal of Experimental Social Psychology, 48(4), 838-844.

㊁ Ellis, A. P., Mai, K. M., & Christian, J. S. (2013). Examining the asymmetrical effects of goal faultlines in-groups: A categorization-elaboration approach. Journal of Applied Psychology, 98(6), 948.

㊂ Levine, J. M., Alexander, K. M, Wright, A. G., & Higgins, E. T. (2015). Group brainstorming: When regulatory nonfit enhances performance. Group Processes & Intergroup Relations, 19(2), 257-271.

㊃ Shin, Y., Kim, M., Choi, J. N., & Lee, S. H. (2015). Does team culture matter? Roles of team culture and collctive regulatory focus in team task and creative performance. Group & Organization Management, 41(2), 232-265.

㊄ Ng, T. W. H., & Feldman, D. C. (2010). The effects of organizational embeddedness on development of social capital and human capital. Journal of Applied Psychology, 95(4), 696-712.

㊅ Amabile, T. M., & Conti, R. (1999). Changes in the work environment for creativity during downsizing. Academy of Management Jourmal, 42(6), 630-640.

㊆ Amabile, T. M., Barsade, S. G., Mueller, J. S., & Staw, B. M. (2005). Affect and creativity at work. Administrative Science Quarterly, 50, 367-403.

㊇ Byron, K., Khazanchi, S., & Nazarian, D. (2010). The relationship between stressors and creativity: A meta-analysis examining competing theoretical models. Journal of Applied Psychology, 95(1), 201-212.

工作阻碍了团队想法构思的过程。当团队成员进行连续的分类工作时（如在一次头脑风暴中讨论一种分类），他们的创造力增加了。相比于那些有着自身分类（their own）聚焦的团队成员，关注小种类分类（small set）的团体从开始便会获得了更多的想法和种类。披头士乐队中的成员 George Harrison 就是使用分类类别进行歌曲创作的：他先随机抽取一本书，打开，然后用看到的第一个字进行歌曲写作。在一次练习中，Harrison 看到了一个词语"轻声哭泣"（gently weeps），因此他创作出了歌曲《当我的吉他轻声哭泣时》（While My Guitar Gently Weeps），这被认为是他创作最好的歌曲之一。

明确规则（explicit rules） 遵从 Osborn 四条准则的头脑风暴团队会比不遵从的团队更加有效率。比如在 IDEO，有七条规则约束着头脑风暴讨论环节：暂缓判断，鼓励天马行空的想法，延伸他人想法，专注主题，每次一个对话，所有人可见，尽量提出更多的想法。Val Wright Consulting 的头脑风暴也具有自己的七条规则：少于 10 人，别自我邀请，不变成爆发性讨论，提供想法的缘由，每人必须到场，遵守和设定好时间线或为了未开发的产品讨论，以及预定估计所需时间的双倍并提前完成。研究也验证了这些限制是怎样让团队成员在弹性中协调完成这些现代创意想法的计划的。

Paulus 和他的同事们科学地检验了这四条准则在头脑风暴讨论中的作用：

- 随时集中于任务。
- 别讲故事和解释想法。
- 当想法枯竭时，重述问题并鼓励联想。
- 鼓励未发言者发表看法。

在研究中，可从团队中选择实验者或者其他人来进行规则的实施。结果显示，执行规则后，想法的数量增长了 40%。这与名义群体对照组的想法数量相当。这些限制条例同样增加

---

① Deuja, A., Kohn, N. W., Paulus, P. B., & Korde, R. M. (2014). Taking a broad perspective before brainstorming. Group Dynamics: Theory, Research, and Practice, 18(3), 222.

② Baruah, J., & Paulus, P. B. (2011). Category assignment and relatedness in the group ideation process. Journal of Experimental Social Psychology, 47(6), 1070-1077.

③ From Why Your Creativity Needs Boundaries to Thrive by Jane Porter, © Jan 08 2014 Fast Company.

④ Parnes, S. J., & Meadow, A. (1959). Effect of "brainstorming" instructions on creative problem-solving by trained and untrained subjects. Journal of Educational Psychology, 50(4), 171-176; Osborn, Applied imagination (rev. ed.), p.230.

⑤ Dominguez, P. (2008, June 16). IDEO's 7 rules of brainstorming. Green Business Innovators. greenbusinessinnovators.com

⑥ From The Surprising Truth About the Perfect Brainstorm by Val Wright, © Fed 27, 2015 Inc.

⑦ Harrison, S. H., & Rouse, E. D. (2014). Let's dance! Elastic coordination in creative group work: A qualitative study of modern dancers. Academy of Management Journal, 57(5), 1256-1283.

⑧ From "Effects of task instructions and brief breaks on brainstorming" by Paul B. Paulus, Toshihiko Nakui, Vincent R. Brown and Vicky L. Putman in Group Dynamics: Theory, Research, and Practice, 10(3), 206-219, © 2006 American Psychological Association.

⑨ Oxley, N. L., Dzindolet, M. T., & Paulus, P. B. (1996). The effects of facilitators on the performance of brainstorming groups. Journal of Social Behavior and Personality, 11(4), 633-646.

了创意想法的效率，即可以更加简练地表达想法。

规则在提高创造力方面是有效的，但启动创造力可能有意外后果。那些被启动"创造性地思考"的人比未被启动的人更可能表现得不诚实。㊀

反馈（feedback） 积极寻求反馈的个人是具有前瞻性的。一项对四个机构 456 名员工的研究表明，那些寻求反馈信息的人——无论直接观察还是间接观察环境——都会被认为比较具有创造力。㊁ 相似的是，那些团队中经常寻求他人帮助的成员，同样也会比不常寻求他人帮助的成员更有创造力。㊂ 然而，由于寻求帮助者在获得帮助后对别人并无负疚感，因此，这类人会倾向于寻求更多的帮助从而掩盖他们自身的创造力。

获得反馈的一个方式是观察。例如，玩具供应商 Fisher-Price's PlayLab 通过洞穴探险游戏玩具获得反馈。在这个游戏中，他们只需要简单地观察孩子们玩玩具便能获得信息。在 PlayLab，孩子们使用手机应用程序和其他电子玩具进行游戏。通过观察孩子们的游戏模式和孩子们对不同产品的兴趣水平，PlayLab 便可对后续的玩具设计和市场进行预测。㊃

类比（analogies） 类比推理是指将一个领域的一个概念推广到另一个领域。比如，将 Johannes Kepler 的光的应用概念推广到行星轨道运动理论中。㊄ 相似的，化学家 Friedrich Kekulé 通过想象蛇咬住自己的尾巴发现了苯环结构。苹果公司团队参观了一个糖果工厂，学习了软心豆粒糖与其他糖果的细微区别，通过类比，将这些概念运用到 Apple iMac，使其拥有了一个半透明的蓝色外壳。㊅

有时候，新想法通常是旧想法穿上"新衣"。通过类比可以发现创新的方法，但这需要：①对问题的深度理解；②找到已经存在的其他解决问题的途径。㊆ 例如，企业主管人员尝试将减肥计划应用到商务旅行上，而随身携带一个 50lb 重的哑铃是不切实际的，但如果联想到水的重量，从而用一个类似可充满水的垫子来进行替代便可行了。而且，水属于体积空间皆小的物体，同时也可以从宾馆卫生间获得自来水。还有一种类比：当 NASA 科学家需要修复轨道上哈勃空间望远镜的一个变形镜头时，其中一个专家认为通过一个反向变形的镜头便可重新调整图像。然而，在遥不可及的太空望远镜上加上一个镜头并且适配是不可能的事情。工程师 Jim Crocker 注意到欧式淋浴喷头上有一个可调节杆，因此在望远镜上加装一个类似的折

㊀ Gino, F., & Ariely, D. (2012). The dark side of creativity: Original thinkers can be more dishonest. Journal of Personality and Social Psychology, 102(3), 445.

㊁ Smith, C. M., Bushouse, E., & Lord, J. (2010). Individual and group performance on insight problems: The effects of experimentally induced fixation. Group Processes & Intergroup Relations, 13(1), 91-99.

㊂ Mueller, J. S., & Kamdar, D. (2011). Why seeking help from teammates is a blessing and a curse: A theory of help seeking and individual creativity in team contexts. Journal of Applied Psychology, 96(2), 263-276.

㊃ LaPorte, N. (2012, July 7). Where apps become child's play. New York Times. nytimes.com

㊄ Gentner, D., Brem, S., Ferguson, R., & Wolff, P. (1997). Analogy and creativity in the works of Johannes Kepler. In T. B. Ward, S. M. Smith, & J. Vaid (Eds.), Creative thought: An investigation of conceptual structures and processes (pp. 403-459). Washington, DC: American Psychological Association.

㊅ Burrows, P. (2006, September 25). The man behind Apple's design magic. Businessweek, 4002, 26-33.

㊆ Markman, A. B., & Wood, K. L. (Eds.). (2009). Tools for innovation: The science behind the practical methods that drive innovation. New York: Oxford University Press.

叠手臂应该同样可行，这样便解决了望远镜镜头的变形问题。

同样也有其他的类比应用：薯条供应商面临一个常见的棘手问题，薯条如果包装比较松散则会在货架上占据大量的空间，但如果采用更小的包装，薯条又容易破碎。供应商通过直接类比找到了一个解决办法：干枯的叶子与薯条是非常类似的。它们都易碎，并且都属于所占空间较大的物体。枯叶可以被压平，那么薯条能否扁平后运送呢？事实证明，薯条不能被压平。但该团队又发现，叶子在干枯的时候不能被压缩，但在新鲜的时候却可以。因此，供应商团队在堆叠薯条的时候保持薯条的湿度，然后再将其抽干到扁平，同时避免被压碎，这样就压缩了薯条的空间。结果就诞生了品客（Pringles）薯条。① Speedo 公司的鲨鱼皮泳衣是一种采用鲨鱼皮肤模型进行全身覆盖的特定形状的泳衣，这一概念来自一级方程式赛车和喷气式飞机的类似测试技术。② 当 Dyson 公司的创始人 James Dyson 参观了当地的一座锯木厂后，他通过同样机械类型的工业漏斗形状的锯末收集器，类比联想，从而发明了世界上非常畅销的真空吸尘器。③

新技术的最大影响不是来自它最开始发明的时候，而是来自工业界的应用。比如，采矿业最初使用的蒸汽机，在铁路和运输工业上大放异彩。因此，Hargadon 和 Sutton 描述了四个重要的知识借鉴步骤：①捕捉良好的创意想法；②让想法充满活力；③为旧创意寻找新用途；④在测试中加入新鲜概念。④

情景记忆（episodic memory） 当人们幻想将来的事情或者回忆最近的事情时，他们会更加具有创造力。运用此种方式的人会比不用的人更能进行发散性思维。⑤

协调人引导法

受过培训的协调人会更好地遵循头脑风暴的规则，也会帮助团队建立一个有组织的记忆，并将团队一直保持在正轨上。确如其实，训练有素的协调人可以提升团队的水平，甚至于超过名义群体对照组。⑥ 此外，这种训练投资具有长远价值。有协调人引导的团队比没有协调人引导的团队表现出更优秀的创造力。⑦ 显然，团队也可以逐渐习惯在没有广泛的交流或对白下，自由地分享想法。在 100 天的紧张期限内，Rapid Results 使用受过训练的协调人来解决全球化

---

① Russo, F. (2006, January 16). The hidden secrets of the creative mind. Time, 167(3), 89-90.

② Designed for Speedo: Olympic swimming's secret. (2012, July 30). CNN.com, business.blogs.cnn.com

③ Bodell, L. (2012, July 17) Work skills you'll need to survive the "conceptual age." CNN Wire. news. blogs. cnn.com

④ Hargadon, A. B., & Sutton, R. I. (2000, May/June). Building an innovation factory. Harvard Business Review, 78(3), 157-166.

⑤ Madore, K. P., Addis, D. R., & Schacter, D. L. (2015). Creativity and memory effects of an episodic-specificity induction on divergent thinking. Psychological Science, 26(9), 1461-1468.

⑥ Oxley, Dzindolet, & Paulus, "The effects of facilitators on the performance of brainstorming groups."

⑦ Paulus, P. B., Putman, V. L., Coskun, H., Leggett, K. L., & Roland, E. J. (1996). Training groups for effective brainstorming. Presented at the fourth annual Advanced Concepts Conference on Work Teams-Team Implementation Issues, Dallas.

的挑战。2014 年，美国旨在解决 25 个地区无家可归的退伍士兵的问题。每个城市的团队通过两天的头脑风暴会议重构本地房屋系统，解决了 31000 名老兵无家可归的难题。[一] 这项案例研究显示，训练有素的协调人们成功地减少了团队成员的无用交流，增加了创造力，让所有想法都得到了分享。[二]

短暂休息（brief break） 如果 20～30min 的头脑风暴会议中途能够短暂休息 2～5min，相比于没有中途休息的团队，团队成员会变得更加具有创造力。[三] 短暂休息能解决头脑风暴团队在想法潜伏期的心理障碍。休息也能刺激出新的解决问题的方法。在一项研究调查中，独立个体和由三个成员组成的小组分别进行了字谜游戏的竞赛，在短暂休息之后，由三个成员组成的小组的表现水平明显提高了。[四]

背景噪声（background noise） 一定的背景噪声比绝对安静的环境更能提高创造力。这是为什么呢？因为背景噪声能够促使人们更加专注地工作。在一定的背景噪声下工作的人们需要更努力地聚焦于他们的想法，因此增加了注意力和毅力。[五]

名义小组法（nominal group technique） 群体头脑风暴的一个好方法是预先进行单独地写作，这被称为名义小组法。[六] 名义小组法，缩写为 NGT，是标准头脑写作的变称[七]，它在头脑风暴前加入了一个独立记录环节。因此，NGT 将创意想法的产生过程与评价过程分开了。采用 NGT 方法，主持人会提供很大的帮助，但也并不是完全必要。主持人在黑板上首先陈述问题，等所有成员理解后，再进行 10～15min 的想法写作。成员们轮流表达，每个想法都有对应编号。当所有想法被列出来之后，团队进行逐个讨论和重点分类。之后成员们匿名选出 5 个最支持的想法。主持人收集所有数据后得出平均评价，最后得到团队的结果。

值得注意的是，NGT 比采用标准的头脑风暴效果更好，但是与特别活跃的头脑风暴过程

[一] Kanis, B. (2015, July 15). 100,000 homes campaign provides housing to 31,000 chronically homeless veterans. U.S. Department of Veterans Affairs. blogs.va.gov; Kanis, B. (2015, July 15). Washington: 100,000 homes campaign provides housing to 31,000 chronically homeless. Veterans National Center on Homelessness Among Veterans. endveteranhomelessness.org

[二] Dugosh, K. L., Paulus, P. B., Roland, E. J., & Yang, H.-C. (2000). Cognitive stimulation in brainstorming. Journal of Personality and Social Psychology, 79(5), 722-735.

[三] Mitchell, C. K. (1998). The effects of break task on performance during the second session of brainstorming. (Master's thesis). University of Texas at Arlington.

[四] Smith, C. M., Bushouse, E., & Lord, J. (2010). Individual and group performance on insight problems: The effects of experimentally induced fixation. Group Processes & Intergroup Relations, 13(1), 91-99.

[五] Mehta, R., Zhu, R., & Cheema, A. (2012). Is noise always bad? Exploring the effects of ambient noise on creative cognition. Journal of Consumer Research, 39(4), 784-799.

[六] Delbecq, A. L., & Van de Ven, A. H. (1971).A group process model for identification and program planning. Journal of Applied Behavioral Sciences, 7, 466-492.

[七] Geschka, H., Schaude, G.R., & Schlicksupp, H. "Modern techniques for solving problems," p.244; Van de Ven, A. H., & Delbecq, A. L. (1974). The effectiveness of nominal, Delphi, and interacting group decision making processes. Academy of Management Journal, 17(4), 605-621.

效果类似。㊀另外，在同一个房间里的名义群体比单独在各自房间里得到的想法更多。㊁NGT的优势在于它最大化了信息的获取，对每个成员的创意想法进行了民主展示，以及避免了想法的产出限制。同时成员们还有机会进行面对面的讨论。尽管 NGT 可能会有产生多余的想法的问题，但这是面对面情况下团队成员贡献最大化的最优解。同样，NGT 也有缺点，比如非及时性，单个话题需要另开会议进行。

NGT 的一个变形是旋转名义群体法。首先，成员们在卡片上写下自己的想法；然后，主持人收集起来打乱，再随机分发给每个成员；最后，在团队内宣读和讨论得到的卡片的内容。这一变动使得各个想法之间可以互相接受，而且是一种半不记名方式，也避免了成员只投票给自己想法的情况。

德尔菲法（Delphi technique） NGT 的另一变形则是德尔菲法。㊂在这种方法中，成员们可以不用面对面互相交流。此方法对于不在同一地方或成员有意见相左的团队来说是一个完美的选择。但此方法需要团队负责人或主持人信任团队的成员。整个过程先通过问卷调查，再通过计算机处理进行反馈。负责人分发问题并要求每个成员都回答，然后收集答案，再发给整个团队，再征求反馈。这一过程会一直持续到整个团队做出决定。德尔菲法同样也避免了产出限制。由于团队成员是独立作答，因此从众压力和评价顾虑会受到限制。不同于前面头脑风暴或者名义小组法的是，此方法存在耗时严重的问题，有时会持续几天甚至几周。

阶梯法（stepladder technique） 阶梯法是成员变更的一种变体，是一种将成员逐一添加到团队中的决策方法。㊃首先建立一个核心的双人小组，开始最初的团队任务讨论。之后每隔固定的时间便加入一个新成员，并展示这个新成员对任务的思考和想法，然后三人讨论。整个过程一直持续到所有团队成员都加入这个核心团队。最后，由整个团队得到最后的决定。每个成员在加入讨论前，都有足够的时间思考问题。重要的是，新成员加入后需要先表达自己的想法，而且最后的决定必须在所有成员加入后才能完成。自我控制的阶梯团队比一般团队更能获得高质量的团队决策。㊄相对于其他自由交流的团队来说，在采用阶梯法的团队中，带着个人最优决策的成员会发挥更大的影响力。

领导和组织方法

多样性（diversity） 多样性对创意观点的产生的影响比较复杂。多样化的团队会有更多

㊀ Gustafson, D. H., Shukla, R. K., Delbecq, A. L., & Walster, G. W. (1973). A comparative study of differences in subjective likelihood estimates made by individuals, interacting groups, Delphi groups, and nominal groups. Organizational Behavior and Human Performance, 9(2), 280-291.

㊁ Mullen, Johnson, & Salas, "Productivity loss in brainstorming groups," p. 232.

㊂ Helmer, O. (1966). Social technology. New York: Basic Books; Helmer, O. (1967). Analysis of the future: The Delphi method. Santa Monica, CA: The Rand Corporation.

㊃ Rogelberg, S. G., Barnes Frrell, J, L., & Lowe, C. A. (1992). The stepladder technique: An alternative group structure facilitating effective group decision making. Journal of Applied Psychology, 77(5), 730-737.

㊄ Rogelberg, S. G., & O'Connor, M. S. (1998). Extending the stepladder technique: An examination of self-paced stepladder groups. Group Dynamics: Theory, Research, and Practice, 2(2), 82-91.

的讨论,① 使用的策略也会更多②,具有更多的新方法,③ 也更能综合多方的观点。④ 一项对《财富》世界100强科技公司的39个团队的研究表明,多样化的团队具有更宽的研究广度和更丰富的商业经验,当领导者也具有一定的广度时,会更有效地进行知识共享。⑤ 另一项研究表明,与多样性认知较低的团队相比,多样性认知较高的团队具有更高的创造力,但这也仅仅存在于他们自己具有高的自我效能时,也就是成员们相信他们自己具有很大的创造力。⑥ 然而,团队中的**深层多样化**,在团队聚焦于某个单独的工作时,会阻碍创造力。⑦ 在另一项对4个国家34个研究机构的176名工作人员的研究中,多样化背景与共享的"谁知道什么(knowledge of who knows what)"的结合对于有高自我效能的人的创造力很有益处。⑧ 观点选择是多样化团队的关键:确实,当善于选择时,多样化团队比同质性团队更具有创造力;但若不善于选择,则会比同质性团队的创造力更差。⑨

流动成员（fluid membership） 团队的成员总有进入和退出。虽然保持稳定的成员资格可以增加舒适度和对创造力的感知,但这并不意味着会有更好的创造力。⑩ 相比于一成不变的团队,有新成员进入或老成员退出的团队不仅会产生更多的创意想法,还会让想法变得更加

---

① Smith, Tindale, & Dugoni, "Minority and majority influence in feely interacting groups."

② Nemeth, C. J., & Wachtler, J. (1983). Creative problem solving as a result of majority vs. minority influence. European, Journal of Social Psychology, 13(1), 45-55.

③ Nemeth, C. J., & Kwan, J. L. (1987). Minority influence, divergent thinking and detection of correct solutions. Journal of Applied Social Psychology, 17(9), 788-799.

④ Gruenfeld, D. H. (1994). Status and integrative complexity in decision-making groups: Evidence from the United States Supreme Court and a laboratory experiment. Dissertation Abstracts International, Section B: The Sciences & Engineering, 55(2-B), 630; Gruenfeld, D. H. (1995). Status, ideology and integrative complexity on the U.S. Supreme Court: Rethinking the politics of political decision making. Journal of Personality and Social Psychology, 68(1), 5-20; Peterson, R. S., & Nemeth, C. J. (1996). Focus versus flexibility: Majority and minority influence can both improve performance. Personality and Social Psychology Bulletin, 22(1), 14-23.

⑤ Griffith, T. L., & Sawyer, J. E. (2010). Multilevel knowledge and team performance. Journal of Organizational Behavior, 31(7), 1003-1031.

⑥ Shin, S. J., Kim, T-Y, Lee, J.-Y., & Bian, L. (2012). Cognitive team diversity and individual team member creativity: A cross-level interaction. Academy of Management Journal, 55(1), 197-212.

⑦ Harvey, S. (2013). A different perspective: The multiple effects of deep level diversity on group creativity. Journal of Experimental Social Psychology, 49(5), 822-832.

⑧ Richter, A. W., Hirst, G., Van Knippenberg, D., & Baer, M. (2012). Creative self-efficacy and individual creativity in team contexts: Cross-level interactions with team informational resources. Journal of Applied Psychology, 97(6), 1282.

⑨ Hoever, I. J., Van Knippenberg, D., van Ginkel, W. P., & Barkema, H. G. (2012). Fostering team creativity: Perspective taking as key to unlocking diversity's potential. Journal of Applied Psychology, 97(5), 982.

⑩ Nemeth & Ormiston, "Creative idea generation," p. 227.

多样化。毫无变动的团队容易有认知障碍，在创意想法产生的时候容易陷入困境。重复的合作和创造容易产生反作用。与之相对比的是，有人员流动的团队自然地处于一个多样化的任务相关技能和信息环境中。当有成员变动时，团队会以一种独特的视角全面地审视自己。新成员的加入会使老成员重新评估自己的任务策略，并提升自己团队工作的技能。这便是熟知的**创意碰撞**，之前没有合作的成员更容易产生新的观点和想法。成功的新产品发展团队（NPD）通常具有以下特点：①高项目复杂度；②多交叉功能；③临时成员；④流动团队界限；⑤组织结构嵌入性。

组织网络（organizational network） 团队和团队领导与组织中其他部门之间的界限模糊能够在一定程度上促进创造力的产生。在一个项目团队的产品开发研究中，与界限严格的团队相比，那些界限比较模糊的团队允许团队交叉工作，具有更多的创造力。当团队界限不固定时，成员们会越过传统的边界，进行新的合作。这样，团队成员将"强连带"的深度和密度逐渐转换成大量的"弱连带"。一项对 30 个团队中 214 名员工的研究显示，高级领导与团队中的同级领导一样，超越了他们员工的内部和外部联系，增加了团队的创造力。在 BMW 公司，所有主要部门在一个中心辐射型构造的办公室里一起工作，其中，位于中间位置的工作人员激励了不同部门的创新想法的交换。通过此种设计，每个人都从各个部门中学习和获得了更深的洞察力。

网络也意味着需要花时间与消费者和客户进行交流。一项对大型团队进行的元分析表明，高等级的创造力与组织对创新的支持、眼光、任务方向，以及外界的沟通有着密切的关联。另外，组织成员之间礼貌的评价会促进相关信息的处理，引导出更多的创新性行为。

---

① Choi, H. S., & Thompson, L. (2005). Old wine in a new bottle: Impact of membership change on group creativity. Organizational Behavior and Human Decision Processes, 98(2), 121-132.

② Guimerá, R., Uzzi, B., Spiro J., & Amaral, L. A. (2005). Team assembly mechanisms determine collaboration network structure and team performance. Science, 308(5722), 697-702.

③ Choi & Thompson, "Old wine in a new bottle," p.248; Ziller, R. C. (1965). Toward a theory of open and closed groups. Psychological Bulletin, 64(3), 164-182.

④ Skiton, P. F., & Dooley, K. J. (2010). The effects of repeat collaboration on creative abrasion. Academy of Management Review, 35(1), 118-134.

⑤ Edmondson, A. C., & Nembhard, I. M. (2009). Product development and learning in project teams: The challenges are the benefits. Journal of Product Innovation Management, 26(2), 123-138.

⑥ Perry-Smith, J. E., & Shalley, C. E. (2003). The social side of creativity: A static and dynamic social network perspective. Academy of Management Review, 28(1), 89-107.

⑦ Edmondson & Nembhard, "Product development and learning in teams."

⑧ Steep, M. (2014, September 3). How to create innovation cultures that keep working. Forbes. forbes.com

⑨ Hulsheger, U. R., Anderson, N., & Salgado, J. F (2009). Team-level predictors of innovation at work: A comprehensive meta-analysis spanning three decades of research. Journal of Applied Psychology, 94(5), 1128-1145.

⑩ Carmeli, A., Dutton, J. E., & Hardin, A. E. (2015). Respect as an engine for new ideas: Linking respectful engagement, relational information processing and creativity among employees and teams. Human Relations, 62(6), 1021-1044.

赋权（empowerment） 被赋权的团队，特别是被团队领导授权，能更加受到自我的激励，从而变得更有创造力。[一] 相反，官僚主义，特别是集中化和正式化，限制了创造性的表达。[二] 比如，当丰田看到竞争对手在质量、燃油效率和造型方面超越他们时，他们赋权公司内部团队。丰田的首席设计师 Tokuo Fukuichi 意识到该公司的设计过程中有太多筛选关卡，太多的人对最终的设计发表意见。汽车开发的新架构鼓励在多模块同时开发期间遍及汽车设计的部件分享，这一举措将花费降低了 30%。[三] 运用权力异阶管理（power heterarchies）的组织，即权力在团队成员间主动转移以让成员能力与情境需求相一致，会比没有权力转移的团队更加有创造力。[四]

本章小结

我们关于创造力的直觉其实许多都是错误的，这在面对面头脑风暴上尤为明显。新兴的、有用的创意想法的产生往往会在团队中受到阻碍；并没有直接证据证明常规头脑风暴团队的表现优于同等规模的小组独立思考的表现。在团队中，各种各样的抑制性社会认知因素大大超过了促进性社会认知的积极影响。[五]

然而，为什么有诸多缺点的群体头脑风暴还在企业中广泛流行？部分原因是人们错误地认为这种方式是有效的。许多管理者由于缺乏基准和对比，严重低估了团队在这一过程中的损失。这些损失包括抑制性社会和认知因素，如社会惰化、产出阻塞、协调不当、无关任务行为和无意义的谈话。

我们并不建议企业或者团队舍弃头脑风暴。但是，我们建议它们寻求一种结合的方法来进行创新工作，寻求一种可以最大化团队个人力量并与团队力量相结合的方法。比如，一个管理者告诉我们，在每周例会前要求成员先提交他们的材料，这会增加 10 倍以上的创意想法的数量，并获得更高质量的想法。因此，只需要一些简单的改变，团队的工作效率就可以得到很大提升。

[一] Zhang, X., & Bartol, K.M. (2010). Linking empowering leadership and employee creativity: The influence of psychological empowerment, intrinsic motivation, and creative process engagement. Academy of Management, Journal, 53(1), 107-128.

[二] Hirst, G., Van Knippenberg, D., Chen, C.-H, & Sacramento, C. A. (2011). How does bureaucracy impact individual creativity? A cross-level investigation of team contextual influences on goal orientation-creativity relationships. Academy of Management Journal, 54(3), 624-641.

[三] Kim, C. (2012, April 9). Toyota aims to spice up cars with new development methods. Reuters. reuters.com

[四] Aime, F., Humphrey, S., DeRue, D. S, & Paul, J. B. (2014). The riddle of heterarchy: Power transitions in cross-functional teams. Academy of Management Journal, 57(2), 327-352.

[五] Paulus, P. B., Larey, T. S., Brown, V., Dzindolet, M. T., Roland, E. J., Leggett, K. L., Putman, V. L., & Coskun, H. (1998, June). Group and electronic brainstorming: Understanding production losses and gains in idea generating groups. Paper presented at Learning in Organizations Conference, Carnegie-Mellon University, Pittsburgh, PA.

第 3 部分

组织中的团队

第 10 章
子小组与多团队

苹果公司的秘密研究机构 VR / AR（虚拟现实 / 增强现实）团队由大约 100 名专家组成，其中包括 Microsoft、Faceshift、Metaio、Emotient 及 Lytro 等公司的前员工。VR/AR 团队与公司的其他成员分离开来，从事于令人兴奋的、低调神秘的项目，例如 VR 耳机，类似于 Oculus Rift 和 Microsoft HoloLens。团队工作处于苹果公司的设计严苛和工作规范的压力之下，保密性的公司文化意味着公司将项目子群体和他们的活动不公开于公众视野以及苹果公司员工。为了避免冗余、混乱和冲突，项目被分配给了一个团队中的小组集中管理，以便成果的监督和保密性。VR/AR 团队经历了他们子群体内的更高水平的内部竞争以及有关他们项目将被用于什么最终产品的显著模糊性。⊖

大多数公司都是几个团队并肩作战。它们可以是公开的或秘密的，正式的或非正式的，永久的或短暂的。他们可能会与其他团队互动或保持距离，人们也可能同时是几个不同团队的成员。不同团队有动力相互合作，然而他们常常具有相互竞争的动力、时间线和目标。团队需要与组织内的其他团队合作，但他们却常常有很强的地盘意识，这就使跨团队合作变得非常困难。多团队系统（MTS）虽然很受欢迎，但也存在特殊的挑战。⊖

本章从群际关系的研究入手，关注给定团队内的小组或派系；研究了小组内部的断层线，以及处理断层线的最佳方式；以团队边界为重点，讨论了团队的界限过度（太孤立）和界限模糊（未充分定义），以及团队的界限如何影响团队与环境的关系和团队的成功；分析了包含不同职能和业务单元的矩阵组织中的团队，探索了跨职能团队和多团队系统，并且提出了几个结构性的解决方案来促进团队之间的整合；为领导者和管理者提出了一些可以改善团队之间关系的方法。

组间关系

组内和组外

无论在一个团队内部（团队内部有多个小组），还是在各个团队之间（有多个团队），团

⊖ Bradshaw, T. (2016, January 29). Apple builds a secret team to kick-start virtual reality effort. Financial Times.ft.com; Eadicicco, L. (2014, June 27). Here's why secrecy is so important at Apple. Business Insider. busines-sinsider.com

⊖ Shuffler, M. L., Jiménez-Rodríguez, M., & Kramer, W. S. (2015). The science of multi-team systems: A review and future research agenda. Small Group Research, 46(6), 659-699.

队成员都会根据组内和组外来将自己和他人分类，简而言之，就是"你们是我们中的一员还是他们中的一员？"人们认为，组内的人是与自己相似或属于同一个小组的人；组外的人则是那些不在他们的小组或者是在竞争小组中的人。这种组内和组外的分类具有以下几点实际意义：

社会比较

假设你是公司内获得组织支持很少的团队成员。你的团队与组织中的另外两个团队竞争。一个是弱势团队（他们没有很多组织支持和资源），另一个是优势团队（他们获得很多组织支持和资源）。① 随着时间的推移，弱势团队的绩效在发生变化，可能会变得和你的团队相同、更差或者更好。你会有什么感觉？社会比较理论认为，当组织中一个竞争团队的绩效与你的团队相似或更好时，你的团队的身份就会受到威胁。② 在这种情况下，你的团队可能会歧视（即伤害）与你的团队表现相似或更好的其他弱势团队。相反，你的团队会帮助和支持那些随着时间的推移绩效不断下降的团队，因为这些团队会为你的团队提供积极的社会比较（即他们让你的团队看起来不错）。相比之下，本身就具有优势的团队对你的团队来说不像是一个威胁（因为它不容易比较）。因此，团队在其他弱势团队的绩效不断提高时更容易表现出对他们的伤害和歧视，从而威胁到自身团队的绩效。③

在人们代表自己的团队行事时，社会比较也会发生。例如，当自己的绩效被一个组外成员而不是组内成员超过时，这个团队成员就会更努力地工作。④ 同样，当人们被拿去与地位较低而不是较高的组外成员做比较时，人们会更加努力。⑤ 地位较低的组外成员会更加威胁到人们的自尊。

团队竞争

公司经常想要在组织内不同的团队和部门之间建立（健康的）竞争。查尔斯·施瓦布想要一个生产力差的钢厂生产更多的钢铁，他就创造了白班和夜班之间的竞争。白班工作人员会在工作结束后用粉笔写下白班的产量，比如数字"6"，以便夜班查看。第二天早上，"6"被夜班替换成了"7"。这场产量的比赛会一直持续到数字"10"。⑥ 同样，职业资源公司 The Muse 会公布每个团队的月度目标和季度目标。如果一个团队达成了目标，团队成员就会播放

---

① Rothgerber, H., & Worchel, S. (1997). The view from below: Intergroup relations from the perspective of the disadvantaged group. Journal of Personality and Social Psychology, 73(6), 1191-1205.

② Crocker, J., & Major, B. (1989). Social stigma and self-esteem: The self-protective properties of stigma. Psychological Review, 96, 608-630.

③ Rothgerber & Worchel, "The view from below."

④ Lount, R. B., & Phillips, K. W. (2007). Working harder with the out-group: The impact of social category diversity on motivation gains. Organizational Behavior and Human Decision Processes, 103(2), 214-224.

⑤ Pettit, N. C., & Lount, R. B., Jr. (2010). Looking down and ramping up: The impact of status differences on effort in intergroup settings. Journal of Experimental Social Psychology, 46(1), 9-20.

⑥ Giang, V. (2013, July 19). How Charles Schwab got his workers to produce more steel. Business Insider. businessinsider.com "walk-up"歌曲表示庆祝。㊀

竞争对团队的影响是什么？首先，竞争对手之间的竞争程度取决于他们在关键竞争维度上有多接近。例如，相比自己和对手的排名都比较低的情况（如排名第202或排名第203），当排名都很高时（如排名第2或排名第3），人们会变得更具竞争力，并且不愿意最大限度地提高整个公司的收益。㊁如果引入其他有意义的标准，竞争对手之间的竞争程度也会增加，如排行榜垫底或排行榜的中间线。如果人们认为一个团队是一个比较的标准或基准，那么他们会赋予这个团队更高的地位和权力。㊂如果一个团队觉得自己和其他团队相比没什么权力，那么他们更有可能经历愤怒和恐惧。㊃

替代报复发生在没有被竞争团队直接伤害的人寻求对该团队成员的报复时，而这些人并不是攻击团队的原始肇事者。㊄团队内部的人越多，参与替代性报复的人就越多。谈论权力的愿望在弱势团队成员中比在优势团队成员中更大。㊅具有高度认同感的弱势团队成员希望更多地谈论权力，而优势团队的成员却更愿意谈论团队之间的共同点。

组内偏见

组内偏见是以牺牲外部团队为代价来支持自己团队的倾向。

群际移情偏见是相对于团队内部的成员，对团队外的成员移情程度更少的倾向，并且对他们遭受的痛苦感到快乐，对他们获得的快乐感到痛苦。㊆即使外部团队并不是竞争威胁，也会出现群际移情偏见。

越轨信任

人们会原谅组内（内群体）领导的严重越轨行为，但不会原谅其他群体成员或组外（外群体）领导。这一双重标准是在体育比赛的队长和运动员的研究中发现的。对组内团队的越

㊀ Freeman, D. (2015, January 29). How to create a culture of healthy competition. Inc. inc.com
㊁ Garcia, S. M., Tor, A., & Gonzales, R. (2006). Ranks and rivals: A theory of competition. Personality and Social Psychology Bulletin, 32(7), 970-982.
㊂ Bruckmueller, S., & Abele, A. E. (2010). Comparison focus in intergroup comparisons: Who we compare to whom influences who we see as powerful and agentic. Personality and Social Psychology Bulletin, 36(10),1424-1435.
㊃ Kamans, E., Otten, S., & Gordin, E. H. (2011). Power and threat in intergroup conflict: How emotional and behavioral responses depend on amount and content of threat. Group Processes & Intergroup Relations, 14(3),293-310.
㊄ Stenstrom, D. M., Lickel, B., Denson, T. F., & Miller, N. (2008). The roles of in-group identification and out-group entitativity in intergroup retribution. Personality and Social Psychology Bulletin, 34(11), 1570-1582.
㊅ Saguy, T., Dovidio, J. F., & Pratto, F. (2008). Beyond contact: Intergroup contact in the context of power relations. Personality and Social Psychology Bulletin, 34, 432-445.
㊆ Cikara, M., Bruneau, E., Van Bavel, J. J., & Saxe, R. (2014). Their pain gives us pleasure: How intergroup dynamics shape empathic failures and counter-empathic responses. Journal of Experimental Social Psychology,55, 110-125.

轨队长的评价要比组外团队队长以及组内成员的评价要更好。[1]

小组

小组（又称子群体、亚组）是团队内的团队。小组可以是正式的或非正式的，但它们通常是根据个人的自然团队偏好形成的。两个具体标准定义了小组：①同一工作组的成员子集，其成员身份和任务得到组织的正式认可；②同一团队成员的子集具有某种形式或某种程度的相互依赖性，与其他成员的相互依赖性相比，该依赖性是独特的。[2]例如，如果一组成员彼此之间的交互作用不同于其他团队成员，因为他们共享独特的、不同于其他成员所共享的文化价值观、稀缺资源或知识框架，则存在一个小组（在团队内）。2015年7月，日本商业期刊《日本经济新闻》收购了伦敦的《金融时报》。在商业方面，两份刊物有许多共同之处：两者在金融界都很成熟，都希望在经济和企业新闻方面"掠夺"对手。然而，《日本经济新闻》过去收购公司的历史，以及迅速拆分新闻编辑部的文化差异，让英国《金融时报》的伦敦新闻编辑室感到担忧。出于对合并可能带来的变化的预期，在《金融时报》工作的英国记者在新组织内成立了自己的小组，以支持他们的编辑独立性、公开报道风格的新闻标准，以及对工作与生活平衡的期望。[3]

规模

人们通常更喜欢由2～3名成员组成的小组，并且很少选择与超过6名成员的小组合作[4]，因此大多数小组都有2～6名成员。

身份、资源和知识小组

小组的特征有三个关键因素：认同、资源和知识[5]（见图表10-1）。

基于认同的小组共享重要的价值观和社会特征。基于认同的小组的成员与其他具有相同

---

[1] Abrams, D., Randsley de Moura, G., & Travaglino, G. A. (2013). A double standard when group members behave badly: Transgression credit to in-group leaders. Journal of Personality and Social Psychology, 105(5), 799.

[2] Lau, D. C., & Murnighan, J. K. (1998). Demographic diversity and faultlines: The compositional dynamics of organizational groups. Academy of Management Review, 23(2), 325-340.

[3] From "A theory of subgroups in work teams" by Andrew M. Carton and Jonathon N. Cummings in Academy of Management Review 37(3), 441-470, pp.442,© 2012 Academy of Management.

[4] Geoghegan, I. (2015, July 24). Nikkei and the FT: A meeting of minds or culture clash? Reuters. reuters.com; Parsons, S. (2016, January). People issues: The results of M & A's in the UK. The Magazine of the British Chamber of Commerce in Japan. bccjacumen.com

[5] Levine, J. M., Moreland, R. L., & Ryan, C. S. (1997). Group socialization and intergroup relations. In C. Sedikides, J. Schopler, C. Insko (Eds.), Intergroup cognition and intergroup behavior. Mahwah, NJ.: Erlbaum.

[6] Carton, A. M., & Cummings, J. N. (2012). A theory of subgroups in work teams. Academy of Management Review, 37(3), 441-470.

认同感的成员联合在一起，通过这种方式，他们为同一小组的成员提供了一种独特性。[一] 当另一个小组破坏他们表达自己独特性的能力时，基于认同的小组成员可能会经历认同威胁。在某些情况下，基于认同的小组成员可能不会轻易认识到他们与较大的团队的关系。雪莉·桑德伯格（Sheryl Sandberg）的《向前一步》（Lean In）一书的出版，激发了一群女性组成一个"向前一步"的圈子。这些女性团队定期聚集在一起，互相鼓励，并为工作挑战提供指导支持，如寻求晋升，开始新的职业或谈论工作机会等。全世界有超过14000个"向前一步"团队，"向前一步"团队的成员形成了独特的认同。[二]

小组的种类	举例	组间过程的特征
基于认同的小组	• "拉帮结派" • 价值观的同质性 • 关系小组 • 社会小组	社会认同（例如，对团队认同的威胁和团队认同的碎片化）
基于资源的小组	• 联盟 • 派别 • 同盟 • 集团	具有社会支配性（例如，团队中对公平和权力集中的不对称感知）
基于知识的小组	• 同伙 • 信息小组 • 集群 • 任务相关的小组	信息处理（例如，考虑替代的知识来源和心理模型的收敛）

图表10-1　认同、资源和知识小组

基于 Carton, A. M., & Cummings, J. N. (2012). A theory of subgroups in work teams. Academy of Management Review, 37(3), 441-470, © Leigh L. Thompson.

基于资源的小组控制对所需资源的访问，包括权限、信息和状态。争夺稀缺的、需要的资源会产生以自我为中心的公平感。例如，当威嘉律师事务所(Weil Gotshal)大幅裁员时，合伙人会在与客户有关系的同事背后进行游说，并在公司内部成立子集团小组，以获取客户、工作、资源和权力。[三]

基于知识的小组包含共享独特信息、技术语言和符号的人。为了创造儿童游戏的数字时代，乐高公司设立了一个名为"未来实验室"(Future Lab)的研发部门，该部门位于一幢旧建筑中，与公司传统的大楼隔着一个大广场。一位前设计师将这个需要使用特殊身份证才能进入的实验室比作中央情报局，甚至连员工的配偶都不知道他们的伴侣每天在做什么。[四]

[一] Brewer, M. B. (1991). The social self: On being the same and different at the same time. Personality and Social Psychology Bulletin, 17(5), 475-482.

[二] Bonos, L. (2014, March 7). A year after 'Lean In,' these are Sheryl Sandberg's truest believers. The Washington Post. washingtonpost.com; Wong, K. (2015, September 21). DOD Chief backs 'Lean In' circles to promote women in the military. The Hill. thehill.com

[三] Scheiber, N. (2015, August 18). Work policies may be kinder, but brutal competition isn't. The New York Times. nytimes.com; Cahill, D. (2015, May 13). Law firms struggle with over-capacity and new competitors. The Global Legal Post. globallegalpost.com; Scheiber, N. (2013, July 21). The last days of big law. New Republic. newrepublic.com

[四] Ringen, J. (2015, January 8). How Lego became the Apple of toys. Fast Company. fastcompany.com

小组的数量

另一个问题是，在一个给定的团队中，预计会自然形成多少个小组。工作团队通常至少有两个小组，并且可能有多个小组。因为小组的所有成员都有一个共同的目标，所以多个小组必须相互协调以实现目标。一个关键的问题是，当小组的数量增加（而不是减少）时，团队的表现是否会更好。与任何其他小组数量相比，基于认同而形成的两个小组对团队的负面影响更大。大量的基于知识的小组对绩效表现是有利的。[一]

对绩效的影响

团队成员对团队中所存在小组的个人感知会对其所属团队绩效产生负面影响，这种影响通过降低团队的交互记忆系统表现出来。[二] 在绩效方面，当基于认同的小组数量不平衡，如存在多数派和少数派，而基于知识的小组数量平衡时，团队就会表现得更好。[三]

断层线

断层线是团队中的小组或联盟沿着不同的人口特征的分界线出现。例如，一个团队的成员根据人口特征划分为两个不同的、非重叠的小组，如年轻的西班牙裔妇女和老年高加索人，就会出现一个强烈的断层线。[四] 有强烈断层线的团队的成员更有可能不认同他们整个团队，而是认同团队内部的小组。[五] 有断层线的小组通常不与其他小组协作，而更喜欢只在小组中共享知识。

检测和测量断层线　在实际和组织环境中，有多种方法来度量断层线。[六] 为了正确确定断层线的测量方法，研究人员应考虑以下四个因素：①是否可能存在两个以上的小组；②人口学特征属于类别（如性别和种族）还是数值（如年龄和任期）；③团队成员属于哪个小组，以及该小组的大小；④一个组是否超过 10 个成员。[七]

[一] Carton, A. M., & Cummings, J. N. (2013). The impact of subgroup type and subgroup configurational properties on work team performance. Journal of Applied Psychology, 98(5), 732.

[二] Shen, Y., Gallivan, M. J., & Tang, X. (2016). The impact of perceived subgroup formation on transactive memory systems and performance in distributed teams. International Journal of e-Collaboration, 12(1), 44-66.

[三] Carton, A. M., & Cummings, J. N. (2013). The impact of subgroup type and subgroup configurational properties on work team performance. Journal of Applied Psychology, 98(5), 732.

[四] Lau, D. C., & Murnighan, K. (1998). Demographic diversity and faultlines: The compositional dynamics of organizational groups. Academy of Management Review, 23, 325-340.

[五] Lau, D. C., & Murnighan, K. (2005). Interactions within groups and subgroups: The effects of demographic faultlines. Academy of Management Journal, 48(4), 645-659.

[六] From "Faultlines and Subgroups: A Meta-Review and Measurement Guide" by Bertolt Meyer, Andreas Glenz, Mirko Antino, Ramón Rico, and Vicente González-Romá in Small Group Research Vol. 45(6) 633-670pp.653, ©2014 SAGE Publications.

[七] Meyer, B., Glenz, A., Antino, M., Rico, R., & González-Romá, V. (2014). Faultlines and subgroups: A meta-review and measurement guide. Small Group Research, 45(6), 633-670.

小组两极分化　意见两极分化是断层线的一种应用。一种断层线理论认为，在有强烈断层线的团队中，小组两极分化的发生是因为成员与相似的人相互作用。[1]另一种断层线的观点认为，成员之所以无法弥合断层线，是因为他们与几个小组具有相同的人口统计学特征，而人口统计学上纵横交错的角色可以防止两极分化。[2]

休眠与激活　断层线可能处于休眠状态或激活状态，因此，休眠的故障线路可能不会自动导致冲突。事实上，有激活断层线的团队比有休眠断层线的团队更有可能形成联盟，经历冲突，满意度和团队绩效也更低。[3]

目标　注重结构与多样性相关的团队，比那些注重结构与团队成员差异相关或注重共享的高级认同感的团队表现更差。[4]事实上，具有性别和教育断层线的团队在共享高级目标时表现得更好，特别是当他们的角色是交叉（而不是一致）的时候。[5]当组织中的团队与他们的结果导向一致时，团队断层与绩效之间的负面关系可以逆转为最小化。然而，当组织团队在结果导向方面存在偏差时，断层线会阻碍绩效。[6]

对绩效的影响　研究显示，断层线会对团队绩效产生负面影响。例如，一项对30个主要联盟基地球队的研究表明，群体层面断层线负相关于群体绩效，并且聚焦内部的冲突加重了该负面效应，但聚集外部的冲突减轻了此负面效应。[7]一项对学生团队的研究表明，断层线加剧了冲突并提高了决策过程质量。[8]断层线对绩效的影响取决于小组的数量和平衡。具体而言，一项对公开交易的中国信息技术公司的研究显示，当小组的数量和平衡都很高时，高管团队（TMT）断层线的强度与公司的短期业绩正相关；而当小组数量高，但小组的平衡较低时，

---

[1] Lau, D. C., & Murnighan, J. K. (1998). Demographic diversity and faultlines: The compositional dynamics of organizational groups. Academy of Management Review, 23(2), 325-340.

[2] Mäs, M., Flache, A., Takács, K., & Jehn, K. A. (2013). In the short term we divide, in the long term we unite: Demographic crisscrossing and the effects of faultlines on subgroup polarization. Organization Science, 24(3),716-736.

[3] Jehn, K. A., & Bezrukova, K. (2010). The faultline activation process and the effects of activated faultlines on collation formation, conflict, and group outcomes. Organizational Behavior and Human Decision Processes,112(1), 24-42.

[4] Homan, A. C., Hollenbeck, J. R., Humphrey, S., van Knippenberg, D., Ilgen, D. R., & van Kleef, G. A. (2008). Facing differences with an open mind: Openness to experience, salience of intragroup differences, and performance of diverse work groups. Academy of Management Journal, 51, 1204-1222.

[5] Rico, R. S.-M., & Miriam, A., Antino, M., & Lau, D. (2012). Bridging team faultlines by combining task role assignment and goal structure strategies. Journal of Applied Psychology, 97(2), 407-420.

[6] Bezrukova, K., Thatcher, S. M. B., Jehn, K. A., & Spell, C. S. (2012). The effects of alignments: Examining group faultlines, organizational cultures, and performance. Journal of Applied Psychology, 97(1), 77-92.

[7] Bezrukova, K., Spell, C.S., Caldwell, D., & Burger, J.M. (2016, January). A multilevel perspective on faultlines: Differentiating the effects between group-and organizational-level faultlines. Journal of Applied Psychology,101(1), 86-107.

[8] Chiu, Y. T., & Staples, D. S. (2013). Reducing faultlines in geographically dispersed teams self-disclosure and task elaboration. Small Group Research, 44(5), 498-531.

高管团队断层线的强度与创新活动呈正相关。①

管理断层线 尽管在很多团队中都会出现断层线，但管理者可以通过采取某些措施来减少或消除断层线的问题。一项对全球电信团队的深入调查显示了断层线的存在，尤其是男性工程师和女性营销人员之间存在明显的断层线。②调查研究了四种领导风格：任务导向、关系导向、任务导向转换到关系导向、关系导向转换到任务导向。③当存在强烈的断层线时，会诱使领导风格转向关系导向(例如，会议和社交)。然而，这种领导风格可能会使断层线加强，因为社交会使差异变得更加明显。为了增加跨越断层线的协作和知识共享，领导者需要调整他们的领导风格。

为了有效地管理断层线，领导者应采取四种措施：④①诊断断层线出现的概率，并在项目早期强调任务导向；②新组建团队时注重任务导向。通过围绕任务创造活力，协作得到加强；③知道什么时候转换。为了让团队在整个项目过程中更加有效，领导者需要为任务导向转换到关系导向提供支持；④在合适的时间转向关系建设。当紧张形势升级时，领导者可以引入社会活动，讨论紧张的形势。在一项调查中，通过博客和任务阐述进行自我披露的成员能够修复由断层线造成的损害。⑤

地位

团队中的地位体系发展得非常快，通常在大多数团队形成后的几分钟内。⑥团队成员对每个人为团队目标实现所做的贡献形成期望。⑦这些期望是基于人们故意向他人透露的个人特征(真实的地位特征，如智力、背景和教育)或一些显而易见的个人特征(伪地位特征，如性别、年龄、种族、行为举止、体型、肌肉组织和面部表情)。⑧

小组状态 在组织中，高地位群体被认为拥有主体身份，而低地位群体被认为缺乏主体

---

① Xie, X. Y., Wang, W.L., & Qi, Z.J. (2015). The effects of TMT faultline configuration on a firm's short-term performance and innovation activities. Journal of Management & Organization, 21(05), 558-572.

② Gratton, L., Voigt, A., & Erickson, T. J. (2007). Bridging faultlines in diverse teams. MIT Sloan Management Review, 48(4), 22.

③ Gratton, L., Voigt, A., & Erickson, T. (2011). Bridging faultlines in diverse teams. IEEE Engineering Management Review, 1(39), 80-90.

④ From "BRIDGING FAULT LINES IN DIVERSE TEAMS" by Lynda Gratton, Andreas Voigt and Tamara Erick-son in MIT Sloan management Review Summer, Vol.48 No.4, ©2007 Massachusetts institute of Technology.

⑤ Chiu, Y. T., & Staples, D. S. (2013). Reducing faultlines in geographically dispersed teams: self-disclosure and task elaboration. Small Group Research, 44(5), 498-531.

⑥ Barchas, P. R., & Fisek, M. H. (1984). Hierarchical differentiation in newly formed groups of rhesus and humans. In P. R. Barchas (Ed.), Essays toward a sociophysiological perspective (pp. 23-33). Westport, CT: Greenwood Press.

⑦ Berger, J., Rosenholtz, S. J., & Zelditch, M. (1980). Status organizing processes. Annual Review of Sociology,6, 479-508.

⑧ Mazur, A. (1985). A biosocial model of status in face-to-face groups. Social Forces, 64, 377-402.

特征。① 低地位团队表现出团队偏好，以弥补其地位低下的劣势并积极争夺地位。具体而言，低地位团队的成员会参与补偿性的偏好（为自己的团队分配资源）和竞争性的偏好（通过与团队外的竞争）。②

地位等级 仅仅存在于一个小组中的地位等级可能会阻碍绩效。一项对美国国家篮球协会（NBA）中地位较低的球员进行的为期六年的研究显示，地位不平等与个人表现及身体健康都存在负相关关系。③ 不被团队尊重的人对团队不忠诚，也不认同。④ 相反，"被贬低"团队（地位和威望较低的组织团队）中受人尊重的成员，最有可能将自己的时间贡献给自己的团队，并努力改善团队形象，而不是个人形象。⑤ 相比之下，知名团队中不受人尊重的成员只有在可能改善个人形象的情况下才会参与团队活动。在与团队外成员发生轻微和适度冲突的情况下，那些尊重他人的人会采取更积极的行动。⑥

地位的竞争 地位层次结构被认为比权力层次结构更容易变化，因此，地位低的小组成员被激励与他人竞争，以提高他们在层次结构中的地位。⑦ 当某些成员试图与领导者竞争或获得领导者的关注和认可时，地位竞争就会出现。以晋升为中心的人更有可能在团队中竞争地位；那些受到权力刺激的人在团队中获得了更大的地位。⑧

尽管大多数团队成员似乎都在争夺地位，但人们往往选择较低的地位。例如，当人们认为他们给团队提供的价值较少时，他们更喜欢地位较低的排名。⑨ 而且，当人们与自信、有权势的人交流时，即使这些人是错的，他们也会听从自信的人的意见。⑩

---

① Nier, J. A., Bajaj, P., McLean, M. C., & Schwartz, E. (2013). Group status, perceptions of agency, and the correspondence bias: Attributional processes in the formation of stereotypes about high and low status groups. Group Processes & Intergroup Relations, 16, 476-487.

② Rubin, M., Badea, C., & Jetten, J. (2014). Low status groups show in-group favoritism to compensate for their low status and compete for higher status. Group Processes & Intergroup Relations, 17(5) 563-576.

③ Christie, A. M., & Barling, J. (2010). Beyond status: Relating status inequality to performance and health in teams. Journal of 'Applied Psychology, 95(5), 920-934.

④ Barreto, M., & Ellemers, N. (2002). The impact of respect versus neglect of self-identities on identification and group loyalty. Personality and Social Psychology Bulletin, 28(5), 629-639.

⑤ Branscombe, N. R., Spears, R., Ellemers, N., & Doosje, B. (2002). Intragroup and intergroup evaluation effects on group behavior. Personality and Social Psychology Bulletin, 28(6), 744-753.

⑥ Laham, S. M., Tam, T., Lalijee, M., Hewstone, M., & Voci, A. (2010). Respect for persons in the intergroup context: Self-other overlap and intergroup emotions as mediators of the impact of respect on action tendencies. Group Processes & Intergroup Relations, 13(3), 301-317.

⑦ Hays, N. A., & Bendersky, C. (2015). Not all inequality is created equal: Effects of status versus power hierarchies on competition for upward mobility. Journal of Personality and Social Psychology, 108(6), 867.

⑧ Kilduff, G. J., & Galinsky, A. D. (2013). From the ephemeral to the enduring: How approach-oriented mind-sets lead to greater status. Journal of Personality and Social Psychology, 105(5), 816.

⑨ Anderson, C., Willer, R., Kilduff, R., Gavin, J. & Brown, C. E. (2012). The origins of deference: When do people prefer lower status? Journal of Personality and Social Psychology, 102(5), 1077-1088.

⑩ Locke, C. C., & Anderson, C. (2015). The downside of looking like a leader: Power, nonverbal confidence, and participative decision-making. Journal of Experimental Social Psychology, 58, 42-47.

对于地位的认知 大多数人都高估了自己在团队中的地位，结果，他们更少被他人喜欢，并且工作报酬也更低。㊀地位放大者会受到社会性惩罚，因为人们认为他们扰乱了团队的进程。一个人自己地位的准确认知在团队中是如此重要，以至于随着经历了由第三方施加的不公正行为（即当团队成员被外人不公正对待）之后，通过对外人的惩罚进而确认了受害者的成员资格地位。具体来说，通过惩罚外人，团队成员向受害者传达了他在团队中是有价值、值得保护的。㊁

对判断和信息处理的影响 可以肯定的是，典型的团队成员对自己的成员身份很放心，而边缘的成员则不那么确定。然而，正因为边缘成员的不确定性，他们才更关注和响应环境中的信息。例如，边缘成员带来和回忆更多的信息，对情感表达表现出更大的敏感性，并且比典型的团队成员更善于谈判。㊂

顺从

当一个团队成员"让步"或信任另一个团队成员以做出判断或获取资源时，就会发生顺从。两个因素影响一个给定的团队成员是否向另一个成员倾斜——任务贡献和社会关系（类似于认同）。由619名科学家组成的55个多学科研究小组进行的研究显示，当成员因社会关系而顺从时，生产率就会下降；但是当顺从被任务贡献所驱动时，生产率就会提高。㊃

组内越轨

当他们的团队从事一种他们觉得不正常或讨厌的行为时，团队成员会做出什么反应？团队成员可能不认同他们的团队，但这只发生在当前的环境没有提供机会来贬低或判断越轨者的情况下。当人们有机会判断偏差时，他们会恢复最初的群体认同。㊄一种异常行为是高绩效。在一个群体中，高绩效的人很可能成为群体成员的攻击目标，他们对高绩效的人感到嫉妒；当受到威胁的成员认同他们的团体时，他们就不会那么嫉妒。㊅

㊀ Anderson, C., Ames, D., & Gosling, S. (2008). Punishing hubris: The perils of overestimating one's status in a group. Personality and Social Psychology Bulletin, 34(1), 90-101.

㊁ Okimoto, T. G., & Wenzel, M. (2011). Third-party punishment and symbolic intragroup status. Journal of Experimental Social Psychology, 47(4), 709-718.

㊂ Van Kleef, G. A., Steinel, W., & Homan, A. C. (2013). On being peripheral and paying attention: Prototypicality and information processing in intergroup conflict. Journal of Applied Psychology, 98(1), 63.

㊃ Joshi, A., & Knight, A. P. (2015). Who defers to whom and why? Dual pathways linking demographic differences and dyadic deference to team effectiveness. Academy of Management Journal, 58(1), 59-84.

㊄ Cameira, M., & Ribeiro, T. A. (2014). Reactions to intragroup deviance: Does disidentification have a role? Journal of Social Psychology, 154(3), 233-250.

㊅ Kim, E., & Glomb, T. M. (2014). Victimization of high performers: The roles of envy and work group identification. Journal of Applied Psychology, 99(4), 619.

团队边界

团队和组织其他部分之间存在一个可识别的边界。团队边界将一个工作小组与另一个工作小组区分开来,并影响知识转移和资源分配。在某些情况下,边界是明确的,但在其他情况下,边界是不明确的。

界限模糊与界限过度团队

如果边界变得太开放或模糊,团队可能会不知所措并失去它的身份。如果边界太明显排外,团队又可能会变得孤立,与供应商、管理者、同行或客户失去联系。[一] 因此,团队可能是界限模糊的,拥有许多外部联系,但无法将团队成员团结起来;也可能是界限过度的,拥有高的内部忠诚和复杂的内部动力,但在需要的时候无法与他人整合。内部凝聚力和外部联系之间存在一种权衡——更有凝聚力的团队不太可能参与外部活动。[二]

创始团队

所有组织的发展都始于一个单一的创始团队。当这些组织解散时,他们通过创造或破坏就业创造了大量的就业波动。在一项对830个创业团队的创业者的研究中,有两个因素对创业团队的构成产生了强烈的影响——同质性和基于强连接(strongties)的网络约束。[三] 具体来说,同质性或相似性是团队组成的关键决定因素。强连接(如婚姻和长期友谊)的存在也是关键。

情报、展示和探索团队

一项对五个咨询团队的深入研究揭示了针对团队环境的三种截然不同的策略:情报、展示和探索。[四]

大多数情况下,情报团队都与外部环境隔离。[五] 这可能是管理者或领导深思熟虑的选择。其他时候,团队可能被组织排斥。管理者常常出于安全原因(例如,开发了原子弹的洛斯阿拉莫斯团队)或智力成果原因(例如,开发了个人计算机的 Xerox PARC 团队)隔离他们的团队。通知团队有效性的最大威胁是脱离组织。情报团队可能无法开发出一个可行的产品或服

[一] Alderfer, C. P. (1977). Group and intergroup relations. In J. R. Hackman & J. L. Suttle (Eds.), Improving life at work (pp. 227-296). Palisades, CA: Goodyear.

[二] Alderfer, C. P. (1976). Boundary relations and organizational diagnosis. In M. Meltzer & F. Wickert (Eds.), Humanizing organizational behavior (pp. 142-175). Springfield, IL: Charles C. Thomas; Sherif, M. (1966). In common predicament: Social psychology of intergroup conflict and cooperation. Boston, MA: Addison-Wesley.

[三] Ruef, M., Aldrich, H. E., & Carter, N. M. (2003). The structure of organizational founding teams: Homophily, strong ties, and isolation among U.S. entrepreneurs. American Sociological Review, 68, 195-222.

[四] Ancona, D. G. (1990). Outward bound: Strategies for team survival in an organization. Academy of Management journal, 33(2), 334-365.

[五] Ibid.

务，因为他们与组织和行业的其他部分失去了联系，或者他们可能拥有一个伟大的产品，但缺乏成功所需的支持。Xerox PARC 就是一个例子，其中一个团队利用其隔热技术开发突破性技术。然而，团队成员没有成功地将他们的想法推销给管理层，因为他们几乎没有进行展示或调查。因此，施乐（Xerox）并没有从自己的专门研究团队中获得利益。

情报团队不仅要与公司里的其他人隔绝，这样他们才能专注于需要完成的工作，还要把自己与那些有战略理由来了解他们秘密的外部人士隔离开来。竞争对手往往希望获得信息，这样他们就能破译长期商业计划。信息技术让绝缘变得更具挑战性。一家公司竭尽全力地保护项目计划避免被外部人员获取。㊀他们安排了一个特别重要的战略规划会议，并入住了一家酒店。会议室号和他们公司的名字都列在了酒店的日程上，但是没有人出现。在约定的时间，他们悄悄地登上了一辆看似不存在的"旅游团"的包租巴士。从那里，他们来到了一个事先没有通知的地方，开始了他们的会面，远离那些想要进入会场的外人的视线。

展示团队专注于他们的内部流程，并简单告知其他人他们正在做什么。通常，游行团队几乎没有外界接触，它从内部为客户提供服务。团队成员在做出决定之后才让团队外的人知道他们在做什么。

探索团队积极地在组织中推广他们的目标、产品、服务和文化。目标是获得组织机构的支持并得到认可。他们积极地调整沟通，以适应组织的需要、兴趣和目标。例如，在网站设计公司 Squarespace，所有的办公室都有从地板到天花板的玻璃门来增强透明度。在 NeueHouse，一个电影、设计、时尚、品牌、建筑和艺术领域的创新者社区，会议室被一个圆形剧场式的会议区所取代，以鼓励创意人员之间的非正式会议，并为所有成员提供一个聚集的中心场所。㊁在 Ancona 的研究中，探索者团队被评为所有团队中表现最好的团队，尽管成员的满意度和凝聚力受到影响。㊂

X- 团队

X- 团队是高度外向的，他们的成员跨越组织，建立密集的网络。㊃X- 团队可以通过三个阶段的过程快速完成任务：探索、开发和输出。㊄

探索 在探索过程中，X- 团队成员试图从一个新颖的视角来理解他们的任务，尽可能多地产生见解和想法。

开发 在开发过程中，X- 团队使用快速原型设计将可能性转变为现实，从而决定他们希望生产的产品。

输出 最后，在输出过程中，X- 团队想方设法地将产品、知识和兴奋转移到更广泛的组织和市场中。X- 团队会发现他们跨越了可能被视为竞争性的组织边界从而实现共同目

㊀ Kaltenheuser, S. (2002, July 1). Working the crowd. Across the Board 39(4), 50-55.

㊁ Winfre, G. (2016, February 18). 7 creative office designs to get you inspired. Inc. inc.com

㊂ Ancona, "Outward bound: Strategies for team survival in an organization."

㊃ Ancona, D. G., & Bresman, H. (2007). X-teams: How to build teams that lead, innovate and succeed. Boston, MA: Harvard Business School Publishing.

㊄ Ancona, D. G., Backman, E., & Bresman, H. (2009, September 1). X-Teams break new ground. Financial Post, p. FP9.

标。例如，美国国立卫生研究院（NIH）召集了来自公共机构和私人公司的X-团队，形成了一个合作伙伴关系，其目标是更快速、更成功地解译阿尔茨海默病的数据。药物加速伙伴关系（Accelerating Medicines Partnership）联合美国国立卫生研究院、美国食品药品监督管理局（Food and Drug Administration）、四家制药公司（AbbVie、Biogen Idec、GlaxoSmithKline 和 Lilly）和四个非营利组织（阿尔茨海默病协会、阿尔茨海默病药物发现基金会、杰弗里·比恩基金会和美国反阿尔茨海默病组织），共同收集和发布开源知识门户上的所有数据。X-团队通过共同努力，分析了来自2000多个死后脑样本的分子和临床数据。㊀

X-团队的行为包括根据他们的网络来选择团队成员，优先考虑外部扩展作为工作方式，并利用已建立的内部流程来促进外部工作。其他的X-团队行为包括与管理领导人员共事以获得项目承诺、资源和支持；为探索、开发和输出活动设定目标和可衡量的成果；并确保团队专注于搜寻和任务协调。㊁

矩阵组织中的团队

大多数组织都包含多个团队，这些团队往往具有不同的职能，并且通常与不同的业务部门和地区相关联。跨业务部门协作是大型企业创造价值的关键。

跨职能团队

跨职能团队协作的一个挑战是理解不同专家的贡献。知识专业化可以产生积极和消极的结果。与拥有共同专业知识的团队成员相比，独特的专业技能可能会导致被排斥或脱离圈子。㊂另一项关于系统生物学癌症研究领域合作的研究发现，科学家通过协商、规划和结盟做出不同的贡献。㊃

多团队系统

多团队系统（MTS）是指两个或更多的团队直接且相互依赖地响应环境突发事件，以实现共同的目标。㊄因此，团队追求不同的近端目标，但他们至少有一个共同的目标。跨团队过程

㊀ Vaughn, P. (2015, March 4). NIH-led effort launches Big Data portal for Alzheimer's drug discovery. National Institute on Aging. nih.gov

㊁ Ancona, D. G., Bresman, H., & Caldwell, D. (2009). Six steps to leading high-performing X-teams. Organizational Dynamics, 38(3), 217-224.

㊂ Jones, E. E., & Kelly, J. R. (2013). The psychological costs of knowledge specialization in-groups: Unique expertise leaves you out of the loop. Organizational Behavior and Human Decision Processes, 121(2), 174-182.

㊃ Bruns, H. (2013). Working alone together: Coordination in collaboration across domains of expertise. Academy of Management Journal, 56, 62-83.

㊄ Mathieu, J. E., Marks, M. A., & Zaccaro, S. J. (2001). Multi-team systems. In N. Anderson, D. S. Ones, H. K. Sinangil, & C. Viswesvaran (Eds.), Handbook of industrial, work and organizational psychology (Vol. 2, pp. 289-313). London: Sage.

的有效性对于多团队系统的有效性非常重要。①一项对六个组织的调查研究了商业领袖如何创造有价值的合作。总的来说，由多业务团队组成的以业务单元为中心的流程比以公司为中心的流程更能带来更好的协作。②

然而，传统团队的有效协调并不总是转移到多团队系统中。一项对三个高度专业化的六人团队的研究显示，在组成团队的层面进行跨团队边界的协调不利于绩效。③此外，只有当边界跨越者和体系领导以团队组成为中心，而这对解决任务需求最为关键，由他们实施的协调行动才能提升绩效。

多团队系统受到团队之间存在的关于共享问题（心智模型）定义的不一致性的阻碍。出于这个原因，参照框架培训（frame-of-reference training，注：人们被给定比较的业绩标准）能够提高团队协调和整体绩效，主要是通过减少表征差异（representational gaps），或者说在任务理解和任务知觉上的差异，而这个差异使得团队成员难于彼此关联、驾驭冲突和协调行动。差距是导致多重冲突并阻碍跨职能团队创造力的根本原因。④

在一次研究中，一些团队成员离开自己的团队暂时加入另一个团队。尽管跨越这种类型的边界常常会增加认知成长，但团队可能会对其他人的存在表现出认知领地性（cognitive territoriality）。例如，在新成员加入之后，团队中的老成员更倾向于认可自己的想法。而且，在他们返回之后，流动的成员虽然被认为参与度很高，但他们也被认为比离开前更具争议性，尽管他们产生了比老成员更独特的想法，但他们对团队项目的贡献却被认为没有价值。因此，流动的团队成员在跨越边界后的直接影响要比之前的影响小。⑤

团队之间的整合

很多时候，团队需要彼此联系。例如，苹果公司的工业设计团队和工程团队合作设计的Speaktenna等功能。就Speaktenna而言，苹果公司的工程师们竭尽全力将尽可能多的技术安装到MacBook紧凑的铝质机箱中。在研究了扬声器和天线的共同之处——需要腔体和共振空间，以及团队不愿牺牲任何一个功能来改善另一个功能之后，最终的解决方案是让扬声器团队和天线团队合作创造新的东西。由此产生的功能——Speaktenna——是两种技术的结合，镀金扬声器外壳上加1mm左右的黑色材料，即天线。"我们最终得到了一批天线工程师，他们对扬声器的了解比任何其他天线工程师都多，而且还有一组扬声器工程师，他们对天线设计的了

---

① Marks, M. A., DeChurch, L. A., Mathieu, J. E., Panzer, F. J, & Alonso, A. (2005). Teamwork in multi-team systems. Journal of Applied Psychology, 90(5), 964-971.

② Martin, J. A., & Eisenhardt, K. M. (2010). Rewiring: Cross-business unit collaborations in multibusiness organizations. Academy of Management Journal, 53(2), 265-301.

③ Davison, R. B., Hollenbeck, J. R., Barnes, C. M., Sleesman, D. J., & Ilgen, D. R. (2012). Coordinated action in multiteam systems. Journal of Applied Psychology, 97(4), 808.

④ Firth, B. M., Hollenbeck, J. R., Miles, J. E., Ilgen, D. R., & Barnes, C. M. (2015). Same page, different books: extending representational gaps theory to enhance performance in multiteam systems. Academy of Management Journal, 58(3), 813-835.

⑤ Gruenfeld, D. H., & Fan, E. T. (1999). What newcomers see and what old-timers say: Discontinuities in knowledge exchange. In L. Thompson, J. Levine, & D. Messick (Eds.), Shared cognition in organizations: The management of knowledge. Mahwah, NJ: Lawrence Erlbaum & Associates.

解比世界上其他任何扬声器工程师都多。"⊖ 团队之间存在三种整合：联络、成员重叠性和跨团队整合团队。

联络 联络员是一个团队的正式成员，但却参与另一个团队的会议，以分享和收集信息。例如，康奈尔大学克里斯托弗·梅森博士 (Dr. Christopher Mason) 从事针对纽约地铁的细菌研究中发挥着联络员功能。梅森博士带领康奈尔大学的科学团队，并与罗伯特·李·霍兹及《华尔街日报》的图形团队合作。在长达 13 个月的时间里，科学团队和《华尔街日报》的图形团队利用梅森博士提供的研究方法，独立分析了科学团队收集的 DNA 数据集。每个团队都有自己的特定目标：科学团队的目标是在学术期刊上发表首个大规模城市的微生物基因组；《华尔街日报》的图形团队的目标是制作一个互动图表，并发布在网上供公众有偿使用。在合作结束时，两个团队都认为互相信任有助于他们实现各自的目标。⊜

成员重叠性 有几个人同时是两个或两个以上团队的成员，被称为重叠的成员。例如，密西西比州的参议员塞德·科克伦和南卡罗来纳州的参议员林赛·格拉汉姆共同担任几个重叠的参议院小组委员会的成员，其中最著名的是国防和国土安全小组委员会。两位参议员不仅是共和党的成员，也是一个更大的总部委员会的成员，该委员会监督参议院其他小组委员会的预算分配。⊜

跨团队整合团队 跨团队整合团队由来自其他有整合需求的团队的若干成员组成，负责记录和交流变更和更新。

跨多个团队和业务单元组成的整合

整合多个团队有四种类型的整合结构：管理团队、代表性的整合团队、个人整合角色和改进团队。

管理团队 管理团队为业务单元中的多个团队制定策略和方向，并在策略一致的团队之间进行资源权衡。例如，位于得克萨斯州奥斯汀的 Whole Foods 总部的管理团队改变了他们 430 多家门店的采购策略，以降低成本，提升公司在供应商中的整体影响力。⊜

代表性的整合团队 代表性的整合团队是非管理团队，有职权做出影响所嵌入团队的体系或情境的决策，其中所嵌入团队由团队成员的同事组成。

个人整合角色 个人整合角色的出现是因为特定功能的人提供的整合比团队更具灵活性。例如，销售人员可能会为特定的客户或项目组织一个团队。

改进团队 改进团队主要改变业务部门的工作方式，以提高业务部门的绩效。

⊖ From Inside Apple's perfectionism machine, ©Mashable.

⊜ Tsunemoto, R (2015, April 15). How bacteria in New York City's subways brought scientists and journalists together. Storybench [Web log]. storybench.org

⊜ Contacting the Congress. (2016, April 13). [Web log post]. contactingthecongress.org; Thad Cochran. (2016,April 13). Ballotpedia [Web log post]. ballotpedia.org

㉔ Brat, I. (2016, February 14). Whole Foods works to reduce costs and boost clout with suppliers. The Wall Street Journal. wsj.com

重组与合并中的团队协作

重组

重组在公司内部较常见，但它是如何影响团队生产力的呢？许多重组工作集中于在以前孤立的团队中创建更多的信息共享。例如，在迪斯尼动画公司内进行了一次深入的案例研究，团队重组从传统的职能结构转变为工作小组结构，人们在任何特定的事件会服务于多个团队。新结构最初令人迷惑，但最终非常富有成效并有利于创新。① 组织如何快速地从重组中恢复？高层管理团队（TMT）的一项研究显示，那些组织任期较长但团队任期相对较短的人在具有广泛业务单元相互依赖关系的多元化组织中绩效恢复更快。② 对航空业团队的另一项研究表明，经历过成员身份高流动性的高层管理团队具有更宽广的、行业内或跨行业的环境分析视野。③

合并

群体之间的合并是很常见的，但超过一半的合并会导致负面结果，例如压力增大，营业额下降，以及生产力损失。④ 群体之间预期的合并可以视为对群体独特性的终极威胁，因为合并前的边界被破坏，群体成员会失去合并前的身份。⑤ 例如，当陶氏化学（Dow Chemical）计划与竞争对手杜邦公司（DuPont Co.）合并时，特拉华州威尔明顿（Wilmington）的员工和居民对合并的预期引发了更大的焦虑。⑥

影响合并的关键因素是组织认同或员工积极认同组织的程度。员工认同合并后组织的程

---

① Edmondson, Amy C., D L., Ager, E., Harburg, and Bartlett, N.(2015). Teaming at Disney Animation. Harvard Business School Case 615-623.
② Hoffman, J.J., Williams, R.J., Lamont, B.T., & Geiger, S.W. (2000). Managerial tenure and recovery following M-form reorganization in diversified firms. Journal of Business Research, 50(3), 287-296.
③ Cho, T.S. (2006). The effects of executive turnover on top management team's environmental scanning behavior after an environmental change. Journal of Business Research, 59(10-11), 1142-1150.
④ Mottola, G. R., Bachman, B. A., Gaertner, S. L., & Dovidio, J. F. (1997). How groups merge: The effects of merger integration patterns on anticipated commitment to the merged organization. Journal of Applied Social Psychology, 27, 1335-1358; Schweiger, D. M., & Walsh, J. P. (1990). Mergers and acquisitions: An interdisciplinary view. In K. M. Rowland & G. R. Ferris (Eds.), Research in personnel and human resource management (Vol. 8, pp.41-107). Greenwich, CT: JAI Press.
⑤ Terry, D.J., Carey, C.J., & Callan, V.J. (2001). Employee adjustment to an organizational merger. Personality and Social Psychology Bulletin, 27(3), 267-280.
⑥ Bunge, J. (2015, December 14). Dow-DuPont merger sows anxiety in 2 cities. The Wall Street Journal. wsj.com

度预测了离职意向：感到被剥夺或不满意的人更有可能计划离职。○一 此外，合并前组内认同减少了团队之间感知的地位差异，并改善了团队之间的关系。○二 与主导团队相比，下属团队的成员往往更难将其身份转移到合并后的组织。○三 组织的真实性（组织的信奉价值观与实际实践之间的一致性）会影响合并后的团队的生产力。○四

对于地位较低的组织群体来说，与地位较高的集团合并可能会获得更高地位的机会。○五 事实上，低地位群体的成员有动机打破与低地位群体的界限，以改善他们群体的地位。○六 另外，当群体间的地位差异仍然显著时，或者当他们预期在合并后的群体中不能得到充分代表时，低地位群体就会抵制合并。○七 高地位群体会接收合并，除非他们担心合并会削弱他们群体的优势地位。○八 属于合并前高地位的群体成员更少可能认同他们的新群体，更多可能对合并后的群体表现出偏见。○九 毋庸置疑，领导者在界定合并前群体之间的关系方面发挥着重要作用。可能如预料的那样，群体成员更喜欢组内领导者，胜于组外领导者，而组内领导者也会偏爱组内成员。○十 然而，高地位群体成员没有对组内领导者表现出偏爱。○十一 领导者在平衡组内群体和组外群体时有四种选择：他们可以平等地对待两个群体；偏爱组内群体；偏爱组外群体；以互

---

① Cho, B., Lee, D., & Kim, K. (2014). How does relative deprivation influence employee intention to leave a merged company? The role of organizational identification. Human Resource Management, 53(3), 421-443.

② Joseph, J. (2014). Managing change after the merger: The value of pre-merger in group identities. Journal of Organizational Change Management, 27(3), 430-448.

③ Lupina-Wegener, A., Drzensky, F., Ullrich, J., & Dick, R. (2014). Focusing on the bright tomorrow? A longitudinal study of organizational identification and projected continuity in a corporate merger. British Journal of Social Psychology, 53(4), 752-772.

④ Cording, M., Harrison, J.S., Hoskisson, R.E., & Jonsen, K. (2014). Walking the talks: A multistakeholder exploration of organizational authenticity. Employee productivity, and post-merger performance. Academy of Management Perspectives, 28(1), 38-56.

⑤ Hornsey, M. J., & Hogg, M. A. (2002). The effects of status on subgroup relations. British Journal of Social Psychology, 41, 203-218.

⑥ Jetten, J., Spears, R., Hogg, M. A., & Manstead, A. S. R. (2000). Discrimination constrained and justified: The variable effects of group variability and in-group identification. Journal of Experimental Social Psychology, 36, 329-356.

⑦ Van Knippenberg, D., Van Knippenberg, B., Monden, L., & De Lima, F. (2002). Organizational identification after a merger: A social identity perspective. British Journal of Social Psychology, 44, 233-262.

⑧ Terry, Carey, & Callan, "Employee adjustment to an organizational merger."

⑨ Boen, F., Vanbeselaere, N., & Wostyn, P. (2010). When the best become the rest: The interactive effect of pre-merger status and relative representation on post-merger identification and in-group bias. Group Processes & Intergroup Relations, 13(4), 461-475.

⑩ Duck, J. M., & Fielding, K. S. (1999). Leaders and subgroups: One of us or one of them? Group Processes and Intergroup Relations, 2(3), 203-230.

⑪ Jetten, J., Duck, J., Terry, D.J., & O'Brien, A. (2001). When groups merge: Low-and high-status groups' responses to aligned leaders. Unpublished raw data, University of Exeter.

补的方式行事，在特定方面支持某个群体。○组内领导者以组内成员喜爱的方式或者以互补的方式行事时，他们会得到更积极的评价，并且更可能在合并后的群体中产生共同的认同感。○

改善团队之间的关系

换位思考

站在对方的立场上思考可能会增进理解，并促进合作。然而，接受观点的效果并不总是积极的，这取决于一个人在多大程度上认同自己所在的群体。○事实上，采用群体外成员的观点可能会破坏群体内那些与群体高度认同的成员之间的认知，导致他们使用更多的负面特征来描述群体外成员。

一个解决方案是让群体内的成员积极地考虑群体外成员的观点。例如，当人们积极思考群体外成员的观点时，自己与外群体之间的联系就会加强，从而导致积极评价的转移。○

上级的身份

如图表 10-2 所示，在这个例子中，你可以看到很多对自己分类的方法。在最基本的层面上，人们可能把自己看作个体。在另一个层面上，人们可能认为自己是某个团队的成员。在更高一级的层面上，人们可能认为自己是一个单位或职能部门的成员。一个人长期感知团队内和团队外的方式会影响他们的行为。简单来说，一个认同公司的人在与来自不同团队的人交流时，会表现出更多的合作行为，因为他的自我认同是在公司层面上定义的。相比之下，一个人主要是根据自己的团队成员或个人身份来看待自己。在一项研究中，一些人被告知要把自己当作个体，而另一些人则需要把自己看作团队成员。在资源进退两难的情况下，团队导向使资源得到更慷慨、更自愿的捐助。○人们会更满意于冲突发生在上级层面（涉及整个团队）而不是发生在团队内部层面（涉及团队中不同小组之间的竞争）。○在另一项研究中，专注于自我关系的人比专注于集体自我的人表现出更多的团队偏见，前文已介绍，此处不再赘述。○

○ Jetten, J., Duck, J., Terry, D. J., & O'Brien, A. (2002). Being attuned to intergroup differences in mergers: The role of aligned leaders for low-status groups. Personality and Social Psychology Bulletin, 28(9), 1194-1201.

○ Ibid.

○ Tarrant, M., Calitri, R., & Weston, D. (2012). Social identification structures the effects of perspective taking. Psychological Science, 23(9), 973-978.

○ Todd, A. R., & Burgmer, P. (2013). Perspective taking and automatic intergroup evaluation change: Testing an associative self-anchoring account. Journal of Personality and Social Psychology, 104(5), 786.

○ Brewer, M. B., & Kramer, R. M. (1986). Choice behavior in social dilemmas: Effects of social identity, group size, and decision framing. Journal of Personality and Social Psychology, 50(3), 543-549.

○ Duck & Fielding, "Leaders and subgroups."

○ Lee, S., Adair, W. L., Mannix, E. A., & Kim, J. (2012). The relational versus collective "We" and intergroup allocation: The role of nested group categoryization. Journal of Experimental Social Psychology, 48(5), 1132-1138.

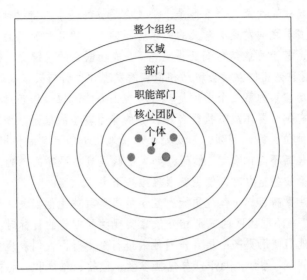

图表10-2 组织内身份层级

Leigh L. Thompson

人们对自己和团队的认知可以扩展和缩小。我们对团队的定义越狭隘，我们的行为就越自私和具有竞争性。相反，当我们关注更大的集体时，我们会更具有合作性。团队领导者面临的挑战是要谨慎地平衡"团队精神"与竞争，当团队将自身与公司其余部分分开时，就自然而然地产生竞争。

联系

单纯联系（mere contact）策略基于这样一个原则，即不同群体成员之间的更多联系会增加成员之间的合作。遗憾的是，联系本身并不会带来更好的群际关系，有时甚至会加剧团队之间的负面关系。例如，团队之间联系的负面（而不是正面）经历会恶化关系；[⊖] 关于团队外成员的多元文化学习扩大了高偏见人群的消极态度；[⊜] 组织的部门之间的联系与冲突几乎没有关系。[⊜]

联系要想达到减少偏见的预期效果，必须具备以下几个条件：

- **社会和体制支持**：要使联系有效，就应该有一个社会和体制支持的框架。例如，当人们被分配到跨部门的团队角色，同时又是多个任务小组或团队的成员时，团队内部对少数

⊖ Paolini, S. Hardwood, J., & Rubin, M. (2010). Negative intergroup contact makes group memberships salient: Explaining why intergroup conflict endures. Personality and Social Psychology Bulletin, 36(12), 1723-1738.

⊜ Vorauer, J. D., & Sasaki, S. J. (2010). In need of liberation or constraint? How intergroup attitudes moderate the behavioral implications of intergroup ideologies. Journal of Experimental Social Psychology, 46(1), 133-138.

⊜ Brown, R.J., Condor, F., Mathew, A., Wade, G., & Williams, J. A. (1986). Explaining intergroup differentiation in an industrial organization. Journal of Occupational Psychology, 59, 273-286.

团队和多数团队的偏见就会减少。[一]

- **认识潜力**：成功联系的第二个条件是，必须有足够的频率、持续时间和密切程度，以便在有关的团队成员之间发展有意义的关系。不频繁、短暂和随意的互动将无助于培养更多的良好态度，甚至可能使他们变得更糟。[二]成功联系的关键之一是自我表露或透露自己的信息。[三]这种亲密的互动会帮助相似点的发现和负面刻板印象的消除。

- **平等地位**：成功联系的第三个条件是参与者有平等的地位。许多对外部群体（组外）的刻板印象包括有关外群体成员执行各种任务的能力较差的信念。如果接触情况涉及男女之间不平等的地位关系，例如，妇女处于从属地位（如记笔记和担任秘书），刻板印象可能会得到加强而不是削弱。[四]然而，如果团队成员在平等的基础上工作，那么当团队外成员反复体验任务能力时，偏见就很难维持下去。

- **共同目标**：关注更高目标（体现更大利益）的那些群体比他们关注局部目标时，更可能相互间合作。[五]当不同团队的成员相互依靠实现共同期望的目标时，他们有助于发展更好的关系。当他们使用更高一层身份对他人进行分类时，人们表现出更少的群际偏好和更大的接触意愿。[六]例如，PayPal与包括谷歌、微软、雅虎和AOL在内的多家科技巨头合作解决围绕网络钓鱼的共同安全问题。该业务合作伙伴汇集了他们的资源并开发了DMARC技术，以在恶意邮件到达客户之前阻止它们。[七]

- **跨群体友谊**：有时，群体之间不需要建立真正的联系来改善群体之间的关系。如果群体成员知道他们群体中的另一个成员与群体外成员有友谊或关系，那么群体内成员对群体外成员的消极态度就会减少。[八]不需要所有的群体成员都有跨群体友谊；只要群体中的一个成员有这样的关系，就可以大大减少群体负面的态度。例如，当群体成员在其他

[一] Bettencourt, B. A., & Dorr, N. (1998). Cooperative interaction and intergroup bias: Effects of numerical representation and cross-cut role assignment. Personality and Social Psychology Bulletin, 24(12), 1276-1293.

[二] Brewer, M. B., & Brown, R. J. (1998). Intergroup relations. In D. T. Gilbert, S. T. Fiske, & G. Lindzey (Eds.), The Handbook of Social Psychology (4th ed., Vol. 2, pp. 554-594). New York: McGraw-Hill.

[三] Ensari, N., & Miller, N. (2002). The out-group must not be so bad after all: The effects of disclosure, typicality, and salience on intergroup bias. Journal of Personality of Social Psychology, 82(2), 313-329.

[四] Bradford, D. L., & Cohen, A. R. (1984). Managing for exellence. New York: John Wiley & Sons.

[五] Kramer, R. M., & Brewer, M. B. (1984). Effects of group identity on resource use in a simulated commons dilemma. Journal of Personality and Social Psychology, 46, 1044-1057.

[六] Gómez, A., Dovidio, J. F., Huici, C., Gaertner, S. L., & Cuadrado, I. (2008). The other side of we: When out-group members express common identity. Personality and Social Psychology Bulletin, 34(12), 1613-1626.

[七] Garling, C. (2012, January 29). Google teams with Facebook and Microsoft to phight phishing. Wired. wired.com; Hackett, R. (2015, February 19). Health companies flunked an email security survey—except Aetna. Why? Fortune. fortune.com

[八] Wright, S. C., Aron, A., McLaughlin-Volpe, T., & Ropp, S. A. (1997). The extended contact effect: Knowledge of cross-group friendships and prejudice. Journal of Personality and Social Psychology, 73(1), 73-90.

群体中被给予交叉角色任务时，这不仅减少占主导地位的组内成员的偏见，而且也降低少数派组外成员的偏见。① 此外，群体成员甚至不必事先进行互动。跨群体友谊不仅会带来更多的群体之间的交互作用，而且还具有减轻压力的额外好处（以皮质醇水平衡量）。②

一项组间接触理论的元分析（包括来自515项研究的713个独立样本）显示，团队之间的联系减少了偏见。③ 联系的假设得到了多民族高中的学生和参与企业兼并的银行高管的支持。④ 联系可以帮助人们建立认同感。

道歉

在某些情况下，若伤害已经造成，则团队需要重新建立他们的关系。对其他团队造成伤害时，对团队进行集体道歉似乎是合理的，它可以促进宽恕和关系的修复，然而，人们不相信团队外的人能够真正感到悔恨⑤或有能力改变。

当团队面对群体间的冲突使用道歉时，这减少了报复的欲望，增加了宽恕的可能性，主要是因为道歉减少了愤怒。⑥

支持和帮助

实际提供的帮助有两种：自主帮助和防御帮助。防御帮助指的是帮助那些危害了自身地位的团队外成员。社会地位高的团队认为与社会地位低的团队关系不稳定，他们通过向社会地位低的团队提供以依赖为导向的帮助来保护自己在团队内的身份。⑦ 然而，地位较低的团队更倾向于通过提供帮助，展示自己团队的知识，来提高自己的地位。⑧ 事实上，当提供帮助不

---

① Bettencourt & Dorr, "Cooperative interaction and intergroup bias."
② Page-Gould, E., Mendoza-Denton, R., & Tropp, L. (2008). With a little help from my cross-group friend: Reducing anxiety in intergroup contexts through cross-group friendship. Journal of Personality and Social Psychology, 95, 1080-1094.
③ Pettigrew, T. F., & Tropp, L. (2006, May). A meta-analytic test of intergroup contact theory. Journal of Personality and Social Psychology, 90(5), 751-783.
④ Gaertner, S. L., Dovidio, J. F., & Bachman, B. A. (1996). Revisiting the contact hypothesis: The induction of a common in group identity. International Journal of Intercultural Relations, 20(3 & 4), 271-290.
⑤ Wohl, M. J. A., Hornsey, M. J., & Bennett, S. H. (2012). Why group apologies succeed and fail: Intergroup forgiveness and the role of primary and secondary emotions. Journal of Personality and Social Psychology, 102(2),306-322.
⑥ Leonard, D. J., Mackie, D. M., & Smith, E. R. (2011). Emotional responses to intergroup apology mediate intergroup forgiveness and retribution. Journal of Experimental Social Psychology, 47(6), 1198-1206.
⑦ Nadler, A., Harpaz-Gorodeisky, G., & Yael, B.-D. (2009). Defensive helping: Threat to group identity, ingroup identification, status stability, and common group identity as determinants of intergroup help-giving. Journal of Personality and Social Psychology, 97(5), 823-834.
⑧ van Leeuwen, E., Tauber, S., & Sassenberg, K. (2011). Knocking on the outgroup's door: Seeking outgroup help under conditions of task or relational conflict. Basic and Applied Psychology, 33(3), 266-278.

能让一个团队有效地展示他们的知识时，他们就不会提供帮助。

肯定

自我肯定是思考自己的价值、成就和属性的过程。① 肯定自我的积极方面会减少团队内部的偏见，并增加人们承认对其他人的不当行为负有他们群体责任的意愿，为团队提供更大的支持。相反，肯定自己的团队（尽管同样增强了自豪感）并不能增加承认和纠正团队内不当行为的意愿。② 如果组外群体威胁到群体内（组内）成员，那么通过积极肯定群体来减少威胁，可能会导致更多的对外群体的接受行为。

在一项研究中，运动员展现出服务群体偏见，随后通过群体肯定消除了偏见。③ 肯定的技巧也适用于球迷：最为高度认同的体育迷倾向于表现出最大的群体外（组外）偏见，当他们做出团队肯定时，这种偏见即被消除。

然而，群体肯定会加重群体内（组内）偏见。④ 与自我肯定相反，群体肯定导致更多的群体内偏见。

本章小结

本章主要介绍了内团队和外团队在团队内部或团队之间是如何形成的；讨论了给定团队中的子团队，并将焦点转向多团队，团队可以是界限模糊的，也可以是界限过度的，他们与更大的组织之间的关系可能是从情报、展示到探索；研究了领导者跨团队整合的方法，包括任命、招募重叠的成员以及更大的整合。改善团队之间关系的方法有多种，包括换位思考、联系和肯定等。

---

① Sherman, D. K., & Cohen, G. L. (2006). The psychology of self-defense: Self-affirmation theory. In M. P. Zanna (Ed.), Advances in Experimental Social Psychology (Vol. 38, pp.183-242). San Diego, CA: Academic Press.

② Clancy, S., Effron, D., Halperin, E., Liberman, V., & Ross, L. (2011). Affirmation, acknowledgement of in-group responsibility, group-based guilt, and support for reparative measures. Journal of Personality and Social Psychology, 101(2), 256-270.

③ Sherman, D. K., Kinias, Z., Major, B., Kim, H. S., & Prenovost, M. (2007). The group as a resource: Reducing biased attributions for group success and failure via group affirmation. Personality and Social Psychology Bulletin, 33, 1100-1112.

④ Ehrlich, G. A., & Gramzow, R. H. (2015). The politics of affirmation theory when group-affirmation leads to greater ingroup bias. Personality and Social Psychology Bulletin, 41(8), 1110-1122.

第 11 章
团队网络与社会资本

人才交换在陶氏化学公司非常常见，陶氏化学公司拥有涉及 18 个国家的 126 名员工。例如，朱利亚诺（Giuliano Barolo）在孟买的商业流程服务中心制订了商业计划，而斯瓦蒂（Swati Tribedy）则在陶氏化学公司位于意大利莫扎尼卡的制造工厂工作。朱利亚诺正在做斯瓦蒂之前的工作，他们交换了工作、公寓，甚至是彼此的办公桌。员工的交换为他们带来了很多利益，包括建立专业网络，学习新公司软件，最大限度地减少文化刻板印象，以及亲自体验生产挑战。在陶氏化学公司，职位交换通常持续不到一年，但与传统的外派任务相比，文书工作和费用较少，并且对职业发展很有益，而这反过来又吸引并留住了有才能的员工。[1]

在职位交换的情况下，员工和团队成员在更广泛的组织环境中相互交流。一个团队所处的环境包括团队所属的组织，以及他所服务的客户。本章将重点介绍团队与团队外部人员的关系，这些外部人员对团队实现目标能力的影响。组织呼吁团队要跨越公司内部的传统界限，让部门之间更紧密地结合，以及跨越公司外部的界限，为供应商、客户和竞争对手建立联系的纽带。[2]

领导者在团队与外部环境的联系中发挥着不可或缺的作用。一些领导者通过一对一的指导将全部精力集中在团队的内部运作上，还有一些领导者将大部分精力用于推动组织内部的团队上。团队依靠领导者和成员将他们与组织中适合的人员联系起来，以获得他们所需的资源、人脉和机会。在这方面，本章研究了团队成员在组织中采用的外部角色。

在本章中，我们将**团队合作（teamwork）**与**任务工作**区分开来，研究了团队成员及其团队跨过团队和组织边界时形成的任务网络结构；分析了团队如何影响网络，以及团队成员的网络结构如何影响团队流程和绩效。此外，我们还对同一家公司的两位经理进行了深入研究，探索了他们的网络结构，并重点关注边界跨越。最后，我们提出了一些增加组织社会资本的策略。

---

[1] Mohn, T.(2015, May 18).Across borders, talent swaps help develop skills and careers. The New York Times. nytimes.com

[2] Clark, K. B., & Fujimoto, T. (1989). Overlapping problem solving in product development In K. Ferdows (Ed.) Managing international manufacturing (pp. 127-152). North Holland: Amsterdam; von Hippel, E. A. (2005). Democratizing innovation. Cambridge, MA: MIT Press.

任务工作和团队合作

任务工作和团队合作

任务工作和团队合作是相关的,但它们并不是一回事。[1]正如我们在本书中讨论的那样,团队合作是团队成员之间互动和相互联系的过程。相比之下,任务工作涉及成员与任务、工具、机器和系统的交互,以完成团队的使命。[2]当成员共同参与时,就会形成一个任务工作网络。例如,较强的任务工作关系表明团队中的两个成员共享许多任务和工具。较弱的任务工作关系通常表明团队中的两个成员具有较少的共同任务或工具。

如果任务工作网络反映了团队成员在任务方面共同要做的事情,那么团队合作网络就是他们实际交互以完成任务的方式。任务工作网络是基于团队成员共同参与的任务,团队合作网络是他们如何互动以完成某项任务。随着团队成员对计划的制订,以及团队成员之间的协调、沟通和互相帮助,团队合作网络就形成了。

任务工作和团队合作网络结构

任务工作网络不一定产生相应的团队合作网络,因为团队成员有很大的自由来决定他们如何互相交流和沟通。任务工作网络与团队合作网络之间的关系对团队运作和绩效有影响。任务工作和团队合作网络结构有三种类型:单一的任务工作关系、单一的团队合作关系、多重任务工作 – 团队合作关系。[3]

单一的任务工作关系 在此结构中,成员共享任务,但不存在团队合作关系。

单一的团队合作关系 在此结构中,成员参与团队合作,但没有对应的任务工作关系。

多重任务工作 – 团队合作关系 在此结构中,成员共享重叠的任务和团队合作关系。

影响网络的因素

至少有三个因素影响任务 – 团队合作网络结构:相互关联或封闭的程度,等级、地位、职位和权力的相对集中,专业化程度。[4]

封闭(closure) 封闭是指团队成员之间的相互关联性。更高的相互关联性意味着成员通

---

[1] Crawford, E. R, & Lepine, J. A.(2013).A configural theory of team processes. Accounting for the structure of taskwork and teamwork. Academy of Management Review, 38(1), 32-48.

[2] Bowers, C. A., Braun, C. C., & Morgan, B. B.(1997). Team workload: Its meaning and measurement. Team performance assessment and measurement: Theory, methods, and applications,(pp. 85-105). Mahwah, NJ: Psychology Press.

[3] Crawford, E. R., & Lepine, J. A.(2013).A configural theory of team processes: Accounting for the structure of taskwork and teamwork. Academy of Management Review,38(1),32-48.

[4] Ibid.

常通过口头讨论定期互动。乍一看，似乎团队成员之间更大的相互关联性始终是有利的。然而，更大的相互关联性（封闭）几乎没有增加协调性，反而在沟通方面增加了成本和约束。简单来说，维持大量亲密关系需要时间和精力，而这种支出可能会影响团队效率。

集中化　团队网络中的集中化指的是大多数互动和沟通都是以一个或几个核心成员为中心，更多的外围成员相对断开联系的程度。集中式任务合作网络可以有利于团队绩效，因为它是在团队之间传递信息的有效方式。例如，团队的核心成员能够快速传播最佳实践方法，减少错误并获得快速批准。这种集中式网络的主要缺点是外围成员可能会感到自己被排斥，并且在很大程度上依赖于中心成员。而且，中心成员也可能会不堪重负。随着团队任务集中化的增加，当团队成员参与去中心化的团队合作时，团队绩效将会是最高的。

专业化　专业化是指团队成员拥有独特知识和专业技能的程度。跨职能团队就是一个例子。拥有高度专业化成员的团队面临的主要挑战是如何整合各种知识，使其具有意义。在小组之间形成团队合作关系需要综合者和联络人高超的沟通技巧。让团队的所有成员都去充当联络人是一种浪费。相反，只要专业（如跨职能）团队每个小组中的一名成员就可以承担获取和整合知识的责任。

外部领导者

在许多情况下，组织中的领导者不只对一个团队负责，他可能是负责多个团队。外部领导者是管理多个团队或重组团队的人员。例如，SumAll 社交媒体数据分析的领导团队决定让团队成员选择自己的领导者。反过来，这些领导者对他们管理的团队负责。这个逻辑是，如果团队领导者无法赢得团队的尊重和忠诚，他们就不应去领导。每三个月，希望成为团队领导者的员工就会决定参加，采取匿名投票方式，再简单地由票数来决定该团队的领导者。[⊖]

普遍与差异

与普遍的外部领导者（或平均外部领导者）的行为不同（**相对外部领导者**），采取不同方式指导他们领导的团队。一项对来自 101 个团队的 25 个外部领导者进行的研究显示，平均领导力和相对领导力都与团队授权正相关。[⊜] 但是，相对外部领导者会对员工工作满意度有显著的积极影响，平均外部领导者却没有。[⊝]

[⊖] Atkinson, D. (2015, July 21). Executives and managers should all be elected. Tech Crunch. techchunch.com

[⊜] Luciano, M. M., Mathieu, J. E., & Ruddy, T.M. (2014). Leading multiple teams: Average and relative external leadership influences on team empowerment and effectiveness Journal of Applied Psychology, 95(2), 322.

[⊝] Ibid.

团队成员的外部作用

正如成员在组建团队时会花时间确定他们将扮演的角色及权力分配一样，团队也会与其他组织实体一起解决这些问题。[一]识别和理解团队成员在信息流入和流出方面所扮演的角色是团队生产力和绩效的重要决定因素。通常，角色没有正式分配；相反，小组成员通过隐含的团队协商过程来承担角色。成员很快就会评估其他人的能力，而且通常会根据这些领域的表现来分配任务。

图表11-1列出了工作组中常见的和重要的角色。[二]并非所有这些角色都可以在每个团队中识别出来。其中一个重要的角色是外部客户联系。一项对来自16个国家42家工厂的403个高层领导者进行的研究显示，高级领导者团队的客户导向与员工顾客导向之间存在正相关关系。[三]由于跨界角色可以显著影响组织内个人职业道路的进程，[四]因此我们将对其进行深入讨论。

尽管边界跨越对团队有好处，但它可能是压力和挑战，需要付出大量的努力和时间。[五]当一个人在可用时间内有太多工作要做时，会发生角色过载（role overload）。[六]一项个体边界跨越对角色过载和团队生存能力的影响的研究表明，实施跨边界的努力对团队成员来说是一种负担，但团队内部的高水平边界跨越可以减轻个人成本并提高团队生存能力。[七]

[一] Ancona, D. G. (1990). Outward bound: Strategies for team survival in an organization. Academy of Management Journal, 33(2), 334-365.

[二] Ancona, "Outward bound," p. 261; Ancona, D. G., & Caldwell, D. F. (1987). Management issues feeing new-product teams in high technology companies. In D. Lewin, D. Lipsky, & D. Sokel (Eds.), Advances in industrial and labor relations (Vol. 4, pp. 199-221). Greenwich, CT: JAI Press; Ancona, D. G., & Caldwell, D. F. (1988). Beyond task and maintenance: Defining external functions in-groups. Groups and Organizational Studies, 13, 468-494; Ancona, D. G., & Caldwell, D. F. (1992). Bridging the boundary: External process and performance in organizational teams. Administrative Science Quarterly, 37(4), 634-665; Ancona, D. G., & Caldwell, D. F. (1992). Demography and design: Predictors of new product team performance. Organization Science, 3(3), 321-341.

[三] Liao, H., & Subramony, M. (2008). Employee customer orientation in manufacturing organizations: Joint influences of customer proximity and senior leadership team. Journal of Applied Psychology, 93,317-328.

[四] Burt, R. S. (1999). Entrepreneurs, distrust, and third parties: A strategic look at the dark side of dense networks. In L. Thompson, J. Levine, & D. Messick (Eds.), Shared cognition in organizations: The management of knowledge. Mahwah, HJ: Lawrence Erlbaum & Associates.

[五] Aldrich, H., & Herker, D. (1977). Boundary spanning roles and organization structure. Academy of Management Review, 2(2), 217-230.

[六] Beehr, T. A., Walsh, J., & Taber, B. (1976), Relationship of stress to individually and organizationally valued states—Higher order needs as a moderator. Journal of Applied Psychology, 61(1), 41-49.

[七] Marrone, J. A., Tesluk, P. E., & Carson, J. B. (2007). A multilevel investigation of the antecedents and consequences to team member boundary spanning. Academy of Management Journal, 50, 1423-1439.

> 跨界者（boundary spanner）充当组织中单位或人员之间的桥梁，否则他们将无法进行交互。跨界者比不与其他团队互动的成员能够接触到更多的想法。事实上，与不参与边界跨越的人相比，在不同群体都待过一段时间的跨界者在思维（一种创造力）方面表现出了更大的综合复杂性。[a]
>
> 缓冲者（buffer）可以保护团队免受不好的或令人失望的消息的影响，这些消息可能导致士气受损，相当于志愿者吸收他人的压力或批评。
>
> 翻译员（interpreter）塑造了团队成员对团队的总体认识。这很重要，因为在许多情况下，团队从其他人那里收到的信息都是含糊不清的，并且可能有多种解释。
>
> 顾问（adviser）会告知团队应考虑哪些事项，以及他们在处理不断变化的事件时应采取的方法。
>
> 把关者（gatekeeper）控制团队信息的流动。
>
> 说客（lobbyist）是一个非常关键的角色，特别是对于新产品团队来说。通过提供关于团队正在做的事情的意义，以及团队外部人员的成功程度，说客可以对团队正在做的事情进行解释。例如，IBM设计计算机队队的负责人汤姆·韦斯特（Tom West）向不同的团队展示了他的计算机。[b] 通过将其作为"保险"（即我们将在公司另一个团队设计的作品不起作用的情况下，将我们的作品提供给高级管理层），他被允许建立一个与公司中另一个团队竞争的团队。通过将其作为工程师的"技术挑战"，他能够吸引来最好的工程师。在对外部竞争者保密的前提下，他保护了他的公司。
>
> 谈判者（negotiator）或调解员是由团队授权进行谈判的人。他在获取资源和定义选项方面具有非凡的能力。在团队与他人发生冲突的情况下，此人可以担任调解员。
>
> 发言人（spokesperson）是团队的代言人。这个职位由两种方式决定：由小组成员自己决定（例如"关于洛伊丝晋升决策，如有异议，请咨询鲍勃"）；由在联系小组成员方面有选择权的外部环境成员决定。
>
> 与谈判者一样，战略家（strategist）计划如何进行资源管理，并处理威胁和其他负面信息。
>
> 协调员（coordinator）安排与团队外的其他人或单位进行正式的或非正式的沟通。

图表11-1　工作组中的常见角色

基于 [a]Gruenfeld, D. H., & Fan, E.T. (1999). What newcomers see and what oldtimers say: Discontinuities in knowledge exchange. In L. Thompson, J. Levine, & D. Messick (Eds.), Shared cognition in organizations: The management of knowledge. Mahwah, NJ: Lawrence Erlbaum & Associates; [b]Ancona, D. G. (1987). Groups in organizations: Extending laboratory models. In C. Hendrick (Ed.), Annual review of personality and social psychology: Group and intergroup processes (pp. 207-231). Beverly Hills, CA: Sage, © Leigh Thompson.

组织网络

自上而下的管理和官僚结构的转变意味着团队成员越来越多地控制自己在组织内的活动。这可以为团队、组织及其成员带来机会，但前提是此任务得到了最佳的处理。这项任务的核心涉及关系管理。在本部分中，我们将介绍管理者在构建团队与组织之间的关系时应了解的主要问题。

共享知识

在理想的组织环境中，不同的功能和地理单元之间存在着清晰且一致的共享知识（sharing knowledge）。知识共享能够迅速传播创新，减少不必要的重复工作，并促进最佳实践方法的实施。然而，不同功能和地理上分散的单位之间的知识共享并不经常发生。一项对219个工作小组的研究显示，社会资本和外在激励两个因素促进了知识共享。[⊖]

内部人员与外部人员知识评估

研究小组的成员经常受到"非我发明"（NIH）综合征的影响，在这种综合征中，他们高

⊖ Hu, L., & Randel, A. E. (2014). Knowledge sharing in teams: Social capital, extrinsic incentives, and team innovation. Group & Organization Management, 39(2), 213-243.

估了来自小组内成员的知识。① 然而，尽管 NIH 综合征适用于某些组织，但其他组织的管理者也会授予顾问巨大的权力，并仔细监控其竞争对手在市场中提出的想法——而忽视内部人员和他们的想法。管理者，特别是那些处于竞争状态的管理者，更重视来自外部的知识（如竞争对手和顾问），而不是来自内部的相同知识（如同事和内部工作组）。② 以 Fresh Choice 收购 Zoopa 为例，至少到 1997 年，Fresh Choice 和 Zoopa 都是竞争对手，都提供快速、自助餐厅风格的沙拉自助餐和汤。③

在收购 Zoopa 之前及收购期间，Fresh Choice 对 Zoopa 的最佳实践进行了严格的基准测试和调查。然而，在收购之后，关于 Zoopa 最佳实践的知识和信息的价值已经贬值，这些知识和信息已经变得非常容易获得。同样，施乐（Xerox）的管理人员对施乐帕克研究中心（Xerox PARC）内部科学家开发的新互联网技术几乎没什么兴趣。然而，几年后，当一家外部公司开发出类似的技术时，正在考虑收购该公司的施乐公司对这一想法做出了积极的回应，甚至派出高管进行调查。④

这是为什么呢？人们更有可能重视来自外部竞争对手或外部网络的知识，并贬低来自团队内部成员的知识。⑤ 即使知识相同，在队友是否受到信息的威胁或对信息的兴趣方面，消息来源也会使其产生巨大差异。人们接受网络"内部人"的知识时常常会犹豫，因为他们担心如果他们使用这些知识就会失去自己的个人地位。为了尽量减少潜在的身份损失和挽回面子，团队成员可以通过以下方式来尝试自我肯定：用自己的个人成就提醒自己。当他们这样做时，他们更有可能从内部人员那里学习并融入知识。⑥

为什么人们会高估来自外部人员的知识？内部知识更容易获得，因此受到更严格的审查，而外部知识是独一无二的。因此，管理者尊重竞争对手，他们远距离了解到竞争对手的想法，同时拒绝近处显而易见的内部想法。他们重视被视为最终产品的外部观念，而他们对早期从未经修饰的状态中看到的内部观念持批评态度。最后，他们重视稀缺的外部思想，而这些思想受专利保护，几乎不可能获得，同时他们拒绝接受容易获得的内部知识。

组织激励往往通过两种方式来惩罚管理者：在向内部人员学习时降低他们的地位⑦；在向外部人员学习时奖励他们。进行绩效评估的管理者奖励外部学习者，而不是奖励内部学习

---

① Brewer, M. B. (1979), In-group bias in the minimal intergroup situation: A cognitive-motivational analysis. Psychological Bulletin, 86, 307-324; Katz, R., & Allen, T. J. (1982). Investigating the not invented here (NIH) syndrome: A look at the performance, tenure, and communication patterns of 50 R & D project groups. R & D Management, 121, 7-19.

② Menon, T., & Pfeffer, J. (2003 April). Valuing internal vs. external knowledge: Explaining the preference for outsiders. [Special issue on managing knowledge in organization: Creating, retaining and transferring knowledge] Management Science, 49(4), 497-513.

③ Menon, T., Thompson, L., & Choi, H. S. (2006). Tainted knowledge vs. tempting knowledge: People avoid knowledge from internal rivals and seek knowledge from external rivals. Management Science, 52(8), 1129-1144.

④ Dizikes, P. (2002) Xerox PARC: On the Money Trail ABC News. abcnews.go.com

⑤ Ibid.

⑥ Ibid.

⑦ Blau, P. M. (1955). The dynamics of bureaucracy. Chicago, IL: University of Chicago Press.

者。㊀ 具体而言，一家大型连锁酒店的高管参与了一个模拟，并被要求评估两个被称为其连锁店内酒店经理的人的表现。这两位经理的表现相同，但是一位经理从连锁店的内部人员那里学到了知识，而另一位经理则从竞争对手的酒店中学到了知识。CEO认为外部学习者更有创造力且更称职，给予了他更高的地位；与内部学习者相比，他们更有可能提拔外部学习者，并奖励他更高的奖金。

知识传递者和接收者之间的关系会影响知识的评估。关系视角不是管理者（接收者）从环境中汲取最佳知识的理性观点，也不是管理者（接收者）以更加随意的"垃圾桶模型"来接受知识的随机过程，㊁ 而是描述了知识传递者和接受者之间的社会关系如何影响知识被评估的方式。具体而言，人们更关注信息的"威胁性"，这便形成了六种关系类型：同事、反常者、竞争对手、顾问、敌人和入侵者。㊂

人力资本与社会资本

为什么某些人或团队赢得高层管理者的赞许比其他人或团队更多？典型的解释集中在人力资本上：不平等是由个人能力差异造成的。更聪明、受过教育、经验丰富的人会成为组织中的佼佼者，那些技能更少的人则不会。

然而，还有一种对不平等的解释。社会资本是管理者通过与其他人的联系为其团队和组织增加的价值。㊃ 社会资本是指通过社交网络和精英机构联系提供的资源，例如俱乐部会员资格——人们可以用它来提升自己的地位。社会资本是一种通过人际关系、时间以及整合各种联系产生的价值。人力资本是指个人能力，而社会资本是指通过关系创造的机会。拥有更多社会资本的管理者可以获得更高的人力资本回报，因为他们有能力识别和发展更多有价值的机会。㊄ 如果某些管理者与其他管理者有联系，与其直接职能部门的人员相比，他们会更信任那些其他的管理者，感到有义务支持他们，并且想要与他们交换和实现互惠。

要了解组织内社会资本的价值及其如何影响团队绩效，有必要考虑更广泛的组织环境。组织图表是相当粗略的描述，揭示了指挥和报告的关系链。然而，许多管理人员已经证实，工作完成方式和信息在组织内传播的方式与公布的组织结构图相差甚远。然而，随着时间的推移，非正式的联系和关系系统会引导人与团队之间的信息流动。让我们一起详细探讨这些非正式网络。

图表11-2略显粗略地描述了组织中的两个社交网络。点代表人。连接点的线是组织中人们之间的沟通网络——简单地说，就是人与人之间的信任关系。可以肯定的是，某个特定部

㊀ Menon, Thompson, & Choi, "Tainted knowledge vs. tempting knowledge."

㊁ Menon,T., & Blount, S.(2003).The messenger bias: A relational model of knowledge valuation. Research in Organizational Behavior, 25,137-186; Cohen,M. D.,March,J. P., & Olsen,J. P.(1972). A garbage can model of organizational choice.Administrative Science Quarterly,17, 1-25.

㊂ Baldwin, M. W. (1992). Relational schernas and the processing of social information. Psychological Bulletin 112(3), 461-484.

㊃ Coleman, J. S. (1988). Social capital in the creation of human capital. American Journal of Sociology, 94, S95-S120.

㊄ Burt, R. S. (1992). The social structure of competition. Cambridge, MA: Harvard University Press.

门或功能单元内的成员比完全不同的功能单元的成员联系更加紧密。然而，即使在特定部门内，沟通也存在很大的差异。此外，就那些超出了职能团队的范围并与他人沟通的组织成员而言，组织成员之间也存在着很大的差异。

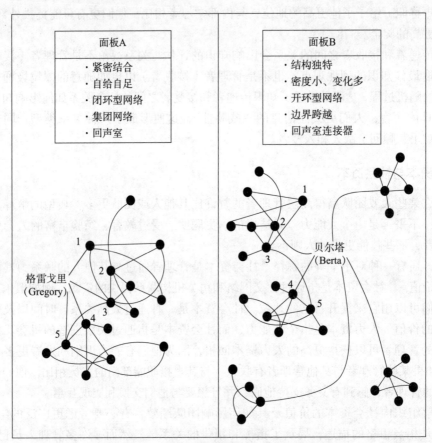

图表11-2　同一公司内两位经理的社交网络

基于 Burt, R.S. (1999). Entrepreneurs, distrust, and third parties: A strategic look at the dark side of dense networks. In L. Thompson, J. Levine, & D. Messick (Eds.), Shared cognition in organizations: The management of knowledge. Mahwah, NJ: Lawrence Erlbaum & Associates; Uzzi, B. & Dunlap, S..(2005, December). How to build your network. Harvard Business Review, hbr.org.,© Leigh L. Thompson.

感知网络（perceived networks） 可能比实际网络更能预测业绩。[⊖] 感知网络的准确性与组织中增加的权力有关。[⊖] 对网络链接有专业知识的人处于权力优势地位。首先，这些信息可以很好地评估谁在组织中拥有强大的影响力。其次，这些信息可以用来确定联盟在组织中的位置、规模和支持来源。最后，对网络的准确评估可以通过暴露漏洞、差异和缺乏支持来揭露其他群体的弱点。

如图表11-2所示，面板A描绘了网络（或沟通）管理者格雷戈里的结构，他拥有一个相

[⊖] Kilduff, M., & Krackhardt, D. (1994). Bringing the individual back in: A structural analysis of the internal market for reputation in organizations. Academy of Management Journal 37(1), 87-108.

[⊖] Krackhardt, D. (1990). Assessing the political landscape: Structure, cognition, and power in organizations. Administrative Science Quarterly, 35(2), 342-369.

对亲密的同事网络——最有可能来自同一个职能部门。这种紧密结合的独立网络是一个集团网络，让人联想到传统的家庭单元。在集团网络中，成员之间都很熟悉，他们共享很多冗余的通信结构。极端情况下，集团网络的成员只会认识与他们有直接联系的人。

将面板 A 中格雷戈里的沟通网络与面板 B 中贝尔塔的沟通网络进行对比，我们可以看到一些显著的差异。首先，贝尔塔的网络比格雷戈里的网络紧密。其次，贝尔塔的网络跨越了比格雷戈里网络更多的功能单元。从某种意义上说，贝尔塔了解更多彼此不认识的人。最后，贝尔塔的网络在结构上比格雷戈里的网络更独特。简单地说，在格雷戈里的网络圈里，格雷戈里的网络与所有其他人的网络高度相似。相比之下，就贝尔塔的联系而言，贝尔塔的网络看起来并不像其他任何人的网络。在进一步阅读之前，你如何看待这些不同的网络结构会影响团队、相关人员和更高组织的绩效？

边界跨越

个人（和团队）会跨越组织划分并整合来自组织不同领域的知识和最佳实践方式，这对组织来说非常有价值（否则他们没有动力去做）。这些被称为跨边界者的人连接了组织中存在的功能差距或**结构漏洞（structural holes）**。结构漏洞将组织中的非冗余社交联系分开。桥接或跨越结构漏洞的人填补了组织网络中的一个独特位置：将人们、知识和信息汇集在一起，否则这些信息就无法联系起来。当然，这对于想法多样性的最大化，以及为组织中的创造性思维奠定基础来说至关重要——更不用说避免重复努力并加速对相关单位的组织创新。团队成员可以访问不同社交网络，且独立于他们的个人知识和技能，这样的团队可能比团队成员社会关系冗余的团队更有可能通过关系来进行学习。跨越边界者的价值在于利用社会结构的能力，正如我们所看到的那样，组织结构并不是完善的。

当再次比较格雷戈里和贝尔塔的网络时，我们看到格雷戈里网络跨越了 1 个结构漏洞（即通过联系人 1、2 和 3 到达的集群与通过联系人 4 和 5 到达的另一个集群之间的相对较弱的连接）。相比之下，贝尔塔保留了格雷戈里网络中与两个集群的联系，但将网络扩展为更多样化的联系人。贝尔塔的网络增加了 3 个新的人群，跨越了 10 个结构漏洞。

人员、职能部门和团队之间存在的结构漏洞为团队及其领导者提供了机会。跨越边界者可以在结构漏洞两端的人员之间管理信息流，并控制将人们聚集在结构漏洞两端的项目的性质。在连锁（interlocking）团队中，职能团队通过协调活动的主管与其他不同职能的团队建立网络。通过这种方式，网络结构对于组织中的某些人和某些团队来说也是一种竞争优势。

拥有丰富结构漏洞的联系网络的管理者是了解、参与并对奖励机会进行更多控制的人。由于各种联系，他们可以获取更广泛的信息。他们更了解新的机会，并且比同行更容易获得这些机会——甚至是同等的或更高人力资本的同行。出于这个原因，在新机会出现的情况下，他们更有可能被选为合适的候选人。他们也可能提高并且展示自己的能力，因为他们可以更好地控制自己的工作实质——由与下属、上司和同事之间的关系所定义。一项对 64 个软件开发团队的研究表明，边界跨越、缓冲和边界强化与团队绩效和心理安全正相关。

⊖ Granovetter, M. (1973). The strength of weak ties. American Journal of Sociology, 78, 1360-1379.

⊖ Faraj, S., & Yan, A. (2009). Boundary work in knowledge teams. Journal of Applied Psychology, 94(3), 604-617.

边界松动与边界紧缩

边界松动（boundary-loosening）活动将团队成员集中在团队和组织之外，而边界紧缩（boundary-tightening）活动则集中在内部。边界紧缩活动和边界松动活动对团队和组织的有效性都很重要，并且二者是协同的。团队的边界活动与团队创新有关。[1] 一项对一家高科技公司196名团队成员及其60名团队领导进行的研究显示，团队之间目标相互依赖性 [某个团队认为其目标和（或）收到的反馈与组织目标一致的程度] 和团队功能异质性（团队中体现的组织角色的多样性）均与边界松动活动相关，最终会带来更大的团队创新。

集团与企业家网络

在图表11-2中，格雷戈里处于一个结构紧密的集团网络中。相比之下，贝尔塔的网络密度更小，变化更多。集团网络的成员认为他们是彼此最亲密的联系人，并且因为他们主要致力于内部沟通，所以他们经常与更大的组织隔离开来。内心的忠诚和凝聚力既可以安慰那些安全地置于其中的人，也可以令那些在他们没有真正盟友的情况下阻挠他们的人感到畏惧。

贝尔塔的**企业家网络（entrepreneur network）** 是一个不那么紧密的组织，在各种不同的组织领域都有联系。事实上，贝尔塔似乎没有被安置在任何特定的网络中。从表面上看，似乎格雷戈里会感觉更安全，更贴近于他的凝聚力团体，因此更加成功。然而，贝尔塔是一个跨越边界者，是不同小组和功能单元之间的连接，没有她就不能连接。贝尔塔在她的网络中占据独特的位置，因为她单独地连接这些不同的群体。从这个意义上说，贝尔塔是一个信息中间人，因为她一个人处于这些网络之间的关键节点，并发挥着代理信息的重要作用。贝尔塔职能部门的人员对贝尔塔获取信息的依赖性，比格雷戈里的团队对格雷戈里的依赖性更强。从粗略的角度看，格雷戈里是一个组织克隆——可以抛弃的——至少在社会结构层面上。相比之下，贝尔塔是一个关键人物，如果去掉她，组织可能会遭受严重的后果并失去很多机会。贝尔塔通过获取团队或组织无法获得的信息来提供重要的团队和组织功能。

格雷戈里处于一个高度凝聚的团队，这在管理内部团队环境方面可能是有利的。格雷戈里并没有真正通过与他的团队成员互动来学习任何新知识。相比之下，由于贝尔塔的联系人彼此不了解，因此不能相互施加社会压力——因为他们可以在集团网络中——贝尔塔可能知道更多的准确和非冗余信息。贝尔塔作为一个结构漏洞跨越者，她的位置是一个指标：漏洞两侧的人们在不同的信息流中流动。两个集群（或团队）之间的结构漏洞并不意味着两个集群中的人不会意识到彼此，而是人们如此专注于自己的活动，以至于他们几乎没有时间去关注其他群体中人们的活动。

在比较格雷戈里和贝尔塔的网络时，贝尔塔网络中的信息优势通过几个重要的方式得到了增强，这些方式非常有助于推动实现个人、团队和组织目标——这是衡量绩效的关键指标。从贝尔塔的角度看，由于网络中包含更多联系人，因此可以获得更多益处。联系的多样性提高了这些好处的质量，因为每个联系人群体都是独立的信息来源。一个群集（如团队）无论成员有多少，都只是一个信息来源，因为彼此连接的人几乎同时知道相同的事物。由于非冗

---

[1] Somech, A., & Khalaili, A. (2014). Team boundary activity: Its mediating role in the relationship between structural conditions and team innovation. Group & Organization Management, 39(3), 274-299.

余联系人仅通过网络中心的领导者进行连接,因此领导者可以确保自己最先发现由一个团队的需求而创建的新机会,这些团队可以由另一个团队的技能来提供服务。贝尔塔有机会将其他不相连的人聚集在一起。此外,当新机会出现时,拥有更多样化的联系意味着经理更有可能被认为是合适的候选人之一。因为人们通过贝尔塔进行交流,所以贝尔塔和每个联系人相处时可以调整自己的形象。与典型的官僚控制相比,贝尔塔能够更有效地监控信息;相对于官僚机构,她的流动性很高。有关集团网络和跨边界网络优缺点的概述,参见图表11-3。

	集团网络	跨边界网络
优点	高凝聚力 忠诚度和支持 提高决策效率	利用多样性 抓住机会 更大的创新 更早的提升 更高的薪水
缺点	冗余的沟通 有偏见的沟通 群体思维 不可或缺的成员	更大的冲突,包括任务和关系 权力斗争

图表11-3 集团网络和跨边界网络的优缺点

Leigh L. Thompson.

与具有相同人力资本的其他人相比,跨越边界者享有更多的组织成功。与具有较小的连接性联系网络的同等管理者相比,具有较大的非连接性联系人网络的管理者能更早获得晋升。㊀ 在一项对一家拥有超过 10 万名员工的高科技公司的 3000 名高级管理人员进行的研究中,早期晋升的人有更多的社会资本——这取决于他们的社交网络分析。㊁首席执行官的薪酬受到薪酬委员会主席的社会资本和首席执行官相对于主席的社会资本的积极预测。㊂

百老汇音乐团队从 1945 年到 1989 年的成功表明,创意艺术家的"小世界"(连接质量)直接影响了节目经济和艺术上的成功,以及受到抨击、热议和失败的百分比。㊃ 社会心理学、生态学和天文学领域的科学团队的成功也可以通过这些领域科学家的创造性协作网络的结构进行直接预测。㊄

然而,一项对 525 家上市公司的研究显示:由大多数原始高层管理团队(TMT)成员

㊀ Burt, The Social Structure of Competition, p. 267: Podolny, J. M., & Baron, J. N. (1997). Resources and relationships: Social networks and mobility in the workplace. American Socioological Review, 62(5), 673-693; Sparrowe, R. T., & Popielarz, P. A. (1995). Weak ties and structural holes: The effects of network structure on careers. Paper presented at the annual meeting of the Academy of Management, Vancouver, BC.

㊁ Burt, The Social Structure of Competition.

㊂ Belliveau, M. A., O'Reilly, Ⅲ, C. A., & Wade, J. B. (1996). Social capital at the top: The effects of social similarity and status on CEO compensation. Academy of Management Journal, 39, 1568-1593.

㊃ Uzzi, B., & Spiro, J. (2005). Collaboration and creativity: The small world problem. American Journal of Sociology, 111, 447-504.

㊄ Guimerà, R., Uzzi, B., Spiro, J., & Nunes Amaral, L. A. (2005). Team assembly mechanisms determine collaboration network structure and team performance. Science, 308(5722), 697-702.

（而不是独立的外部人员）组成的董事会是最佳的。㊀董事会成员拥有对公司有价值的隐性知识；外部人员应该为 TMT 提供实施战略的资源，而不是监视他们。

团队成员的网络结构会影响他们与团队中其他人共享的信息量。出于这个原因，跨越边界者比非跨越边界者更具认知上的中心性（即了解其他人所知道的）。这种认识影响了跨越边界者影响团队的能力。团队成员与他人分享的信息越多，他们在团队中的认知度就越高。此外，认知中心的成员比那些非认知中心的成员拥有团队中更关键的权力，而且也更具影响力。㊁也就是说，那些与他人有联系的人更有影响力。

团队社会资本

团队社会资本（team social capital）是团队成员在团队内的以及更广泛组织的社会结构中的社会关系结构。㊂虽然跨越边界的活动有利于团队绩效，但是在团队之外追求社会关系可能会降低团队的内部凝聚力，㊃这反过来会对绩效产生负面影响。㊄一些团队拥有更大的社会资本"流动性"（liquidity），因为他们的成员在组织的整体社会结构中占有一席之地。例如，对于成员在空闲时间与组织的高层进行社交活动的团队来说，快速获取信息和政治支持更为重要。在一项对扩展到工作之外的社会领域的工作相关关系进行的研究中，最佳配置是集团内部适度的内部关闭，以及与其他团体领导者的大量"桥接"（bridging）关系。㊅当所有成员在组织外进行非正式社交时，这对团队来说实际上是适得其反的。团队成员最好在团队之外和工作之外进行社交。这种联系尤其重要，因为社交重点从工作转向社会互动会引起成员之间转移的资源类型的转变。一项对真实组织中 37 个团队研究的元分析（meta-analysis）表明，人际关系密集的团队可以更好地实现目标，更加团结一致。㊆另一项涉及 51 个团队在两个木材复合材料工厂工作的研究中，外部协调（团队之间的关系）对团队绩效产生了显著的积极影响。㊇

㊀ Kroll, M., Walters, B. A., & Le, S. A. (2007). The impact of board composition and top management team ownership structure on post-IPO performance in young entrepreneurial fiems. Academy of Management Journal, 50, 1198-1216.

㊁ Kameda, T., Ohtsubo, Y., & Takezawa, M. (1997). Centrality in sociocognitive networks and social influence: An illustration in a group decision-making context. Journal of Personality and Social Psychology, 73(2), 296-309.

㊂ Oh, H., Chung, M.-H., & Labianca, G. (2004). Group social capital and group effectiveness: The role of informal socializing ties. Academy of Management Journal, 47,860-875.

㊃ Keller, R. T. (1978). Dimensions of management systems and performance in continuous process organizations. Human Relations, 31,119-129.

㊄ Beal, D. J., Cohen, R, R., Burke, M. J., & McLendon, C. L. (2003). Cohesion and performance in-groups: A meta-analytic clarification of construct relations. Journal of Applied Psychology, 88,989-1004.

㊅ Oh, Chung, & Labianca, "Group social capital and group effectiveness."

㊆ Balkundi, P., & Harrison, D. A. (2006). Ties, leaders, and time in teams: Strong inference and network structure's effects on team viability and performance. Academy of Management Journal, 49(l), 305-325.

㊇ Michael, J. H., Barsness, Z., Lawson, L., & Balkundi, P. (2004). Focus please: Team coordination and performance at wood manufacturers. Forest Products Journal, 54(12), 250-255.

友谊、信任和建议关系

团队中的人们沿着三种具体的关系黏合在一起：友谊、信任和建议。[一]友谊关系（friendship ties）是人与人之间密切的人际关系，其特点是积极、友好。[二]友谊关系是自愿的，本质上常常是共有的，人们互相提供而不期望获得利益上的互惠。[三]友谊由于共识和信息共享而促进了绩效，但是如果人们更多地关注社交而不是工作的完成情况，就会阻碍绩效。个别协议（idiosyncratic deals）是个体工人和员工之间协商的个性化就业安排，旨在实现双方的互利。[四]在一项对20个研发团队的研究中，对于私底下也是朋友的团队成员而言，接受个别协议更为重要。友谊网络对于接受个别协议至关重要，但建议网络确实是负相关的。[五]

信任关系（trust ties）涉及情感（情绪化）和认知（任务）视角。情感方面基于社会交换原则。认知视角基于可靠性。信任对绩效没有直接的影响。[六]然而，强大而密集的联系，如关系网络，大大增加了团队和组织承诺。第三方在提高管理者对同行可信度的声誉方面发挥着关键作用。[七]问题是大型开放网络提供了对新知识的访问，但由于缺乏信任和互惠，这种网络会削弱知识的共享。然而，一项对705名顾问的研究表明，动机和能力可以解决这些问题。[八]

建议（或工具）关系 [advice (or instrumental) ties] 代表工具性的而非富于表情的关系。建议关系代表完成一项任务所必需的专业知识和信息交流。与友谊和信任关系的自愿性质不同，建议关系可能由团队任务的要求决定。虽然在裁员之后友谊和建议的关系都会严重受挫，但

[一] Shah, P. P., & Dirks, K. T. (2003). The social structure of diverse groups: Integrating social categorization and network perspectives. Research on Managing Groups and Teams, 5,113-133.

[二] Jehn, K., & Shah, P. (1997). Interpersonal relationships and task performance: An examination of mediating processes in friendship and acquaintance groups. Journal of Personality and Social Psychology, 72, 775-790; Rawlins, W. K. (1983). Negotiating close friendship: The dialectic of conjunctive freedoms. Human Communication Research, 9,255-266.

[三] Clark, M. S., & Mills, J. R. (1979). Interpersonal attraction in exchange and communal relationships. Journal of Personality and Social Psychology, 37, 12-24.

[四] Rousseau, D. M. (2005). I-deals: Idiosyncratic deals employees bargain for themselves. New York: M.E. Sharpe.

[五] Lair L., Rousseau, D. M., & Chang, K. T. T. (2009). Idiosyncratic deal: Coworkers as interested third parties. Journal of Applied Psychology, 94(2), 547-556.

[六] Dirks K. T. (1999). The effects of interpersonal trust on work group performance. Journal of Applied Psychology, 84,445-455.

[七] Hom, P. W., & Xiao, Z. (2011). Embedding social networks: How guanxi ties reinforce Chinese employees' retention. Organizational Behavior and Human Decision Processes, 116(2), 188-202.

[八] Wong, S.-S., & Boh, W.-F. (2010) Leveraging the tics of others to build a reputation for trustworthiness among peers. Academy of Management Journal, 53(1), 129-148.

[九] Reinholt, M., Pedersen, T., & Foss, N. J. (2011).Why a central network position isn't enough: The role of motivation and ability for knowledge sharing in employee networks. Academy of Management Journal, 54(6), 1277-1297.

建议网络比友谊网络能更快地重建。㊀团队中的建议搜索者将获取知识的成本与知识本身的预期价值进行权衡。㊁提出建议（甚至是未经请求的）是扩展网络的一种方式。Slack、HipChat 和 Internet Relay Chat 等工具是在线社区，在这些社区中，同行可以进行交流，讨论对他们很重要的问题并获得即时反馈。㊂

人格和教育会影响网络关系。特别的，神经质（neuroticism）的人格结构（即人们忧虑的程度）可以预测他们在社交网络中的中心地位。受过高等教育并且不忧虑（即神经质较低）的人会具有更多的建言行为和很高的友谊核心地位。㊃与队友具有相似价值观的团队成员也有更多的重要建议和友谊网络。

建议、友谊和信任之间的关系不是相互排斥的。例如，可以信任和接近朋友以获得更多的建议。一项对 35 个 MBA 学生群体的研究显示，高绩效的强关系群体（群体内部有众多密切相关的人际关系联结）比低绩效的强关系群体更具建设性争议。㊄这些结果表明成功的强关系团队使用的流程可以利用成员之间积极的情感交流，并最大限度地减少团队凝聚力的负面影响。

虽然许多研究都集中在群体成员之间的积极关系（如友谊和信任）的联系，但关于消极关系如何影响绩效的问题同样令人感兴趣。正如会计分类账记录资产和负债一样，社会分类账是源于积极关系的社会资产和消极关系的社会负债的理论账户。㊅虽然所有的关系都有一些消极的属性，但负面的关系代表了一种持久的、反复出现的对另一个人的负面判断、感受和行为意图。通常情况下，负面关系只占组织中关系总数的 1%～8%。㊆四种相互作用的特征决定了负面关系对团队和组织有效性的影响程度：关系强度（relationship strength）、相互性（reciprocity）、认知（cognition）和社会距离（social distance）。㊇

- 关系强度是指不喜欢的程度。随着强度的增加，人们可能会发现越来越难以专注于相互

㊀ Shah, P. P. (2000). Network destruction: The structural implications of downsizing. Academy of Management Journal. 43 (1), 101-112.

㊁ Nebus, J. (2006). Building collegial information networks: A theory of advice network generation. Academy of Management Review, 31(5), 615-637.

㊂ Kneece, R. (2015, April 29). 5 tips to create effective internal communications with your team. Fast Company. fastcompany.com

㊃ Klein, K. J., Lim, B., Saltz, J. L., & Mayer, D. M. (2004), How do they get there? An examination of the antecedents of centrality in team networks. Academy of Management Journal, 47(6), 952-963.

㊄ Shah, P. P., Dirks, K. T., & Chervany, N. (2006). The multiple pathways of high performing groups: The interaction of social networks and group process. Journal of Organizational Behavior, 27(3), 299-317.

㊅ Labianca,G., & Brass, D. J. (2006). Exploring the social ledger: Negative relationships and negative asymmetry in social networks in organizations. Academy of Management Review, 31 (3), 596-614.

㊆ Kane, G., & Labianca, G. (2005). Accounting for clergy's social ledgers: Mixed blessings associated with direct and indirect negative ties in a religious organization. Paper presented at the Intra-Organizational Network (ION) Conference, Atlanta, GA.

㊇ Labianca & Brass, "Exploring the social ledger."

依存的目标。
- 相互性是指某人是否是不喜欢的对象或来源,或者不喜欢是否是相互的。当不喜欢是相互的,甚至是不可逆的时候,就会出现负面结果。
- 认知是指某人是否知道对方不喜欢他。意识到负面关系会引起更多不适,并可能加剧相互性。
- 社会距离是指消极关系是直接的还是间接的。如果某人直接参与负面关系,那么社会责任就会大于某人间接参与负面关系时的情况(例如,某人的朋友不受其上司喜欢)。

领导关系

如果领导者未能有效地管理团队与外部环境之间的关系,那么无论实际生产力如何,团队都可能被视为无效率。然而,由于对团队控制和获取资源(如训练、知识和经济资源)的能力设置了限制和障碍,团队效率可能会受到阻碍。因此,团队领导者的网络结构对团队绩效非常重要。

领导者处于团队内部网络中心和团队之间网络中心的团队表现会更好。[1]根据领导者中心绩效假设(leader centrality-performance hypothesis),下属向其寻求建议或友谊的团队领导者往往对其团队的社会结构有相对全面的看法。这样的观点有助于他们做出更好的决策。中心领导人在其社交网络中占据结构上的有利地位,并经常充当资源流动的把关人和监管者。[2]在一项对《财富》500强公司的一家大型制造工厂的300个自我管理团队进行的研究中,对团队成功贡献最大的领导者擅长管理团队与大型组织之间的界限。[3]这种边界管理行为涉及四个关键技能:关联、寻找、说服和授权(见图表11-4)。[4]拥有更多有声望的正式领导者(即较多下属向其寻求建议的领导者)的团队经历了较低级别的冲突,并且具有较高的团队生存能力。[5]相比之下,与下属有建议联系的领导者(下属彼此之间没有建议关系)的团队冲突水平较高,团队生存能力较低。同事倾向于更加信任那些受到团队领导信任的同事,而不是那些不太受领导信任的同事。[6]

---

[1] Balkundi & Harrison, "Ties, leaders, and time in teams."

[2] Krackhardt, D. (1996). Social networks and the liability of newness for managers. In C. L. Cooper & D. M. Rousseau (Eds.), Trends in organizational behavior (pp. 159-173). New York: Wiley.

[3] Druskat V. U., & Wheeler, J. V. (2004). How to lead a self-managing team. MIT Shan Management Review, 45 (4), 65-71.

[4] Druskat, V. U., & Wheeler, J. V. (2003). Managing from the boundary: The effective leadership of self-managing work teams.Academy of Management Journal, 46(4), 435-457.

[5] Balkundi, P., Barsness, Z., & Michael, J. (2009). Unlocking the influence of leadership network structures on team conflict and viability. Small Group Research, 40(3),301-322.

[6] Lau, D. C., & Liden, R. C. (2008). Antecedents of coworker trust: Leaders' blessings. Journal of Applied Psychology, 93, 1130-1138.

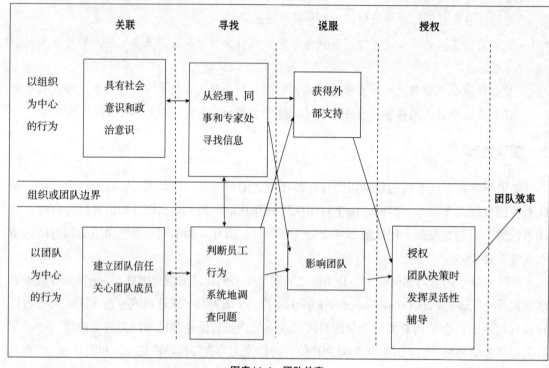

图表11-4 团队效率

"Managing from the boundary: The effective leadership of self-managing work teams" from Academy of Management Journal by Vanessa Urch Druskat; Jane V. Wheeler, 46(4), 435-457. Copyright (c) 2003 by Vanessa Urch Druskat; Jane V. Wheeler. Reprinted by permission of Academy of Management Review.

增加你的社会资本

管理者如何最好地扩展他们的网络并将他们的团队融入到组织内？战略网络扩展包括以管理者（和团队）填补结构漏洞的方式来连接人员和团队。要了解典型网络扩展与战略网络扩展之间的区别，请参见图表 11-5。

我们倡导组织基于团队进行内部结构定位的观点。也就是说，如果团队与组织内的其他人建立联系，团队更有可能实现目标并与组织的需求保持联系。因此，企业家（而不是集团）网络的结构定位对单个团队成员、团队和组织都比较有利。

从员工的角度看，组织利益在非冗余联系人的大型网络中实现最大化，这意味着最好要认识许多彼此不认识的人。机会就在那里，因为大多数人都太忙而无法直接联系。此外，组织中的人们表现出一种功能性（functional）的民族中心主义，认为他们自己的职能领域至关重要，而其他单位并不重要。像贝尔塔这样的企业家就是利用功能性民族中心主义充当关键的中间人，将个人、团队和单位以对自己和组织都有利的方式聚集在一起。

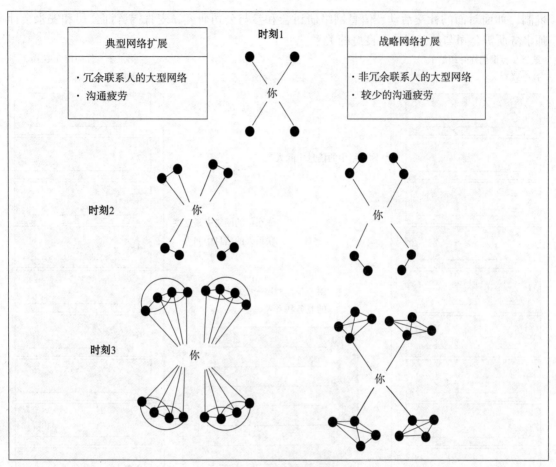

图表11-5　战略网络扩展

"How to Build Your Network" from Harvard Business Review by Brian Uzzi, Shannon Dunlap. Copyright (c) December 2005 by Harvard Business Review. Reprinted by permission of Harvard Business Publishing (HBP).

分析你的社交网络

对自己的社交网络有准确认知的组织行动者比那些认知不准确的人更有效率。[⊖] 人们对其组织网络的看法不一定是独立的认知。一项对公共组织和私人组织中团队的研究表明，团队成员对组织支持的看法与他们寻求建议的同事以及在组织网络中担任同等职位的人相似。[⊖]

不是每个人都能成为跨边界者或信息中间人。对自己的信息中间人很了解的管理者在使用自己的网络时会更有效率。作为练习，请遵循图表11-6中的"三步指南"。因为即使你知道谁是你的社交网络的中间人，这也不会自动使你依赖他们。有些人通过提出有意义的目标或使命来依靠网络。随着"千禧一代"的代际转变，跳槽比过去几十年更频繁，通过提供激励

⊖ Krackhardt, "Assessing the political landscape."

⊖ Zagenczyk, T. J., Scott, K. D., Gibney, R., Murrell, A. J., & Bennett-Thatcher, J. (2010). Social influence and perceived organizational support: A social networks analysis. Organizational Behavior and Human Decision Processes, 111(2), 127-138.

机制，如面对面的社交活动、信息网络研讨会和参与公司研究，麦肯锡咨询公司和安永会计师事务所等公司与员工保持了良好的关系。[1]

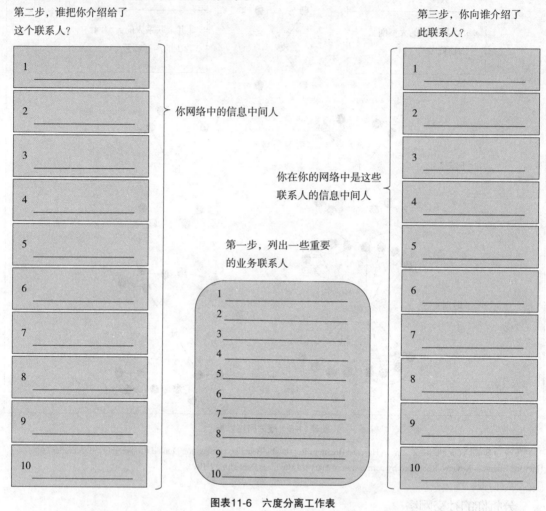

图表11-6 六度分离工作表

基于 Uzzi, B., & Dunlap, S. (2005). How to build your network. Harvard Business Review, 83(12), 53-60, © Leigh L. Thompson.

识别结构漏洞

结构漏洞是指当小集团（封闭网络）的成员未连接时所产生的缺口。找出这些缺口并找到连接这些缺口的方法是非常大的挑战。当管理者识别出结构漏洞时，他/她会意识到并克服小集团网络系统的问题。对组织和团队而言，小集团网络具有许多劣势。小集团网络中的人称为同质偏差的牺牲品。[2] 例如，小集团网络中，男性的联络者中女性人数明显减少。这种情况可能会扼杀创造力，传播偏见，并减少多样性的好处。

---

[1] Gellman, L. (2016, February 21). Companies tap alumni for new business and new workers. The Wall Street Journal. wsj.com

[2] Burt, The social structure of competition.

扩展网络规模

扩展网络规模并不意味着增加团队的规模,而是增加与管理者和团队联系的人数。快速面试是联系最大化的一个例子。公司无法在数周或数月内去评估财务人员候选人,因为其他公司会先雇用他们。在一项研究中,有100名高管称,面试员工级别的求职者平均花费60min,而面试管理级别的求职者则平均花费103min。面对面访谈后几乎不可避免地伴随着更短的电话采访。[一]在我们对经历过工作威胁(如失业)的人进行的模拟中,那些对社会经济地位具有较高自我评估的人称,他们拥有比社会经济地位较低的人更广泛和更全面的网络。[二]

多元化网络

同质性偏见使人们开始发展志同道合的人际圈。这样在短期内可能会更舒适,但它会对个人、团队和组织产生长期的负面后果。一个更好的选择是建立一个多元化的网络,这意味着组织边界和功能区域的跨越。在一个种族不同的群体中拥有亲密朋友的人更有可能认识到朋友的种族与自我的关联,并且对其他群体有积极的期望。[三]

根据乌兹(Uzzi)的说法,当网络具有嵌入式关系(社交关系)和分离型关系(非社交关系,纯商业关系)的综合组合时,网络级关系的最佳组合就实现了。[四]嵌入式关系和分离型关系在组合时能进行优势互补,正如由互补资产组成的投资组合一样,互补资产能弥补彼此固有的弱点和优势,投资组合的整体价值就会增加。由一种类型的关系主导的网络产生的益处较少,这部分地解释了过度嵌入网络(如老同学关系网),或者过度分离的交换网络(如大型制造商的供应商的冲突)的负面影响。[五]一项对375名管理人员进行的为期8个月的研究表明,管理者认为自己越倾向于嵌入式管理,他们就越有可能表现出社会资本发展随着时间的推移而下降,社会资本行为的下降与人力资本发展的下降直接相关。[六]此外,另一项对一家大型跨国公司中96个自我管理团队的战略和运营效率进行的研究显示,自主权和外部知识的结合使团队能够在抵消风险的同时获取收益。具体而言,相比具有高水平自主权但外部知识少或外部知识水平高但自主性低的团队,具有高水平自主权和外部知识的团队提供了更具战略性和操作性的项目。然而,自主权和外部知识之间的互补性取决于团队正在做什么,以及他们知道什么:当主题知识(如国家知识)稀缺时,自主权和知识就会提高战略和运营效率,但在

[一] Montesanto, A. (2012). Making a good first impression is crucial in a job interview. BC Jobs. bcjobs.com

[二] Smith, E., Menon, T., and Thompson, L. (2012). Status differences in the cognitive activation of social networks. Organization Science, 23(1), 67-82.

[三] Page-Gould, E., Mendes, W. B., & Major, B. (2010). Intergroup contact facilitates physiological recovery following stressful intergroup interactions. Journal of Experimental Social Psychology, 46(5), 854-858.

[四] Uzzi, B. (1997). Social structure and competition in interfirm networks: The paradox of embeddedness. Administrative Science Quarterly, 42, 35-67.

[五] Ibid.

[六] Ng, T. W. H., & Feldman, D. C. (2010). The effects of organizational embeddedness on development of social capital and human capital Journal of Applied Psychology, 95(4), 696-712.

主要知识（如技术知识）很普遍时，提高效果就不复存在了。[一]

组织人口统计（organizational demography）是指团队中多数派群体和少数派群体各自所占比例[二]（见图表11-7）。多数派群体是一个通常享有组织权力和权威的身份群体。少数派群体则代表了一个被权力和权威地位边缘化的身份群体。

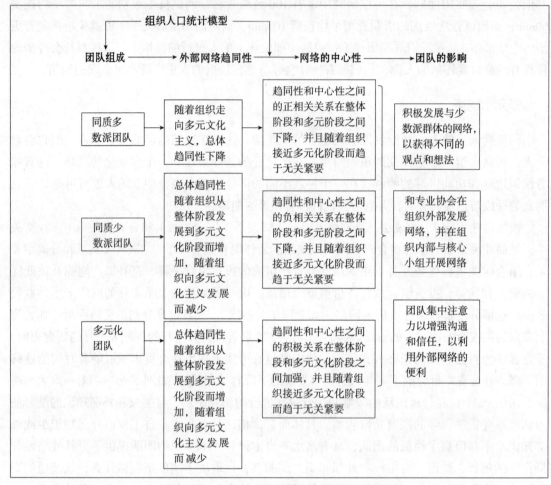

图表11-7　组织人口统计背景中外部的团队网络化

"The influence of organizational demography on the external networking behavior of teams" from Academy of Management Review by A. Joshi, 31(3), 583-595, pp. 588. Copyright © 2006 by A. Joshi. Reprinted by permission of Academy of Management Review.

人口统计：同质多数派团队、同质少数派团队和多元化团队。同质多数派团队主要由属于地位高的多数派身份群体的成员组成。同质少数派团队是由属于单一身份群体（不属于更大组织的群体）的成员组成。多元化或异质团队代表多数派成员和少数派群体成员占比相当。根据该模型，同质关系可能会限制在同质多数派团队中的成员获得多元观点的程度。随着组

[一] Haas, M. R. (2010). The double-edged swords of autonomy and external knowledge: Analyzing team effectiveness in a multinational organization. Academy of Management Journal, 53(5), 989-1008.

[二] Joshi, A. (2006). The influence of organizational demography on the external networking behavior of teams. Academy of Management Review, 31(3), 583-595.

织向多元化环境的转化，这些团队可能会失去少数派同伴的支持和信息。就同质少数派团队而言，缺乏与同伴和高层管理人员的交流机会可能是不利的；这些团队需要制订计划以弥补少数派成员的数量不足。多元化团队通过多数派团队成员的同质互动，从而在外部网络中获得中心地位。为了最大限度地利用其外部网络的优势，多元化团队在整个阶段和多元阶段需要专注于建立内部的信任和合作。

构建分级网络

在官僚组织中，跨越边界者不仅需要横向连接，还需要分层次连接。可口可乐实践"逆向指导"，其中高潜力的"千禧一代"员工与经验丰富的管理者分享他们的观点、想法和知识。员工使用领英（LinkedIn）开发新想法，组建团队，并向管理团队提出建议。如果团队的想法得到认可，在三个月内，他们就可以与其他部门和领导者联系，以发展这个想法。[一]

识别网络中的性别脚本

通常，商业机会是在社会关系的背景下进行的。[二]许多社交关系很常见，因此被高度编写或常规化，例如在高尔夫球场举行商务会议。这些脚本很重要，因为它们定义了网络最有效的条件。[三]出于这个原因，如果通过打高尔夫球、去剧院或晚餐聚会等社交活动，就很难跨越性别界限以建立密切的关系，因为这些社交活动在男女之间的意义往往不同于同性之间。[四]一项研究调查了为什么人力资本等同于或优于男性科学家的女性科学家在研究生院中表现却不尽如人意，以及此后由于缺乏与资源的密切联系，女性科学家常常处于不利地位。[五]女性的不同表现源于她们在社会关系结构中的不利地位，而不是丰富的人力资本。通过对社交网络的积极管理，可以克服女性科学家进步的主要障碍。

声誉管理

人们很乐意谈论关于他人的声誉信息，接收者使用这些信息有选择地与那些被视为"合作"的人进行互动，并排斥那些被视为"自私"的人。[六]尽管努力改变声誉，但声誉可能会持续一段时间。此外，人们进入组织的前几个月会在组织中发展声誉，并对其他人产生印象，

[一] Jenkins, R. (2015, January 6). Six millennial retention strategies to adopt in 2015. [Web log post]. blog.hrcloud.com

[二] Uzzi, "Social structure and competition in interfirm networks."

[三] Uzzi, B., & Gillespie, J.J. (1999). Access and governance benefits of social relationships and networks: The case of collateral, availability, and bank spreads. In H. Rosenblum (Ed.), Business access to capital and credit. Washington, DC: Federal Reserve Bank.

[四] Etzkowitz, H., Kemelgor, C., & Uzzi, B. (1999). Social capital and career dynamics in hard science: Gender, networks, and advancement. New York: Cambridge University Press.

[五] Etzkowitz, H., Kemelgor, C., & Uzzi, B. (2000). Athena unbound: The advancement of women in science and technology. New York: Cambridge University Press.

[六] Feinberg, M., Wilier, R., & Schultz, M. (2014). Gossip and ostracism promote cooperation in-groups. Psychological Science, 25(3), 656-664.

团队也是如此。通常情况下，团队希望尽快开始工作，而不是浪费时间在其他人怎么看待他们上。团队声誉和团队绩效的负面或正面的逐渐上升螺旋起始于人们对团队的最初印象。没有克服初始负面评价的团队可能会被视为失败的团队——即使他们最终实现了目标。"在早期无法影响高管，这对团队来说可能是毁灭性的。简而言之，标签创造了自我实现的预言。"⊖ 如果团队要进入积极的进化周期，那么获得环境的支持至关重要。⊖

本章小结

传统的团队合作关注人力资本或团队成员的才能和能力。一个关于组织中团队更准确的观点不仅关注团队合作，也关注任务合作。根据成员与手头的任务进行互动和交流的方式，他们可以简单地分享任务合作关系、团队合作关系或多元化（捆绑式）关系。团队网络主要在三个方面上有所不同：成员之间的相互联系程度（关闭），关系的集中化，以及成员的专业化。团队内部和跨团队的知识共享对团队的绩效至关重要。然而，对外部信息与内部信息的偏见可能会使团队贬低内部知识。组织内部的边界跨越对于团队成功至关重要。团队成员应首先分析个人及团队的网络结构，再确定组织中相关团队之间的结构漏洞或差距。

⊖ From "The classics and the contemporary: A new blend of small group theory" by D. G. Ancona, In J. K. Murnighan(Ed.)in Social psychology in organization: Advances in theory and research, © 1993 Prentice Hall.

⊖ Ibid.

第 12 章
虚拟团队合作

ATM（自动取款机）的制造商迪博尔德有一群特别的行政主管。公司的总部在俄亥俄州坎顿市，CEO 安迪·马特不用在喝咖啡时匆匆走进管理者们的办公室和他们进行商讨，原因是马特将迪博尔德 60% 的高层管理者都换成了居住在美国各个角落的专家。经历了内部贿赂丑闻的公司，销售额和利润不断下降。马特深知必须拓展公司的服务和软件业务，但这需要向银行提供除 ATM 硬件外的更多产品，才能改变这种局面。公司急需软件专家，可是这些专家不愿意搬到坎顿这样的小城市。为了解决这个问题，马特改变了高管必须在公司办公的规定，通过提供全职高管的虚拟职位来吸引顶级的专家。如此一来，公司出现了"谁是科技行业的名人"：迪博尔德的首席战略官在 2100mile 外的加利福尼亚州圣何塞办公，首席营销官居住在波士顿，软件领头人在得克萨斯州德拉斯的家中办公。迪博尔德大多数的虚拟主管每个月只在坎顿市待几天，剩下的时间都在与客户或分散的员工见面。马特每天通过 Skype 与他们进行交流，在他们出差路过总部或来总部时也会与他们进行面对面交流。马特说："只要他们住在机场附近，他们在哪里工作和他们的贡献比起来都微不足道。"⊖

由于团队成员并不是总能在同一时间出现在同一地点，团队管理者又承担着在国际竞技场上管理商业的任务，因此他们通过笔记本电脑、虚拟会议软件、邮件、语音邮件、视频会议、互动数据库和航行会员在全球市场上开展业务。尽管虚拟团队的成员在不同的地方，团队仍要有效地利用公司员工的知识，从而使组织更快地应对激烈的竞争。信息技术将团队成员聚集在一起，否则他们根本就不能进行互动。同时，信息技术使信息获取、信息处理和成员克服空间阻碍的互动成为可能。

然而，不是所有的虚拟团队都能不间断地进行工作。尽管有信息技术和飞机的支持，距离仍然是一个不可避免的阻碍。远程办公室与公司总部争夺影响力。在电话会议的过程中，成员们连线不容易，达成共识也很难。仅仅相隔几公里的小组成员竟开始有了"我们"和"他们"的阵营。⊖ 因此，关于在全球和地方的团队合作中科技是促进还是阻碍团队工作，管理者们意见不一。

⊖ From "Diebold's new executive suite" by Carol Hymowitz in Bloomberg Businessweek,©August 7, 2015 Bloomberg.

⊖ Armstrong, D. J., & Cole, P. (1995). Managing distances and differences in geographically distributed work groups. In S. E. Jackson & M. N. Ruderman (Eds.), Diversity in work teams: Research paradigms for a changing workplace (pp. 187-215). Washington, DC: American Psychological Association.

本章讨论了虚拟团队以及信息技术对虚拟团队的影响。首先，我们描述了社会互动的简单模型——地点时间模型，使用这一框架，我们评估了不同的交流模式是如何影响团队互动的。这一模型聚焦于团队工作的地点（相同或不同的物理位置）和团队工作的时间（同时或非同时）。其次，我们考察了信息技术如何影响人的行为，并识别出当管理者试图把不在同一地点的人群团结起来，必须设法解决的注意事项。再次，我们讨论了虚拟团队和混合团队，旨在阐述当团队需要在不面对面的情形下一起工作时虚拟团队的产生。最后，我们为帮助虚拟团队更好地完成工作提出了一些建议。

社会互动的地点时间模型

地点时间模型根据团队的地理位置（聚集或分开）和时间关系（同时或非同时）来进行考量。团队会议有四种情形，如图表12-1所示。和猜想一致，面对面的交流和团队工作与通过电子媒体来进行是不一样的。

	相同地点	不同地点
相同时间	面对面	电话 视频会议 Skype
不同时间	Facebook 单一文本信息 Dropbox 变动工作	文本信息 电子邮件 语音邮件

图表12-1　互动的时间地点模型

Leigh L.Thompson

丰富性是交流媒介的信息承载能力。面对面的交流相对来说更为丰富，而正式的书面信息，如备忘录，则相对来说更为贫瘠。[①] 面对面交流的信息是最丰富的，因为面对面交流可以观察到许多线索，比如肢体语言、面部表情和语气，提供了更多的语境。相反，正式的、数字的文档传递情境线索最少。居家办公的团队成员往往受限于媒介的选择。

面对面交流

面对面交流在关系和合作的开头是非常关键的。在进行面对面交流时，与其他形式的交流相比，人们更容易合作。没有面对面的交流，商业人士之间的关系则会变得紧张且容易起争议。

面对面会议在处理复杂问题的时候是很理想的。比如，研究者需要有规律地进行面对面交流以确保他们理解了其他人的工作，特别是涉及创造性的想法时，面对面交流更为重要。若采用电话会议或视频会议，则无法确保团队成员对工作的理解。要想在相互理解中建立信

---

① Daft, R. L., & Lengel, R. H. (1984). Information richness: A new approach to managerial behavior and organization design. Research in Organization Behavior, 6, 191-223; Daft, R. L., Lengel, R. H., & Trevino, L.K. (1987). Message equivocality, media selection, and manager performance: Implications for information systems. MIS Quarterly, 11(3), 355-366.

任，面对面交流必不可少。○当团队刚形成时，当需要做出关键决定时，当主要冲突亟待解决时，面对面交流都尤其重要。○如果没有面对面交流，团队的形成会变得很慢甚至不会形成。○

在大多数公司，面对面交流的发生率和频率可以直接由人们距离的远近程度来预测。在同一办公室或在同一层楼工作的员工比在不同楼层或不同楼栋的员工交流更频繁。交流更多地取决于距离，很微小的距离会有很大的影响。比如，当办公室的距离变成5～10m时，研发人员之间的交流呈对数下降。○在一项对分子生物学家的研究中，产生单克隆抗体的关键技术不是被记载在日记中，而是由科学家们在实验室中"手手相传"。○办公室相距很近的员工的交流是同一楼层上通过邮件和电话联系的员工的两倍。○一项对涉及11个产业的207家美国公司的研究发现，随着在同一地点的高层管理团队的比例增加，公司的绩效也在上升。○物理距离还影响了团队成员对团队的感受：物理距离较远的团队成员更可能认为团队行为是由共同目标所驱动的，因为共同目标是将他们联系在一起的唯一方式。○

在面对面交流中，获得的哪些信息对互动和生产力非常重要？首先，面对面交流更容易，相比其他形式的交流更容易发生。简单地说，如果没有理由，很少有人会主动去面谈或者电话沟通，他们低估了他们在偶然相遇时得到的信息量，这些只能在面对面交流时得到。其次，人们主要依赖于非语言信号来帮助他们进行社会互动。据估计，信息93%的含义都蕴含在交流的非语言部分，比如语调。○例如，仅依据主管发出的非语言社会信号（如语调、手势、与他人的距离）就能预测谁会赢得商业竞争。○关于行为细节的研究揭示了人们对某人形成印象或评价他人的亲和力、性格、绩效、社会经济地位、精神状况和其他许多事情的时间，这些

○ DeMeyer, A. (1991). Tech talk: How managers are stimulating global R& D communication. Sloan Management Review, 32(3), 49-58; DeMeyer, A. (1993). Internationalizing R & D improves a firm's technical learning. Research-Technical Management, 36(4), 42-49.

○ DeMeyer, "Tech talk"; Sproull, L., & Keisler, S. (1991). Connections: New ways of working in the networked organization. Cambridge, MA: MIT Press.

○ DeMeyer, "Tech talk"; Galegher, I., Kraut, R.E., Edido, C. (1990). Itlletual teamwork: Social and technological foundations of cooperative work. Hillsdale, NJ: Erlbaum.

○ Allen, T.J. (1977). Managing the flow of technology: Technology transfer and the dissemination of technological information within the R & D organization. Cambridge, MA: MIT Press.

○ MacKenzie, M., Cambrosio, A., & Keating, P. (1988). The commercial application of a scientific discovery: The case of the hybridoma technique. Research and Policy, 17(3), 155-170.

○ Galegher, Kraut, & Egido, Inelletual teamwork, p.350.

○ Cannella, A. A., Park, J. H., & Lee, H. O. (2008). Top management team functional background diversity and firm performance examining the roles of team member collocation and environmental uncertainty. Academy of Management Journal, 51, 768-784.

○ Henderson, M. D. (2009). Psychological distance and group judgments: The effect of physical distance on beliefs about common goals. Personality and Social Psychology Bulletin, 35(10), 1330-1341.

○ Mehrabian, A. (1971). Silent messages. Belmont, CA: Wadsworth.

○ Pentland, A. (2010, January-February). We can measure the power of charisma. Harvard Business Review,88(1),34-35.

都发生在几微秒内。另外，人们在这几微秒中所做出的判断能够预测几星期，甚至几个月后的评价。

这也许就是为什么管理者们要忍受交通的不便和时差来与他人进行面对面交流的原因，即使只是很短时间的交流。强调人的因素并不只是过时的商业迷信。重要的行为、认知和情感进程都会在面对面交流时进行。如果不是被特别地训练过，人们不会知道到底是面对面交流中的什么促进了团队工作，他们只会觉得事情进行得很顺畅。

面对面互动使人们发展和谐关系——和另一个人"步调一致"或"合拍"。和谐是信任的重要决定因素，和谐的程度决定了目标实现的可能性、效率和质量。

非语言行为（如身体倾向、姿势、眼神交流、点头）和伴语言行为（如说话的流畅性，"哦，原来是这样"的使用等）都是建立和谐的关键。当我们对话的对象坐在离我们较远的位置，身体往相反的方向，向后倾，手臂交叉，进行很少的眼神交流，我们会感受到较少的和谐。相反，当同一个人身体向前倾，采取开放的身体姿势，点头并保持稳定的眼神交流时，我们会感受到更多的和谐。非语言行为和伴语言行为都影响了人们的工作及团队的质量。

然而，面对面交流不是对所有团队合作最好的形式。正如一个明显有说服力的例子，我们在进行创造力和头脑风暴的讨论时（见第9章），面对面的头脑风暴相比于其他丰富性更低的互动形式来说，效率并没有更高。

同样的时间，不同的地点

在同样的时间、不同的地点模式中，人们同时在不同的地方进行交流。最常见的方式是通过电话。电话对话缺少面部线索，但是在视频会议中能看到社会线索，如停顿、对视和姿势。同时，像头脑风暴这样的电子互动增加了团队的生产力。

NR营销集团既有传统的办公室，也有虚拟的办公室，其员工遍布美国。团队成员在度假区见面并被鼓励保持他们在这里所形成的社会联系。在"虚拟饮水机"（"虚拟饮水机"是指员工围着一个虚拟的饮水机闲聊，员工能够在工作中短暂地休息，分享自己的项目和个人生活相关的事情——译者注）风格中，员工建立了一个小组短信线索来分享笑话、新闻和有趣的故事。团队每周聚集在谷歌群聊中以讨论工作和生活问题。对比面对面交流和以计算机为

○ Ambady, N., & Rosenthal, R. (1992). Thin slices of expressive behavior as predictors of interpersonal consequences: A meta-analysis. Psychological Bulletin, 111(2), 256-274; Johnson, K. L., Gill, S., Reichman, V., & Tassinary, L. G. (2007). Swagger, sway, and sexuality: Judging sexual orientation from body motion and morphology. Journal of Personality and Social Psychology, 93(3), 321-334; Kraus, M. W., & Keltner, D. (2009). Signs of socioeconomic status: A thin-slicing approach. Psychological Science, 20(1), 99-106; Fowler, K. A, Lilienfeld, S. O., & Patrick, C.J. (2009). Detecting psychopathy from thin slices of behavior. Psychological Assessment, 21(1),68-78; Ambady, N., & Rosenthal, R. (1993). Half a minute: Predicting teacher evaluations from thin slices of nonverbal behavior. Journal of Personality and Social Psychology, 64(3), 431-441.

○ Tickle-Degnen, L., & Rosenthal, R. (1987). Group rapport and nonverbal behavior. In Review of Personality and Social Psychology (Vol. 9, pp. 113-136). Beverly Hills, CA: Sage.

○ O'Hara, C. (2014, September 11). What new team leaders should do first. Harvard Business Review. hbr.com

媒介的交流，团队的认同感（如凝聚力和集体感）在以计算机为媒介的交流中更低，特别是当他们经历了成员关系变化时（如组织重组）。㊀同样，对比面对面交流、视频会议和文字聊天，建设性的互动分数（如支持性和指导性交流与攻击性行为的比值）在面对面交流中比视频会议和文字聊天更高。㊁交流媒介更丰富的团队并没有实现更高的任务绩效。

由于地理位置的分离，地域分散的团队成员会受到哪些不良影响？以下是团队地域分散的一些影响，其中一些可能并不是一下就能看到的。

信息交流的缺失 虚拟距离指的是由邮件交流、文字交流、语音交流等产生的分离感。㊂团队成员可能感受到的最大的影响就是在大厅中、办公室中、饮水机旁自由交谈能力的缺失。员工在大厅中或咖啡机旁进行的即兴而随意的对话往往是大多数问题被解决的地方。没有较近的距离，人们错失了发生在正式会议以外的自发交流。远程小组成员感觉被排除在面对面交流之外。自发交流在减少分布式团队的冲突中起着重要的作用。㊃毫无疑问，分布式的团队比在一起办公的团队经历了更多的关系和任务冲突。公司总是尽量对虚拟团队保持创造性。在戴尔公司，虚拟团队成员可以基于娱乐兴趣和政治偏好加入很多聊天小组，每个小组都有其特有的虚拟传统和文化。例如，每个假期，人力资源部门都会举办"人力资源爱大声说出来"的活动，通过"人力资源爱"的标签来公开称赞和表扬其他团队成员。㊄

不连贯的反馈 地域分散的另一个负面影响是反馈。更远的距离会阻碍偶然相遇带来的矫正性反馈回路。一个管理者曾对比了在办公室工作的员工和距离他15km的员工对他的决定的不同态度。㊅在办公室工作的员工会在遇见他时表达自己的观点。㊆管理者会倾听他们的观点，理清一些细节。相反，远距离办公的员工将会以正式的、准备好的反对意见来对每周的会面做出反应，这会比在走廊中的非正式讨论花费更多的时间，而且还可能得不到解决。总之，远程工作的员工无法在巧合的机会中以一种轻松随意的方式来指出和纠正问题。地理位置增强了非正式和自发的团队认同感，这一认同感会被物理亲密性和紧密的交流促进。在一个办公室工作的员工会在附近的公司和团队中结交朋友，听到同样的行业信息，分享关于技术趋势的观点。因此，任何距离，无论12mile还是12000mile，在这个意义上来说都是有问题的。

非正式模型的缺失 另一个信息技术的影响是非正式模型和观察性学习的缺失。对于监

㊀ Bouas, K. S., & Arrow, H. (1996). The development of group identity in computer and face-to-face groups with membership change. Computer Supported Cooperative Work, 4, 153-178.

㊁ Hambley, L. A., O'Neil, T. A., & Kline, T.J. B. (2007). Virtual team leadership: The effects of leadership style and communication medium on team interaction styles and outcomes. Organizational Behavior and Human Decision Process, 103(1), 1-20.

㊂ Lojeski, K.S., & Reilly, R.R. (2008). Transforming leadership and innovation in the globally integrated enterprise. Hoboken, New Jersey: John Wiley and Sons, Inc.

㊃ Hinds, P. J., & Mortensen, M. (2005). Understanding conflict in geographically distributed teams: The moderating effects of shared identity, shared context, and spontaneous communication. Organizational Science,16(3), 290-307.

㊄ Harrison-Barnhill, M. (2015, October 26). Dell's tools for a successful virtual team. Remote.co. remote.com

㊅ Armstrong & Cole, "Managing distances and differences in geographically distributed workgroups."

㊆ Leigh L. Thompson

督和指导，特别是一对一团队指导，随意的观察都是价值不菲的。远程员工不能观察成功的项目管理者，这成了有效率的任务指导和人际技能的阻碍。

圈外员工　远程的员工在讨论中容易被忽略或忘掉。某种程度上来说，他们是不被看见的，也就不常被想起。通常的行为是会忽略电话那头的人，如果电话那头的人地位很低，那么这种行为还会被放大。

时差放大了距离的效应。当分布式的小组成员在不同的时区时，他们还要面临在某一时间找不到人的问题。时差有时候突出了文化差异，然而团队可以尽力克服这些文化障碍。公司的一个团队在美国，另一个团队在意大利，在他们一周一次的视频会议中分享美食来庆祝项目的里程碑。美国的团队在他们的早上九点分享面包圈和咖啡，意大利的团队则在他们的下午三点分享香槟和饼干。

如果团队在较近的地方工作，则冲突会被表达、认识，解决得非常快。当管理者发现一个问题时，他可以及时解决。而在地理位置较分散的团队，问题更可能被搁置，而不是被解决，最终慢慢恶化。人们会向同事抱怨，这加强了事件的局部知觉，但不会和远距离的领导抱怨，直到情绪达到非常高的程度。

尽管远程办公有很多缺点，但对团队来说并不是寸步难行。定好的电话会议的正式性会使每一方都为会议做准备，以便有效地解决问题。另外，距离可以减少微管理。一些管理者监督太紧，要求太严，也会导致员工的绩效受阻。埃德蒙森（Edmondson）提供了四条策略以帮助人们重塑团队目的：○

（1）告诉自己，这个项目与你之前所做的都不相同，它提供了一个充满挑战和令人兴奋的机会来让你尝试新的方法和学习。

（2）将自己视为对成功结果和实现目标至关重要的人，您需要其他人的自愿参与。

（3）告诉自己，他人对成功的结果非常重要，这可能会为难题带来意想不到的解决方法。

（4）如果以上三条都完成了，则你会与团队的其他成员交流。

不同的时间，同样的地点

在不同的时间、同样的地点模式中，团队成员不是同时交流，但是使用同样的工作空间。例如，轮班的工人会继续前一班留下的任务，或者合作完成一个电子文件。在一个搭档编辑完文档之后，文档就交给另一个搭档，他将会继续编辑和深入修改文档。

人们可能没有意识到，他们在很大程度上是依赖于物理环境以获得重要的信息和线索的。人们会将其他的团队成员作为信息储存、检索和处理的装置。物理环境也是如此。椅子身后的一个便利贴或箱子里的一份报告都能象征整个流程系统（比如，如何进行三方会议电话）。正如人们能在信息上依赖其他人一样，为了完成工作，他们也能在信息上依赖物理环境的各个方面。极端来说，这种依赖会成为团队的限制，使团队不能在工作空间的限制之外工作。信息依赖和工作空间依赖对团队的生产力和动力有着负面的影响。比如，在对一个公司的参观过程中，软件开发团队能够同时观察不在同一地方办公的同事并与之互动，以便能对他们

○ From "Framing for Learning: Lessons in Successful Technology Implementation" by Amy C. Edmondson in California Management Review, Vol. 45 No. 2, Winter, ©The Regents of the University of California.

在工作环境中的行为有更深的了解。[1]在他们互动的过程中，团队成员回顾了他们的合作实践，进而增进了信任。在团队成员回到他们的主站点后，一些新的合作实践又被运用到他们与其他远程同事的工作中。

总的来说，任何团队的生产力和组织的效率都是技术系统和社会系统的联合作用。[2]团队的结构，无论内部结构还是外部结构，以及团队运用的技术都是积极适应过程的结果。在适应过程中，技术被组织和组织的子单元塑造，同时也成为塑造组织的一个因素。比如，要把一种新的科技——CT扫描引入两家医院，[3]CT扫描的引入增加了不确定性，打乱了专家的分布和两家医院的劳动力分配。

不同的地点，不同的时间

在不同的地点、不同的时间模式中，人们在不同地点、不同时间进行交流。大约39%的全职员工远程工作，其中15%的人是在家中工作。为了保持联系，远程工作的员工使用一个叫P2的自动聊天软件和内置博客来记录日志。Help Scout公司的非共时的分布式团队成员任命了一个自身团队成员作为新员工的方向指导员。该指导员每隔几天就会联系他们询问工作情况，分享非书面的工作规则，并告诉他们有哪些工作需要时该联系谁。[4]

浏览效应 浏览效应是大多数人浏览邮件信息并回复其中一个信息点的倾向。[5]

自我中心 人们通过书写来传达思想的能力比他们想象的要差，他们解读他人信息的能力也是如此。当被要求在邮件中传达讽刺和真诚的语气时，人们坚信他们传达的是正确的语调，然而事实上他们的信息经常被误解。[6]人们不能在邮件中准确地推断出讽刺的意味，也不能看出伤心和生气的意味，这与人们的熟悉程度无关，朋友在推断邮件的意思时也没有比陌生人更准确。

---

[1] Hinds, P. (2010, January). Situated knowing who: Why site visits matter in global work. Technology and Social Behavior colloquium, Northwestern University, Evanston, IL.

[2] Emery, F. E., & Trist, E. L. (1973). Towards a social ecology: Contextual appreciation of the future in the present. New York: Plenum Press.

[3] Barley, S. R. (1996). Technicians in the workplace: Ethnographic evidence for bringing work into organization studies. Administrative Science Quarterly, 41(3), 404-441.

[4] Mann, A. (2015, May 20). Owning your personal engagement as a remote worker. Gallup. gallup.com; Cloudpeeps Team (2015, September 8). Top 10 companies winning at remote work cultures and their secrets [Web log post]. blog.cloudpeeps.com

[5] Boiarsky, C. (2015, July). The impact of emailing and texting on effective written communication: Changes in reading patterns, convergence of subgenres, confusion between social and business communication. In Professional Communication Conference (IPCC), 2015 IEEE International (pp. 1-6). IEEE; Franssila, H., Okkonen, J., & Savolainen, R. (2014). Email intensity, productivity and control in the knowledge worker's performance on the desktop. In proceedings of the 18th International Academic Mind Trek Conference: Media Business, Management, Content & Services, 19-22. New York: ACM Press, dl.acm.org

[6] Kruger, J., Epley, N., Parker, J., & Ng, Z-W. (2005). Egocentrism over e-mail: Can we communicate as well as we think? Journal of Personality and Social Psychology, 89(6), 925-936.

迷失在翻译中 通过邮件交流剥夺了伴语言和非语言的信息和线索，这些信息和线索能让我们看到情感和语调。㊀ 通过情绪感染过程，人们用文本仍然能够发送和接收情绪信息。在一项调查中，团队成员在虚拟团队里用文本来表达愤怒和开心，要么是坚决的，要么是可变的。㊁ 虚拟团队面临的任务会涉及绩效奖励的谈判。当交流基于文本时，情感感染也会发生。尤为成问题的是当情绪和行为不匹配时。因此，坚决的快乐语气与可变的愤怒语气都会导致团队中更大的负面情绪。

借助邮件交流来表达情感和语气，对团队是一个挑战。发送邮件是很容易的，然而社会准则在发送邮件时却不会被表现出来，在此情况下，人们往往会承受更大的风险。此外，事实上不用竞争就可以长篇大论，因此人们都能够自由地随时发送长消息。有的人一天能收到几百条信息，但是数量大并不是懒散的理由。如果回复的时候有拼写错误或语法错误，即便有充足的理由，收件人也会对发件人有负面的印象。研究表明，技术语言干扰（如拼写和语法错误）和礼节准则偏差（如短信息缺少对话的语调）都会负面影响收件人对发件人的印象。㊂ 即便发件人文化背景不同，也不能改变收件人对发件人的负面印象。

邮件和生产力 邮件和其他形式的计算机媒介交流都是为了提高生产力和效率，但是它们真的起到此作用吗？邮件仍然是商务交流最广泛的形式。在 2014 年，每天发送和接受的邮件超过 1087 亿，其中很多都是没有必要的。到 2018 年，每天发送和接收的邮件将会达到 1394 亿。㊃ 在另一项研究中，13 名信息技术员同意在 5 天内完全忽略邮件。那些继续阅读邮件的人心率不断上升，然而没有阅读邮件的人心率更为正常，因为他们压力更小并且感觉更高效。㊄ 电子部件批发商 Van Meter 发起了 10 年的研究来测量员工的投入和政策的实施以改善 400 多名员工的工作生活平衡，其中不可或缺的是邮件限制政策，即在工作日的 7 点之前或 17 点之后不能有公司的邮件往来和通话。鉴于该项政策带来的积极结果，所有员工的邮件在假期都关闭了。Lee Mallon 是信息技术咨询公司 Rarely Impossible 的主管，他宣布公司停止使用内部邮件，提高了员工的工作效率。Mallon 说："我的团队比之前沟通得更好，事情往往很快就解决了。"他预计通过减少邮件，公司节省了大概 20% 的工作时间。㊅

㊀ From "Talking tech: How email can set the stage for big misunderstandings" by Lee Gomes in The Wall Street Journal © 22 June 2016 Dow Jones & Company, Inc.

㊁ Cheshin, A., Rafaeli, A., & Bos, N. D. (2011). Anger and happiness in virtual teams: Emotional influences of text and behavior on others' affect in the absence of non-verbal cues. Organizational Behavior and Human Decision Processes, 116(1),2-16.

㊂ Vignovic, J. A., & Thompson, L. F. (2010). Computer-mediated cross-cultural collaboration: Attributing communication errors to the person versus the situation. Journal of Applied Psychology, 95, (2),265-276.

㊃ Radicati, S. (2014). Email statistics report, 2014-2018. Palo Alto, CA: The Radicati Group, Inc. radicati.com

㊄ Mark, G., Voida, S., & Cardello, A. V. (2012, May). A pace not dictated by electrons: An empirical study of work without email. Proceedings of the SIGCHI Conference on Human Factors in Computing Systems, Austin, TX, 555-564.

㊅ From The end of the inbox: Companies that banned email by Renuka Rayasam, © 25 March 2015 BBC News.

交流技术和健康 信息技术的大量使用可能会导致心理和生理的问题。一项关于瑞典4100人的研究揭示了那些从不关闭手机和计算机的人很容易受到睡眠障碍、抑郁和精神类疾病的影响。[1] 医学专家将5岁及以下儿童的事故归咎于信息技术的过度使用,因为孩子的父母在确认邮件的时候不能照看孩子。[2] 另一项研究发现,人们的压力水平和他们使用手机确认信息的次数有关,其中压力最高的参与者会有手机幻听现象,明明手机没有响却以为手机在响。这一研究证实了一种新的压力循环与数字连接相关,原本有利于人们进行工作的设备渐渐开始向扩张的虚拟生活施加压力。压力越大,人们检查电子设备就越发具有强制性。[3]

凝聚力和信任 在与别人进行面对面对话时,接电话或看邮件都会损害信任,并让人感觉不够专业,[4] 甚至仅仅是看到这些信息技术就会让人的心情不好。在一项研究中,两个参与者进行关于他们生活中趣事的10min对话。与把笔记本放在二人之间相比,把手机放在中间,即使没有使用,人们也会觉得联系更少,有益的对话也更少。[5]

信息技术和社会行为

信息技术对于社会行为的巨大影响是不言而喻的。[6] 许多人对如何恰当地表达和交流感到好奇。那么,我们期望通过信息技术与成员们进行互动得到什么呢?

缩小身份差异,使弱者变强

在面对面交流中,人们对于交流的参与是不均等的。一些人或者群体往往掌控着话语权。地位高的人通常说的更多,即使他们在该领域并不是内行。同样的,管理者比下属说的更多。

然而,一件奇怪的事发生了,在网络交流当中,传统的身份暗示不复存在,动态提示的影响也大打折扣。传统的身份暗示,如职业、称谓等,在电子邮件中并不明显。与之交谈的人是总统还是职员也难以分辨。当人们发送邮件时,通常仅姓名和地址标有个人信息。地址往往也是简写的,很难深究。即使在识别出地址的情况下,也仅能辨别出发信人的所在单位,他的所属关系、职务、社会重要性以及在单位里的级别等是无从知晓的。动态提示,如衣着、

---

[1] Thomée, S. (2012). ICT use and mental health in young adults. (Doctoral dissertation). University of Gothenburg, Sweden.

[2] Worthen, B. (2012, September 29). The perils of texting while parenting. The Wall Street Journal. online. wsj.com

[3] Turn off your smart phone to beat stress. (2012, December 1). The British Psychological Society. bps.org.uk

[4] Krishnan, A., Kurtzberg, T.R., & Naquin, C.E. (2014). The curse of the smartphone: Electronic multitasking in negotiations. Negotiation, Journal, 30(2), 191-208.

[5] Lin, H.L. (2012, September 4). How your cell phone hurts your relationships. Scientific American. scientificamerican.com

[6] Keisler, S., & Sproull, L. (1992). Group decision making and communication technology. Organizational Behavior and Human Decision Processes, 52, 96-123.

行为习惯、年龄和性别等，在邮件中更无法得知。此类暗示的缺失对社会行为有着极大的影响，缩小了身份差异。这也就意味着地位高的成员（如领导者）在网络交流中掌控话语权的可能性更小（相比于面对面交谈），①也更难融入网络交流的群体。

相反，做决策应该是基于对任务的专业程度，而不是身份地位。②因为在非面对面交流中，身份暗示难以显现，在面对面交流中处于弱势的人们变得更强大了。③由此来看，由于地位高的人在邮件中难以掌控话语权，非面对面交流有促进公平的作用。例如，当一群决策者聚在一起时，他们当中男性首先发出提议的概率是女性的五倍。如果同样一群人进行网络会议，女性和男性先发出提议的概率大致相同。④

参与的公平性

由于互动中的匿名性减少了约束，所有成员更有可能投入到交谈中。⑤在邮件交流中，人们的答复更加开放，既不用拘泥于社会礼仪，也不用在意他人脸色。他们更在意实际内容，而非领导的指示。网络沟通更民主，更高效。⑥然而，网络沟通并未显著缩小性别差异。一项特别的研究检验了在小组互动中隐藏个人信息和性别身份是否会导致男女更加平等参与交流以及性别差异的消失（与通过面对面交流的小组做对比）。⑦出乎意料的是，当人们互相无法辨识时，性别差异的主导作用最为明显。与此同时，对于小组及其成员的了解也更少。⑧由于网络交流往往拘束更少，言语直接，因此冲突会更尖锐且易于扩散。成员对于复杂的、非技术性的问题难以形成统一的意见。⑨

---

① Dubrovsky, V.J., Keisler, S., & Sethna, B.N. (1991). The equalization phenomenon: Status effects in computer-mediated and face-to-face decision-making groups. Human-Computer Interaction, 6(2), 119-146.

② Hiltz, S. R., Johnson, K., & Turoff, M. (1986). Experiments in-group decision making: Communication process and outcome in face-to-face versus computerized conferences. Human Communication Research, 13(2), 225-252.

③ Eveland, J. D., & Bikson, T. K. (1989). Workgroup structures and computer support: A field experiment. Santa Monica, CA: RAND Corp.

④ Sproull & Kiesler, Connections.

⑤ McGuire, T. W., Kiesler, S., & Siegel, J. (1987). Group and computer-mediated discussion effects in risk decision making. Journal of Personality and Social Psychology, 52(5), 917-930.

⑥ McGuire, Kiesler, & Siegel, "Group and computer-mediated discussion effects"; Siegel, Dubrovsky, Keisler, & McGuire, "Group processes in computer-mediated communication"; Weisband, S.P. (1992). Group discussion and first advocacy effects in computer-mediated and face-to-face decision making groups. Organizational Behavior and Human Decision Processes, 53, 352-380.

⑦ Sproull & Kiesler, Connections.

⑧ Postmes, T., & Spears, R. (2002). Behavior online: Does anonymous computer communication reduce gender inequality? Personality and Social Psychology Bulletin, 28(8), 1073-1083.

⑨ McGrath, J. E. (1990). Time matters in-groups. In Galegher, Kraut & Egido, Intellectual teamwork.

⑩ Hiltz, Johnson, & Turoff, "Experiments in-group decision making."

决策时间更长

网络小组交流比面对面交流更难达成共识。[一]难点可能在于网络交流过程中所产生的意见分化。由于没有时间限制且意见分歧巨大,网络交流在做决定时将花费面对面交流 4～10 倍的时间。[二]由于打字的速度比说话慢,因此通过信息技术交流也更加费时。一个三人的网络在线会议所花费的时间是普通会议的 4 倍。[三]如果没有时间限制,一个四人的网络会议花费时间将是平时的 10 倍。[四]在技术先进的时候,尤其如此。

信息控制

在面对面交流中,小组成员比网络交谈更加投入。[五]这种在网络交流中的较低交流频次,称为信息控制。[六]网络交流团队可以通过在整个交流过程中发送更多任务性明确的信息,[七]提出多种观点和决策建议,[八]使信息更易获取,来弥补这种信息控制。一项调查研究显示,64 个四人小组在模拟中,无论网络交流,还是面对面交流,都花费了三个小时。面对面交流小组获取的信息更全面,也更易做出正确决策;而网络交流的领导者善于依据成员决策的质量来划分成员(如具有更强的责任感)。

风险承担

当人们考虑各种行为时,往往会评估其中的成本与收益,却难以维持收益和损失的平衡。然而,电子化交互却影响风险承担行为。我们可以思考以下选项:

A. 两年后,收益 2 万美元。
B. 50% 的概率获得 4 万美元,50% 的概率一无所获。

选项 A 是一种更为保守的投资策略,而选项 B 更具风险。然而,从数学角度分析,这两

[一] Dubrovsky, Keisler, & Sethna, "The equalization phenomenon"; Hiltz, S. R., Johnson, K., & Turoff, M.(1986). Experiments in-group decision making: Communication process and outcome in face-to-face versus computerized conferences. Human Communication Research, 13(2), 225-252; Siegel, Dubrovsky, Kiesler, & McGuire, "Group processes in computer-mediated communication."

[二] Dubrovsky, Keisler, & Sethna, "The equalization phenomenon"; Siegel, Dubrovsky, Kiesler, & McGuire, "Group processes in computer-mediated communication."

[三] Siegel, Dubrovsky, Keisler, & McGuire, "Group processes," p. 358.

[四] Dubrovsky, Keisler, & Sethna, "The equalization phenomenon."

[五] For a review, see Hedlund, J., Ilgen, D. R., & Hollenbeck, J. R. (1998). Decision accuracy in computer-mediated versus face-to-face decision making teams. Organizational Behavior and Human Decision Processes, 76(1), 30-47.

[六] Hollingshead, A. B. (1996b). Information suppression and status persistence in-group decision making: The effects of communication media. Human Communication Research, 23, 193-219; Hollingshead, A. B. (1996a). The rank-order effect in-group decision making. Organizational Behavior and Human Decision Processes, 68(3), 181-193.

[七] Hiltz, Johnson, & Turoff, "Experiments in-group decision making," p. 358; Siegel, Dubrovsky, Keisler, & McGuire, "Group processes," p. 358.

[八] Dubrovsky, Keisler, & Sethna, "Equalization phenomenon," p. 358; Weisband, "Group discussion," p.358.

种选项却是等价的，人们不应在二者之间有所偏好。对于此类决策，许多经营者不愿冒险，他们宁愿选择保守投资获利更少，也不愿冒险赢得更多（当然，同样也可能一无所获）。然而，也可能会有以下情况发生：

C. 两年后，一定损失 2 万美元。

D. 50% 的概率损失 4 万美元，50% 的概率没有损失。

此时，许多经营者会更加激进而选择 D，这又是为什么呢？根据上面的示例可以看出，人们在获得收益时会更加保守，在面临损失时会更加激进。㊀ 这也可能导致自我保守、孤僻的行为。个人理财方案可以通过操纵参考目标进行改变。

从第 7 章中我们可以看到，在同等条件下，团队决策比个人决策更加激进。奇怪的是，在网络交流的过程中，团队无论在面临收益还是损失，都更为激进。㊁ 与面对面团队决策相比，网络小组决策更冒险，判断上也更为两极分化。㊂ 例如，在面对面团队中，成员的决定会优先考虑他人意见。而在网络团队决策中，从头至尾意见都难以统一。㊃ 此外，无论在网络交流，还是在面对面交流中，管理者总是对自己的决定信心满满。

解除束缚及其消极影响

当社会环境暗示消失或者减弱时，人们会觉得与众不同，甚至有些失去自我。他们不必在意自己的装扮，幽默往往会大打折扣，甚至被曲解。由于通过互联网技术进行交流时，人们对不良情绪的宣泄没有制约，因而其不良影响也难以消除。在社会规则缺失的条件下，人们可能将正面情绪误解为消极情绪。网络交流的约束较弱，导致对个人情绪的大肆宣泄，这就是"怒火效应"。㊄ 当人们使用电子邮件时，他们很可能会被动回复。在此情况下，传统习惯中的礼貌谦恭相应减少，而粗鲁无礼等消极行为相应增多。在网络交流中，人们发怒的概率是面对面交流的 8 倍。㊅

目标效果和决策质量

通过网络交流，是否更高效呢？一项关于小组决策质量的研究表明，网络交流和面对面交流，两种模式并无显著差异。㊆ 当决策结果高度依赖信息互换时，面对面交流更具优势；但

㊀ Based on Daniel Kahneman and Amos Tversky, Prospect Theory: An Analysis of Decision under Risk, Econometrica, Vol. 47, No.2 (Mar., 1979), pp. 263-292, The Econometric Society (c) John Wiley and Sons, © Leigh L. Thompson.

㊁ McGuire, Keisler, & Siegel, "Group and computer-mediated discussion," p.358.

㊂ McGuire, Keisler, & Siegel, "Group and computer-mediated discussion," p.358; Siegel, Dubrovsky, Keisler, & McGuire, "Group processes," p. 358; Weisband, "Group discussion," p. 358.

㊃ Weisband, "Group discussion," p. 358.

㊄ Dubrovsky, V. J., Kiesler, S., & Sethna, B. N. (1991). The equalization phenomenon: Status effects in computer-mediated and face-to-face decision-making groups. Human-computer Interaction, 6(2), 119-146; Weisband, "Group discussion," p. 358 Siegel, Dubrovsky, Keisler, & McGuire, "Group processes," p. 358

㊅ Dubrovsky, Keisler, & Sethna, "Equalization phenomenon."

㊆ For a review, see Hedlund, Ilgen, & Hollenbeck, "Decision accuracy in computer mediated versus face-to-face decision making teams."

如果是其他因素影响决策质量，网络交流可能会因更少的信息交换而占据优势。○

信任与默契

人们进行面对面互动可以很快建立信任，即使彼此的相似性很少。虚拟团队成员之间信任的形成则更困难。一项研究检验了新产品开发团队成员之间信任的相关因素，其中一些团队是在同一地点，其他的则是虚拟团队。○虚拟团队成员之间的信任取决于他们想要信任的倾向，虚拟团队中个人信任倾向对团队信任程度的影响大于在一起工作的团队。虚拟团队的成员常常是在项目开始前被告知其他人的教育水平、经验和背景，使小组能够在团队互动前就能衡量每个成员的能力。当团队的关系是纯虚拟的时候，信任的基础是对每个成员的能力的衡量。相反，这意味着衡量信任的影响维度，如爱心、正直，这些在虚拟团队中都很难弄清楚。对于有很高依赖程度的项目来说，或者当对项目的组织、社会和心理支持非常重要时，安排在认知和情感上都有高信任倾向的搭档对在同一个地方工作的团队来说是非常重要的。

虚拟团队、混合团队和传统团队

区分虚拟团队、混合团队和传统团队有三个要素：物理距离、技术支持和小组成员离开的时间比例。○正如图表 12-2 所示，传统团队物理距离很近，在一起的时间更多并且通常需要更低的技术支持。虚拟团队大多数时间都是分开的，物理距离和技术支持都有所变化。混合团队代表了大多数团队，在物理距离、分开时间和技术支持上都有更多的变化。

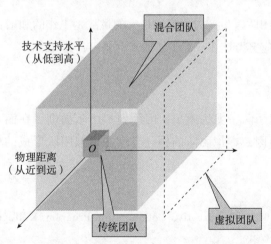

图表12-2 传统团队、混合团队和虚拟团队

基于 Griffith,T. L.,Mannix,E.A., & Neale,M.A.(2002). Conflict and virtual teams. Ln S.G.Cohen & C. B. Gibson(Eds.), Creating conditions for effective virtual teams.San Francisco,CA:Jossey-Bass,©Leigh L.Thompson.

○ Ibid.

○ Yakovleva, M., Reilly, R. R., & Werko, R. (2010). Why do we trust? Moving beyond individual to dyadic perceptions. Journal of Applied Psychology, 95(1), pp. 79-91.

○ Griffith, T. L., Mannix, E. A., & Neale, M. A. (2002). Conflict and virtual teams. In S. G. Cohen & C. B. Gibson (Eds.), Creating conditions for effective virtual teams. San Francisco, CA: Jossey-Bass.

虚拟团队和混合团队都会使用电话会议、视频会议、邮件和其他交流工具，如应用分享。团队可能只包括员工，也可能包括圈外人，比如客户的员工。虚拟团队对跨国公司来说是很不错的，对只在一个地点运作的小公司来说也比较有益，特别是当决策者经常在路上时。团队可能是短暂的或永久的，比如那些虚拟运作公司的操作团队。

普及程度

在我们对团队领导的调查中，大部分团队是混合团队（58%），其次是传统团队（34%），最后是虚拟团队（8%）。[一] 2015年，37%的美国员工每个月就有两天是居家远程工作的，9%的员工在一个月内超过10个工作日是远程办公。[二]

优点

关键的问题是，虚拟团队（和混合团队）能否提供比传统团队更多的优点。由于虚拟团队将公司员工较好地结合在一起，因此能更好地利用人力资源。此外，由于团队的虚拟特性，团队能够为团队成员提供一定程度的授权，这是传统团队所不能实现的。[三]

其次是生产力问题。2015年，被调查的58%的美国人坚信远程办公的员工和在办公室中办公的员工同样高产，16%的人坚信使用电子通信的员工比在办公室工作的员工更高产。[四] 同时，那些不在传统意义办公室中工作的员工反映他们事实上工作了更长的时间，也是更开心的员工。[五]

如果公司需要虚拟团队，生产力面临的最大的挑战是工作的和谐：尽管面对面交流受限，交流仅依托于电话，也应努力让在一起工作的人更兼容、更高产。

身份认同

团队认同感在虚拟团队中尤为重要，因为虚拟团队提供了在面对面交流缺失时增强和谐的方法。出于这些原因，虚拟团队的领导者应在虚拟团队形成的初期就寻求建立团队认同感。[六]

[一] Thompson, L. (2015). Constructive Collaboration Program. Kellogg School of Management, Northwestern University.

[二] Jones, J. (2015, August 19). In U.S., telecommuting for work climbs to 37%. Gallup. gallup.com

[三] Wageman, R. (2003). Virtual processes: Implications for coaching the virtual team. In R. Peterson & E.A. Mannix (Eds.), Leading and managing people in the dynamic organization (pp. 65-86). Mahwah, NJ: Lawrence Erlbaum Associates.

[四] Jones, "In U.S., telecommuting for work climbs to 37%."

[五] Clark, J. (2010, February 4). Employees with flex time put in more hours. Discovery News. news.discovery.com

[六] Fiol, C.M., O'Connor, E.J. (2005). Identification in face-to-face, hybrid, and virtual teams: Untangling the contradictions. Organization Science, 16(1), 19-32.

领导力

领导一个虚拟团队需要的技能与领导一个传统团队有所不同。与工作中面对面的闲聊和实时调整不同，虚拟团队的领导者需要更积极主动，[一]虚拟团队可能不会和传统团队一样从领导力中获益。一项研究表明，共享的团队领导力（和传统团队的领导力不同）与虚拟团队中工作高效的表现联系更紧密。[二]同样，另一个调查发现，在团队使用即时消息时（但不是在虚拟世界的情况），变革型（与交易型不同）领导力会有更大的反馈积极性。更大的反馈积极性与讨论满意度、凝聚力、效能感和任务时间有关，但是增加的反馈积极性会对决策质量有消极影响。[三]一项关于性格如何影响虚拟团队中领导力出现的研究揭示了宜人性和责任心分别与任务领导力和个人领导力正相关。[四]

关注和问题解决

任何团队的关键挑战都是问题和挑战得到了多少关注。一项关于跨国工程公司的知识供应者问题的在线知识分享的研究揭示，关注分配是由知识供应者–问题的匹配特点所决定的，这有效地转换了关于知识供应者–寻求者匹配的讨论。[五]

冲突

虚拟团队与传统团队一样，也会经历冲突。较早阶段的冲突会在接下来的阶段影响团队。一个纵向的研究对比了在一个月内致力于复杂团队任务的三类团队：面对面团队、视频会议团队和计算机媒介团队。团队初期的任务冲突预测了团队在面对面团队和视频会议团队中接下来阶段的关系冲突，然而在计算机媒介团队中则作用不明显。[六]很明显，在计算机媒介团队中，精简的交流会通过避免任务冲突升级为关系冲突而对团队有利。这样的结果不应被理解为计算机媒介团队的领导和管理者没有什么可担心的。的确，一项对大型软件公司的研究发现，

[一] Zander, L., Zettinig, P. & Mäkelä, K. (2013) Leading global virtual teams to success. Organizational Dynamics.42(3), 228-237.

[二] Hoch, J.E., & Kozlowski, S.W. (2014). Leading virtual teams: Hierarchical leadership, structural supports, and shared team leadership. Journal of Applied Psychology, 99(3), 390-403.

[三] Kahi, S.S., Huang, R., & Jestice, R.J. (2012). Interaction effect of leadership and communication media on feedback positivity in virtual teams. Group Organization Management, 37(6), 716-751.

[四] Cogliser, C.C., Gardner, W.L., Gavin, M.B., & Broberg, J.C. (2012). Big five personality factors and leader emergence in virtual teams: Relationships with team trustworthiness, member performance contributions, and team performance. Group & Organization Management 37(6), 752-784.

[五] Haas, M.R., Criscuolo, P., & George, G. (2014). Which problems to solve? Online knowledge sharing and attention allocation in organizations. Academy of Management Journal, 58(3), 649-657.

[六] Martínez-Moreno, E., Thompson, L. F., Zornoza, A., & González-Navarro, P. (2012). Investigating face-to-face and virtual teamwork over time: When does early task conflict trigger relationship conflict? Group Dynamics: Theory, Research, and Practice, 16(3), 159-171.

对于在同一地点的团队，虚拟团队有更大的过程冲突。另一项研究发现，低混合的团队和高混合的团队在任务冲突和关系冲突中并无多大区别，但是高混合的团队比低混合的团队有更大的程序冲突。

地理断层

在地理分散的团队，地理位置可能会加大将团队分成小组的断层，并阻碍团队发挥作用。一项关于10个国家45个团队的研究发现，地理断层增加了冲突，减少了信任。研究对比了六人团队中地理分散的三种配置：完全分散团队（每个人都在不同的地点）、部分分散团队（三个小组，每组两人在同一地点）、部分分散团队（两个小组，每组三人在同一地点）。当团队被分成两个相同大小的小组，小组成员在同一地点且国籍一致时，断层更大。团队成员有一样的国籍反而有更多的冲突和更少的信任，这看起来很矛盾，但的确，同质的小组会有更多的对抗行为。

增强虚拟团队

增强虚拟团队的表现有许多方法，有些是技术方法，有些则包含了具体的行为（图表 12-3 描述了虚拟团队中管理者在团队组建期、激荡期、规范期、执行期时能做出的调解）。我们首先探索了结构性的方法，然后关注于人际的方法。

组建期	激荡期	规范期	执行期
• 真实虚拟团队预演	• 面对面建立团队	• 创建定制化模板或团队章程，具体说明任务要求	• 确保部门和公司的文化支持虚拟团队工作
• 经验丰富的团队成员指导	• 训练冲突解决	• 建立个人责任，确定日期和工作计划	• 为团队提供支持和资源
• 发展共同的理解和团队身份意识	• 鼓励有冲突的员工一同工作以建立共同的立场	• 建立共享信息的程序	
• 有明确的使命	• 协调以创造折中的解决方法	• 区分任务信息、社会信息和情境信息，为对方设计合适的程序	
• 获得高级的管理支持		• 安排有虚拟管理技能的教练	

图表12-3　虚拟团队工作循环中的管理互动

"Managing the life cycle of virtual teams" from The Academy of Management Executive by Stacie A. Furst, Martha Reeves, Benson Rosen and Richard S. Blackburn, 18(2), 6-20.,pp. 15,Table 3 Managerial interventions During Virtual Project Team Life Cycle. Copyright© 2004 by Stacie A. Furst,Martha Reeves,Benson Rosen and Richard S. Blackburn. Reprinted by the permission of The Academy of Management Executive.

- Griffith, T. L., Mannix, E. A., & Neale, M. A. (2002). Conflict and virtual teams. In S. G. Cohen & C. B. Gibson (Eds.), Creating conditions for effective virtual teams. San Francisco, CA: Jossey-Bass.
- Griffith, T.L., Mannix, E.A., & Neale, M.A. (2003). Conflict and virtual teams. In C.B. Gibson & S.G. Cohen(Eds.), Virtual teams that work: Creating conditions for team effectiveness (pp. 335-352). San Francisco: Jossey-Bass.
- Polzer, J.T., Crisp, C.B., Jarvenpaa, S.L., & Kim, J.W. (2006). Extending the faultline model to geographically dispersed teams: How co-located subgroups can impair group functioning. Academy of Management Journal,49(4), 679-692.

团队形成

当一些大公司的管理者被问到是人才还是地点应该会推动团队形成时，结论是地点的挑战会比人才的短缺更容易克服。[○]弄清楚边界非常重要：当被问到谁是团队里的人时，90%的团队成员所列出的清单都不相同。[○]物理意义上的"不在一起办公"并不意味着他们不是团队使命和任务中的一员，公司应让虚拟团队的员工融入组织的文化。[○]例如，在 Automattic 公司，有 230 名员工在超过 100 个城市中远程办公。求职人员会先在一个试验项目中工作几个星期以确保候选人与公司的文化相契合，符合条件的员工就会被雇用，之后所有的新员工都会在客户服务中心工作三个星期以打造一种相同和统一的员工经验。[○]

技术

虚拟团队有许多支持技术，但关键是不要让技术来驱动整个团队。高效的虚拟团队的主要障碍是用户接受，以及技术和组织的挑战。安德玛公司几乎废除了远距离员工中的所有面对面会议，他们采用了工作交流软件 Slack，用户可以登录既定的频道进行即时对话。在进行对话时，偏离主题的团队成员会被指引到另外的频道进行具体的突发对话。公司会议是在灵活的虚拟空间中进行的。[○]

非共时技术造成了"表演秀"的倾向，人们往往是在自说自话。为避免自说自话的行为，虚拟团队会引进来自他人的交互和信息输入。邀请特定的人输入信息，而不是询问"你怎么看"。一项关于跨国能源公司 47 个技术和行政工作团队的研究发现，大团队更可能使用技术而非合作来控制对方。[○]这样的行为与团队的结果是成反比的，而且拥有复杂技术的团队更有可能占支配地位。考虑在何时筹划一个虚拟会议是有规则的，图表 12-4 所列内容可以为筹划虚拟会议提供一些帮助。

○ Mulhern, F. (March 5, 2012). Engaging virtual employees: Innovative approaches to fostering community. The Forum. performanceforum.org

○ Hackman, J.R., Wageman, R., Nunes, D.A., & Burruss, J.A. (2008). Senior leadership teams: What it takes to make them great. Boston, MA: Harvard Business School Publishing.

○ Mulhern, "Engaging virtual employees."

○ Silverman, R.E. (2012, September 4). Step into the office-less company. The Wall Street Journal. wsj.com; Snow, S. (2014, September 11). How Matt's machine works. Fast Company. fastcompany.com

○ Heffernan, V., & Graham, J. (2016, February 25). Meet is murder. The New York Times Magazine. nytimes.com; Greenfield, R. (2015, January 15). Why creative teams are loving Talko. Fast Company. fastcompany.com

○ DeSanctis, G., Poole, M. S., & Dickson, G. W. (2000). Teams and technology: Interactions over time. Research on Managing Groups and Teams, 3, 1-27.

会议前	会议中	会议后
• 限制参与者的数量并且知道他们名字和头衔	• 制作参与者地区分布图并且记录决策制定关键点	• 分发会议笔记和行动计划总结
• 计划会议议程并安排每项日程负责人	• 鼓励参与者介绍自己并认识彼此	• 联系会议参与者以确保沟通清晰和反馈真实
• 明确会议中所用的技术,必要时联系信息技术部门排除故障	• 按会议流程进行,建立会议的时间框架	• 如有必要,则整理出后续会议的时间表
• 制定会议室的礼节和标准	• 适时暂停会议以总结要点,寻求反馈或问题,检查技术和会议进程	• 执行会议中所达成的行动计划
• 发放会议相关材料	• 提醒参与者发音清晰并准确传达观点	
	• 在静音键按下后停止5s以确保没有私人对话	

图表12-4　虚拟会议核查

基于 Dinnocenzo,D.(2006).How to lead from a distance:Building bridges in the virtual workplace(pp.32-33).Dallas,TX:Walk the Talk;Virtual Meeting Best Practice Checklist.[Chart and checklist of virtual meeting best practices, August 14, 2012]. Luminosity Global Consulting Group, LLC.luminosityglobal.com,©Leigh L.Thompson.

共享心智模型

虚拟团队被用来交流共享心智模型的技术类型所影响。不管团队是通过面对面会议还是信息技术进行交流,团队成员都需要对任务和协调工作有共识。[1] 网络和社会资本都会影响心智模型。一项关于高科技组织中虚拟团队的研究指出,社会资本,尤其是社会网络中的边界跨越和知识,和专业人员更多的知识分享相关联。[2]

边界物

边界物是能让不同团队、不同组织、不同文化的人建立共同理解的文件和词汇。边界物包括工具、文件、模型、论述、语言、过程、路径和程序。由此可见,边界物与第6章讨论过的谈判记忆系统相似,不同团队对于边界物的定义有所不同,正是对这些不同之处的认可和讨论形成了共同的理解。比如,一项关于将使用软件和项目管理工具作为边界物的虚拟团队的现场研究发现,在一定的情况下,边界物促进了合作,同时也导致了更大的冲突。特别是当边界物用于转型期间,涉及权力和权威的明确控制和重新分配时,知识分享就会受到阻碍,负面刻板印象会有所增加。相反,当边界物用于时间线和项目会议时,团队的精神面貌会变好并且形成共同的身份认同感。[3]

贯穿沟通交流全过程,需总结进展和决策,并参照会议的目标,一项关于企业组织20个

---

[1] Maynard, M.T., & Gilson, L.L. (2014). The role of shared mental model development in understanding virtual team effectiveness. Group & Organization Management, 39(1), 3-32.

[2] Karavidas, M., Lim, N. K., & Katsikas, S. L. (2005, August). The effect of computers on older adult users. Computers in Human Behavior, 21(5), 697-711.

[3] Barrett, M., & Oborn, E. (2010). Boundary object use in cross-cultural software development teams. Human Relations, 63(8),1199-1221.

子公司的 115 个团队的研究表明，及时响应和知识管理增加了团队内的学习，并且形成了更好的绩效和人际关系。㊀

最初的面对面经验

为促进虚拟团队成员之间的交流和信任，公司常通过面对面交流来使团队成员聚在一起。如果团队成员已经见过面了，则他们在一起工作会容易很多。面对面交流更人性化并且为团队成员在后续的远距离工作创造期待。一项关于 208 名高级商学院学生的研究表明，与参加面对面会议的成员相比，那些只在电子设备上进行交流的成员会在信任和合作方面有所降低。㊁ 介绍性的面对面会议在信任和合作的发展中起着重要的作用，尤其是当周边环境充满竞争时。PR 20/20 的首席执行官 Paul Roetzer 跟进面对面会议之后，这家小营销公司 PR20/20 通过首次面对面会议将科技巨头 HubSpot 发展为客户。㊂

闲聊指的是人与人之间对建立人际关系有意义的联系，也可以称为虚拟握手。㊃ 这种基本个人信息的交换明显促进了虚拟团队的合作。闲聊技巧有许多，比如交换名片或联系方式等。㊄ 闲聊增进了好感与和谐，相对于直接进行谈判，闲聊更有利于商业合作。闲聊最吸引人的地方是相对低成本和高效，仅仅是通过几封简短的邮件就能促进更好的生意关系，然而，人们不应期待和别人很自然地闲聊，特别是在生意关系刚确定的时候。事实上，进行远程工作的团队成员更倾向于高任务聚集。一项关于 43 个团队（其中 22 个团队在一起办公，21 个团队分散在不同的国家）的研究表明，虚拟团队比在一起办公的团队反映更多的任务和人际冲突，而自发交流的团队则有很强的团队认同感及较小的矛盾。㊅ 在这个研究中，像闲聊这样自发的交流指的是团队成员之间非正式的、未计划的互动。

在虚拟团队中，声誉很快形成，自我实现预言也常出现。刚开始的 30 天非常重要。获得好的团队成员的声誉的方法之一是变得可靠。要想变得可靠，团队成员需要做到他们所承诺的。许多人承诺得多而做得少，相比之下，承诺得少而做得多就是一个很好的方法。建立可靠的形象，要记住以下三步：①写下自己所做出的承诺并经常检查；②询问其他成员你做什么可以变得更可靠，然后去做；③支持和回应小组成员，如果当时没空，也要尽快。㊆

㊀ Zellmer-Bruhn, M., & Gibson, C. (2006). Multinational organizational context: Implications for team learning and performance. Academy of Management Journal, 49(3), 501-518.

㊁ Hill, N. S., Bartol, K. M., Tesluk, P. E., & Langa, G. A. (2009). Organizational context and face-to-face interaction: Influence on the development of trust and collaborative behaviors in computer-mediated groups. Organizational Behavior & Human Decision Process, 109, 187-201.

㊂ Duncan, K. (2014, October 27). 3 Benefits of meeting face-to-face. Entrepreneur. entrepreneur.com

㊃ Teten, D., & Allen, S. (2005). The virtual handshake. New York: AMACOM.

㊄ Moore, D., Kurtzberg, T., Thompson, L., & Morris, M. (1999). Long and short routes to success in electronically-mediated negotiations: Group affiliations and good vibrations. Organizational Behavior and Human Decision Processes, 77(1), 22-43.

㊅ Hinds & Mortensen, "Understanding conflict in geographically distributed teams."

㊆ From How to lead from a distance: Building bridges in the virtual workplace by Debra Dinnocenzo (pp. 21), ©2006 The Walk The Talk Company.

客观的自我意识

某资深副总裁在进行电话会议时都会在自己的面前放一面镜子，镜子能让自己看到别人眼中的自己。一项以北美人为样本的研究表明，在镜子前的人更会自我批判，骗人的可能性比那些没在镜子前的人更小。[一]

诚信

虚拟团队创造条件解决自利行为、隐藏的议程和混乱的问题。由于缺乏每天面对面讨论和分享问题的机会，人们会开始质疑一些团队成员的诚信正直。在虚拟团队的交流中，阐明你的诚信正直是很有必要的，你可以采取以下四个步骤：①诚实，直接但不被讨厌，意味着给别人提供诚实的反馈；②在远程交流中避免讽刺、玩笑和嘲笑，玩笑可能会被曲解，并为逃避性的对话做铺垫；③保持自信，不要散布谣言或分享隐秘信息，告诉别人你的标准；④恰当地处理敏感话题。[二]

洞穴和公共区域

团队成员有时需要做个人（独自的）工作，有时他们需要直接与他人互动。洞穴与公共区域（cave-and-commons）设计让团队能够调整他们个人的和群体的互动水平（译者注：洞穴意指半私人空间，可以发电子邮件、打电话等，不被别人打扰；公共区域指为最大化渗透沟通而组织的共同工作空间）。通常，当身份差异存在、人们过于讲礼节、需要斟酌、参与度参差不齐以及待做工作清晰明确时，成员需要回到他们的洞穴。当群体刚组建、总体目标不清晰、信任度低、不确定性高、危机突发、冲突需要被解决以及给予和接收反馈时，群体成员需要找到公共区域。[三]

指导虚拟团队

如 Wageman 所说，过程损失或对绩效的威胁会从传统团队中形成不同形式的虚拟团队。[四] Wageman 的指导虚拟团队的模型关注于三个关键时间段的动机、知识和协调干预：团队建立、自然断点、绩效期的终点。[五] 虚拟团队的建立需要刻画目标和塑造虚拟团队成员动机。

[一] Heine, S.J., Takemoto, T., Moskalenko, S., Lasaleta, J., & Henrich, J. (2008). Mirrors in the head: Cultural variation in objective self-awareness. Personality and Social Psychology Bulletin, 34(7), 879-887.

[二] From How to lead from a distance: Building bridges in the virtual workplace by Debra Dinnocenzo (pp. 22), ©2006 The Walk The Talk Company.

[三] Kurtzberg, T.R., Naquin, C.E., & Belkin, L.Y. (2005). Electronic performance appraisals: The effects of e-mail communication on peer ratings in actual and simulated environments. Organizational Behavior and Human Decision Processes, 98(2), 216-226; Kurtzberg, T.R., Belkin, L.Y., & Naquin, C.E. (2006). The effect of e-mail on attitudes towards performance feedback. International Journal of Organizational Analysis, 14(1), 4-21.

[四] Wageman, "Virtual processes."

[五] Wageman, "Virtual processes."

同时，团队要有一条清晰的边界，以便所有成员都能知道谁在团队中以及原因。

物理距离和交流的非共时方法都会抑制员工的努力。团队中任何一个成员不作为，即使不是故意的，也可能造成其他成员的不作为。团队成员可能会对其他成员的贡献做出评价，认为某个成员的低水平努力反映了其较低程度的动机。不作为将会传导给其他成员，并且影响团队的动力标准。

相对于传统团队，虚拟团队的成员对其他成员具有的知识和技能有相对较少的了解。领导者知道虚拟团队甄选哪个成员，但是成员们不知道。在团队中有两种知识：隐性的知识和编纂的知识。[⊖] 隐性的知识很难通过经验来表达和获得，[⊖] 编纂的知识指的是通过正式和符号性的语言传递的知识。比如：通过对那些学习使用新技术的医院进行研究，结果表明，当团队的绩效依赖于隐性知识时，其绩效比较多变，因为团队成员不能向其他医院准确地描述出他们究竟是如何使用技术的。

虚拟会议是一次良好的尝试，在没有讨论未来计划的情况下不要轻易结束虚拟会议。至少要想到三个月以后，让每个成员承诺他们要做的事，然后根据他们所说的来安排目标。总结计划并发送邮件或公告以便大家参考。

本章小结

几十年来，团队一直都在解决地点和时间问题。传统方法是重新安置员工，新的方法则更多变，更具有创造性，成本更低，持续时间更长。信息技术会增加团队的生产力，经验丰富的管理者知道什么时候使用信息技术，使用信息技术时可能突然出现的问题，以及如何处理这些问题。

⊖ Edmondson, A., Winslow, A., Bohmer, R., & Pisano, G. (2003). Learning how and learning what: Effects of tacit and codified knowledge on performance improvement following technology adoption. Decision Sciences,34(2), 197-223.

⊖ Polanyi, M. (1966). The tacit dimension. London: Routledge & Kegan Paul.

| 第 13 章 |
多元文化团队

印度有着12亿的人口，但其中只有3%的人纳税，纳税额占国内生产总值的17%。相比之下，美国和英国的纳税额分别占到国内生产总值的25%和33%。尽管印度有大量的贫困群众并不需要为他们的收入纳税，但是由于政府执法系统的缺位，许多能够纳税且应该纳税的人都进行了合理避税。为了让纳税人履行纳税义务，印度塔纳的专员Sanjeeu Jaiswal将公共尴尬作为一种从欠税人那里收取税款的手段。城市的税务官员手里举着印有塔纳盾徽的旗，前面有四五个专业的鼓手和几名保安人员，鼓手们在欠税人举行婚礼或生日聚会时，在其家门外演奏着同样的喧闹的节奏。整个城市走下来，财产税收入增加了20个百分点。五年来，房地产开发商Prahul Sawant不顾政府的命令拒绝支付拖欠的税款。然而，当催税的鼓乐队出现在他的房子外面要求付款时，Sawant先生终于为他欠下的945美元税款写了一张支票。"当你收到警告的时候，你是唯一会关心的人，"Jaiswal说道。"楼下的鼓乐队改变了这一点，对人们来说，没有什么比他们的名声更重要的了。"⊖

在这一章中，我们探讨了多元文化团队面临的挑战，对文化进行了定义，分析了文化价值观，介绍了文化智力的概念，并探索了如何对它进行测量和改进，回顾了关于多元文化团队合作和多元文化合作的研究，并对多元文化团队成员在协作方面拥有的选择进行了思考。

跨文化团队工作的挑战

多元文化团队和跨国团队越来越常见。来自学术机构和私营部门的研究表明，种族多元化有助于企业取得卓越的商业成果。例如，管理团队的性别和民族/种族多样性增加10%，息税前利润就会增加5.6%。⊖ 在多元文化团队中，人们必须与来自不同地域和民族文化的人紧密合作。

多元文化团队

一项针对跨国公司员工的调查显示，64%的员工加入过全球工作团队，平均有52%的团

⊖ From If You Don't Pay These Taxes, Expect a Troupe of Drummers at Your Door by Gabriele Parussini,©April 17, 2016 The wall street Journal.

⊖ Gallardo, C. H. (2015, June 22). London's diversity is one of the strongest attributes of its tech ecosystem. The Guardian. theguardian.com

队成员在母公司所在国家之外的国家和地区工作。①

文化定势与原型

考虑到多元文化团队的普遍存在，企业和管理者会在了解不同文化和全球团队合作上进行投资也就不足为奇了。一个常见的方法可能就是拿起《日美商务谈判：跨文化研究》或《在日语中的谈判协议与分歧：连接表达与回合构建》的书。然而，当我们试图开始一门关于单一文化的速成课程时，我们将面临刻板印象的风险。**文化定势（stereotype）**是一种普遍的（通常是错误的）想法，即认为来自特定文化的每个人都是一样的。本书中，我们不依赖文化定势来检验文化，相反，专注于一种文化中的**原型（prototypes）**或中心倾向会更有用。与文化定势不同的是，原型认识到不同文化之间存在着差异。例如，在美国，14～34 岁的人中有 9% 已经开始创业了；在德国，这个年龄段的人中仅有 2% 开始创业。年轻的德国人 Christian Brandhorst 就是一个例外，因为他从大学毕业后就创办了两家公司。②

当我们通过原型的视角来看待文化时，来自特定文化的人实际上可能更类似于一个来自不同文化的典型人物。例如，27 岁的科技博主 Ryoma Machida 和他的妻子住在日本一个人口密集的社区的小房子里。他在新西兰的一所大学学习过国际商务，是 Airbnb 的房东，创办了一家创业公司，并在自己的冰箱上贴了一张苹果创始人 Steve Jobs 的照片。可以肯定的是，Machida 更认同旧金山的创业精神，而不是他所居住的日本文化，并且为了弥合文化，Machida 为他的 Airbnb 客人和日本朋友组织了非正式的聚会。③

文化价值观

文化的定义

文化（culture）是一个群体的独特特征，包括群体的设想、价值观、信仰、规范、意识形态，及其社会、政治、经济和宗教机构的结构。④

冰山模型

根据文化冰山模型（见图表 13-1），当我们遇到来自不同文化的人时，无法直接看到他们

---

① Cultural differences: Inevitability in a global economy (2015). The Economist Intelligence Unit. futurehrtrends.eiu.com

② Geiger, F. (2015, March 4). The giant hole in Germany's economy: Startups. The Wall Street Journal. wsj.com

③ Corbett, S. (2015, February 18). Meet the unlikely Airbnb hosts of Japan. The New York Times. nytimes.com

④ Brett, J. M. (2014). Negotiating globally: How to negotiate deals, resolve disputes, and make decisions across cultural boundaries (3rd ed.). Jossey-Bass.

的价值观、信仰和规范,只能看到他们的行为和外表。为了理解他们的价值观、信念和规范,我们有必要花时间去了解他们。⊖ 例如,谷歌负责人事业务的高级副总裁 Lazlo Bock 认为,面试往往是一种确认偏差的练习,面试官往往会在没有意识的情况下寻找数据来确认他们已经做出的快速判断。为了对抗这种偏见,寻求更好的机会去了解应聘者的外表和行为,谷歌组建了一个由几个员工组成的招聘委员会来面试和审查应聘者。⊜

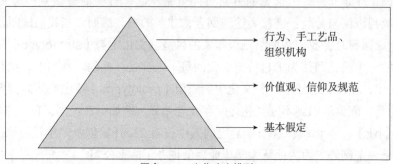

图表13-1　文化冰山模型

基于 French, W. L., & Bell, C. H. (1923). Organization development: Behavioral science in interventions for organization improvement (p. 18). New Jersey: Prentice-Hall,ⒸLeigh L.Thompson.

Hofstede 模型

Hofstede 认为,来自不同文化的人在两个关键问题上存在差异:权力距离的大小、个人主义与集体主义。**权力距离(power distance)** 反映的是社会或组织结构的上层和下层之间存在着的巨大差距的一种倾向。个人主义反映的是认为自己是自主的、自力更生的,而不是与他人及其福祉相联系的一种倾向。具体来说,Hofstede 从权力距离和个人主义与集体主义两方面对 73 个国家进行了考察。⊜ 值得注意的是,个人主义与低权力距离相关,集体主义和高权力距离倾向于共变,即高度集体主义的国家,其权力距离也往往很高。

个人主义与集体主义　个人主义(individualism)指的是人们根据自己的特点和特质来定义自己并优先考虑他们的个人目标。对于来自个人主义文化的人来说,对幸福的追求和对个人福祉的尊重是最重要的,关注的重点在于将个人作为一个独特的层次进行分析。例如,Chesapeake 能源公司的联合创始人 Aubrey McClendon 在采访中经常表达个人主义的价值观:"如果我想总是做最受欢迎的事情,那么我就会成为一个追随者",㊃ 以及"我一直都很乐意或多或少地以我的方式去思考和行动"。㊄

⊖ French, W. L., & Bell, C. H. (1923). Organization development behavioral science in interventions for organization improvement. New Jersey: Prentice-Hall.

⊜ Komisar, R. (2015. October 7). How Google thinks about hiring, management and culture. Tech Crunch. techcrunch.com.

⊜ Minkov, M., & Hofstede, G. (2012, January). Hofstede's fifth dimension: New evidence from the World Values Survey. Journal of Cross-Cultural Psychology, 43(1), 3-14.

㊃ From "The Incredible Rise and Final Hours of Fracking King Aubrey McClendon" by Bryan Gruley, Joe Carroll, and Asjylyn Loder in Bloomberg Businessweek,ⒸMarch 10,2016 Bloomberg L. P.

㊄ Quote by Aubrey McClendon.

相反，**集体主义**（collectivism）关注的是人们如何定义自己与他人的关系，以及如何寻求进一步的群体目标。对于处于集体主义文化中的人来说，关注的重点在于社会群体或单位，其分析的基本单位不是拥有不可剥夺的权利的个人。来自个人主义文化的人更有可能使用"我"和"我的"这样的代词；来自集体主义文化的人则更倾向于使用复数代词，比如"我们"和"我们的"。

个体自我、关系自我及集体自我。广义地说，人们的自我概念有三个基本表现：个体自我（类似于个人主义）、关系自我和集体自我。⊖ **个体自我**（individual self）是通过与他人的区别、依靠人际比较过程而实现的，并且与从心理上保护或提升个人的动机有关。⊖ **关系自我**（relational self）是通过与重要的他人（如合作伙伴、父母、朋友及兄弟姐妹等）同化而实现的，并且是建立在个人化的依存关系基础上的。那些有着高关系认定的人与团队成员，甚至是来自不同团队的人都有着更多的亲社会行为。⊖ **集体自我**（collective self）是通过大型社会群体的容纳，并将其所在群体与相关的外群体进行比较而实现的。这三种自我表现会在同一个人中共存，然而，在任何时候，单个或多个自我认同之间似乎是相关的。图表13-2是衡量个人、社会和集体身份的一个例子。

介绍：请判断下列每一个陈述与你真实情况的符合程度。
1. 对于自我解读并不重要。
2. 对于自我解读有一点重要。
3. 对于自我解读有些重要。
4. 对于自我解读非常重要。
5. 对于自我解读极其重要。

—— 1. 我的道德标准和个人价值观。
—— 2. 受他人欢迎。
—— 3. 作为家族几代人中的一员。
—— 4. 我的想象和梦想。
—— 5. 别人对我说的话的反应。
—— 6. 我的种族和民族背景。
—— 7. 我的个人目标和对未来的憧憬。
—— 8. 我的外表。
—— 9. 我的宗教或信仰。
—— 10. 我的情感和情绪。
—— 11. 我拥有的名誉。
—— 12. 我住的地方或者我长大的地方。
—— 13. 我的想法和观点。
—— 14. 我对别人的吸引力。
—— 15. 我应对恐惧和焦虑的方式。
—— 16. 作为一个独特的、与众不同的人。
—— 17. 能够理解即使生活中有许多变化，我本质上还是同一个人。

⊖ Brewer, M. B., & Gardner, W. (1996). Who is this "we"? Levels of collective identity and self-representations. Journal of Personality and Social Psychology, 71(1), 83.

⊖ Brewer and Gardner, Who is this "we"?; Markus, H. R. (1977). Self-schemata and processing information about the self. Journal of Personality and Social Psychology, 35, 63-78.

⊜ Vos, M., & van der Zee, K. (2011). Prosocial behavior in diverse workgroups: How relational identity orientation shapes cooperation and helping. Group Processes & Intergroup Relations, 14(3), 363-379.

———— 18. 我的动作和言谈举止给别人留下的印象。
———— 19. 我对我的社区的归属感。
———— 20. 我的自知之明，比如知道我是什么样的人。
———— 21. 我的社交行为，比如我与别人会面时的行为方式。
———— 22. 我为我的国家感到自豪，为自己是一名公民而自豪。
———— 23. 自我评价，我对自己的个人看法。
———— 24. 我对政治问题或政治活动的忠诚度。
———— 25. 我的语言，比如我的地方口音，以及我所知道的第二种语言。

图表13-2　身份认同问卷调查

注：请平均第 1, 4, 7, 10, 13, 15, 16, 17, 20, 23 项的得分以计算人格同一性；请平均第 2, 5, 8, 11, 14, 18, 21 项的得分以计算社会认同；请平均第 3, 6, 9, 12, 19, 22, 24, 25 项的得分以计算集体认同。

"Identity orientations: Personal, social, and collective aspects of identity" from Paper presented at the meeting of the American Psychological Association, Los Angeles, CA by Cheek, J. M., Tropp, L. R., Chen, L. C., & Underwood, M. K. Copyright ©1994 Cheek, J. M., Tropp, L. R., Chen, L. C., & Underwood, M. K. Reprinted by permission of Jonathan M. Cheek.

独立和相互依存的自我定位。团队合作有两种类型的**关系焦点（relational focus）：独立（independent）**和**相互依存（interdependent）**。[一] 这种区别也被理解为自我中心论相对社会中心论，[二] 或个人主义相对集体主义。[三] 具有独立观点的人关注的是他们在多大程度上是自主的或独一无二的；相比之下，具有相互依存观点的人则专注于嵌入一个更大的社交网络。

设想一下独立和相互依存的理解将如何影响多元文化团队的行为。在一个简单的任务中，每个人得到一张纸，并被要求写20条关于自己的描述，每一个都以"我是"开头。[四] 关系取向独立的人倾向于写下关于他们内在价值、特性和表现的描述（如雄心勃勃的、有创造力的及肌肉发达的）。相反，相互依赖的人则倾向于写下与他人或与其社会角色相关的描述（如父亲、儿子及社区成员）。

团队成员关于自己是独立的或相互依存的认知，影响着他们的动机以及他们实现目标的方式。[五] 我们的文化价值观影响着我们的世界观。大多数北美人重视独立和自治，并寻求自己

[一] Gardner, W. L., Gabriel, S., & Lee, A. Y. (1999). "I" value freedom, but "we" value relationships: Self-construal priming mirrors cultural differences in judgment. Psychological Science, 10(4), 321-326.

[二] Schweder, R. A., & Bourne, E. J. (1984). Does the concept of the person vary cross-culturally? In Schweder, R. A., & LeVine, R. A. (1984). Culture theory: Essays on mind, self and emotion (p. 158-159). Cambridge University Press.

[三] Triandis, H. C. (1989). Cross-cultural studies of individualism and collectivism. In J. J. Berman (Ed.), Cross-cultural perspectives: Nebraska symposium on motivation (Vol. 37, pp. 41-133). Lincoln, NE: University of Nebraska Press.

[四] Gabriel, S., & Gardner, W. L. (1999). Are there his and hers types of interdependence? The implications of gender differences in collective versus relational interdependence for affect, behavior, and cognition. Journal of Personality and Social Psychology, 77, 642-655.

[五] Markus, H. R., & Kitayama, S. (1991). Culture and the self: Implications for cognition, emotion, and motivation. Psychological Review, 98(2), 224-253; Morris, M. W., Podolny, J. M., & Ariel. S. (2000). Missing relations: Incorporating relational constructs into models of culture. In P. C. Earley & H. Singh (Eds.), Innovations in international and cross-cultural management (pp. 52-90). Thousand Oaks, CA: Sage Publications.

是独一无二的。亚洲人重视相互依存和集体，并寻求一致性。⊖然而，即使在一种文化中，个人主义与集体主义也有差异。例如，在美国，处于南方腹地的人们更具集体主义，而在西部山区和大平原上的人则更具个人主义。⊜

也许更引人注目的是，在任何给定的时间内，相互依存性和独立性都可以被激活。例如，在一项调查中，一些人被要求阅读一段主要包含独立代词（如"我"和"我的"）的段落，其他人则阅读包含集体代词（如"我们"和"我们的"）的相同段落，然后对这些人的动机和行为进行检测。⊜那些读过集体主义代词（如"我们"和"我们的"）的人价值观和判断转向了集体主义。

权力距离 来自低权力距离文化的人，通常拥护平等主义的价值观，他们相信地位的阶层虽然存在，但是可渗透的。来自高权力距离文化的人则通常持有等级观念，认为地位阶层不易渗透。因此，平等主义与等级制度指的是社会或组织中不同的地位阶层是如何相互联系的。在**平等主义（egalitarian）**的文化中，地位阶层是存在的，但它们是可渗透的；在**等级体系（hierarchical）**的文化中，地位阶层不易渗透。在平等主义的文化中，高阶层与低阶层的群体之间经常进行沟通，而不是不遗余力地保持分歧。平等主义文化中的地位水平与生俱来就是可渗透的，这意味着如果一个人努力工作，他就能在一个组织中得到提升。例如，在西南航空这样的公司里，就很有可能渗透地位阶层。Colleen Barrett 最初是西南航空公司创始人 Herb Kelleher 的秘书，但她最终担任了西南航空公司的总裁直至 2008 年退休。Jim Ziemer 最开始是哈雷-戴维森摩托车的货运电梯操作员，但在 2005 年他成了公司的首席执行官。⊛

在等级体系的文化和组织中，地位的差异并不容易渗透。因此，不同级别或地位水平的成员难以频繁地进行交流，并且处于最高地位的人有一种强烈的责任感，他们会保护那些处于最低地位的人，而这些人反过来又会对组织中的高地位成员产生信任。例如，Kazuo Inamori 认为他对公司 Kyocera 的最高目标和义务就是专注于员工的幸福，包括精神上的以及物质上的。虽然这一理念可能不会让 Kyocera 的股东感到激动，但 Inamori 觉得有义务保护他的员工免受投资者的压力，并相信快乐的员工对所有人生产力和收入的增加有着直接影响。"如果你想要鸡蛋，那就先照顾母鸡吧。"Inamori 这样说道。投资者"希望获得尽可能高的回报"，但"有时公司管理层不得不对股东的自私要求说'不'"。⑤丰田总裁 Ako Toyoda 表示，自己有义务为下属的行为负责。在一桩员工丑闻之后，Toyoda 承担了责任并说道："对我来说，员工就像我的孩子一样……父母的责任是保护孩子，如果一个孩子引起了问题，那也是父母的

⊖ Kim, H., & Markus, H. R. (1999). Deviance or uniqueness, harmony or conformity? A cultural analysis. Journal of Personality and Social Psychology, 77(4), 785-800.

⊜ Vandello, J. A., & Cohen, D. (1999). Patterns of individualism and collectivism across the United States. Journal of Personality and Social Psychology, 77(2), 279-292.

⊜ Gardner, Gabriel, & Lee, "'I' value freedom, but 'we' value relationships."

⊛ Grant. A. (2015, December 19). The one question you should ask about every new job. The New York Times. nytimes.com; Arnoult, S. (20)15, February 28. Colleen Barret talks Herb, go-go boots and service with a smile. Runway Girl Network. [Weblog post]. runwaygirlnetwork.com

⑤ From The Buddhist Priest Who Became a Billionaire Snubbing Investors by Takako Taniguchi, ©November5, 2015 Bloomberg L. P.

责任。"

面子、尊严及荣誉文化

一个有关联而又有区别的文化模型是基于三文化原型的三重模型：面子、尊严和荣誉。这些文化价值观代表着人们的自我观念，与特定的地理区域有着高度相关性。**面子、尊严和荣誉**（face, dignity, and honor）指的是人们如何定义和看待他们的自我价值，或他们如何定义自己，以及他们在社会和团队环境中的人际关系（见图表13-3）。

文化原型	描述	团队合作行为和预期
面子	自我价值由社会给予	• 留脸面 • 给脸面 • 希望保持群体和谐
尊严	自我价值由自我决定	• 直接面对 • 公开分享信息 • 理性的 • 分析性的 • 友好交换信息
荣誉	自我价值由社会宣称	• 情绪表达 • 对抗性的

图表13-3 文化的维度

基于 Brett, J. M. (2014). Negotiating globally: How to negotiate deals, resolve disputes, and make decisions across cultural boundaries(3rd ed.). San Francisco, CA: Jossey-Bass; Aslani, S., Ramirez-Marin, J., Brett, J., Yao, J. J., Semnani-Azad, Z., Zhang, Z.-X., Tinsley, C., Weingart, L., Adair, W. (2016). Dignity, face, and honor cultures: A study of negotiation strategy and outcomes in three cultures. Journal of Organizational Behavior. Advance online publication. doi: 10.1002/job. 2095；Tinsley,C. H., Turan, N., Aslani,S., Weingart, L. R. (2011). The interplay between culturally and situationally-based mental models of intercultural dispute resolution: West meets Middle East. International Negotiation. 16(3), 481-510, ©Leigh L. Thompson.

面子 重视面子文化的人，寻求的是保持群体的和谐，而不是侮辱他人。来自面子文化的人会同意"人们应该非常谦虚地保持良好的关系""人们在他人面前应控制自己的行为"这一类的说法。在多元文化的群体中，来自重视面子文化的人不会立即信任他人，就像来自尊严文化的人一样。但是随着时间的推移，他们会慢慢建立起信任。在重视面子文化中，沟通是高度依赖语境的，这意味着人们不会直截了当地提出请求和要求，而是巧妙地传递信息，以帮助他人挽回面子。例如，当日本教授 Ryo Sahashi 和 Satoru Mori 在东京举行商务晚宴时，他们都把中间的座位让了出来。因为在日本文化中，中间的座位是留给最资深的人的。

⊖ From Toyota's Top Female Executive Arrested In Japan On Drug Charges by Scott Neuman, @June 19, 2015 NPR.

⊜ Brett, "Negotiating globally."

⊜ Based on Brett, J.(2016). Cultural survey report Kellogg School of Management；Brett, J. M. (2014). Negotiating globally: How to negotiate deals, resolve disputes, and make decisions across cultural boundaries (3rd ed.). Jossey-Bass, ©Leigh L. Thompson.

⊛ By Sally Herships, S.(2015, August 11). Etiquette and rituals rule in Japan's business culture. Marketplace. marketplace. com

尊严　在高尊严的文化中，人们会说出自己的想法，并期望别人说出他们自己的想法。他们在事实和信息的基础上做出决定。来自尊严文化的人会支持"即使别人不同意，人们也应为他们所相信的东西挺身而出""一个人有多尊重自己比别人有多尊重他更重要"这一类的说法。⊖ 在多元文化的群体中，来自尊严文化的人会问尖锐的问题且自愿交换信息。即使与他人没有深厚的渊源，他们依旧有相信他人的倾向。

荣誉　来自荣誉文化的人也表达他们的想法，通常把事情掌握在自己的手中，相对于来自面子文化和尊严文化的人，他们在情感上更有表现力。来自荣誉文化的人支持的是"人们必须时刻准备好捍卫自己的荣誉""如果一个人受到了侮辱却没有回应，那么他就会显得软弱"这一类的说法。⊖ 在多元文化团队中，来自荣誉文化的人可能会被认为是过于好辩的，甚至是情绪化的。

紧密与宽松的文化

在紧密和松散的文化之间存在重要的区别。紧密与宽松指的是文化机构控制人们行为的程度，以及在特定文化中人们的行为可变程度有多少。尊严文化通常是宽松的文化，即在公认的规范或适当的行为上有着广泛差异，规范是灵活的，且团队成员对行为的管控程度较低。然而有些文化则更为紧密，这意味着对个体行动的灵活性和容忍度更小。这对多元文化团队的影响是相当重要的，对于一个紧密文化的成员来说，进入松散的文化中工作相对容易，因为文化变得更加宽容了；然而，当来自松散文化的人进入一种紧密的文化时，他们可能会无意中犯一些文化错误。在有着保守和紧密文化的国家，比如日本，Airbnb 的主人说在涉及线上住宿和早餐业务时，他们会故意保持沉默，因为担心他们的邻居可能会与外国人产生不良好的互动，如噪声超过其接受范围、在他们不允许的地方留下鞋子以及对花圃的践踏都可能导致为房东或是警察引起麻烦。Airbnb 的一位房东描述了他与公寓业主发生的一次冲突，当时让所有人恐惧的是，一名来自欧洲的商务人士被发现在大楼的大厅里给她的手机充电。⊜

文化智力

除了拥有知识性智力和动机性智力外，人们还拥有各不相同的文化智力。文化智力可以提高团队在全球任务中积极参与四个关键学习阶段的可能性，即经验、反思、概念化和实验阶段。㉘

⊖　Bssed on Brett, J.(2016). Cultural survey report Kellogg School of Management；Brett, J. M. (2014). Negotiating globally: How to negotiate deals, resolve disputes, and make decisions across cultural boundaries (3rd ed.). Jossey-Bass, ©Leigh L. Thompson.

⊖　Brett, "Negotiating globally."

⊜　Corbett, S. (2015, February 18). Meet the unlikely Airbnb hosts of Japan. The New York Times. nytimes.com

㉘　Ng, K., Van Dyne, L., & Ang, S. (2009). From experience to experiential learning: Cultural intelligence as a learning capability for global leader development. Academy of Management Learning & Education, 8(4), 511-526.

CQ 模型

文化智商（cultural intelligence）是一个人能够有效适应新的文化环境的能力。[一] Early 和 Mosakowski 从三个关键维度方向引入了文化智商的衡量标准，分别是认知 CQ、身体（行为）CQ 和情感/动机 CQ。[二]一项对多元文化团队中领导力涌现的调查，揭示了那些在文化智商（以及全球认同和对多样文化的开放性）方面得分较高的人，比其他团队成员更有可能成为 MBA 学生团队的领导者。[三]

四因素模型 文化智商是由元认知、认知、动机和行为四个维度构成的[四]（见图表 13-4）。元认知文化智商专注于计划和意识，认知文化智商关注于一般的和特定的文化知识，动机文化智商反映的则是对不同的文化进行调整的动机，行为文化智商关注的是语言行为和非语言行为。一项研究从文化同质团队与文化多元团队的共同价值观的发展出发，对文化智商四因素模型进行了考察。[五]结果表明，行为文化智商和元认知文化智商对文化多元团队的共同价值观产生了积极影响，但是动机文化智商和元认知文化智商则对文化同质团队的共同价值观产生了消极影响。

因素	子维度	示例
元认知 CQ	・规划 ・意识 ・检查	・在与来自不同文化背景的人交流之前，我会制订行动计划 ・我意识到我的文化如何影响我与来自不同文化背景的人的互动 ・当我与来自某一文化的人互动时，我会调整自己对该文化的理解
认知 CQ	・文化——一般知识 ・背景——特定知识	・我可以描述解释世界各地行为的不同文化价值框架 ・我可以描述不同文化背景下领导风格的不同
动机 CQ	・内在兴趣 ・外在兴趣 ・利用自我效能感来调整	・我非常喜欢和来自不同文化背景的人交流 ・我珍视在不同文化中生活或工作所获得的地位 ・我有信心能够适应不同文化的生活条件
行为 CQ	・语言行为 ・非语言行为 ・言语行为	・我改变停顿和沉默的习惯，以适应不同的文化环境 ・当我与来自不同文化背景的人交流时，我会调整我所站的距离 ・我修改我反驳别人的方式，以适应文化背景

图表 13-4 评估文化智商

"Sub-Dimensions of the Four Factor Model of Cultural Intelligence: Expanding the Conceptualiza-tion and Measurement of Cultural Intelligence" from Social and Personality Psychology Compass by Linn Van Dyne,Soon Ang, Kok Yee Ng, Thomas Rockstuhl,Mei Ling Tan, Christine Koh, 6/4:295-313.Copyright(c) 2012 by Linn Van Dyne.Reprinted by permission of Cultural Intelligence Center.

[一] Earley, C. P. (2002). Redefining interactions across cultures and organizations: Moving forward with cultural intelligence. In B. M. Staw & R. M. Kramer (Eds.), Research in Organizational Behavior (Vol. 24, pp. 271-299). Oxford, UK: Elsevier.

[二] Earley, P. C., & Mosakowski, E. (2004). Cultural intelligence. Harvard Business Review, 82(10), 139-146.

[三] Lisak, A., & Erez, M. (2015). Leadership emergence in multicultural teams: The power of global characteristics. Journal of World Business, 50(1), 3-14.

[四] Van Dyne, L., Ang, S., Ng, K. Y., Rockstuhl, T., Tan, M. L., & Koh, C. (2012). Sub-dimensions of the four factor model of cultural intelligence: Expanding the conceptualization and measurement of cultural intelligence. Social and Personality Psychology Compass, 6(4), 295-313.

[五] Adair, W. L., Hideg, I., & Spence, J. R. (2013). The culturally intelligent team: The impact of team cultural intelligence and cultural heterogeneity on team shared values. Journal of Cross-Cultural Psychology, 44(6), 941-962.

文化智商与表现　一项对美国26家房地产公司的房地产经纪人的动机文化智商的研究表明，他们个人的动机文化智商与他们和来自不同文化背景的人达成的住房交易数量呈正相关。[1] 类似的，一项关于评估和挑选国际任务专业人员的研究表明，情商与整体的跨文化调整有关。[2] 此外，高文化智商的团队在团队生活中有着更好的表现，且文化智商调节了文化多样性和团队表现之间的关系，即一个团队的多样性越强，文化智商对成功的影响就越重要。[3]

文化元认知

文化元认知是文化智商的一个关键维度。[4] **文化元认知**（cultural metacognition）指的是一个人的文化意识水平，以及在跨文化交流过程中的执行处理。[5] 有着高文化元认知水平的管理者更有可能与来自不同文化的人发展信任关系。[6] 相反，文化元认知水平较低的管理者向来自不同文化的成员分享的新想法会比向来自他们自己文化的成员分享的要少。一项对37个多元文化团队的研究表明，当团队成员具有较高的文化元认知能力时，团队融合和创造力更有可能出现。[7]

团队融合

与让主导文化支配工作方式或与向主导文化妥协相比，共存的**融合原则**（fusion principle）能够提升全球化团队提取信息与制定决策的能力。[8] 例如，宜家在印度的文化融合。这家瑞典家居用品零售商希望将其家具和家居用品出售给印度日益壮大的中产阶层。宜家的跨国资源团队发现，当地供应商愿意创造性地利用当地资源，如杧果皮、竹子、椰子纤维、

---

[1] Chen, X.-P., Liu, D., & Portnoy, R. (2012, January). A multilevel investigation of motivational cultural intelligence, organizational diversity climate, and cultural sales: Evidence from U.S. real estate firms. Journal of Applied Psychology, 97(1), 93-106.

[2] Gabel-Shemueli, R., & Dolan, S. (2011). Do emotions matter? The role of emotional intelligence competences in cross-cultural adjustment for international assignment. Management Research: The Journal of the Iberoamerican Academy of Management, 9(3), 207-229.

[3] Moon, T. (2013). The effects of cultural intelligence on performance in multicultural teams. Journal of Applied Social Psychology, 43(12), 2414-2425.

[4] Earley, P. C., & Ang, S. (2003). Cultural intelligence: Individual interactions across cultures. Stanford University Press.

[5] Ang, S., & Van Dyne, L. (2008). Conceptualization of cultural intelligence: Definition, distinctiveness, and nomological network. Handbook of cultural intelligence: Theory, measurement, and applications, 3-15. New York: Routledge.

[6] R. Y. J., Morris, M. W, & Mor, S. (2012). Collaborating across cultures: Cultural metacognition and affect-based trust in creative collaboration. Organizational Behavior and Human Decision Processes. 118(1). 116-131.

[7] Crotty, S. K., & Brett, J. M. (2012). Fusing creativity: Cultural metacognition and teamwork in multicultural teams. Negotiation and Conflict Management Research, 5(2), 210-234.

[8] Janssens, M., & Brett, J. M. (2006). Cultural intelligence in global teams: A fusion model of collaboration. Group & Organization Management, 31, 124-153.

黄麻和甘蔗等本地资源，为零售商提供椅子和砧板。㊀

多元文化参与

文化智商的其中一个方面就是人们在沉浸于多元文化环境时所采取的心理倾向或方法。**多元文化参与**（multicultural engagement）指的是人们适应和学习新文化的程度。一项针对MBA学生的调查显示，即使是在控制了关键性格和人口统计学变量的情况下，多元文化参与度高的学生在毕业时确实获得了更多的工作机会。㊁此外，多元文化参与度高的学生表现出了增强的综合复杂性（即思考和推理的程度，包括多角度和可能性以及它们相互关联偶发性的识别和综合），这也解释了他们在就业市场上的成功。

工作方式

工作方式（work ways）描述的是一种文化下工作场所信念、心智模式及惯例的标志性模式，体现了这种文化对工作领域内什么才是美好、真实和高效的认知。㊂在工作环境中，文化差异会被削弱但不会减少。㊃关于硅谷科技行业中高度男性主导的工作方式，在2016年，四名来自多元文化的女性工程师站在一群同行面前，代表人Slack接受了"2016年发展最快的初创公司"的奖项。㊄这个公司的管理者中有57%是女性，而在像Twitter这样的竞争对手公司中，只有13%的员工是女性。㊅

多元文化团队合作

创造性革新

在多样性的讨论中，我们注意到多样化团队可能会经历更多的冲突，但同时他们也会产生更多的创造性想法。根据**国外创造性革新经验模式**（foreign experience model of creative innovation），管理者全球工作经验的三个维度可以预测组织的创造性革新，分别是广度、深

㊀ Rana, P. (2016, February 24). IKEA's India bet hits thicket of rules: Foreign retailers must acquire products locally; red tape, few labor laws. The Wall Street Journal. wsj.com

㊁ Maddux, W. W., Bivolaru, E., Hafenbrack, A. C., Tadmor, C. T., & Galinsky, A. D. (2014, July). Expanding opportunities by opening your mind: Multicultural engagement predicts job market success through longitudinal increases in integrative complexity. Social Psychological and Personality Science, 5(5), 608-615.

㊂ Sanchez-Burks, J., & Lee, F. (2007). Cultural psychology of workways. In S. Kitayama & D. Cohen (Eds.), Handbook of Cultural Psychology. New York: Guilford Press.

㊃ Sanchez-Burks, J. (2002). Protestant relational ideology and (in) attention to relational cues in work settings. Journal of Personality and Social Psychology, 83, 919-929.

㊄ From Slack Wins Fastest Rising Startup at the 9th Annual Crunchies, ©Feb 9,2016 TechCrunch.

㊅ Peck, E. (2016, February 10). This is what diversity in tech should look like. Huffington Post. huffingtonpost.com

度和文化距离。有一项纵向研究对世界顶级时装公司 11 年来的时装系列进行了调查，其结果显示，创意总监的国外专业经历预示着他们时装系列的创意性得分。值得注意的是，这三个维度的结果都是曲线：中等程度的广度和文化距离与最高水平的创造性革新有关；而文化深度的正面效应虽然在减少但从未变为负值。另一种说法是，文化深度是实现创造性革新的关键维度。

在某些情况下，团队中的文化多样性会抑制团队的创造力，因为存在着可能会阻碍团队成员之间知识共享和整合的消极社会过程。对于文化多样性对团队创造力的潜在负面影响，有两个因素可以有效地进行缓解，即信息技术和任务。具体来说，信息技术会对虚拟团队的运作产生巨大的影响，尤其是绩效取决于易接近性（简便和方便使用）和丰富性（提供了多少临场感，很像时间地点模型）。而对于任务，有三个关键考虑因素：任务依赖性（团队成员在信息、材料及专业知识等方面相互依赖的程度）、任务复杂性（更少的结构化与程序化，更多的不明确性），以及任务智力性（多大程度上任务有一个清晰的、显而易见的答案）。任务越具备智力性，文化认同的负面影响就越有可能减少。

关系取向

自我管理的多元文化团队并不依赖于领导者，甚至可能是没有领导者。一项对多元文化 MBA 团队的纵向研究发现，关系取向平均水平高的团队比水平较低的团队有着更好的表现。此外，团队成员之间的关系取向存在适度差异的团队，其表现比差异水平无论低还是高的团队更好。

网络

团队成员在团队之外的社交网络关系会影响他们在团队内的认知变化程度，成员之间有着不同社交关系的团队会更有创造力。一项对 82 个 MBA 长期项目团队的研究表明，在某种程度上，当团队成员与来自异质文化的人之间的关系微弱（而不是紧密）时，其创造力和最终的创新绩效反而会得到促进。此外，一项对由 60 个国籍组成的 91 个自我管理团队的纵向研究显示，密度大的任务网络加强了团队效力，中心化的任务网络促进了团队绩效。一个团

㊀ Godart. F. C., Maddux, W. W., Shipilov, A. V., & Galinsky, A. D. (2015). Fashion with a foreign flair: Professional experiences abroad facilitate the creative innovations of organizations, Academy of Management Journal, 58(1), 195-220.

㊁ Leung, K., & Wang, J. (2015), Social processes and team creativity in multicultural teams: A socio-technical framework. Journal of Organizational Behavior, 36(7), 1008-1025.

㊂ Ibid.

㊃ Moon, T. (2013). The effects of cultural intelligence on performance in multicultural teams. Journal of Applied Social Psychology, 43(12), 2414-2425.

㊄ Perry-Smith, J. E., & Shalley, C. E. (2014). A social composition view of team creativity: The role of member nationality-heterogeneous ties outside of the team. Organization Science, 25(5), 1434-1452.

㊅ Tröster, C., Mehra, A., & van Knippenberg, D. (2014). Structuring for team success: The interactive effects of network structure and cultural diversity on team potency and performance. Organizational Behavior and Human Decision Processes, 124(2), 245-255.

队文化上越多元，网络密度越正向影响团队效力，越需要更高的网络中心性以达到最佳团队绩效。

平等的价值观

如上文提到的，文化价值观的一个关键方面是等级制度与平等主义之间的区别。一项调查研究了跨国家的平等主义差异是否能够预知人才水平和组织绩效，[一]因为平等主义会影响组织机构和社会交往中的决策，对人才的影响是可以衡量的。

地位感知

回忆一下管理网格理论，它揭示了领导者在任务聚焦和关系聚焦都是可高可低的，从而引起的是他人对其在能力和热情方面的评价。[二]能力和热情映射的两个关键的领导能力是任务（高能力）和关系（高热情）。文化价值观影响着个体是否利用能力或热情来获得地位以及判断他人的地位。个人主义取向的文化中，人们倾向于把地位高的人视为有能力的人，而不是热情的。[三]相反，越是集体取向的人，他们就越认为地位高的人是热情的。[四]思考一下通用汽车公司 Marry Barra 与 Xactly 公司 Christopher Cabrera 的不同领导风格吧。Barra 体现的是关系领袖的特质，他在做出艰难决定之前采取了一种达成共识的方式来寻求意见。[五]相反，Cabrera 不断向员工表示，公司效益从 0 增长到 2000 万美元所需的技能，与从 1 亿美元增长到 2 亿美元所需的技能相差甚远，这是他所称的"不断向前进"的一部分。Cabrera 指出，在他的职业生涯的早期，他倾向于参与同事之间的议题，但很快意识到他自己正成为问题的一部分。出于这个原因，他对潜在新雇员的"烦恼阈值"产生了兴趣，理想上它要相当高以专注于手头的任务。[六]

情绪表现

我们之前提到过，那些推崇荣誉文化的人更喜欢运用情绪表现。文化价值取向影响着关于适当情绪表现的规范，以及人们如何解读他人的情绪表现。一项关于情绪表现的研究表明，

[一] Swaab, R., Galinsky, A. (2014). Egalitarianism makes organizations stronger: Cross-national variation in institutional and psychological equality predicts talent levels and the performance of national teams. Organizational Behavior and Human Decision Processes, 129, 80-92.

[二] Blake. R. R., & Mouton, J. S. (1964). The Managerial Grid. Houston, TX: Gulf.

[三] Torelli, C. J., Leslie, L. M., Stoner, J. L., & Puente, R. (2014). Cultural determinants of status: Implications for workplace evaluations and behaviors. Organizational Behavior and Human Decision Processes, 123(1). 34-48.

[四] Ibid.

[五] Engelmeier, S. (2014, January 22). Did Mary Barra's inclusive leadership style propel her to the top? Industry Week. industryweek.com

[六] Bryant, A. (2016, January 9). Christopher Cabrera of Xactly: Learning to stay above the drama. The News York Times. nytimes.com

情绪表现的规范规定了在多元文化团队或文化同质团队中，需要放大表现积极情绪、压抑消极情绪，但同时国家认同会影响文化同质团队而不是多元文化团队的规范。○

多元文化合作

多元文化合作一般是一种临时的任务，它不是嵌入在特定的组织环境中，而大多是完成一项工作或任务，比如建造房屋或制作电影。○临时协作和团队一样面临着许多挑战，但它们往往缺乏正式组织所能提供的机制和基础设施。一项关于多元文化的家庭建设合作的研究揭示了多元文化合作所面临的四个关键挑战：①适应过程对于应对缺乏组织嵌入性的问题至关重要；②使用内部和外部的调整策略；③文化差异影响适应的能力；④过度适应对多元文化合作是有害的。○

民族中心主义

对于有效多元文化合作来说，最大的威胁也许是**民族中心主义（ethnocentrism）**，或是认为自己的文化或国家好于或优于他人的这样一种坚持的信仰。○这些信仰往往会在侮辱和冲突中爆发。

文化相对主义

与民族中心主义相对的就是**文化相对主义（cultural relativism）**，或是人们应该从他人所处的文化去理解他人。○Dan Chou 是一位美国投资银行家，在印度出差的时候，从文化相对主义中得到了一次教训。Chou 需要在几小时内为一个会议上传并打印一份大型演示文稿，印度团队向他保证可以按时完成。但是当他去拿演讲稿时，它还没有完成。几个月后，当与印度团队成员讨论到这一事件时，他了解到，他们认为自己直截了当的要求是对他们的工作缺乏尊重，被看作一个便利印刷店。○

○ Glikson, E., & Erez, M. (2013). Emotion display norms in virtual teams. Journal of Personnel Psychology. Special Issue: The Role of Norms in Virtual Work, 12(1), 22-32.

○ From "Collaboration for the common good: An examination of challenges and adjustment processes in multicultural collaborations" by Rebekah Dibble and Cristina Gibson in Journal of Organizational Behavior 34(6), 764-790, ©17 JUN 2013 John Wiley & Sons.

○ Ibid.

○ LeVine, R. A., & Campbell, D. T. (1972). Ethnocentrism: Theories of conflict, ethnic attitudes, and group behavior. New York, NY: John Wiley & Sons.

○ Herskovits, M. J., & Herskovits, F. (1974). Cultural relativism; perspectives in cultural pluralism. American Journal of Sociology, 79(5), 1326-1330.

○ Sheng, E. (2016, January 12). How to manage cultural differences in global teams. Fast Company. fastcompany.com

管理多元文化团队

根据定义，多元文化团队是多样化的。当团队中包含来自不同文化的成员时，如何积极主动地管理团队以防止误解和冲突是非常重要的。然而，简单地接受多样化的概念并不能保证成功。出于这个原因，有必要制定一个高度清晰的包含战略优势、招聘、维持和社区合作的多元化课程，使管理者及其团队为有效的多元文化团队合作做好准备。例如，英特尔公司非常重视多样性，曾成立了一个3亿美元的基金以改善公司员工的多样性。○

改变和适应

当来自不同文化的成员产生互动时，就会发生相互适应的过程。当与不同文化群体的成员进行互动时，拥有文化差异知识的人能够预期将要发生的事情。事实上，那些有着高**认知复杂性（cognitive complexity）**（例如，对事物进行分析性的、深入的思考）并且对团队的社会多样性有着共同认知的团队成员，能够更好地克服全球团队合作中的障碍。○ 此外，了解文化规范的团队成员能够在模糊以及新奇的情况下减少不确定性。更重要的是，那些**闭合需要（need for closure，NFC）**高的人，为了减少不确定性，对得到明确的答案有着强烈的愿望。出于这个原因，当那些闭合需要高的人在国外时，他们更有可能依赖于主流文化规范，并在此基础上决定如何与他人互动。○

要达到有效的跨文化团队合作，一些改变和适应是必须要做出的，但有一些人可能不愿意或没有能力做到。**文化惰性（cultural inertia）**指的是对文化变化的抵制，除非这个改变已经发生。文化惰性高的群体会因为感受到来自外部力量的压力而抵制改变。○ 在团队中，变化承担着使团队与当前主流文化相匹配的功能，而人们对变化本身有着不同的感知。当人们不认同某个特定的文化群体，对这个群体缺乏尊重时，并且认为这个文化是不会改变的时候，就会有着更高的文化惯性。

交互记忆系统

拥有成熟的团队交互记忆（关于谁知道什么样的知识）的团队，比那些交互记忆水平低的团队更加有效率。一项针对一个大型跨国组织的60个全球虚拟供应团队的研究发现，交互

○ Wingfield, N. (2015, January 6). Intel allocates $300 million for workplace diversity. The New York Times. nytimes.com

○ Magnus, E. B. (2011, April). The conceptualization of social complexity in global teams. Nordic Psychology, 63(1), 35-50.

○ Chao, M. M., Zhang, Z.-X, & Chiu, C.-Y, (2010). Adherence to perceived norms across cultural boundaries: The role of need for cognitive closure and in-group identification. Group Process & Intergroup Relations, 13(1), 69-89.

○ Zarate, M. A., Shaw, M., Marquez, J. A., & Biagas, D. (2011). Cultural inertia: The effects of cultural change on intergroup relations and the self-concept. Journal of Experimental Social Psychology, 48, 634-645.

记忆系统和准备活动是团队效能的关键。在团队中投入的时间越多，团队成员的转变越好；但如果成员对团队的投入减少，就会逐渐产生负面效应。

语言障碍

也许多元文化团队面临的最直接问题是语言和语言障碍。语言障碍不仅阻碍了知识和专业知识的传播，还削弱了团队成员建立信任和凝聚力的能力。一项对15个跨国团队的高管进行的调查显示，表层语言的多样性可以创造深度多样性的知觉。特别的是，团队成员对于语言障碍的认知性和情感性的反应，会导致他们认为其他人不那么值得信任。事实上，这意味着领导者需要管理团队成员对语言障碍的消极反应以建立信任，而不是削弱信任。日语中的书面交流通常是晦涩的或华丽的，重要信息隐藏在一篇散文中，这样的风格不同于简明扼要的信息，并不适合作为文本的开头。因此，日本的移动通信运营商MTT DoCoMo的开发人员Shigetaka Kurita开发了一套基于manga（manga是一种大多数日本人都很熟悉的漫画图形）视觉速记的通信系统。manga这种心照不宣但广为人知的共识，让Kurita将微小的点矩阵变成了一眼就能识别的视觉宣言。在日本，表情符号作为文本的补充逐渐变得广受欢迎，随着智能手机技术的发展，它变得越来越复杂。

文化变迁

要想成为一个多元文化团队的有效成员和领导者，首先要对自己和他人的价值观有文化意识。决定一个人应该适应多少文化，以及其他人被期望适应多少文化，是一个关键的问题。根据文化适应框架，在多元文化背景下，人们有四种选择：整合、同化、分离、边缘化。

整合

整合是文化适应的一种情况，可以使多元文化团队中每一个人都能保持着自己的文化的同时，也能保持与其他文化的联系。换句话说，团队成员保持着他们自己的文化认同和价值观，但也会表现出对其他文化群体的良好的接受能力。Nancy Ruddy是建筑公司CetraRuddy的联合创始人，她曾在沙特阿拉伯吉达的一个大型商务酒店项目中工作。她很熟悉沙特阿拉伯的习俗对女性行为的规定，比如戴头巾。但即使如此，她也不得不做出调整。此外，她还获得了沙特阿拉伯商人的信任，虽然他们非常尊重专业知识，但其实他们并不习惯来自女性的

⊖ Maynard, T., Mathieu, J., Rapp, T., & Gilson, L. L. (2012). Something(s) old and something(s) new: Modeling drivers of global virtual team effectiveness. Journal of Organizational Behavior, 33, 342-365.

⊖ Tenzer, H., Pudelko, M., & Harzing, A. W. (2013). The impact of language barriers on trust formation in multinational teams. Journal of International Business Studies, 45(5), 508-535.

⊖ Alt, M. (2015, May 6). How emoji got to the White House. The New Yorker. newyorker.com

⊕ Berry, J. W. (1980). Acculturation as varieties of adaptation. In A. Padilla (Ed.) Acculturation: Theory, models and findings (pp. 9-25). Boulder, Westview.

专业知识。当她展示她的专业知识后，他们放宽了规则，并且终于有一些男性开始称呼她的名字，甚至直接与她进行眼神交流。○

同化

当一个人不维持自己的文化，而是吸收其他文化时，就会出现同化现象。人力资源主管Ron Thomas在沙特阿拉伯的一家跨国公司任职时，他发现，在文化上保持流畅的唯一途径是完全沉浸到这个国家的生活方式和工作文化中。对他来说，这不仅仅意味着要遵守对电影院、酒精和与女性社交的文化制约。为了成为这一文化的一部分，通过与中东商界人士的交流，他接受了晚餐邀请和咖啡聚会。他学会了接受，而不是质疑，比如即使是顶级高管也要经常使用生物识别掌纹扫描仪来"打卡"。他还学会了不用"在纽约，我们这样做……"这样的开场白，以免疏远别人。○

分离

当一个人在自己的文化与其他文化之间保持距离时，就会出现分离现象。例如出生于瑞典的Bo Andersson，是俄罗斯最大汽车制造商AvtoVAZ的首席执行官，他把西方的商业模式带进了一家俄罗斯公司，他很快就遇到了问题。最终，Anderson被赶出了公司，这时距他初次任务才仅仅两年时间。○

边缘化

当群体成员既不维护自己的文化，也不试图同化其他文化时，就会出现边缘化现象。

本章小结

要成为多元文化团队中的一员，管理人员并不一定需要参与到国际任务中。多元文化团队合作不仅仅是学习一种新的文化并理解语言，它涉及三个关键方面：理解自己的文化价值观和假定，理解其他团队成员的文化价值观和假定，以及设计一种有效融入团队合作和任务的方法。民族中心主义是多元文化团队合作有效性的一个关键威胁，固守这种信念的人会认为自己的文化价值比其他人更重要。自我管理的多元文化团队由于往往是无领导的，因此代表着一种特殊的挑战。这意味着团队成员需要在克服语言障碍和构建共享心智模型方面发挥积极的作用。

○ Sharkey, J. (2015, February. 2). Businesswomen navigate traditions in Saudi Arabia. The New York Times. nytimes.com

○ From "Confessions of an Expat HR Leader in the Middle East" by Ron Thomas in The HR Observer, ©MARCH 5, 2014 Informa.

○ Chow, J., Marson, J. (2016, April 11). Renault tries to fix Russian misadventure. The Wall Street Journal. wsj.com

附录 1
奖励团队合作

也许在工作中,没有什么比工资、福利和奖励更能激起人们工作的热情了。由于以个人为中心的分级薪酬计划在团队环境中可能没有意义,而且实际上可能是有害的,因此向自我管理型团队的转变回避了关于团队奖励和薪酬的问题。[1] 如果薪酬计划奖励的是个人,而公司需要奖励团队,那么团队精神可能会被破坏。

团队成员之间的不同表现意味着差异化的薪酬。尽管团队可能完全有能力分配薪酬或奖励给团队中的个人,但有时"超级明星"并不会得到奖励,除非其他团队成员放弃自己部分的利润分成。即使可以建立一个适当奖励团队努力的薪酬体系,一些团队成员可能也不愿意决定同事的薪酬。当绩效标准基于客观标准时,团队成员会感到更舒适。

团队薪酬的类型

薪酬是一种沟通工具。考虑四种类型的团队薪酬或奖励:激励性薪酬、表彰、利润分享和收益分享(见附图表1-1)。这四个员工奖励系统不应被看作相互竞争的方法,而应被看作可以实现不同的、重要的目标的兼容系统。

根据 Payscale 发布的 2015 年薪酬最佳实践报告,61% 的受访者认为薪酬是他们决定换一份新工作的最大影响因素。[2] 人们倾向于根据他们被评估和支付的方式行事。因此,如果组织重视团队合作,那么团队成员最终必须得到表彰和补偿。最重要的是,员工必须了解公司的激励机制是如何运作的。一般来说,越简单越好。例如,在公司的基本薪酬方案中掩盖对团队成员的激励和表彰,会抑制个人的预期激励效应。此外,激励制度应该足够全面,以使员工将其薪酬与其他员工的薪酬进行比较时感到被公平对待。多达 5% 的员工分享了自己的薪资信息,以供从事类似工作的人参考[3]。

---

[1] Lawler,E.E.,Worley,C.G., & Creelman,D.(2011).Management reset:Organizing for sustainable. effectiveness.Hoboken,NJ:Jossey-Bass;Lawler,E.E.(2000).Rewarding excellence:Pay strategies for the new economy.San Francisco,CA:Jossey-Bass.

[2] 2015 Compensation Best Practices.(2015).Payscale Research Report.resources.payscale.com

[3] Owen,J.(2015,July 21).Google employees are comparing their salary details in a bid to be fairly paid. Independent.independent.co.uk

类型	描述	优点/用途	缺点
激励性薪酬	团队员工根据超过预定目标的绩效来获得奖励	• 可以将重点放在个人绩效和团队绩效上 • 可以给团队提供分配的机会	• 员工不愿意将自己视为团队成员 • 如果基本工资减少,则会产生风险 • 以上层管理和企业主动性为指导
表彰	对有限数量的员工或团队的一次性奖励,奖励他们的表现好于预期,或者完成了一个项目、程序或产品	• 易于实施 • 在本地(团队)级别分配 • 可以简单、快速、低成本地退出,无须层层批准 • 相对简单	• 员工担心他们自己的贡献不会被表彰 • 如果基本工资减少,则会产生风险 • 具有更少的前段动机
利润分享	公司利润的一部分以现金形式分配给所有员工(受财务因素驱动)	• 通过表明组织中的奖励是均衡地达到沟通的目的 • 可以向员工介绍组织的财务状况	• 可能员工的控制权太远,而无法影响绩效
收益分享	按预先设置的公式给予员工一定比例的生产率提高所带来的价值〔受操作因素驱动(如质量、生产力、客户满意度)〕	• 面向生产型员工 • 增加了补偿,容易被员工接受	• 可能员工的控制权太远,而无法影响绩效

附图表1-1　团队薪酬

Leigh L.Thompson

激励性薪酬

就工资和薪酬而言,**基本工资(base pay)**是公司决定个人基本待遇的方式。这是内部公平(基于工作评估)和外部公平(基于市场数据)的整合。薪酬的另一个方面是可变薪酬。激励性薪酬就是一种**可变薪酬(variable pay)**。根据美国劳工统计局的数据,在接受调查的私营企业中,激励和补充薪酬平均占员工薪酬总额的2.8%。㊀ 随着员工不断晋升,可变薪酬的比例会增加,同时他们对工作任务的控制力也会增加。**残酷的合作效应(cutthroat cooperation effect)**是指团队从竞争性的报酬结构向合作性的报酬结构转变的难度大于反向的转变。㊁ 确实,有过竞争奖励结构的团队比有过合作奖励结构的团队表现得更差。㊂

激励系统应结合个人表现和团队表现,以反映工作任务对个人工作和团队合作的要求程度。如果没有团队目标,你可能会发现你的一个员工拒绝帮助他的同事。这种行为会对业务增长起反作用,需要防患于未然。鼓励团队合作的最佳方式是在整个团队达到团队目标时给予他们报酬。㊃

例如,可以根据整个团队的表现来创建一个奖金池。奖金池可以根据个人表现的好坏在团队成员中进行分配。**结果相互依赖(outcome interdependence)**是指一个人的结果在多大程度上取决于其他人的表现。影响结果相互依赖有效性的一个因素是**调节定向/调节焦**

㊀ Employer costs for employee compensation:September 2015 (2015,December 9).Bureau of Labor Statistics. bls.gov

㊁ Johnson, M. D., Hollenbeck, J. R., Humphrey, S. E., Ilgen, D. R., Jundt, D., & Meyer, C. J. (2006). Cutthroat cooperation: Asymmetrical adaptation to changes in team reward structures. Academy of Management Journal, 49, 103-119.

㊂ Beersma, B., Hollenbeck, J. R., Conlon, D. E., Humphrey, S. E., & Moon, H. (2009). Cutthroat cooperation:The effects of team role decisions on adaption to alternative reward structures. Organizational Behavior and Human Decision Process, 108, 131-142.

㊃ From "Performance Based Pay" by Michael Alter in Inc Magazine, ©Jan 25,2008 Inc.

点（regulatory focus）①。促进定向（promotion-focused）的人关心进步和成就，**预防定向**（prevention-focused）的人则关注安全和警惕。在一项调查中，为团队而不是为个人报酬而工作的预防定向团队，会更投入、更协调并有更好的业绩；促进定向的团队不受结果相互依赖的影响。②

奖励系统的平衡可以同时运行。一个系统根据团队的表现向他们提供奖金；另一个系统根据个人的表现来奖励他们。这些系统可以基于独立的预算，这样它们就不会竞争。与个人和混合奖励相比，混合奖励可以带来更高水平的团队绩效。③混合奖励更有效的原因是信息分配的改善和社会懈怠（搭便车）的减少。

奖励行为还是奖励结果是一个很关键的问题。传统的思维可能会导致管理者将团队绩效与其结果联系起来。像降低成本这样的目标很容易量化，但对于其他领域来说，则困难得多。因此，许多管理者会奖励能力而不是结果。例如，这个人参与了吗？这个人授予了他人权力吗？这个人在团队环境中倾听了吗？尽管团队激励提供了显著的优势，但也存在一些潜在的缺陷。激励可能会产生意想不到的行为。当其他团队成员被认为是搭便车者时，而报酬的分配基于均等方式时，一些团队成员可能会感到气愤。此外，团队奖励可能不会促进团队合作。④团队奖励可能会促进团队之间的竞争，从而导致组织目标的次优化。⑤

表彰

绩效表现已知后，可以通过表彰、奖励、现金奖励或者庆祝成功来奖励贡献。团队表彰背后的理念是：金钱不是一切。非金钱表彰的来源有很多——证书、奖杯、小礼物、假期等。这种表彰方式最重要的特点是要礼貌、亲切、真诚地送出礼物。首先，这意味着人们和团队被单独挑选了出来——如果每个人都得到同样的表彰，那就不起作用了。⑥其次，报酬的选择要考虑人们的喜好。例如，并不是每个人都喜欢体育比赛或芭蕾。明确地将表彰与团队绩效联系起来是非常重要的，如果组织等待两个月的时间来奖励团队，就会失去它的效果。有关实施表彰奖励的一些指导原则，参见附图表1-2。表彰可能会改善某些团队结果，而其他结果可能不会得到改善。例如，在一项对88名项目经理及其直接主管进行的调查中，表彰提高了团队的有效性，但并没有提高团队效率。⑦

---

① Beersma, B., Homan, A. C., Van Kleef, G. A., & De Dreu, C. K. (2013). Outcome interdependence shapes the effects of prevention focus on team processes and performance. Organizational Behavior and Human Decision Processes, 121(2), 194-203.

② Ibid.

③ Pearsall, M. J., Christian, M. S., & Ellis, A. P. J. (2010). Motivating interdependent teams: Individual rewards, shared rewards, or something in between? Journal of Applied Psychology, 95(1),183-191.

④ Wageman, R. (1995). Interdependence and group effectiveness. Administrative Science Quarterly, 40(1), 145-180.

⑤ Mohrman, S. A., Lawler, E. E., & Mohrman, A. M. (1992). Applying employee involvement in schools. Educational Evaluation and Policy Analysis, 14(4), 347-360.

⑥ Nelson, B. (2012) . 1501 ways to reward employees. New York: Workman Publishing.

⑦ Unger-Aviram, E., Zwikael, O., & Restubog, S. L. D. (2013) . Revisiting goals, feedback, recognition, and performance success: The case of project teams. Group & Organization Management, 20(10), 1-31.

为了产生最大的影响，表彰奖励应具有以下特点：

目的/目标	表彰计划应清楚地认识到团队已经完成的工作，以及团队的努力是如何与公司的价值观相关联的
资格	公司必须清楚地确定团队或个人是否会得到表彰，以及员工获得奖励的频率
计划奖励等级	使用几个等级来识别不同的成就和不同程度的贡献：①勤奋非现金奖励（最高250美元）；②奖励那些努力远远超过预期、支持该部门的工作并产生可衡量结果的团队成员突出财务贡献奖（250～2500美元）；③对那些努力创造出非凡利润的团队成员以"突出财务业绩"奖励（2500～10000美元）
效益影响	表彰奖励不被认为产生效益
资金	表彰计划的资金通常来自业务单位和部门的预算费用，并且通常以工资的百分比来表示
奖励的类型	非现金奖励与现金奖励
提名程序	对于赞赏性的奖励，提名程序应尽可能简单；对于公司范围的奖励，提名程序可能复杂得多，同事、客户、主管都有机会提出意见
时机	所有的奖励都应尽可能地接近事件，以加强产生该事件的行动
颁奖	这应是一种积极的体验，让胜利者感到自豪；评论应是个性化的，并参考成果的细节；证明确成就与公司经营战略之间的关系；千万不要简单地颁发奖项；宣传奖励（如通过备忘录、电子邮件、公告板或即时通信）
计划评估	每年都要成立奖励和表彰委员会，根据计划的有效性对计划进行评估

附图表1-2　实施表彰奖励：一个指南

基于 Gross,S.E.(2008).Team-based pay.In L.A.Berger & D.R.Berger(Eds.),The compensation handbook:A state-of-the-art guide to compensation strategy and desigh(5th ed.).

New York：McGraw-Hill； Gross,S.E.(1995).Compensation for teams:How to design and implement team-based rewartd programs. New York:AMACOM,©Leigh L.Thompson.

在拥有团队环境的公司里，员工的身份被融入团队，员工可能更需要被表彰。[一]Campbell 的前首席执行官 Doug Conant 每天都要手写 10～20 封感谢信——任职期间，他总共写出了 3 万封。[二]

现金与非现金　现场奖励（又称闪电）可以是现金或非现金。非现金奖励是最常见的，用于奖励做得好的工作，通常具有名义价值。现金奖励可能更为实质，尽管通常金额很小。在 Squaremouth，所有员工都获得了与上年市场价格上涨相匹配的加薪（2015年为0.8%）。不过，为了对一些员工没有获得更大幅度的加薪进行弥补，员工们会得到一些定期的奖金，比如苹果手表、200美元的"啤酒"奖金，以及为他们的生日支付的带薪休假。Michele Heisler 是 Ann Arbor 医疗系统退伍军人事务部的医生，她每年都会获得奖金，具体数额取决于她在工作中的护理质量。[三]

公司可以向团队提供各种各样的非现金奖励，以表彰他们的贡献，从感谢信到休假，再到公费异地旅行。大约89%的组织用奖励计划来激励和调动他们的员工，67%的组织提供了

[一] Gross, S. E. (2000). Team-based pay. In L. A. Berger & D. R. Berger (Eds.), The compensation handbook: A state-of-the-art guide to compensation strategy and design (4th ed., pp. 261-273). New York: McGraw-Hill.

[二] Kaplan, J. (2015, August 8). This CEO was so obsessed with thank you notes, he sent 30,000 during his career. LinkedIn. linkedin. com

[三] Cohen, P. (2015, May 25). One-time bonuses and perks muscle out pay raises for workers. The New York Times. nytimes. com

3～6个不同的奖励计划。在普华永道的奖励和表彰计划中，Marquee通过几个渠道让来自其他团队的成员、经理，甚至是首席执行官的每个人都能推荐一名员工，以表彰他们杰出的努力和成果。这样的奖励往往会强化公司的形象，加强雇主和员工之间的联系。Symantec的掌声奖励计划允许员工向团队成员颁发价值25～1000美元的掌声证书。谷歌、Zappos、NBC和西南航空公司建立了同行认可计划，团队成员推荐其他员工获得现金奖励。要取得有效的成果，必须明确地把表彰的重点放在正在庆祝其成就的团队身上，而不是整个单位或组织的一个一般的自我祝贺的团队。

一个特别棘手的问题是，对团队的表彰奖励是否应该平等地表彰所有团队成员。经理们通常认为他们是在给予团队质量认可，但这是毫无意义的。例如，一名与经理关系非常好的员工想请一天假，当经理告诉她她不能请假时，她将很沮丧；而另一名与经理关系一般的员工就会将1000美元的奖金视为激励并扪心自问："我的经理想从我这里得到什么？"同样的，给团队成员一张晚间活动的入场券以奖励他们在一个项目上花了很长的时间，但是这可能会让有家庭的团队成员感到泄气。

出于这些原因，许多人认为，团队应该在分配表彰奖励方面发挥作用——让团队决定哪些成员可以获得多少奖励。这种实践与自我管理团队的思想一致：自治和自我管理见附图表1-3。

1. 每天花几分钟思考一下你注意到了谁的表现，给哪些人发感谢信。
2. 通过交流来管理团队。离开办公室去观察员工，并与他们讨论他们正在做的工作。
3. 阅读邮件时，找一些积极的信息来与别人分享，或者在部门会议中分享。
4. 通过打招呼和眼神交流来问候员工。花几分钟看看他们做得怎么样。态度要真诚。
5. 努力与不常看到或不常说话的员工见面。
6. 处理好消息。发现那些做正确事情的人，并鼓励他们。
7. 在员工需要交流时，花些时间来倾听。要对人做出回应，而不仅仅是对问题。
8. 在会议开始或结束时，花些时间来分享积极的信息，例如来自客户的邮件，或者问一下是否有团队成员之间的赞扬。
9. 记住4：1法则。你批评或纠正某人一次，至少要计划赞美或感谢这个人四次。
10. 将错误视为学习的机会。帮助员工从错误中吸取教训，不要批评员工的错误——特别是在别人面前。
11. 快速地感谢并赞美他人，慢慢地批评和评判他人。
12. 传播积极的消息。告诉别人你为之高兴的事情，以及这件事的负责人。
13. 公开发布员工的成就。
14. 在公司的社交媒体网站上发布消息。

⊖ Employee recognition programs continue upward trend to achieve organizational goals. (2015, May). World at Work. worldatwork.org

⊜ Stern, G.M. (2012, January 26). A digital pat on the back from the boss: What's it worth. CNN Money. management. fortune. cnn. com; Benefits and Perks. (2016, January 12). ［Symantec Corporate Website］. http://www. symantec. com; Recognition and Rewards. (2016, January 12). ［PWC Corporate Website］. http://www.pwc.com; Kaplan, "This CEO was so obsessed with thank you notes, he sent 30,000 during his career."

⊜ From Cheap Ways to Motivate Your Team by Kara Ohngren Prior, © APRIL 30, 2009 Entrepreneur Media Inc.

15. 向其他团队成员发送电子邮件，其中包含有关团队如何努力工作并得到回报的最新信息。
16. 确保表扬与行动相符。不要过分夸奖，否则就会失去意义。
17. 告诉那些不常被人注意到的人，他们的工作很重要，并且对公司的成功至关重要。
18. 在员工努力实现目标时给予赞扬，而不是在他们实现目标之后。

附图表1-3 表彰技巧

基于 Millennial employees crave recognition, employer reward programs miss the mark.(2015, August 5). ［Press release］. multivu.com; Hayden, J. (2012, March 28). The 9 elements of highly effective employee praise. Inc. inc. com; Nelson, B. (2012). 1501 ways to reward employees. New York;Workman Publishing,©Leigh L. Thompson.

现金与非现金这两种激励薪酬制度并非专门为团队设计，但是在参与式管理公司中很流行，与许多基于团队的方法一致的是利润分享和收益分享。它们可以为团队量身定制。

利润分享

许多公司采用利润分享计划，将一部分底线利润分配给员工。在典型的利润分享计划中，利润分享奖金被放入退休计划中。这使得将奖励与可控绩效明确联系起来更加困难。因此，大多数利润分享计划对员工的动机和行为影响不大。㊀

首先，利润分享计划向每个人发出信号——组织内部的奖励是平衡的，从而达到重要的沟通目的。其次，利润分享计划能够使员工明白公司的财务健康状况。最后，利润分享计划使组织的劳动成本成为可变的，从而调整它们以适应组织的支付能力。㊁

收益分享

收益分享涉及对生产力的衡量以及奖金的计算，旨在为员工提供组织总生产力增长的共同份额。在收益分享计划中，组织使用一个公式与一个工厂或地点的所有员工分享经济收益。组织会建立一个绩效的历史基准期，并使用它来确定绩效是否有所提高。通常，为了计算收益，组织只会测量可控成本。除非公司的产品或技术发生重大变化，否则在整个计划的历史过程中，历史基础将保持不变。因此，组织的绩效总是与开始收益共享计划之前的时间段进行比较。当组织的绩效比基准期更好时，该计划将为奖金池提供资金。当绩效不佳时，不会创建奖金池；当绩效达到或超过时，这个典型的计划就会将奖金总额的一半支付给员工，其余的由公司保留。奖金通常是按月支付，所有员工都会收到基本工资相同比例的奖金。

收益分享会加强团队之间的协调和信息共享，鼓励员工态度的改变，提高绩效标准，促进创意的产生和灵活性。收益分享计划不仅仅是薪酬激励计划；它们是一种管理方式和组织发展的技术。㊂ 为了收益分享计划成功地运行，它应该由受其影响的人合作开发。重要的是，员工要理解方案以及明白如何影响方案，标准要看起来可信，奖金要发放及时，以及要有一些变革机制。公司需要一个参与式管理系统，因为这个计划需要员工承担公司的成功。㊃

㊀ Lawler, Rewarding excellence.

㊁ Weitzman, M. (1984). The share economy. Cambridge, MA: Harvard University Press.

㊂ Martocchio, J. (2012) Strategic compensation: A human resource management approach(7th ed.). New Jersey: Prentice Hall.

㊃ Blinder, A. S. (1990). Pay, participation, and productivity. Brookings Review, 8(1), 33-38.

利润分享计划在影响员工积极性和改变企业文化方面通常不如收益分享计划有效。这种效率的缺乏主要是由于个人绩效与公司利润之间的脱节——即便是有高度的参与。这取决于利润分享计划为员工带来收益的显著程度。考虑一下，某家公司大胆地将其股票价值发布给所有员工——人们可以从字面上看到其价值。

团队绩效评估

绩效评估是反馈的来源、个人发展的基础和薪酬的决定因素。团队的崛起对绩效评估提出了特殊的挑战。对于一个主管来说，使用传统绩效评估方式来评估一个或多个团队中兼职的个人绩效是很困难的。当一个人是自我管理、自我指导或自治型团队的一部分时，这几乎是不可能的，因为主管很少能够接近团队来评估他们。这是一个进退两难的处境，如果主管能够接近团队，那么他们又可能会阻碍团队的表现。衡量系统的首要目的是帮助团队，而不是请高层管理人员来评估其进度。此外，一个真正有能力的团队应在设计自己的衡量系统中发挥主导作用。

由于团队的兴起而导致的传统绩效评估的变化影响了绩效评估中的衡量标准。在许多传统的控制导向的组织中，员工工资的主要决定因素是他们的资历。基于能力的薪酬是主要的替代选择。企业越来越认识到，与经验、教育等静态的衡量方法相比，能力和技能等动态因素或许是衡量成功更好的方法。

基于工作的薪酬

基于工作的薪酬（job-based pay）是由工作评估系统决定的，该系统通常采用点因素法来评估工作。点因素法从书面的工作描述开始，该工作描述根据职责来评分，随后分数被转换成工资水平。基于工作的薪酬的一个关键优势是，组织可以查明其他公司的薪酬，并可以评估自身的薪酬是否高于或低于竞争对手。工作评估系统的优点是，它允许对一个组织的薪酬系统进行集中控制。

基于技能的薪酬

要设计基于技能的薪酬（skill-based pay）系统，公司必须确定需要在组织中执行的任务。然后再确定执行这些任务所需要的技能，并开发测试或测量来确定某人是否已经掌握了这些技能。因此，重要的是明确提出一个人可以在公司中学习的技能。员工需要被告知他们在组织中的这个职位上能够学到什么技能，以及这些技能将如何影响他们的薪酬。人们通常只是凭借他们拥有并愿意使用的技能而得到报酬。许多基于技能的计划让人们在学习一项新技能时获得加薪。技术阶梯是一种以技能为基础的薪酬体系，在技术阶梯中，个人的薪酬取决于他们在某一特定技术专业中所具备的技能的深度。基于技能的薪酬体系的目标是在需要专业

⊖ Ibid.

⊖ Meyer, C. (1994, May-June) . How the right measures help teams excel. Harvard Business Review, pp. 95-103.

⊖ Lawler, Rewarding excellence.

化的工作中吸引应聘者和留住员工。

基于能力的薪酬

基于能力的薪酬（competency-based pay）不同于基于技能的薪酬，因为员工会证明他们可以运用自己的技能。毕竟，人们有可能获得技能（如培训和指导项目），但从不使用它们——或者在使用它们时效率低下。对于组织来说，重要的是关注已证明了的能力，而不是累积的认证。

在以团队为基础的组织中，基于能力的薪酬被看作一种更明智、最终更有利可图的方式。基于能力的薪酬体系会提高员工的灵活性：当员工可以执行多项任务时，企业在使用员工时便获得了极大的灵活性。当然，这是交叉培训的概念。除了交叉培训的益处之外，具有多种技能的员工在对组织问题和挑战上形成准确的判断力方面也具有优势。当员工对整个公司有一个大体的了解时，他们就会更加投入。当他们对一个组织的运作有了广泛的了解时，他们就会增强自我管理，与他人更加协调，更合理地使用组织资源，沟通更有效。

然而，基于能力的薪酬体系并不完美。使用基于能力的薪酬体系的组织通常承诺会给每个人学习和展示多种技能的机会，因此，组织必须在培训和评估方面进行大量投资。在完成工作、技能获取和展示之间要有一个权衡取舍。

360度评估

随着团队的广泛使用，同行评审在组织中变得越来越普遍和必要。同行评审通常被称为360度（360-degree）或多评估者反馈（multi-rater feedback），评审程序包括从各个角度获得有关员工的反馈：高层（主管）、底层（下属）、横向（同事、供应商、终端用户或客户）（见附图表1-4）。通常情况下，有多人（5～10人）参与评估，而传统的评估是只有一个人（通常是主管）提供反馈。SkillSurvey开发了一个程序，将360度绩效评估的概念应用于员工招聘。例如，在护士的就业搜索中，申请人提供的每份介绍信都会收到一封电子邮件，要求他们匿名完成有关其前同事的调查。绩效考核结果在招聘过程中会被综合考虑。[○] 在360度绩效评估中，当结果被绘制在图表上时，排名最高者获得最高的薪酬。匿名是建立无偏见反馈系统的关键，尤其是对于同事和下属，否则，整个系统都会受到损害。

自上而下的绩效评估的一大缺点是评估偏差。360度反馈提供的多个数据点和汇总响应使单个人的偏见不再是问题。单源评估的第二个主要缺点是很容易忽略信息。LG电子首席人力资源官Reginald Bull决定公开自己的360度评估的情况，以便整合两家韩国公司。在他上任的第一天，他就展示了他最近的360度评估分数——排在项目运行阶段的"平均"水平，因为"一旦工厂开始运转，我就会感到厌烦"。

○ Maurer, R.(2015, December 16). Assessment technology revitalizes reference checks. Society for Human Resource Management. shrm.org

○ From "Transparency Pays Off In 360-Degree Reviews" by Joann S. Lublin in The Wall Street Journal, © Dec. 8, 2011 Dow Jones & Company, Inc.

理论上说，360度评估过程提供了团队成员的多方面视角，但将其付诸实践可能会很困难：如果反馈来源的数量有限，评分者就不能保证匿名，他们可能担心会遭到报复。如果成员之间达成协议，互相给予对方有利的评价，这一体系就会遭到滥用。尽管困难重重，但与自上而下的评估相比，360度或多评估者反馈通常被认为是更公平的绩效评估。

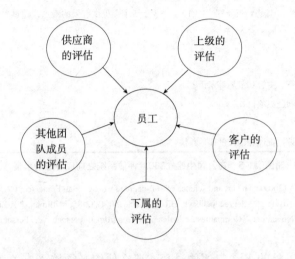

附图表1-4　360度或多评估者反馈

"Society for Human resource Management" from Society for Human Resource Management by C.J. Novak.Copyright(c)by C.J.Novak. Reprinted by permission of Society for Human Resource Management.

虽然团队成员通常最有资格互相评价，但这种方法也存在一些缺点。团队成员可能因为绩效以外的原因被同事负面评价。团队成员并不总是在组织目标方面掌控全局。作为评估者，同行可能会受到评估偏见的影响。

建立 360 度评估系统

360 度评估系统的实施没有一个标准的方法。一些公司管理和开发了整个系统。一些公司允许外部的顾问来准备和分析反馈，以确保匿名。要建立 360 度评估系统，请参考附图表 1-5 中列出的步骤。⊖

每个组织为解决附图表 1-5 中的问题而采取的做法是不同的。世界级公司使用的复制系统不一定是最好的方法。每个组织都应开发 360 度评估系统，以优化其组织设计的有效性。公司应首先使用一个不与报酬挂钩且不公开的 360 度评估试点项目。开始阶段，只有员工才能看到所有反馈；渐渐地，主管也加入到这个项目中。最终，将员工薪酬与 360 度评估联系起来是非常重要的。

⊖ Lepsinger, R., & Lucia, A. (2009). The Art and Science of 360 Degree Feedback. San Francisco: Jossey-Bass;Hoffman, R. (1995, April). Ten reasons you should be using 360-degree feedback. HR Magazine, 40(4), 82-85; Milliman, J. F, Zawacki, R. F., Norman, C., Powell, L., & Kirksey, J. (1994, November). Companies evaluate employees from all perspectives. Personnel Journal, 73(11), 99-103.

> 在实施360度评估计划之前,公司或组织应考虑以下问题:
>
> 除了360度评估系统之外,是否还应使用其他评估系统?
>
> 公司是否考虑聘请外部顾问?
>
> 公司应购买一个通用程序还是创建一个定制的评估?
>
> 评估是基于计算机还是由纸笔形式组成的?
>
> 需要有多少个评分者?(理想情况下是5~10个,少于5个会提供有限的观点,超过10个会消耗时间并增加不必要的复杂性)
>
> 谁应参与评级?
>
> 谁应选择评估者?
>
> 如何定义公司中的同行、主管和下属等术语?
>
> 评估中应包含多少个问题或项目?
>
> 反馈是否应保持匿名?
>
> 如何教育员工使用建设性批评和360度评估系统?

附图表1-5　在公司中建立360度评估系统之前应考虑的事情

基于 Lepsinger, R., & Lucia, A.(2009). The art and science of 360-degree feedback. San Francisco, CA:Jossey-Bass;Hoffman,R.(1995, April).Ten reasons you should be using 360-degree feedback. HR Magazine, 40(4),82-85; Milliman, J. F, Zawacki, R. F, Norman, C., Powell, L., & Kirksey, J. (1994, November). Companies evaluate employees from all perspectives. Personnel Journal, 73(11), 99-103, ©Leigh L. Thompson.

如果除了管理层以外的人参与评估过程,那么他们必须接受有关培训(见附图表1-6)。随着许多公司转向基于团队的管理体系,多评估者的使用变得越来越流行,性别和种族会影响绩效评估,管理者会对那些与其有着共同社会背景的下属的评估更加积极。"什么类型的人表现得更好"的固有观念也会潜移默化地影响这个过程。[一]团队诊断调查(team diagnostic survey,TDS)确定了提高团队表现的可能性的条件。[二]TDS可用于360度或同行反馈格式。它可以评估团队任务过程的有效性、成员工作关系的质量以及团队成员的动机和满意度。TDS分为8个部分:①团队的边界、相互依赖性和稳定性;②团队的目标;③团队的规模、有效性、多样性、技能、决策自主权、行为和品牌形象;④对团队绩效奖励、获取任务所需的信息、技术建议、培训和物质资源的整体满意度;⑤团队领导的有效性和指导能力以及其他成员的支持/反馈;⑥团队承诺、创新和知识共享;⑦个人对团队关系的满意度;⑧由团队成员培养的学习机会和幸福感。

> 1. 应确定并明确规定特定工作的重要职责和任务。应对与工作相关的具体标准进行衡量,以反映其相对重要性和客观可验证性。如果员工的绩效评估是考虑生产力目标以外的行为,则应给予评估者充分的时间来观察员工在工作中的行为。
>
> 2. 对员工的个人特征(如忠诚度、动力、态度或可靠性)的评价是主观的,应避免这样的标准。
>
> 3. 应在评估期之前正式通知员工具体的绩效标准。
>
> 4. 对于特定工作职能范围内的所有员工,评估过程应相同。
>
> 5. 应向所有评估者提供有关如何做出系统公正的评估,如何持续地评估绩效,以及如何避免歧视的说明。

[一] Pfeffer, J.(2009, July 23). Managers and employees alike sense the truth: Workplace appraisals aren't working Businessweek. bloomberg.com

[二] Wageman, R., Hackman, J. R., & Lehman, E. V. (2005). The team diagnostic survey: Development of an instrument. The Journal of Applied Behavioral Science, 41(4), 373-398.

6. 两名或两名以上的评估者应独立评审每位员工。所有评估者所需的评估文件应一致。

7. 在向员工提供绩效评估结果之前，应由评估者准备绩效和行为文件。

8. 应允许所有员工审查其评估结果，并且有一个正式的申诉制度来解决评估异议。

9. 应建立定期的工作评估时间表，每个财政年度至少进行一次绩效评估。

10. 所有评估内容的书面记录都应保存在安全的位置，所有文档，特别是包括导致雇员离职的具体行为的文档，应由人力资源部保存。

附图表1-6　合法可辩的评估系统方案

基于 Bernardin, H. J., & Cascio, W. F.(1988). Performance appraisal and the law. In R. S. Schuler, S. A. Youngblood, & V. L. Huber (Eds.), Readings in personnel and human resource management(3rd ed., p. 239). St. Paul, MN: West; Aswathappa, K. (2007). Human resource and personnel management. New Delhi: Tata McGraw-Hill Education; Chavan, S.K. (2011). Legal issues associated with performance appraisal. Management Paradise. managementparadise. com;Baskin, M. (2002, May). Legal guidelines for associations for conducting employee evaluations and performance. ASAE: The Center for Association Leadership. asaecenter.org, ©Leigh L. Thompson.

指导原则

一个组织要想建立某种可变的基于团队的薪酬结构，就要采用循序渐进的方法。但是在此之前，组织也需要遵守一些基本的指导原则。[一]

原则1：目标应涵盖团队成员可以直接影响的领域

除非绩效和结果之间有直接的联系，否则薪酬并不会激励员工。[二] 在一项对来自45家公司的194个工作小组的912名员工的调查中，个人绩效薪酬（PFP）与员工的绩效薪酬预期呈正相关。在高水平的权变报酬领导力和利润分享情况下，这将会带来更好的工作表现。[三]

原则2：平衡个体和基于团队的薪酬组合

对于许多团队来说，个体激励和团体激励经过深思熟虑的平衡可能是最合适的。一般的规则是，根据员工期望完成的个人和团队的工作量，或者根据个人和团队所承担的控制权和责任的比例来平衡激励。同样重要的是，要考虑反馈是个体层面的还是团体层面的，因为个体可能表现得很好，但他的团队却表现得不好，反之亦然。当个体和群体的反馈不一致时，一个人被他的团队认同的程度是非常重要的。例如，当一个人收到的是负面反馈，而该团队的反馈却是积极的时，那些被其团队高度认同的人感受到的沮丧会比不被那么认同的人少。[四]

[一] Gross, S. E. (2008). Team-based pay. In L. A. Berger & D. R. Berger(Eds.), The compensation handbook: A state-of-the-art guide to compensation strategy and design (5th ed.). New York: McGraw-Hill.

[二] Lawler, Rewarding excellence; Murphy, K.J. (1999). Executive compensation. Handbook of labor economics, 3,2485-2563.

[三] Han, J. H., Bartol, K. M., & Kim, S. (2015). Tightening up the performance-pay linkage: Roles of contingent reward leadership and profit-sharing in the cross-level influence of individual pay-for-performance. Journal of Applied Psychology 100(2), 417.

[四] Rabinovich, A., & Morton, T. (2012). Sizing fish and ponds: The joint effects of individual and group-based feedback. Journal of Experimental Social Psychology, 48(1), 244-249.

原则 3：咨询那些将会受到影响的团队成员

最有可能成功的计划是那些组织所有层级都有所投入的计划，这些组织层级包括团队的成员、对团队有过支持或者交流的团队、将会执行计划的人、管理层和客户。例如，在共同投入 EOR（员工-组织关系）的方法中，雇主期望员工做出高度贡献，并给员工提供广泛的激励，从而带来更大的团队创新。[①]

原则 4：避免组织短视

许多计划的失败，并不是因为它们自身有缺陷，而是因为它们与组织内的其他团队、群体和部门产生了问题。管理者往往对自己团队的问题缺乏远见；优秀的领导者能够提出类似"如何将特定的团队薪酬体系适应更大的组织"这样的问题。组织短视还体现在人们关注未来的程度。确实，那些具有未来工作期望的人对工作的满意度更高，离职意愿更低。[②]

原则 5：确定资格（谁符合该计划）

团队中的每个成员都应符合该计划的要求，并且该计划应表明在什么情况下人们会符合条件或者失去资格。（另一个复杂的问题是确定团队中全职和兼职成员的资格问题。）

原则 6：确定公平的方法

组织中有两种确定公平的方法：相同的金额（每个团队或每个成员得到相同数量的薪酬）和相同的百分比（每个团队或每个成员得到相同的薪酬百分比）。

原则 7：量化用于确定支付的标准

衡量团队成果的主要方法有两种：财务和运营。财务度量法往往"更宽泛"，包括盈利和亏损（无论以公司范围衡量，还是以团队贡献衡量）或收入。业务度量法通常基于生产力（如周期时间）。财务度量法的缺点主要是团队成员无法控制公司层面的决策，而这些决策最终会影响他们的微观财务状况。业务度量法在团队中的掌控则更为牢固。

原则 8：确定如何建立和更新目标绩效水平

目标可以基于过去的表现或预期的表现而设定，各有利弊。基于历史的方法最直接的好处是人们可以很容易地接受它。然而，许多管理者喜欢设定可延伸的目标。一种常见的折中办法是提高标准，即提高基准，给予员工一次性报酬，以补偿他们失去的激励机会。然而，这可能会导致与支付金额有关的冲突。滚动平均法将绩效衡量的基准设定为某一相关时间段的平均值。

原则 9：为计划制定预算

除了安全计划之外，其他的计划都应自行支付其绩效奖励。

原则 10：确定评估和付款的时机

更短的评估周期和更快的支付能更有效地激励员工，尤其是在薪酬存在风险的情况下。

---

① Jia, L., Shaw, J. D., Tsui, A. S., & Park, T.Y. (2014). A social-structural perspective on employee-organization relationships and team creativity. Academy of Management Journal, 57(3), 869-891

② Chen, G., Ployhart, R. E., Thomas, H.C., Anderson, N., & Bliese, P. D. (2011). The power of momentum: A new model of dynamic relationships between job satisfaction change and turnover intentions. Academy of Management ,54(1),159-181.

然而，短期周转系统的缺点包括管理开销和对结果的操纵。

原则 11：与相关人员沟通

对于公司来说，重要的是要弄清哪些事情是重要的，以及事情的进展。事实上，人们在得到高质量反馈的任务上投入了更多的资源。⊖ 就反馈质量而言，有两个要素很重要：时机和明确性。

原则 12：为未来制订计划

随着团队的发展，组织经历文化或焦点的转变，需要确定新的奖励组合来保持组织的一致性。

⊖ Northcraft, G., Schmidt, A. M., & Ashford, S. J.(2011). Feedback and the rationing of time and effort among competing tasks. Journal of Applied Psychology 96(5), 1076-1086.

| 附录 2 |
会议管理

　　团队工作主要通过会议进行。无论是否定期安排，有效的会议管理都是成功的必要条件。人们在会议上花费了很多时间。一项对首席执行官的时间使用情况的研究显示，他们一周工作 55h，约有 18h 都在会议中度过，高级管理人员平均每周会议时间为 28h，中层管理人员则为 21h。㊀ 除了安排好的会议，管理人员还会参与安排之外和非工作相关的会议。

　　如果说会议既经济又有效，那么会议也许不是坏事。然而，一项调查发现，73% 的员工承认在会议上做了不相关的事，39% 的人承认至少打过一次瞌睡，91% 的普通会议参加者承认在会议期间开小差。另一项调查报告称，大多数美国员工平均每月参加 62 次会议，其中一半会议被认为是浪费时间。专业工作人员每月因为非生产性会议失去多达 31h，对美国企业来说，不必要会议的工资成本预计 370 亿美元。㊁ 公司的会议负担过重，专家们表示，在这样的情况下，能完成一件工作都是一个奇迹。会议专家托马斯·凯瑟（Thomas Kayser）用这种方式总结道：" 会议是从不知情的人中选出不愿意的人，由不合适的人领导，讨论不必要的事，最后还需要写一份不重要的报告。" ㊂

　　会议也会导致压力。弗吉尼亚理工学院 Carilion 研究所的研究发现，小群体动态，如陪审团会议、鸡尾酒会、谈判会议和董事会会议，都可以暂时改变一个人智商的表现。研究中的科学家们使用核磁共振（MRI）扫描来研究人类大脑如何处理小群体中社会地位的信息，以及群体对个体社会地位的感知如何影响个人的认知任务表现。此研究的负责人 Read Montague 说："你可能会拿委员会会议如何让你觉得脑死亡开玩笑，但我们的研究结果表明，它们可能会让你表现为像大脑死亡一样。" ㊃

　　让员工参与会议也是可以的。如果允许员工在会议上发表意见并且控制时间，他们会表

㊀ Shellenbarger, S. (2014, October 15) . New office flashpoint: Who gets the conference room? The Wall Street Journal. wsj.com

㊁ You waste a lot of time at work. (2016, March) . Atlassian [Web log infographic] . atlassian.com/time-wasting-at-work-infographic

㊂ From Mining group gold: How to cash in on the collaborative brain power of a group by T. A. Kayser El Segundo, CA: Serif Publishing, (c) 1990 Thomas A. Kayser.

㊃ From "Implicit signals in small group settings and their impact on the expression of cognitive capacity and associated brain responses" by Kenneth T. Kishida, Dongni Yang, Karen Hunter Quartz, Steven R. Quartz, P. Read Montague in Philosophical Transactions of the Royal Society of London. Series B, Biological sciences, 367(1589) , 704-716, (c) 23 January 2012 Royal Society UK.

现得更积极。在婴儿食品制造商 Plum Organics 的每周例会上，员工们在着色书上着色，谈话解压，以便继续参与他们的新产品开发。在 Genera Games 公司，员工们在篮球场上举行会议。安全软件公司 Brivo 厌倦了重复的问题或决定，于是制定了一条"不再重复"的规则。

4P 会议管理模型

4P 会议管理模型是设计和实施会议的有效方法。它有四个关键步骤（参见附图表2-1）：①说明会议召开的原因以及需要做出的决定；②邀请适当的人员；③认真规划会议议程和格式；④为会议的进行和会议管理过程制定基本规则和规范。

关键技能	需要关注的问题
目的 • 需要运用几个人的技能来解决一个难题 • 团队成员需要加强奉献 • 信息需要在几个关键人物中共享	• 会议的目的是什么？ • 目的是否明确？ • 会议是否是实现这一目标最合适的方法？ • 关键人物是否参加了会议？ • 会议的费用是否与将要完成的任务成正比？
参与者 • 不要让一个或两个占主导地位的团队成员主导讨论。询问未参与者关于会议主题的想法或开展脑力写作 • 让参与者同等参与以获得更多的"输入"并促进团队和谐 • 团队的规模应与任务兼容 • 在任务取向强烈的人和人际交往能力强的人之间保持平衡	• 鉴于协调成本问题，会议的规模是否合适？ • 在会议中，哪些技能和背景比较重要？
计划 • 消除技术干扰，因为这会使会议参与者无法完全投入会议 • 提供足够的物理空间等 • 通过对议程项目进行排序并为每个项目分配时间限制来确定优先级 • 在会议前准备和分发会议议程安排 • 根据内容组织议程，而不是根据谁在现场组织议程 • 使用"三步法"：公告、决定和讨论 • 考虑视觉辅助工具：视觉辅助工具比没有视觉辅助工具有 43% 的说服力 • 选择最合适的决策结构（如头脑风暴和名义群体技术）	• 是否已制定议程？ • 会议议程是否在会前分发给成员？ • 如果成员需要做报告，他们是否被预先提醒过？ • 是否考虑了物理安排（如白板、智能屏和活动挂图）？ • 关键信息是否已经进行展示？ • 是否指定了记录员？
流程 • 如果人们同意在上次会议结束时完成某些项目，则在下一次会议开始时提供有关这些任务的进度报告。这种方法会让与会者意识到他们对自己承诺完成的事情负有责任 • 重申会议的总体目标，并审查程和时间限制 • 确定基本规则，例如做出决定的方式（如举手或无记名投票） • 使用方法技巧确保成员的平等参与 • 通过总结关键决策、明确任务和确定下次会议的目标来结束会议	• 如果这是团队的第一次会议，是否包括破冰者？ • 破冰者是否让人们以行为或情感的方式参与（如握手或击掌）？ • 基本规则是否已经在会议前确定并与成员分享？

附图表2-1　4P会议管理模型

基于 Whetten, D.A.& Cameron, K.S.(1991). Developing management skills (2nd ed.), New York: Harper Collins; Armour, S. (1997, December 8). Business' black hole. USA Today, p.1A; Tropman, J.E. (2003). Making meetings work: Achieving high quality group decisions (2nd ad.).Thousand Oaks, CA: Sage; O'Brien, P., Davis-Ali, S. (2015). How to run meetings that aren't a waste of time. USA Today. usatoday.com; Zetlin, M. (2016, January 20). It's official: Half of your meetings are a waste of time. Inc. inc.com, (c) Leigh L. Thompson.

○ Allen, J.A., & Rogelberg, S. G. (2013). Manager-led group meetings a context for promoting employee engagement. Group & Organization Management, 38(5), 543-569.

○ Vozza, S. (2015, July 28). How 12 Companies make meetings memorable, effective, and short. Fast Company fastcompany.com

○ From Developing management skills by Whetten, D. A., & Cameron, K. S. (2nd ed.), © 1991 HarperCollins.

熟练的会议管理者不只是坐在桌前，呼吁人们以圆形会议的形式发言。他们也不会只是传播想法、冲突和担忧，仿佛在进行着"脱口秀节目"。熟练的会议管理者不会写下所说的一切，他们会说出并强调主题；熟练的会议管理者不会在口头上解释成员的想法，他们会在视觉上记录；熟练的会议管理者不会要求"保持简短"或者"我们需要听取所有人的意见"，他们会在特定的时间使用脑力写作。他们不是根据谁在现场组织会议，而是通过需要做什么来组织会议。根据 Tropman 的说法，最好按内容组织会议，按顺序发布公告，做出决策，一起讨论。⊖ 会议策划人员需要围绕以下五个关键规划问题组织讨论：⊖

1. 为什么开会？（定义你的目的并选择你的方式）
2. 谁包括在内？（选择和分析参与者）
3. 讨论什么？（协调角色并制定议程）
4. 如何记录想法？（清晰而具体的简便化计划）
5. 在哪里见面？（技术和后勤计划）

在会议中记录意见是成功管理会议的关键方面，记录会议会提供各种不同的信息组织方式。

处理会议中的"问题人士"

没有万无一失的方式来处理"问题人士"。作为一般原则，结构化的方法会有一些帮助。在会议之前向小组成员提供一份理想和不理想的角色描述列表也很有帮助。附图表 2-2 幽默地展示了典型的群组成员，虽然比较调侃，但每个描述都有一定的真实性。

说很多的 Thelma	"我必须要说这个"
停滞的 Sam	"我们不要太着急"
掌控者 Don	花 75% 的时间来讲自己的观点
消极的 Nick	这就解释了总得有人唱反调
理论家 Ted	太复杂了
细节控 Nancy	总是想出一个不能完成的例子
永远差一点的 Jim	"我认为只有知道更多后，我们才能决定"
多疑的 Herman	确信任何方法都会增加漏洞
"你永远不会相信我经历了什么事"的 Yolanda	分析问题时不是用客观的观点，而是用个人的经历

附图表2-2　典型的群组成员

基于 Tropman, J. E. (2003), Making meetings work Achieving high quality group decisions (2nd ed.). Thousand Oaks, CA: Sage, ©Leigh L. Thompson.

⊖ Tropman, J. E. (2007). Conducting effective meetings—A short guide for meeting managers and meeting participants. In D. Whetten, & K. Cameron (Eds.), Developing management skills(7th ed.). Upper Saddle River, NJ: Prentice Hall.

⊖ From Guide to Meetings, Prentice-Hall guides to advanced business communication by Mary M. Munter and Michael Netzley, © 2002 Pearson Education.

会议的建议

有效会议管理并不完全取决于领导者。小组成员需要采取以下前瞻性策略:[1]

- 确定是否需要参加会议。不要因为你被邀请而参加。如果你不清楚会议议程是否适用于你,请与领导讨论为什么他认为你的存在很重要。
- 准备。熟悉议程并准备任何有助于他人理解问题的报告或信息。做好准备有助于你了解问题。
- 要准时。不准时者会耽误会议,还会问别人发生了什么,这不仅浪费了其他参与者的时间,还阻碍了有效的团队建设。软件公司 TINY pulse 通过安排特殊的时间来帮助员工记住参加公司的日常员工会议,这个时间是 8:48。Cvent 公司的副总裁 Darrel Gehrt 实施的政策是,任何迟到的人都必须为小组唱歌。[2]
- 要求澄清不明确或含糊不清的要点。大多数时候,你会发现房间里的其他人有同样的问题,但是因为胆小而不敢说出来。
- 在提供信息时要准确无误。不要用轶事和细节让别人厌倦,这些都不会增加你的观点。
- 倾听。听者与发言者保持目光接触,并尝试确定其背后的基本观点。要明白你的非言语行为(如懒散、涂鸦或阅读)对发言者的影响。
- 支持其他小组成员。承认并以其他人的评论为基础(例如,"正如 Jane 所说……")。
- 确保公平参与。引导其他人参与,以便发挥每个人的才能。如果你知道某些参与者的观点未被纳入讨论,可以鼓励那些很少参与的人发言。(例如,"Jim,去年你的部门就像这样做了,你感觉怎么样?")
- 以分歧原则为基础。如果不同意或质疑他人的意见,遵循冲突管理的指导原则。(例如,基于共有的原则或价值观做出评论,"这是一个有趣的想法,Bill,但它如何做到总裁强调的削减成本?")
- 采取能提高团队绩效的行动和反应。换句话说,将你的个人议程置之度外,努力实现小组目标。

常见问题和会议错误

过量承诺

症状:许多人同意执行任务并完成目标,而这些任务和目标在规定时间内是不可能完成的。有时,这个问题归因于施加于管理者身上为完成目标并说出"好的"的压力。然而,在更多情况下,过度承诺问题源于人们根本无法估计完成任务需要多长时间。[3] 此外,人们倾向

---

[1] Whetton & Cameron. (1991). Developing management skills.

[2] Vozza, S. (2015, July 28). How 12 companies make meetings memorable, effective, and short. Fast Company. fastcompany.com

[3] Lovallo, D., & Kahneman, D. (2003, July). Delusions of success: How optimism undermines executives' decisions. Harvard Business Review, 81(7), 56-63.

于提前做出承诺，因为当他们离完成任务越远时，他们对完成能力的信心越高。⊖ 大多数人通过想象来对完成任务需要的时间进行主观心理估计，如撰写报告、收集信息或面试新人。然而，人们的心理模拟没有考虑一些不可避免的阻碍因素。例如，当他们希望花两周时间撰写报告时，他们无法预料打印机可能会崩溃，或者他们可能不得不花一天时间离开公司。因此，大多数管理人员始终落后于计划。

在许多情况下，管理人员和执行人员需要承诺在很久以后的某个时间执行任务和事件。例如，团队负责人可能需要在明年参加为期三天的课程、出国采访其他团队成员或参加会议。很多人都同意这些未来的安排，但是当时间临近时，他们却后悔当初答应这些事情⊖。人们不能充分权衡未来机会和时间限制，所以他们很可能会拒绝做那些他们承诺在未来做的事情。

解决方法：处理过度承诺问题的最简单方法是将预计完成任务所花费的时间加倍（或增加三倍）。例如，出版商通常会为作者预计的稿件完成时间增加六个月。防止偏差的另一种方法是将任务分解为不同的部分，然后估计完成较小任务所需的时间。当有人要求你做事时，如撰写报告、出差或进行演示，想象你将被要求在下周，甚至第二天这样做。如果你不愿意在下周或第二天这样做，那么也许你不该接受这个任务。

分析瘫痪

症状：团队不喜欢做决策，当决策问题复杂且有价值时，情况更是如此。在这种情况下，团队可以做任何事情来避免做决策。管理者面临着两难困境：做决策很困难，但不做决策会使人显得犹豫不决。避免决策但又不显得犹豫不决的一种方法是要求额外的信息。这会让人觉得他们正在取得进展，但实际上额外的信息可能并不具有诊断性或实用性，它只能让团队成员更好地从认知上衡量他们的决定。从理论上讲，与任何决策相关的信息量都是无限的，但是在某些时候，必须做出决策。当团队需要做出负面决策（如缩减规模）时，如何避免做决策是一个特别需要关注的问题。

例如，想象以下场景：一位商人考虑购买一处地产。他认为下届总统选举的结果与购买的吸引力有关，因此，为了解决这个问题，他问自己，如果共和党候选人获胜，他是否会选择购买，结果是他会购买。同样，他问自己，如果民主党候选人获胜，他是否会购买，结果是他也会购买。既然无论如何结果都是一样，于是他决定购买。⊖

前面的例子是确定性原则。如果这个案例的商人在选举之后再购买或者花钱提前知道选举结果，那肯定是不合理的，甚至有些愚蠢。在组织中，决策者往往追求非工具性信息，这些信息看似相关，但对选择没有任何影响。然而，问题并没有就此结束，一旦他们去追求这些信息，人们就会用它来做决策。因此，对决策没有影响的信息会导致人们做出他们本来不

⊖ Gilovich, T., Kerr, M., & Medvec, V. H. (1993). The effect of temporal perspective on subjective confidence.Journal of personality and Social Psychology 64(4), 552-560.

⊖ Loewenstein, J., & Prelic, D. (1991). Negative time preference. AEA Papers and Proceedings, 81(2), 347-352.

⊖ From The Foundations of Statistics by Leonard J. Savage, pp. 21 © 1972 Courier Corporation.

会做出的选择。

解决方法：详细记录决策的历史。例如，一个团队成员可能会说："这个问题是两年前提出的，当时大家同意进行竞争性分析。于是我们进行了这种竞争分析，并在第二年春天给出了结果。然后，有人建议组建一个专责小组。我们这样做了，并在当年秋天提交了一份报告。当时我们同意会在这次会议上做出决策。我觉得更多的信息总是更好的，但是我现在开始怀疑继续搜索信息是否是一种避免做出决定的方式。"这种策略在成员变更（因此失去组织记忆）的团队和需要做出艰难决策（如雇佣终止）的团队中尤其重要。

重复做出决策

症状：许多团队都面临着重复做出决策。例如，绩效评估决策、雇用决策、录取决策、资金决策等都是必须重复做出的决策。然而，团队通常会对他们之前做出的决策表现出记忆丧失，于是他们花费宝贵的时间来与过去的决策争论，并且证明记忆是错误的。失败的记忆问题更可能会困扰那些没有创造足够组织记忆的团队或经历人员流动的团队。在这些情况下，记笔记或拥有某种记录的团队成员具有巨大的优势。

解决方法：关键是要流程明确，并且记录下来以便以后检索。问题是大多数人在讨论问题或做出决定时都会相信自己的记忆，因此，他们不愿意记录那些他们认为会记忆深刻的内容。

促进会议的小贴士

做好准备工作

在会议之前尽可能多地了解集团、公司和成员。理想情况下，可以亲自通过电话或简短的调查问卷单独访问小组成员，以确定他们对会议中要解决的问题的看法，以及他们对会议实现这些目标的能力的主要担忧。当然，你应向每个人保证你不会透露他们所说的内容。如果你打算对访谈内容做一个总结概述，你应告知每个参与者，这是你与每个团队成员的第一次会面，信任是获取所需信息并确保你与团队未来关系的关键。至少，你要获取小组成员的资料，并询问他们在组织中的时间、他们在团队中的角色等。

规划物理环境

大多数人严重低估了物理环境对互动的影响。这时候，你可以索要展示楼内布局的平面图和图表。提前几周将所需的图表发送给会议协调员并用图表明确指明椅子和桌子应放在哪里。等到开会时再移动桌椅会浪费时间。组织会议需要一个足够大的空间，让人们可以舒适地坐着，还有活动椅，为每个成员准备铅笔或钢笔、笔记本，两个或三个活动挂图和白板或黑板。投影仪也很有用。如果你不了解该团体，提前制作桌牌。通常人们站在 2ft（1ft ≈ 0.30m）

⊖ Bastardi, A., & Shafir, E. (1998) . On the pursuit and misuse of useless information. Journal of Personality and Social Psychology 75(1) , 19-32.

⊖ Leigh L. Thompson

远的地方可以看清桌牌,但你可能会在 15～20ft 远的地方,此时就难以看清他人的桌牌了。

解释你是谁,为什么你在那里

你可能会被视为局外人,或者是该团队的闯入者,从而造成紧张。你应立即声明你在那里是为促进流程提供便利和帮助团队充分利用他们的时间,并且你在实质性问题上没有特别的利害关系。在大多数情况下,你应清楚谁要求你进来。最重要的是,不要理所当然地认为聘用会议协调人的原因已准确地传达给团队,即使发过通知,团队成员也可能没有阅读过。有些人可能会强烈反对外部协调人。你只需告诉团队你是谁,但不要给他们留下深刻的印象。你还可以通过提供统计数据来缓解这种情形,这些统计数据表明,会议应被组织充分利用,即使最好的组织也不是会议管理方面的专家,这样做的目的是让他们相信你有资格做这份工作。通常情况下,该团队会对需要聘请某人来管理他们的会议感到防备。

了解人格

如果团队成员彼此不了解,那么每个人都可以进行自我介绍。如果团队成员彼此了解得很好,再让成员谈论自己对其他人来说就很无聊。在这种情况下,一种有用的方法是采取介绍下一个的策略,让团队成员介绍团队中的其他成员。例如,每个人都将介绍坐在他左边的人。这对团体成员来说更有趣,因为他们可能第一次听到其他人如何看待自己。这也是一个破冰活动,因为成员经常对其他人给予他们的赞扬感到受宠若惊。(通常,人们会坐在他们喜欢的人旁边,这样让某人介绍坐在他们旁边的人能够确保有利的介绍。)我喜欢的另一种方法是"告诉我们一些关于你的别人不知道的事情"。当我在会议上和课堂上使用这种方法时,人们总是对他们所了解的和一起工作很久的人的新鲜内容感到惊讶和好奇。

建立基本规则

你必须让小组知道你将使用并执行会议的基本规则。你可能觉得,基本规则听起来似乎有点愚蠢或让人想起他们的学生时代,但使用这些基本规则更有效。如果你有时间,最好让小组提出一些基本规则,让他们觉得规则是自己制定的。如果你没有时间,可以在智能屏幕或活动挂图上快速编写一些规则,并向成员简要介绍一下。附图表 2-3 中列出了会议基本规则的示例。也许你不想使用这些规则,但它们为你提供了一个起点,成员可以从中添加自己的规则(或修改列表中的规则)。

- 每个人在会议期间不得离开
- 生成议程并坚持下去
- 生成一个时间线并坚持下去
- 没有"新业务"
- 不去讨论有关语义或哲学的问题
- 没有"让我们获取更多信息"(决策避免)
- 在评估期之前不对想法进行评估
- 没有汇报

附图表2-3 会议基本规则

基于 Tropman, J.E. (2003). Making meetings work: Achieving high quality group decisions (2nd ed.). Thousand Oaks, CA: Sage, ©Leigh L.Thompson.

协调人面临的最大挑战是执行基本规则。规则会被打破，所以，你必须证明你将执行基本规则。实际上，你应在会议的早期就这样做（例如，"Pat，我需要提醒你，我们同意在谈论同行评审时不提个人名字"，或者"Stan，你的五分钟时间到了"）。不仅是你自己执行基本规则，你还需要让团队成员都执行基本规则。

创建议程

Facebook 的创始人马克·扎克伯格（Mark Zuckerberg）会提前发送会议材料，以便开会时进行讨论，会议主席会在每个人坐下来开会时说明会议的目的和目标。亚马逊的前任首席执行官杰夫·贝佐斯（Jeff Bezos）要求管理人员在面对面交流之前撰写备忘录以详细记录他们的想法。要做好在议程中受到直接质疑（例如，"如果你不介意，我想提出 x、y 和 z"）或间接质疑（例如，"你不认为我们在做这个之前应该谈论 x、y 和 z 吗？"）的心理准备。碰到这种情况，处理的最佳方法是创建一个讨论后的议程，并解释在预定会议之后有时间再处理这些问题。

使用幽默

会议不一定是严肃的。一项调查研究了 54 个团队在会议期间的幽默和笑声的行为模式[1]。幽默模式促进了积极沟通、新的解决方案，以及当前和今后的更好表现。

结束会议

结束会议时最重要的是要使成员了解完成了什么和决定了什么，在下次会议之前需要采取哪些措施，以及下次会议的目标是什么（在场的每个人都应安排在内）。最后，你应让每个成员"简要而深入"地概括会议，然后结束会议。每个议程项目都应重新审议，并应为成员分配接下来的任务或后续行动。决策和行动项目的摘要应尽快分发给小组。我喜欢用最后 5～10 分钟的时间来让每个人说出今天没有想到的一件事（否则每个人都会说明显的，例如"我们收获很多"或"时间过得很快"）。

征求反馈意见

这一步非常重要，特别是如果你之前没有与该团队合作过。你可以向每位参与者分发一份简短的调查问卷，询问以下问题：[2] ①本次会议中哪些进展顺利，哪些应保留？②这次会议中哪些内容不是很好，应剔除？③这次会议还缺少什么？ 如果你将再次与该小组合作，可将回复列表汇总并在小组成员之间传播。

---

[1] Lehmann-Willenbrock, N., & Allen, J.A. (2014). How fun are your meetings? Investigating the relationship between humor patterns in team interactions and team performance. Journal of Applied Psychology, 99(6), 1278.

[2] Leigh L. Thompson

附录 3
建立高效的学习团队

大多数 MBA 的学生必须分组完成重要的项目和要求以获得学位。有些学生在整个课程中与同一个团队一起合作，有些学生每学期与几个团队一起合作。以下是帮助这些团队尽可能提高效率的指南。

很早以前

在团队成立之初，做一些超越表层对话的结构化练习是有帮助的。出于这个原因，一个有结构但有趣的练习有助于人们得到超越表层的欢乐，并可以鼓励他们谈论对团队、工作方式等的期望。

在第一个星期

一系列紧张和困境会威胁到任何学习团队的效率。我们建议团队成员进行面对面交流并完成"团队章程"⊖，长期合作的团队应在第一周或第二周讨论以下问题：

团队目标

- 学习："我们是来这里学习并帮助他人的，还是来这里取得好成绩的？"这个问题没有正确的答案，但是小组中的不同目标会影响表现。
- 标准："完美主义比准时更重要吗？反之亦然。"
- 表现："我们是高级通过（院长名单）组还是通过（生存）组？"

思考问题

- 如果项目负责人的标准低于其他成员关于撰写论文或报告的标准，那么会发生什么？
- 如果一个小组成员在某个主题领域不熟练，那么会发生什么呢？你如何在小组项目中使用该成员的意见并纳入似乎没有增加价值的想法？

⊖ Kellogg School of Management (producer). (2015). Is your team slacking? [video]. Available from www.kellogg.northwestern.edu

个人 - 任务计划

- 利用团队成员的现有优势比较好还是弥补人们的弱点比较好？
- 假设你的团队有一个量化专家，你会希望指定这个专家来完成所有数学和计量经济学问题，还是将任务作为其他团队成员学习的机会？

其他问题

- 成员技能：你是希望利用你的学习团队会议时间让所有小组成员加快速度，还是让那些需要帮助的人在自己的时间内获得帮助？
- 以人为本的重点：人和工作哪个是第一要务，需要优先考虑？
- 结构：团队会议应是结构化的（如议程、计时员和指定的角色）还是自由形式？
- 闯入者：是否允许其他人（小组外）参加小组会议并可以查看小组笔记、大纲、准备工作等？小组工作是否被视为机密？
- 沟通标准：团队成员应采用最先进的沟通方式还是以最低的共同标准进行？
- 项目负责人的节奏：由于学期越往后压力越大，因此早期参加团队项目的团体成员似乎有优势。团队会议过程如何适应不断增加的工作量？

在团队讨论之后

在团队讨论之后，最好总结一下团队如何合作。另一个有用的方法是做一些版本的同行反馈绩效评估，个人可以查看其他团队成员对他们的反馈和评价，这通常可以完全计算机化。

定期审查

研究组重新审视团队章程非常重要。章程是否满足了期望？章程中哪些没有的问题和主题应被讨论？章程中的哪些问题似乎不相关？

长期学习团队的小贴士

想想对参加为期两年的强化课程的 MBA 学生的实际建议。他们分配了学习团队且在两年内都不会变。在他们一起工作的过程中，成员们被问及在团队中最大化学习和有效利用时间方面哪些有用、哪些没用。附图表 3-1 总结了学生的回答。

- 应该在每个小组会议日期之前分发议程，以便每个人都能做好准备。
- 在休会之前确定下次会议的议程。
- 规定谁应为每个项目做什么。
- 需要一个书面大纲来集中讨论任何特定项目。
- 在选择采取哪种替代方案之前，应在大纲阶段评估几种替代方案。
- 每个主要的小组项目都有一个项目负责人负责完成大部分的写作（在某些情况下，负责所有的写作）。其他小组成员在项目早期和草稿撰写后提供想法。通过使用这种方法，材料准备工作可以并行完成，这有助于按时完成任务。
- 在忙于完成项目的几周内，有些小组要给项目负责人汇总阅读材料。
- 每个项目的工作量都没有平均分配。在两年的时间里，每个人都有机会做出贡献。
- 每个模块或学期轮换职责。例如，该组中的一个人可能是整个模块的组长。组长安排会议议程并组织会议。每周轮换责任会在决定"谁做什么"上浪费时间。
- 尝试固定在每周的某一天或某一时间见面。这样可以更容易地提前计划行程。
- 在每项主要任务结束时回顾流程，并调整流程以提高效率。
- 使用电子邮件和标准化软件改善群组内部的沟通。
- 先关注会议的目标，再进行社交。
- 保持幽默感。

附图表3-1　长期学习小组的建议

基于 Taken from compiled lists from the Executive Masters Program, Kellogg School of Management, Northwestern University, Evanston, IL. Lists compiled by R. Weeks (1996) and K. Murnighan (1998),© Leigh L. Thompson.